拜德雅
Paideia
人文丛书

拜德雅·人文丛书
学术委员会

○ ● ○

学术顾问

张一兵　南京大学

学术委员（按姓氏拼音顺序）

陈　越	陕西师范大学	姜宇辉	华东师范大学
蓝　江	南京大学	李科林	中国人民大学
李　洋	北京大学	刘悦笛	中国社会科学院
鲁明军	复旦大学	陆兴华	同济大学
王春辰	中央美术学院	王嘉军	华东师范大学
吴冠军	华东师范大学	吴　琼	中国人民大学
夏可君	中国人民大学	夏　莹	清华大学
杨北辰	北京电影学院	曾　军	上海大学
张　生	同济大学	朱国华	华东师范大学

学术人

[法]皮埃尔·布迪厄(Pierre Bourdieu) | 著

王睿琦 钟牧辰 | 译

上海文艺出版社
Shanghai Literature & Art Publishing House

感谢所有曾慷慨帮助过我的人，他们或是回答了我的问题，或是向我提供了各种资料和信息，或是审阅过本书不同版本的草稿，我希望他们能在其中找到那些建议和批评的忠实印记。能够得到这些来自比平时更广的圈子的事先阅读，至少在我看来，对本研究的科学性做出了很大贡献。我的首批读者们也帮助我克服了出版所带来的焦虑，于我而言，他们从非常不同的角度向我提出建议或表示肯定，而这有助于我的分析摆脱某种固有局限，它来自我在所分析的空间中所处的特定位置。

特别感谢伊薇特·德尔索（Yvette Delsaut）[1]，她参与了本研究的每一个阶段：从资料收集、信息查找到数据的处理和分析，如果没有她，这项研究不可能有今天的成果。

---

1 伊薇特·德尔索（1936— ），法国社会学家，布迪厄最早的一批学生之一，曾与老师一同参与《继承人》（*Les Héritiers*）一书的调查工作。——译者注

目 录

图表目录 /ii
总　序 | 重拾拜德雅之学 /iii

学术人 /1
1　一本"焚书"？　/3
2　系科之争　/59
3　资本类别和权力形式　/105
4　对团体的捍卫与平衡的打破　/189
5　关键时刻　/229

附录 1：研究资料来源　/277
附录 2：学院形态学变化 [表 1 (a, b, c)]、
　　　　学科形态学变化 [表 2 (a, b)]　/297
附录 3：法国知识分子排行榜，或谁来评判
　　　　评委会的合法性？　/303
附录 4：对应分析　/323
后记：二十年后　/325
索　引　/349

图表目录

第2章
表 I 人口统计学指标和由继承而来的资本或
　　　既得资本的指标　　/71
表 II 学校教育资本的指标　　/72
表 III 大学权力资本的指标　　/73
表 IV 科学权力和科学声望资本的指标　　/73
表 V 智识声望资本的指标　　/74
表 VI 政治或经济权力资本的指标　　/74
图 1 巴黎大学各学院的空间　　/79

第3章
图 2 各所人文和社会科学院校的空间　　/115
图 3 各所人文和社会科学院校的空间　　/119

第4章
图 4 法学、自然科学、人文科学院系
　　　教师团体的演变　　/191
图 5 人文科学院系的形态演进　　/193
图 6 自然科学院系的形态演进　　/194
表 VII 1938、1969届巴黎高等师范学院毕业生
　　　 所从事的职业　　/195
表 VIII 1949—1968年教师资格考试
　　　　通过人数的演进　　/196

附录2
表 1（a, b, c）学院形态学变化　　/297-299
表 2（a, b）学科形态学变化　　/300-302

- 总　序 -

重拾拜德雅之学

1

中国古代，士之教育的主要内容是德与雅。《礼记》云："乐正崇四术，立四教，顺先王《诗》《书》《礼》《乐》以造士。春秋教以《礼》《乐》，冬夏教以《诗》《书》。"这些便是针对士之潜在人选所开展的文化、政治教育的内容，其目的在于使之在品质、学识、洞见、政论上均能符合士的标准，以成为真正有德的博雅之士。

实际上，不仅是中国，古希腊也存在着类似的德雅兼蓄之学，即 paideia（παιδεία）。paideia 是古希腊城邦用于教化和培育城邦公民的教学内容，亦即古希腊学园中所传授的治理城邦的学问。古希腊的学园多招收贵族子弟，他们所维护的也是城邦贵族统治的秩序。在古希腊学园中，一般教授修辞学、语法学、音乐、诗歌、哲学，当然也会讲授今天被视为自然科学的某些学问，如算术和医学。不过在古希腊，这些学科之间的区分没有那么明显，更不会存在今天的文理之分。相反，这些在学园里被讲授的学问被统一称为paideia。经过paideia之学的培育，这些贵族身份的公民会变得"καλὸς κἀγαθός"（雅而有德），这个古希腊语单词形容理想的人的行为，而古希腊历史学家希罗多德（Ἡρόδοτος）常在他的《历史》中用这个词来描绘古典时代的英雄形象。

在古希腊，对paideia之学呼声最高的，莫过于智者学派的演说家和教育家伊索克拉底（Ἰσοκράτης），他大力主张对全体城邦公民开展paideia的教育。在伊索克拉底看来，paideia已然不再是某个特权阶层让其后嗣垄断统治权力的教育，相反，真正的paideia教育在于给人们以心灵的启迪，开启人们的心智，与此同时，paideia教育也让雅典人真正具有了人的美德。在伊索克拉底那里，paideia赋予了雅典公民淳美的品德、高雅的性情，这正是雅典公民获得独一无二的人之美德的唯一途径。在这个意义上，paideia之学，经过伊索克拉底的改造，成为一种让人成长的学问，让人从paideia之中寻找到属于人的德性和智慧。或许，这就是中世纪基督教教育中，及文艺复兴时期，paideia被等同于人文学的原因。

2

在《词与物》最后，福柯提出了一个"人文科学"的问题。福柯认为，人文科学是一门关于人的科学，而这门科学，绝不是像某些生物学家和进化论者所认为的那样，从简单的生物学范畴来思考人的存在。相反，福柯认为，人是"这样一个生物，即他从他所完全属于的并且他的整个存在据以被贯穿的生命内部构成了他赖以生活的种种表象，并且在这些表象的基础上，他拥有了能去恰好表象生命这个奇特力量"[1]。尽管福柯这段话十分绕口，但他的意思是很明确的，人在这个世界上的存在是一个相当复杂的现象，它所涉及的是我们在这个世界上的方方面面，包括哲学、语言、诗歌等。这样，人文科学绝不是从某个孤立的角度（如单独从哲学的角度，单独从文学的角度，单独从艺术的角度）去审视我们作为人在这个世界上的存在，相反，它有助于我们思考自己在面对这个世界的综合复杂性时的构成性存在。

其实早在福柯之前，德国古典学家魏尔纳·贾格尔（Werner Jaeger）就将 paideia 看成一个超越所有学科之上的人文学总体之学。正如贾格尔所说，"paideia，不仅仅是一个符号名称，更是代表着这个词所展现出来的历史主题。事实上，和其他非常广泛的概念一样，这个主题非常难以界定，它拒绝被限定在一个抽象的表达之下。唯有当我们阅读其历史，并跟随其脚步孜孜不倦地观察它如何实现自身，我们才能理解这个词的完整内容和含义。……我们很难避免用诸如文明、文化、传统、文学或教育之类的词汇来表达它。但这些词没有一个可以覆盖 paideia 这个词在古希腊时期的意义。上述那些词都只涉及 paideia 的某个侧面：除非把那些表达综合在一起，我们才能看到这个古希腊概念的范阈"[2]。贾格尔强调的正是后来福柯所主张的"人文科学"所涉及的内涵，也就是说，paideia 代表着一种先于现

---

1 米歇尔·福柯，《词与物》，莫伟民译，上海：上海三联书店，2001 年，第 459–460 页。
2 Werner Jaeger, *Paideia: The Ideals of Greek Culture. Vol. 1*, Oxford：Blackwell, 1946, p. i.

代人文科学分科之前的总体性对人文科学的综合性探讨研究，它所涉及的，就是人之所以为人的诸多方面的总和，那些使人具有人之心智、人之德性、人之美感的全部领域的汇集。这也正是福柯所说的人文科学就是人的实证性（positivité）之所是，在这个意义上，福柯与贾格尔对 paideia 的界定是高度统一的，他们共同关心的是，究竟是什么，让我们在这个大地上具有了诸如此类的人的秉性，又是什么塑造了全体人类的秉性。paideia，一门综合性的人文科学，正如伊索克拉底所说的那样，一方面给予我们智慧的启迪；另一方面又赋予我们人之所以为人的生命形式。对这门科学的探索，必然同时涉及两个不同侧面：一方面是对经典的探索，寻求那些已经被确认为人的秉性的美德，在这个基础上，去探索人之所以为人的种种学问；另一方面，也更为重要的是，我们需要依循着福柯的足迹，在探索了我们在这个世界上的生命形式之后，最终还要对这种作为实质性的生命形式进行反思、批判和超越，即让我们的生命在其形式的极限处颤动。

这样，paideia 同时包括的两个侧面，也意味着人们对自己的生命和存在进行探索的两个方向：一方面它有着古典学的厚重，代表着人文科学悠久历史发展中形成的良好传统，孜孜不倦地寻找人生的真谛；另一方面，也代表着人文科学努力在生命的边缘处，寻找向着生命形式的外部空间拓展，以延伸我们内在生命的可能。

3

这就是我们出版这套丛书的初衷。不过，我们并没有将paideia一词直接翻译为常用译法"人文学"，因为这个"人文学"在中文语境中使用起来，会偏离这个词原本的特有含义，所以，我们将paideia音译为"拜德雅"。此译首先是在发音上十分近似于其古希腊词汇，更重要的是，这门学问诞生之初，便是德雅兼蓄之学。和我们中国古代德雅之学强调"六艺"一样，古希腊的拜德雅之学也有相对固定的分目，或称为"八艺"，即体操、语法、修辞、音乐、数学、地理、自然史与哲学。这八门学科，体现出拜德雅之学从来就不是孤立地在某一个门类下的专门之学，而是统摄了古代的科学、哲学、艺术、语言学甚至体育等门类的综合性之学，其中既强调了亚里士多德所谓勇敢、节制、正义、智慧这四种美德（ἀρετή），也追求诸如音乐之类的雅学。同时，在古希腊人看来，"雅而有德"是一个崇高的理想。我们的教育，我们的人文学，最终是要面向一个高雅而有德的品质，因而我们在音译中选用了"拜"这个字。这样，"拜德雅"既从音译上翻译了这个古希腊词汇，也很好地从意译上表达了它的含义，避免了单纯叫作"人文学"所可能引生的不必要的歧义。本丛书的logo，由黑白八点构成，以玄为德，以白为雅，黑白双色正好体现德雅兼蓄之意。同时，这八个点既对应于拜德雅之学的"八艺"，也对应于柏拉图在《蒂迈欧篇》中谈到的正六面体（五种柏拉图体之一）的八个顶点。它既是智慧美德的象征，也体现了审美的典雅。

不过，对于今天的我们来说，更重要的是，跟随福柯的脚步，向着一种新型的人文科学，即一种新的拜德雅前进。在我们的系列中，既包括那些作为人类思想精华的**经典作品**，也包括那些试图冲破人文学既有之藩篱，去探寻我们生命形式的可能性的**前沿著作**。

既然是新人文科学，既然是新拜德雅之学，那么现代人文科学分科的体系在我们的系列中或许就显得不那么重要了。这个拜德雅系列，已经将历史学、艺术学、文学或诗学、哲学、政治学、法学，乃至社会学、经济学等多门学科涵括在内，其中的作品，或许就是各个学科共同的精神财富。对这样一些作品的译介，正是要达到这样一个目的：在一个大的人文学的背景下，在一个大的拜德雅之下，来自不同学科的我们，可以在同样的文字中，去呼吸这些伟大著作为我们带来的新鲜空气。

学术人

Homo Academicus

1　一本"焚书"？

> 他们不想书写历史学家们的历史。他们很想穷尽一切历史细节。但他们并不想亲身踏入历史细节的无限之中。他们不愿处于历史序列之中，就像不愿生病或不愿死去的医生。
> ——夏尔·贝玑[1]，《金钱（续）》（*L'Argent, suite*）

若是把我们身处其中的社会世界当作研究对象，我们就不得不在一种可以称为戏剧性的形式之下，遭遇某些根本性的认识论难题，它们与实践知识和学术知识之间的差异问题有关，并且尤其与某种特殊的困难有关,这种困难既来自与原初经验(expérience indigène）之间的断裂，也来自以此断裂为代价而得到的知识重组。我们知道，过度的接近或疏离都会阻碍科学知识的获得；我们也知道，要建立这种曾被中断又被修复的邻接关系非常困难——为此，不仅需要研究对象付出长期工作的代价，对研究主体而言也是如此。而这种邻接关系，也使我们能够纳入所有因我们身处其中才知道的东西，以及所有因我们身处其中而不能或者不愿知道的东西。但我们也许不太清楚，为了传递关于研究对象的科学知识而做的努力，尤其是书写形式的努力，也会使诸多困难涌现，

---

[1] 夏尔·贝玑（Charles Péguy，1873—1914），法国作家、诗人，积极介入现实政治事件，其作品多带有浓厚的基督教思想。——译者注

而这在举例说明时尤为明显：这种修辞策略的目的本是"使人理解"，但它通过刺激读者回忆自身经验，也就偷偷让读者将一种不受控制的信息加入了他们的阅读之中。这一策略将会带来几乎无法避免的后果：它会使科学性的建构降至一般知识的水平，而我们获取前者，正是为了避免后者[1]。同样，一旦我们引入某些专有名词（noms propres）——并且当该领域的关键目标（enjeux）[2]之一即是"让自己出名"（se faire un nom）时，我们怎能完全放弃这一做法呢？——就有可能会鼓励读者把被建构的个体降格为某个具体的、各种要素相互混合的个体。而被建构的个体只存在于理论空间之中，它体现了"由其属性明确定义的集合"和"依据同样的原则去描述其他个体属性的集合"这两者之间相同或相异的关系。

但是，无论我们怎样努力，以去除所有可能影响日常逻辑运作的标记（notations），都将是徒劳的。如今，那些流言、诽谤、中伤、抨击文章或是小册子，往往会被伪装成分析，它们不浪费任何一桩逸事、任何一段俏皮话、任何一个词语，只是为了得到中伤他人或博人眼球的乐趣。哪怕我们像在本书中一样，系统性地避开那些众所周知的纠葛，即学术界同媒体之间的公开接触（liaisons déclarées），或是那些历史学家以名誉担保要去披露的秘密关系（liaisons cachées[3]）——不论是家庭关系

---

[1] 我完全意识到这个难题：我的首批读者们曾要求我"举几个例子"，来具体说明我有意从分析中排除的所有"逸闻"信息，甚至那些"知情人士"（milieux bien informés）里最著名的逸闻，也就是新闻界和评论界争先恐后揭示的逸闻。

[2] enjeu 这一法语词有多重含义，既可以表示"关键目标"或"关键议题"，也可以表示"赌注"、"博弈"或"目的"。在下文中，当布迪厄将该词与 instrument（手段）连用时，我们将其译为与工具对应的"目的"；而在与 jeu（游戏）连用时，将其译为"博弈"。——译者注

[3] 法语中的 liaison 一词，既指中性的"联系""连接""交往""交情"，也引申为男女之间的私通关系。——译者注

还是其他关系——我们都免不了会被怀疑进行了某种揭发活动（dénonciation），但实际上应对此负责的是读者：正是读者，在字里行间的阅读中，通过或多或少有意识地填充分析的空白，或者只是"如人们所说的那样，通过考虑自己的情况"，便改变了经过有意审查的科学调查的价值与意义。社会学家缺乏能力去写出他所知道的一切，而那些最敏锐的读者所知道的往往比社会学家还多，甚至会披露社会学家们的"揭发活动"，但读者们的认知处在一种完全不同的模式中。所以社会学家的研究是有一定风险的，他有可能显得像在迎合那些最久经考验的论辩策略，例如影射（insinuation）、暗示（allusion）、半截话（demi-mot）、言外之意（sous-entendu）等学术修辞尤其钟爱的方式。然而，比起由知名或不知名的特殊主体的所作所为组成的逸事性叙述（新旧历史学是如此心甘情愿地去迎合这种叙述），被社会学家简化的没有专有名词的历史并不更符合历史真实：该场域结构必然性的各种效应，只有通过个体关系明显的偶然性才能实现，而这些关系既建立在由共同的相遇和交往在社会层面所铺展的偶然性之上，也建立在各种习性（habitus）[1]的相似性之上，这一相似性则被体验为同感或者反感。如果说，通过充分利用从属关系——这种关系使人们把通过科学调查的客观技术所收集到的信息与从亲缘性中所获得的内在直觉结合起来——所固有的优势，而使我相信某种东西正是历史行动的真实逻辑或是真正的历史哲学，却发现这种东西在社会层面上无法得到证明和检验，这怎会不让人遗憾呢？

---

[1] 习性是布迪厄社会学理论最重要的概念之一，它指的是个体行动者在长期的实践过程中逐步形成的一种"持久的、可转换的潜在行为倾向系统"。在他看来，习性的形成与家庭出身或教育经验等密切相关，因此在某种程度上是个人性的或是经验性的；但是另一方面，习性又与场域密切相关，可以说在某种程度上正是场域结构化了习性。这一概念也表达了布迪厄社会学体系的重要立场：他试图调和主观与客观，调和经验与结构，来建立一种关于"实践的理论"，进而分析更为复杂的社会实践。——译者注

13　　因此，社会学知识始终处于这样的状况之下：通过一种致力于逸事和个人细节的、"有利害关系的"解读，它很有可能被理解为某种粗浅之见。并且，由于缺乏抽象形式主义的制止，这种解读会使那些为学术语言和日常语言所共享的词汇降格为它们的一般含义。这种几乎不可避免的片面解读会招致一种错误的理解，它建立在对所有定义了何为科学知识的东西的无知之上，即对解释性系统结构本身的无知。这种解读破坏了科学建构所创造的东西：它把已经分离的东西又混合起来，尤其把被建构的个体（individu construit）与经验的个体（individu empirique）混淆起来，而前者（无论是个人或机构）只存在于科学研究所制定的关系网络之中，后者则直接将自身纳入一般直觉。这种解读也消解了所有使科学客观化区别于常识（connaissance commune）和半学术知识（connaissance demi-savante）[1]的东西。从大多数关于知识分子的文章中可以看出，这种半学术知识，与其说是解密，不如说是愚弄与欺骗。它几乎以一种我们可以称为忒尔西忒斯（Thersite）[2]式的观点作为准则：在莎士比亚的《特洛伊罗斯与克瑞西达》（Troilus et Cressida）中，忒尔西忒斯正是那个充满嫉妒、一心想要诽谤伟大人物的普通士兵。抑或，若是更接近历史真实的话，我们也可以称之为马拉（Marat）式的观点[3]，我们忘记了马拉也是，

1　demi-savant 或 demi-habile（半吊子学者、半瓶醋学者），是由哲学家帕斯卡尔所提出的概念，用来指称那些开始推理，但思考还不够深入的人。布迪厄借用了这一概念，在他看来，"半瓶醋学者"是"理性蒙昧主义"（obscurantisme de la raison）的牺牲品，他们会嘲笑那些他们无法理解其原因的观念。"半学术知识"（connaissance demi-savante）在形式上与上文提到的"学术知识"（connaissance savante）相对应。——译者注

2　忒尔西忒斯，古希腊士兵。在希腊联军东征特洛伊时，忒尔西忒斯经常挑剔甚至谩骂统帅阿伽门农及其他将领的毛病，最终被奥德修斯所杀。后世人们借用他的名字，用来比喻那些诽谤者。——译者注

3　马拉是法国大革命期间的激进派革命家，曾主编报纸《人民之友》，为了批判皇家科学院，他以非常激进的方式批判科学家，甚至还进一步否定了科学的意义。——译者注

或者说首先是一个糟糕的物理学家[1]：怨恨会带来简化，简化的需求则会让清醒变得片面，并会导致一种天真的历史目的论（finaliste de l'histoire）观念，这种观念无法触及各种实践的隐秘原则，它只是揭发了那些表面责任者的逸事，并最终夸大了某些人物的重要性，他们被假定为发起了某些应当被谴责的"阴谋"，而且是一切可鄙行为的厚颜无耻的始作俑者，并且这些行为本身的重要性首先也被夸大了。[2]

此外，还有一些人处在学术知识和常识的边界上，诸如随笔作家（essayiste[3]）、记者、记者型学者和学者型记者，他们最大的兴趣在于模糊这一边界，并且把那些实际上牵涉整个场域结构的各种效应，归咎于某一个人或某个游说团体（lobby），例如某位文学电视节目主持人[4]，或是与《新观察家》（*Le Nouvel Observateur*）[5]周刊有关联的巴黎高等研究实践学院（l'École des

---

[1] 参见 C.C. Gillispie, *Science and Policy in France at the End of the Old Regime*, Princeton, Princeton University Press, 1980, pp. 290-330。

[2] 此外，我们可以列举一个与该倾向有关的最新例子，埃尔韦·古托-贝加里（Hervé Couteau-Begarie）对年鉴学派极其天真的分析揭示了某种被压抑的暴力行为，这种暴力行为由知识分子的排斥引起，而外省的距离又会让这种排斥加倍："新历史学家们因此提出了一个严密的项目，并且这个项目在意识形态上适应于它所预期的受众（……）。正是这种扩张解释了新历史学家的成功。然后，他们能够去征服出版社和媒体，以便获得雷吉斯·德布雷（Régis Debray）所谓的'社会知名度'。"（参见 H. Coutau-Begarie, *Le Phénomène nouvelle histoire*, Paris, Economica, 1983, pp. 247 et 248.）

[3] 法语中的 essai（随笔）一词，原指由蒙田发展的一种文体形式，其词源为"尝试"。与之相对应的是另一概念"随笔写作"（essayisme，或译随笔主义），布迪厄认为，"随笔写作"代表着一种保守的旧式知识分子观念，即认为知识分子可以回答并解决一切问题，甚至将自身视为先知，从而维护既有的社会成见；布迪厄认为随笔写作、新闻界代表一种"快速思维"（fast thinking），他主张知识分子应当与之保持距离，并以否定的姿态反思所有不言自明的话语。——译者注

[4] 这里指的节目主持人很可能就是下文提到的贝尔纳·皮沃（1935—2024）。皮沃曾任《费加罗报》文学副刊编辑，后创办了著名的《阅读》（*Lire*）杂志，随后又担任文学类电视节目《追问》（*Apostrophes*）的主持人，布迪厄将在下文中多次提到这本杂志和这档节目。——译者注

[5] 《新观察家》是法国知名左翼周刊，主要刊载政论、文化类文章。——译者注

hautes études)[1]的成员们，从而否认甚或取消了科学分析与片面的客观化之间的区别。他们在阅读本书时，会沉溺于单纯的好奇性解读，并使各种例子和特殊案例按照流俗的八卦或文学小册子的逻辑运作，从而会把为科学所固有的系统性和关系性的解释模式，降格为最普通的、论战式的手段，即通过诉诸人身的论据（arguments ad hominem）而进行的特定解释（explication ad hoc）[2]。

读者们会在附录3中找到对授予新闻界以声望之过程（甚至可以说是诉讼[3]）的分析。此分析的首要目的，是揭示所有诉诸人身的揭发的天真性：在使这场游戏客观化的幌子下，这些揭发仍然全面参与其中，因为它们试图以进行分析为表象，来服务于与它们在该游戏中所处位置有关的各种利益。文学排行榜的技术主体既不是某个个体中介（这里指的是贝尔纳·皮沃），无论他多么有影响力，多么老练；也不是一个特定机构（电视节目、杂志）；甚至不是那些能够在文化生产场域（champ de production culturelle）施行某种权力的新闻机关的集合；而是构成这一场域中各种客观关系的集合，尤其是那些建立在生产者的生产场域和大规模生产场域（champ de grande production）之间的各种关系的集合。科

---

[1] 巴黎高等研究实践学院（École pratique des hautes études，EPHE），创立于1869年，是法国大型公立研究机构。布迪厄曾在该机构第六部（社会科学部）工作，担任社会学家雷蒙·阿隆的助手。1975年，第六部从该机构中独立，成立了新的社会科学高等研究院（École des hautes études en sciences sociales，EHESS）。——译者注

[2] 诉诸人身（也称因人废言），是指以当前论题无关的个人特质（如人格、地位等），作为驳斥对方的论据。当诉诸人身的论据是个人的负面特质时，则成为人身攻击（argumentum ad personam）。拉丁语 ad hoc 与 a priori（先验的）相对，意指"用于特定目的的""临时的"，或是"只能用于描述现象，而不能用于总结一般规律的"。——译者注

[3] 法语中的 processus 和 procès 均有"过程"之意，其中后者还指司法领域的诉讼进程。布迪厄将新闻界的权力比作司法权力，那些评判知识分子排行榜的评委在某种程度上就好比诉讼中的裁判或法官。——译者注

学分析所得出的逻辑，远远超越了最明智、最有力的行动者（他们被指定去寻找"责任者们"）的个体性或集体性的意图或意志（阴谋）。也就是说，最大的错误，便在于从这些分析中提取论据，以解除每一个行动者都身处其中的客观关系网络的责任。与那些试图在社会法则的陈述中，为自己的放弃行为寻找某种宿命论或犬儒主义式的托词，并将那些陈述视为命运的人相反，我们必须记住，提供理解、甚至是辩解方法的科学解释，也可能让改变发生。对支配着知识分子世界的机制的进一步认识，不应该（我有意使用这套含混的语言）使"个体从道德责任性的重负中解脱出来"，就像雅克·布维尔斯[1]所担忧的那样。与之相反，这种认识应该教会每个个体，如何在自由之中承担责任；如何坚定地拒绝一切最微小的松懈与软弱，它们使个体的全部力量屈从于社会的必然性；如何在自我和他者身上，与机会主义式的冷漠或不抱任何期望的盲从主义作斗争，否则它们就会给予社会世界它所要求的东西：对一切微不足道的小事的顺从奉承和屈从同谋。

我们知道，各种团体都不喜欢那些"告密的家伙"，当违抗或背叛是他们所倚仗的最高价值时尤甚。对这些人而言，如果客观的工作被应用在外部、敌对的团体时，他们会毫不吝啬地称赞这一举动是"勇敢的"或"明智的"；与此同时，他们却会怀疑，在分析自己所在的团体时，是否一定需要某种特殊的清醒。学徒巫师会冒着风险，寻找当地的巫术与崇拜，而不是前往遥远的热带寻找使人安心的异域魔法，他定会预料到，他引起的暴力会反

---

[1] J. Bouveresse, *Le Philosophe chez les autophages*, Paris, Éd. de Minuit, 1984, pp. 93 sq.（译按：雅克·布维尔斯 [1940—2021]，法国哲学家，从事分析哲学研究，曾担任法兰西公学院讲席教授，极力捍卫理性主义。）

过来与他对抗。卡尔·克劳斯（Karl Kraus）[1]很好地阐述了这样一条法则：如果客观化的应用对象在社会空间（espace social）[2]中处在更远的位置，那么客观化便更有可能在"亲属的圈子"中被承认和称赞为"勇敢的"；在由他创办的杂志《火炬》（Die Fackel）的创刊号中，克劳斯表明，谁若是拒绝远距离批判所带来的乐趣和易得的利益，专心于一切都被视为神圣的眼前环境上，谁就应该早早预料到"主观上的迫害"所带来的折磨。也正因此，我借用了中国异端思想家李贽的著作《焚书》（Livre à brûler）作为本章标题。他之所以给自己这本自毁式的著作取了这一名字，是因为他在其中揭露了学阀的游戏规则。我们不是为了挑战这些人：尽管他们会迅速谴责所有真正的焚书行为，却想"焚毁"一切在他们看来亵渎性地攻击了他们自身信仰的作品[3]。我们只是想说明，当小团体的秘密泄露时，会有某种矛盾烙印其中，并且这种矛盾之所以让人如此痛苦，是因为最隐私之事的公布（哪怕只是部分的），也带有某种公开忏悔的性质。[4]

社会学并不足以产生某种幻觉，使社会学家在某个瞬间自认为扮演了解放英雄的角色。然而，尽管如此，社会学家的确有提供某种自由的可能性：他可以动员一切可用的科研成果，试图将

---

[1] 卡尔·克劳斯（1874—1936），奥地利作家、出版人、文学评论家，曾发掘许多奥地利年轻作家、诗人。——译者注
[2] 社会空间是布迪厄社会学中最重要的概念之一，它指涉的是所有可占据社会位置的总和；与之相对应的则是场域，场域是某一部分可占据的位置，因身在场域中的人具有相似的习性或倾向而具有连贯性。社会空间和场域之间具有同源性。——译者注
[3] 通过某种象征性的焚书判决（也许是心照不宣的），卡尔·克劳斯在世时，所有维也纳报刊都对《火炬》保持最绝对的沉默。
[4] 我们知道，《释梦》（L'interprétation des rêves）——弗洛伊德视之为他最重要的科学著作，在科学论著的表面逻辑之下，隐含了一种深层的话语，在其中，弗洛伊德通过一系列个人梦境，分析了他与父亲、政治及大学之间错综复杂的关系。特别参见 Carl E. Schorske, Fin de Siècle Vienna, Politics and Culture, New York, Alfred A. Knopf, 1980, pp. 181-207. (Vienne fin de siècle, Politique et culture, trad. Y. Thoraval, Paris, Seuil, 1983, pp. 177-196.)。

社会世界客观化，而并非像人们有时所宣称的那样，采取某种暴力还原或总体支配的手段，尤其是当他的研究对象追求客观化，却不想被客观化时。社会学家至少可以期盼，他那饱含学术激情的论著，不管对别人还是对他自己而言，都可以是一种社会分析的手段。

建构的工作及其效果[1]

我们通过各种具体的投入（investissements）与世界联系，这些投入既是智识性的，又是"世俗的"（temporel[2]），两方面密不可分；而当面对由研究这个世界所带来的挑战时，我们首先只会想到逃离：我们希望摆脱一切带有偏见的猜忌，这会促使我们努力抹除自身"有利害关系的"或"有偏见的"主体身份，这种身份会预先被怀疑为以科学为武器来追求个人利益；为了不把自己当作认识主体，我们甚至会求助于各种最非个人化、最自动化的程序，至少就"常规科学"（science normale）[3]的逻辑而言，这是最无可争议的程序。（这里我们可以看到，放弃的态度常常支持着超经验主义的选择；我们也可以看到，一种具体意义上的、真正的政治野心，被掩盖在科学中立主义之下：它试图通过科学研究，并以科学的名义，结束各种混乱的争论；它也自称为裁判

---

[1] 法语中的 effet 一词，有"效果""影响""效应"等多重含义，布迪厄在使用该词时，也注意到它的多重含义。在翻译时，若是表示结果，我们一般将该词译作"效果"或"影响"；若是表示某些特定社会现象，则译为"效应"。——译者注
[2] 法语中的 temporel 一词，既可以表示"时间性的"，也可以表示"世俗的"，布迪厄在使用该词时，很可能也考虑到它的多义性。——译者注
[3] 常规科学的概念由托马斯·库恩（Thomas S. Kuhn）在其著作《科学革命的结构》中提出。常规科学是以科学界某个团体所接受的范式（paradigme）为基础的、具有经验性、可预测性和生产性的科学活动。当构建某一学科的范式受到挑战时就会出现危机，科学家便会开始寻找新的概念框架。为了确立新的范式，从而确立新的常规科学，科学家们会拒斥以往的范式，这便构成了科学革命。——译者注

17 或法官,并否认自身介入场域之中,只是为了以无可指摘的超验、客观主体的外表,"在激烈的论争之上"突然出现。)

我们无法逃避研究对象的建构工作和与此相关的责任。没有任何对象不带有某种观点,即便某个对象被建构起来,是为了消除观点,即偏见;或是为了超越局部视角(而这与在被研究的空间中所处的位置有关)。但本研究的各项程序要求我们去阐释日常经验中各种不言自明的标准,并将它们形式化(formaliser),从而使我们有可能对它们的各种预设进行逻辑控制。不言而喻的是,我们事实上也在数年间进行了一系列选择,例如,在 1967年关于巴黎各所人文和社会科学院校(faculté)[1] 权力结构的调查中,我们就通过确定相关属性(propriétés pertinentes)[2] 的领域,从而确定了研究对象的名单(这些属性构成了被研究个体的特征),即最"有权势"、最"重要"的学者群体;但是,这些选择并不具备完美的认识论透明性和完整的理论清晰度。[3] 只有从未

---

[1] 法语 faculté 一词,原指巴黎大学(Université de Paris)的各个学院。在布迪厄所考察的1968 年前夕,当时的巴黎大学由五个学院组成,分别是文学院(faculté des lettres)、理学院(faculté des sciences)、法学院(faculté de droit)、医学院(faculté de médecine)和药学院(faculté de pharmacie)。需要特别指出的是,文学院不仅包括文学,还包括历史、哲学等学科,后来又纳入了社会科学,如社会学、人类学等;理学院则包括数学、物理、化学等学科。在本书第 2 章中,布迪厄的研究对象是当时巴黎大学文学院、理学院、法学院、医学院的 405 位教授(不含药学院)。而在第 3 章中,布迪厄则考察了巴黎各所人文和社会科学院校(les facultés des lettres et des sciences humaines)。1968 年五月风暴后,法国进行了高等教育改革,巴黎大学原来的五个"学院"被拆分至十三所"大学"(université)中,但布迪厄在原文中没有选用"大学"一词,而是保留了"学院"(faculté)一词。——译者注

[2] "相关属性"(propriétés pertinentes)这一概念将在下文中多次出现。在该词组中,propriété 表示事物的"属性"或"特性",同时隐含了"确切""适当"之意,此外还有"财产""所有权"之意,从而又和布迪厄的其他概念,例如"资本"或上文中的"投入(资)"联系起来。而形容词 pertinent 则指涉"恰当的""切题的""中肯的",与此同时也能表示"相关的",暗指各个部分与整体之间的系统性关系,也与下文中将出现的统计学方法"对应分析"有关。布迪厄此概念的内涵非常丰富,中文无法完全传达其含义,因此只能折中处理为"相关属性"。形容词 pertinent 的名词形式 pertinence 则将被译为"相关性"。——译者注

[3] 我们将在第 3 章中,找到对该群体建构原则的详细描述。第 2 章则将描述有代表性的样本特征,这些样本是分析所有学院(医学院除外)的基础。这两项调查所使用的资料来源则见于附录 1。

进行过经验研究（recherche empirique）的人，才会相信或声称他们的研究具备这些因素；并且这一系列程序的不透明性本身（这里，"直觉"会在某种程度上参与到这一系列程序中，而所谓的"直觉"指的是一种对直接关涉对象的或多或少可被证实的前科学性认识，以及对与之类似的对象的学术性认识），或许也有可能是经验研究无可取代的丰富性的真正来源：当我们对自己在做什么毫不知情时采取行动，或许反而更有可能在我们所做之事中发现某些我们不曾知晓的东西。

此一学术性建构来自各种不同指标缓慢而艰难的累积，之所以把这些指标考虑在内，是因为与各种实践知识有关，诸如对不同权力位置（例如大学咨询委员会 [Comité consultative] 或教师资格考试评审委员会 [jury d'agrégation][1]）的认识，对那些被视作"有权势"者的认识，甚至包括对那些通常被指定或被揭露为权力指标（indices）的属性的认识。因此，对"有权势者"和对权力"面貌"的广泛而粗略的理解，会逐渐让位于对权力掌控者和对不同形式权力的一系列独特特征的分析；并且随着研究的进行，我们会更加明晰地把握将这些特征彼此联系起来的统计学关系，从而更准确地理解这些特征的意义与重要性。某些"认识论断裂"[2]的"初始"表述[3]（représentation）试图让我们相信，与原初直觉的断裂

---

[1] 由于法国的教师职位较少，且教职数量往往是固定的，因此教师资格考试对参考者要求非常高，竞争非常激烈。根据 2021 年的数据，教师资格考试的平均通过率仅为 17.23%。考试分为高等教育和中等教育两个类别，通过后可以分别成为大学老师或中学老师。布迪厄文中的 agrégés，主要指通过高等教师资格考试、获得高校教职的人。——译者注

[2] "认识论断裂"（coupure épistémologique）是法国哲学家阿尔都塞在研究马克思作品时所提出的观点。在《保卫马克思》（Pour Marx）中，阿尔都塞用这一概念来阐释马克思青年时期和后来思想成熟期之间的区别。——译者注

[3] représentation 这一概念的内涵非常丰富，有"表述""表征""再现""表象"等多重含义。译文中，我们一般将该词翻译为"表述"，强调其语言层面的含义；而当作者强调该词的其他含义时，我们则会采取其他翻译，并标注法语原文。——译者注

是某种同时开始和结束的行为。然而,事实远非如此:这种断裂是长期辩证进程的结果,在此期间,在经验活动中形成的直觉会进行自我分析和自我控制,并孕育种种更熟悉状况的新假设,这些假设将因其带来的各种困难、不足和期待而被超越。[1] 研究的逻辑由大大小小的困难交织而成,这些困难迫使我们在每时每刻都询问自己正在做什么,并且通过提供初步的解答(它们会带来更为根本性的、更明确的新问题),使我们越来越了解我们所探求之物。

但是,满足于这种"博学的无知"是极其危险的。在我看来,客观化的科学研究的主要优点在于,它能让我们对客观化进行客观化(objectiver l'objectivation),当然,我们必须清楚如何分析其产物。事实上,对想知道自己在做什么的研究者而言,作为分析手段的代码(code)就成了分析的对象:在反思的目光下,编码(codification)[2] 工作客观化的产物,成了对象建构活动的直接可辨的痕迹,成了用以建构数据而使用的框架,也成了关于各种知觉范畴(catégories de perception)的或多或少严密的系统,这些知觉范畴产生了科学研究的对象——在本书中,研究对象即是

---

[1] 十分遗憾的是,我们没能保留一份研究日志,它比所有论述都更好地展示了,在与原初经验的逐步断裂中,经验研究所扮演的角色。但阅读所使用资料的清单(参见附录1),应该至少能说明资料的再收集是在我们控制之下的,而这也是日常经验和学术性认识之间差异的主要原因。

[2] 布迪厄使用了 codification 和 codage 两个词来指涉"编码"行为,指的都是将各种代码汇集起来,并将之系统化的过程,这样各个社会成员就会共享这些代码。但两者的侧重点稍有不同,其中 codification 既有编码之意,又表示法律的编纂,布迪厄使用该词时希望强调编码的法律意味,正如他在《习性,代码,编码》一文中指出的:"编码工作(travail de codification)是一种司法工作(travail juridique)[……]需要对编码工作进行分析,以便知道在现实中,当律师起草法典时发生了什么,以及在我们进行实践科学时,什么是在不知不觉中自动完成的。"而 codage 则更强调编码的技术层面:"编码(coder)意味着通过产生明确的类别,进行明确的分割,并建立明确的边界,来消除模糊的、含糊的、错误划定的边界和不够确切的区分。"参见 Pierre Bourdieu, « Habitus, code, codification », *Actes de la Recherche en Sciences Sociales*, 1986, pp.41-42。——译者注

"重要学者"及其属性的领域。一方面,一系列被采纳的属性能使各种不同标准(或属性)的领域汇集起来:除专有名词外(当涉及的是一个知名的名字时,专有名词是最有价值的属性),这些标准的确都是有用的(utilisables),它们可以被用在(utilisés)日常实践中,以区分各个学者,甚至对他们进行分类(这是能被证实的,因为它们大多是公开出版的信息,尤其是在那些官方的自我介绍中);另一方面,这些属性也能汇集起一系列特征,大学场域(champ universitaire)的实践经验会让我们视其为相关的特征,并由此构成各种分类属性。

此外,我们对编码(codage)程序本身的反思,会揭示出所有使被建构的代码与实践性的、不言自明的一般知觉模式相分离之物,而这些被建构的代码往往都是已经为社会所公认的编码,例如学历文凭(titres scolaires),或是法国国家统计与经济研究所(INSEE)[1]列举的各种社会-职业分类。与此同时,它也会揭示出,认识到此一差异,对充分理解科学研究及其研究对象而言至关重要。如果说任何代码,无论是信息论意义上的编码还是法律意义上的条码,事实上都意味着,我们既需要就那些被认为是相关的属性所组成的有限集合(韦伯认为,司法程序"只考虑与案件相关的、各种明确的一般特征")达成共识(consensus),也需要就这些属性之间的所有正式关系达成共识,那么忽视以下两种情况之间的区别——"科学编码重新采用了已经在社会现实中存在的编码"和"从头开始制造一套全新的标准(假设其相关

---

[1] 法国国家统计与经济研究所(INSEE)全称为 Institut national de la statistique et des études économiques,是一所国家级研究机构,主要负责经济数据统计,例如 GDP、消费指数统计等。——译者注

性 [pertinence] 问题已得到解决，因为此问题可能是冲突的关键性议题）"之间的区别——就并非无关紧要了；并且更普遍地说，掩盖与编码的社会条件及社会效果相关的问题，有可能会导致某些严重后果：事实上，在所有属性中，最重要的属性之一便是它的编码程度（但研究者所建构的标准与受社会认可的标准之间的混合取消了这种属性），正如一个场域之中最重要的属性之一，便是各种社会关系在公共代码中被客观化的程度。

显然，事实上，为了建构不同学者的身份而采纳的各种属性，在日常经验中会被非常不平等地用于理解和评判关于这些行动者的预先建构的个体性；并且，这些属性尤其会以一种非常不平等的方式被客观化，因此它们也会不平等地呈现于书面资料中。被制度化的、因而可以在官方文件中识别出来的属性，与没有或很少被客观化的属性之间的边界相对而言比较模糊，并且也会依情境和时代而改变（例如，任何特定的科学标准，或是社会 – 职业的分类，都有可能在某些政治形势下成为实践标准）。因此，由于客观化和官方性程度的降低，人们在自我介绍中（例如在官方信件、身份证件、名片上等）所使用的头衔经历了一系列变化：曾经，人们会使用一些众所周知并得到广泛认可的**官方参照术语**，诸如学术职称（"索邦大学教授"[professeur à la Sorbonne]）、权力地位（"院长"[doyen]）或权威地位（"法兰西学会成员"[membre de l'Institut]）[1]，抑或学位

---

[1] 法兰西学会（l'Institu de France，也译作法兰西学院）是法国重要的学术机构，旗下包含五个学院，包括主要负责规范法语使用的法兰西学术院（Aacadémie française），以及铭文与美文学术院（Académie des inscriptions et belles-lettres）、科学院（Académie des sciences）、艺术院（Académie des Beaux-Arts）、人文院（Académie des Sciences morales et politiques）。每个学院的院士都在法国享有很高的社会地位，其中法兰西学术院院士更是被称为"不朽者"。——译者注

头衔（"巴黎高等师范学院毕业生"[ancien élève de l'École normale supérieure]），并且它们还常与一些称谓语共同出现（"教授先生"[Monsieur le Professeur]、"院长先生"[Monsieur le Doyen]等）；但现在，人们更常使用那些虽已制度化、但很少用于官方日常分类的属性，例如实验室主管（direction d'un laboratoire）、大学高等理事会成员（Conseil supérieur de l'Université）[1]，或重大竞考（concours）[2]评委会成员等；最后，人们也会使用一些外国人往往难以理解的指标，这些指标定义了所谓的"声望"，即某人在知识的或科学的等级序列（hiérarchies）中所处的位置。在这种情况下，研究者会不断面临抉择：要么引入或多或少带有人为色彩的、甚至武断的（或至少总是有可能被谴责为是如此的）分类；要么将各种等级置于括号里（mettre un parenthèses）[3]，尽管这些等级并不存在于被客观化的、公共的、官方的状态中，它们还是会不断被提及，并与客观性本身紧密联系。事实上，我们将会看到，这对所有的标准来说都是如此，甚至那些最"不容置疑的"标准也是如此，比如纯粹的"人口统计学"（démographie）指标，这些指标要求使用者把他们所谓的"科

---

[1] 大学高等理事会为旧建制名称，现今这一机构与其他机构一同被整合成了法国教育高等理事会（Conseil supérieur de l'éducation）。——译者注

[2] 法国高等教育体系中有两场重要考试：高中毕业会考（baccalauréat）和竞考（concours），学生在通过高中毕业会考后即有资格进入公立大学（université）。但若是想进入"大学校"（grande école），例如上文提到的巴黎高等师范学院（ENS）或巴黎综合理工学院（École Polytechnique）等，则需要通过由这些学校举办的竞考。法国竞考的竞争非常激烈，巴黎高师竞考多年平均通过率低于5%，巴黎综合理工的通过率则是8%左右。因此，在法国，"大学校"毕业生（如巴黎高师毕业生）是非常重要的身份象征。值得一提的是，布迪厄本人也毕业于巴黎高师。——译者注

[3] 这里布迪厄运用了一个略微现象学的概念"加括号"或"悬置"，即对某物不作判断、存而不论，以一种客观主义的方式考察世界。布迪厄在学生时期是哲学系学生，他的诸多社会学观点都深受胡塞尔的影响。——译者注

学"视作一门自然科学。[1]但是，当我们在选择"智识声望"或"科学声望"的各种指标（那些最少被客观化的相关属性）时，我们考虑的是选择标准的问题，即合法成员标准的原则和等级划分（hiérarchisation）原则；更确切地说，我们考虑的是权力的问题，以及权力的定义原则和等级划分原则的问题。这些研究者对其研究对象提出的问题，就内在于对象本身之中。

因此，研究对象的建构工作界定了相关属性的有限集合，它们因被假设为有效变量（variables efficaces）而得以建立，并且这些变量的变化与被观察到的现象变化有关。与此同时，此一建构工作还定义了被建构的个体（individus construits）所组成的群体（population），而每个个体本身的特征，就建立在对这些属性不同程度的拥有之上。这些逻辑活动产生了一系列效果，我们必须对它们加以阐释，以免在不知情的情况下，就以肯定的形式将其记录下来（这正是客观实证主义的主要错误所在）。首先，对非客观化之物（例如科学声望）的客观化，正如我们刚才看到的那样，等同于一种官方化的、具有准司法性质的效果：因此，建立在引用数量之上的国际声望等级，或是新闻界参与指标的制定，与各种排行榜制造者在场域之中的所作所为非常类似。[2]此效果，在以下这种特殊情况下，是不容忽视的：在此情况下，各种属性被正

---

[1] 我们必须深入批评这种自然化的效应，尤其是在人口统计学方面，因为它赋予某些参数（年龄、性别乃至婚姻状况），以及不由分说操纵这些参数的工作，以某种绝对的"客观性"的外观。更一般来说，尽管我们并不期望能阻止对那些旨在将历史简化为生物学性质、地理学性质或其他类似性质的研究的强制性重复，但这种去历史化（déshistoricisation）效应在每门社会科学中所采取的形式仍值得被描述，从民族学（当它去迎合为各门自然科学所强调的口头类比时）到历史学本身（当它在土壤和气候这类"不变历史"中寻找一种实质，但其历史运动只是一些偶然事件的实体时）都能发现这一效应的踪迹。
[2] 我们不能排除这样的可能性，即科学分析本身可能起到一种足以改变该场域一般视域的理论效果。

式或心照不宣地排除在所有官方的或制度化的分类法则之外，甚至还被排除在非官方或非正式的分类法则之外，例如宗教归属或性取向（异性恋/同性恋），尽管这些属性可能介入种种实践判断之中，并且它们在被考察的现实中与一些可见变量有关（当某些人在谴责社会学调查具有"警察式"的特征时，他们所想到的很可能就是这类信息）。

为了阐明学术性编码的效果，尤其是为了阐明身份（它的各种属性在现实中以非常不平等的方式被接受）的同质化现象，我们只需考察与各种不同标准相对应的、不同群体（populations）作为团体（groupes）的存在模式（mode d'existence）和等级即可，这些标准包括年龄、性别分类（尽管女性主义意识和运动已经出现），以及某些总体分类，例如巴黎高师校友（normaliens）或教师资格获得者（agrégés）这样的集合，这是两种不同类型的集体存在模式："巴黎高师校友"的头衔，是在最低限度的制度支持下（如高师校友协会、通信录、同届学生餐会等）而得以维系的、实际团结（solidarités pratiques）的平台；"教师资格获得者"的头衔则并不是那种与共同经验有关的、真正的实际团结，而只是作为加入"教师资格获得者协会"（Société des agrégés）这一组织的条件，该组织致力于捍卫此头衔的价值和所有与之相关的东西，并且该组织中的代表们被赋予了某些权利，他们代表整个团体发声和行动，并表达和捍卫他们的利益（例如在与政治权力的协商中）。

简单编码活动所产生的制度化与同质化效果，以及认可的基础形式（它会不加区分地认可各种不平等的承认标准）所产生的效果，都类似于法律产生的效果。如果这些效应（effets）在研究者不知情的情况下运作，就会导致研究者"以科学的名义"解决那些在现实中并未被解决的问题：事实上，不同属性受到认可的程度，会根据行动者（并且也依情境和时代）的不同而发生明显变化；并且，某些人可能会提出或公开主张的属性，例如为《新观察家》写稿（这个例子并不是凭空想象出来的），在另一些在该领域中处于不同位置的人看来，却有可能像烙印一般，意味着被排除在该领域之外。这些完全颠倒了的情况（就像上文中那样，某一个人的高贵头衔对另一个人来说可能就是耻辱的标志或是受侮辱的象征，反之亦然）提醒我们，大学场域就像其他任何场域一样，在这里，人们会为了确定各种条件与标准——它们确定了该场域的合法成员与合法等级划分——而斗争，即为了那些相关的、有效的属性而斗争，它们像资本一样运作，可以生产出由该场域所保障的特定利益。这些由不同标准所定义的个体的不同集合（或多或少以团体形式而构成）与这些属性有所联系。通过主张这些标准、竭力使它们得到承认并将其建构为合法属性和特殊资本，这些个体试图修改学术市场中价格特征的形成法则，并由此增加他们获利的机会。

因此，正是在客观性本身之中存在着多种相互竞争的等级划分原则，并且由这些原则所确立的各种价值无法相互比较，甚至互不相容，因为它们与各种相互敌对的利益有关。我们不能像那些指标爱好者很可能会做的那样，只是把各种学术指标——例如参加大学咨询委员会、参加教师资格考试评审委员会，或是著作在伽利玛出版社（Gallimard）[1]出版、为《新观察家》杂志写

---

[1] 伽利玛出版社是法国最重要的出版社之一，由加斯东·伽利玛（Gaston Gallimard）于1911年创办，旗下有七星文库（Bibliothèque de la Pléiade）、白色文库（Collection Blanche）、观念文库（Bibliothèque des idées）、"页码"口袋书系（Collection Folio）等重要书系。——译者注

稿——叠加起来；这种错误的建构，只会再生产出有争议的混合体，而对"学阀"这一概念的半学术使用，指向的正是这种混合体。科学建构用以作为各种认识与分析手段的标准，从表面上看是最中性、最"自然"的标准，例如年龄，也会在各种现实实践中，作为区分和等级划分的原则而发挥作用（我们只需想想这些常会引起争议的、对立式的分类标准：例如年老的/年轻的[vieux/jeune]、古老的/新近的[paléo/néo]、旧的/新的[ancien/nouveau]等）；因此，这些标准也是斗争的关键。也就是说，我们只有把研究者所实现的分类活动，以及它与行动者（以及研究者本人，一旦他不再位于研究的领域时）所从事的分类归因（imputations classifications）之间的关系当作研究对象，才有机会避免把各种分类斗争中产生的或多或少被合理化的表述，尤其是学术界赋予自身的半学术式表述，当作大学场域中的真理。

事实上，正是由于没有明确处理这两种逻辑之间的断裂，因此在这一领域中，正如在其他领域中一样，社会学常常倾向于以"类型学"（typologies）的名义，提出一些半学术性的分类（taxinomies），它们将各种原初的标签——它们常常更接近烙印或侮辱，而非概念——与"学术"概念混和在一起，后者则以分析或多或少熟悉的情况为基础。这些"类型学"围绕几个典型人物组成，尽管它们很可能来自各种熟悉的形象——例如原初经验，或是多少有争议的范畴（catégorèmes）——就像道德学家们所谓的"特性"（caractères）一样，但它们实际上并不具体；与此同时，尽管这些"类型学"所使用的术语，来自美国社会科学家（social scientist）所操弄的那套行话，例如"地方的"（local）或"地方主义的"（parochial）和"世界主义的"（cosmopolitan）

等，但它们并不是真正被建构起来的。作为一种带有现实主义意图的产物，即为了描述"典型的"个体或群体，这些类型学通过混合各种异质的标准，比如年龄、人们与政治权力或科学的关系等，从而将各种不同的对立原则组合起来。举例来说，阿尔文·W.古德纳（Alvin W. Gouldner）根据人们对待体制的态度（faculty orientations）、对职业技能的投入程度，以及人们朝内还是朝外的倾向，将人们分成以下两类：地方主义者（the locals），其中包括献身者（the dedicated）——"积极投身体制中"（fortement dévoués à l'institution）、真正的官僚（the true bureaucrat）、家园卫士（the homeguard）和长老（the elders）；以及世界主义者（the cosmopolitans），其中包括外来者（the outsiders）和帝国建设者（the empire builders）[1]。或者根据伯顿·克拉克（Burton Clark）的说法，我们能在以下术语中看到各种不同"文化"的典型（représantants）：老师（the teacher）是指献身于学生的人，学者–研究员（the scholar-researcher）是指完全投身于实验室的化学家或生物学家，指示者（the demonsrator）是指传递技术才能的指导员，最后，顾问（the consultant）则是指"在大学校园里和飞机上度过同样多时间的人"[2]。最后再举一个例子（尽管我们也许还能以这种方式继续下去），约翰·W.古斯塔德（John W. Gustad）区分了六种典型：学者（the scholar），那种自认为"不是雇员，而是学术共同体内自由公民"的人，以及课程顾问（the curriculum

---

[1] A. W. Gouldner, Cosmopolitan and Locals: toward an Analysis of Latent Social Rules, *Administrative Science Quarterly*, 2, décembre 1957, pp. 281-307.

[2] B. Clark, Faculty Organization and Authority, in T. F. Lunsford (éd.), *The Study of Academic Administration*, Boulder, Colorado, Western Interstate Commission for Higher Education, 1963, pp. 37-51. Faculty Culture, in *The Study of Campus Culture*, Boulder, Colorado, Western Interstate Commission for Higher Education, 1963.

adviser），个体创业者（the individual entrepreneur），顾问（the consultant），他们"始终在校园之外"，或是行政人员（the administrator）和世界主义者（the cosmopolitan），他们则"以外部为导向"[1]。

我们没有必要一一列举所有侮辱性概念、半学术性刻板印象（例如飞行社会学家[2]）转变为半科学概念的"典型"例子，比如顾问（consultant）、外来者（outsider）等，也不必指出所有那些微妙的指标，它们使分析者在被分析的空间中所处的位置露出马脚。如果说这些类型学多少还具有某些可信度，事实上只是因为，作为在所考察的领域中被使用的分类模式的产物，它们对某些被简化为大学教师群体的客观关系领域进行了实际划分（partitions réelles，类似于在日常直觉之下的划分），并且它会阻止我们将大学场域置于一系列关系之下（就像该场域本来的那样）来加以考量，这些关系正是在不同历史时刻和不同国家社会中，将大学场域与其他场域——一方面与权力场域，另一方面与科学和知识场域——联系起来的关系。如果说这些产物[3]（可惜的是，它们非常普遍，并且完全代表了人们常常拿来当作社会学的东西）值得我们停下来稍作考察，那是因为，如果把事物转译为由这些产物所操弄的那一套具有学术外表的语言，那么这些产物会让人们相信（不只是它们的作者），它们可以为我们提供对现实的更高层次的认识；然而，最终它们能告诉我们的信息，可能还不如一名优秀的受访者的直接描述。各种出于实际需求的观点

1　J. W. Gustad, Community Consensus and Conflict, *The Educational Record*, 47, Fall 1966.
2　飞行社会学家（jet sociologist），指乘喷气式飞机到处旅行的社会学家。——译者注
3　此处法语原文用的是 produits（产物）一词，由上文可知，该词与 typologies（类型学）是同位语，因此这里的"产物"指的就是各种类型学标准。英译本更是直接用"类型学"一词替代了"产物"。——译者注

（vision）原则和区分（division）原则，被隐藏于这一实际应用之下，而正是它孕育了各种分类；维特根斯坦认为，"这些分类，事实上类似于当我们想要按照云朵的形状来将其分类时，可能会得到的东西"[1]。但外表往往只是表面的；这些不讲道理的描述具有日常经验逻辑，它们披着科学性的外衣，比科学建构更能满足共同期待，因为科学建构需要直面特定案例的特殊性与复杂性，并且与日常语言或其半学术转译对现实的最初表述（représentation première）相去甚远。

因此，社会科学只有明确地把各种共同的标准和分类当作研究对象，而不是任由它们偷偷摸摸地进入科学话语中，才能与这些标准和分类决裂，才能从各种斗争中脱身，在其中它们既是目的（enjeu）又是手段（instrument）。社会科学必须考察的领域是各种相互竞争（有时是敌对）的表述的对象，至少在某种程度上，它也是这种表述的产物；而这些表述都宣称自己掌握真理，进而宣称自己有存在的权利。对社会世界所采取的任何立场，都是从世界中某个特定的位置出发而被安排和组织起来的，也就是说，是从"维持或提高与此位置有关的权力"这一观点出发的。一个像大学场域这样的领域，实际上取决于行动者们所形成的表述，因此，这些行动者能够利用各种等级划分原则的多样性，以及对象征资本（capital symbolique）低程度的客观化，试图向人们强加他们的看法，并在他们象征权力（pouvoir symbolique）的范围内，通过修改他者（和他们自己）可能对这个位置的表述，来调整他们在这个空间中的位置。就这方面而言，没有什么比引言（avant-propos）、绪论（exordes）、序言（préambules）或前

---

[1] L. Wittgenstein, *Philosophische Bemerkungen*, Oxford, B. Blackwell, 1964, p. 181, cité par J. Bouveresse, *Le Mythe de l'intériorité*, Paris, Éd. de Minuit, 1976, p. 186.

言（préfaces）更能揭示问题了，它们往往在方法论前提（préalable méthodologique）的外表下（这在方法论层面上是不可或缺的），隐藏着或多或少狡猾的企图，以便把各种必然性，尤其是某种位置和轨迹所固有的限制，转化为科学效力（vertus），与此同时，也使那些无法达到的效力被祛魅。从而，我们将会看到，那种往往被称作"狭隘的"专研学者[1]（其实，他也不可能不知道这一点，因为我们很可能已经在学术判断极其婉转的语言中，以千种不同方式向他宣告了无数次，并且首先可能就在一些权威意见中，仅承认他的工作是"可靠的"），会竭力使那些"杰出的"（brillants）随笔作家和"野心勃勃的"理论家失去威信；至于这些随笔作家和理论家，则会借助反语（antiphrase）修辞法，去称赞那些为他们的反思带来"珍贵材料"的渊博学识，并且当他们真的在其所处的霸权位置中感受到威胁时，他们便会公开对"实证主义"学究们的斤斤计较、贫瘠的谨慎表示极端蔑视。[2]

简而言之，正如我们在各种论战中（它们是一种持续的象征性竞争的高潮时刻）所看到的那样，关于社会世界（尤其是对手）的实践知识遵循一种简化的立场；这些实践知识求助于各种分类小标签，它们用来指示或者标明各种团体，以及那些以含混的方式而理解的属性的集合，并且并不包含对它们自身原则的认识。而只有完全无视这种逻辑，才能期待有某种技艺，能像"法官"的技艺一样，避开类似"哪些机构有权使合法化的机构合法化"

---

[1] 法语中的 érudit 一词，既指"博学者""博学之士"，也指在某一冷门、小众领域钻研至深的学者，尤其是古代史、古代语文学等领域的"专研学者"，因此也有"钻牛角尖"的贬义含义。在本书中，布迪厄用到该词时，有时带有贬义。——译者注

[2] 我们将局限于这些因过于"精练"而有点不真实的案例，因为我们无法提供那些必然会引起论战的案例研究，而只有这些案例才有可能展现这种自我合法化（auto-légitimation）修辞最典型的策略，也只有这些案例才能表明，所占据位置在大学场域和专业性次级场域中的一般和特殊特征，通常是以非常委婉的方式表述出来的，尽管对知情人士来说，这是完全显而易见的。

这一问题；而此技艺就在于，就正在讨论的问题（例如用以定义学术权力或声望等级的各种相关标准），对一群被当作专家的行动者提出质询。的确，我们只须检验一下此技艺，就能知道它是否再生产（reproduit）了它应当去裁决的游戏逻辑本身：不同的"法官"——甚至在不同时刻的同一个"法官"——实行着不同的，甚至互不相容的标准；因此，他们再生产了行动者在日常生活中所生产的那些分类判断的逻辑，但由于此一过程处在一种人为的情况下，因此只是以一种不完美的方式进行的再生产。但最重要的是，我们只要对"被选择的范畴"和"这些范畴的制定者的属性"之间的关系稍加注意，就能看到，只要我们预判"法官"的选择标准，即他们在空间中所处的位置，便可以预料到他们所做的判断的性质。他们所在的位置就是他们所做判断的根源，尽管这在本研究目前的阶段仍是未知的。

这是否意味着，社会学家别无选择，只能借助科学的技术性力量和象征性力量，使自己成为"法官中的法官"？抑或，他只能强制规定一种判断，这种判断永远无法完全摆脱各种预设和偏见，这与他在该场域的位置有关，而他恰恰又试图将这一场域客观化？又或者，他只能放弃种种客观主义式的绝对主义权力，以便满足于对各种对峙观点（包括他自己的观点）的视角主义式（perspectiviste）记录？实际上，在面对使他难以忍受的社会决定论时，社会学家的自由与以下这些因素相适应：首先，这种自由与他客观化的理论手段和技术手段的力量成正比；同时，它尤其可能与社会学家使这些手段在某种程度上转向他自身的能力成正比。其次，他的自由还可能与他对其自身位置进行客观化的能力成正比，这种客观化通过对空间的客观化而得以完成，在此空间内部，其所处位置、对其所在位置的初步观点，以及与之对立的位置这三者互相界定彼此；此外，它同样也有可能与他对某些意图加以客观化的能力成正比，例如客观化本身的意图，对世界（尤其是社会学家自己身处的世界）采取某种极端、绝对的观点的意图，以及竭力将一切"以科学为武器来统治"的野心从科学客观化中排除出去的意图。最后，社会学家的自由可能还与另一种能力成正比，它把客观化的努力，导向研究者自身在其轨迹和位置上所特有的各种倾向和利益，导向他的科学实践，还导向各种预设，科学实践将这些预设嵌入它的各种概念和问题之中，并嵌入一切伦理或政治的目标之中，而这些目标与大学场域中某一位置所固有的社会利益有关。[1]

当研究把它自己所在的领域当作研究对象时，它所获得的成果，就能作为关于此项研究的社会条件与社会限制的反思性认识的手段，被立即重新投入科学研究中，而这也是认识论警惕（vigilance épistémologique）的主要武器之一。事实上，我们可能只有利用那些我们所能取得的科学，去发现和克服摆在科学面前的种种障碍（它们被包含在占据某一位置和某一确定位置这一事实中），而不是像通常的那样，把对手的理由（raisons）简化为原因（causes）或是利益，这样才能推进对科学场域的认识。这些都会提醒我们，从研究的科学性这一角度来看，比起看到他人的利益，研究者对自己的利益——也就是他有兴趣去看和不想看的东西——更感兴趣。因此，我们可以不带任何道德主义怀疑地提出，在这种情况下，只有放弃社会利益，尤其是抵抗为了在科

---

[1] 历史主义（historicisme）或社会学主义（sociologisme）的相对主义以研究者在社会世界中的嵌入（insertion）为由，来质疑他获得超历史真理（vérité transhistorique）的能力；但是这些相对主义几乎总是忽略了科学场域中的嵌入及与此相关的利益，从而否定了所有控制特定中介（médiation）的可能性，而所有决定论都是通过这一中介得以实施的。

学场域取得社会性胜利而利用科学及其效果的企图,才能获得科学利益。或者也可以说,只有放弃把科学当作获得权力的手段,并且首先从科学领域中开始放弃,我们才有可能对权力科学的研究做出贡献。

尼采的谱系学、马克思主义对意识形态的批判、知识社会学,这些旨在将文化生产同社会利益联系起来的完全合法的程序,也最经常被一种双重游戏的效果——它与在斗争中使用斗争科学的企图有关——所误导。这种对社会科学(或者它所能给予的权威)的非法使用,我们可以在雷蒙·布东(Raymond Boudon)[1]一篇文章中,找到极具典型性的例子(之所以是典型的,正是因为其典型的幼稚):文中,他把对法国智识场域的科学分析,当作对"非科学的"(extra-scientifique)成功的揭露,这(很糟糕地)掩盖了他为自己的(pro domo)辩护,其要点在于把晦涩难懂当作美德。[2] 如果说,一种描述并不包含任何关于它在表达时所处位置的反思,那么它除利益原则(这些利益同分析者与对象之间的非分析性关系有关)以外,就没有什么其他原则了。所以,可以毫不夸张地说,这篇文章的基本论点只不过是一种社会性策略,它通过抨击关于国内名流的等级序列是纯粹法国式的,也就是说,抨击这种等级序列与"单一性"和特殊性有关(它们会被自动认定为各种过时的古语 [archaïsms],在一些关于"文学精神"的话题上喋喋不休),从而诋毁这一等级序列。

---

[1] 雷蒙·布东(1934—2013),法国哲学家、社会学家,法国"方法论个体主义"(individualisme méthodologique)学派的领袖。布东的社会学分析强调个人性,例如他认为,导致教育不平等的主要原因是不同个体教育需求的不同,因而与布迪厄强调社会结构性的倾向针锋相对。——译者注

[2] 参见 R. Boudon, L'Intellectuel et ses publics: les singularités françaises, in J.-D. Reynaud et Y. Grafmeyer, éd., *Français qui êtes-vous?*, Paris, la Documentation française, 1981, pp. 465-480.

与此同时，它也试图利用唯一科学的国际等级序列，来反对被认定为与之不同的法国式等级序列；也就是说，用一种被假定为科学的等级序列（因为这种制度是国际化的，也就是说是美国式的），来反对那种被认定为非科学的等级序列。[1] 值得注意的是，科学家们所采取的这种立场并没有得到任何经验性的核实。这将迫使我们发现（正如我们将要看到的那样），例如，有相当一部分生产者支配着我在早先一篇文章中所称的"场域"或者"有限市场"[2]，也就是雷蒙·布东（他总是关心科学性的外部标志）在毫无参照的情况下所说的"第一市场"（Marché I），这些生产者也是大规模生产市场上最负盛名之人；又或者，我们也将发现，国内市场中最非科学的领域里最受认可的研究者，其作品通常会被翻译成最多种不同的外语[3]，或是在《引用索引》（*Citation Index*）——虽然这完全不是法国式的——中被提到的次数最多，但某些最为传统的学科除外，例如并不那么"文学的"古代史或者考古学。

在争取特定学术权力的斗争中，各种属性作为有效力的权力而发挥作用，并在不同程度上为一群有效力的行动者所拥有；通过建构关于这些属性的有限而完整的集合，社会学家引入了一个客观空间，这个空间是系统性且单义的，因而也是可复制的，

---

[1] 支持这种话语——法国的等级序列不同于国际等级序列，国际等级序列是唯一科学的，因此法国等级序列是非科学的——的主要论述仍然处于不言明的状态，即使在一篇主张科学性的文本中也是如此，这一事实表明了，在知识分子场域中，各种斗争最具特点的论战方法的根本属性之一：那些旨在损害其竞争对手象征性信誉的诽谤策略，会假设某些属性由整个群体所共有，而这种或多或少带有诽谤性的影射，几乎不会被完全解释清楚。

[2] P. Bourdieu, *Le Marché des biens symboliques*, *l'Année sociologique*, vol. 22, 1971, pp. 49-126.

[3] 在本书"后记：二十年后"中，布迪厄指出，这些人是阿尔都塞、巴特、德勒兹、德里达、福柯，他们在法国大学体系中处在边缘位置，甚至其中有些人因没有撰写博士论文而没有指导博士论文的资格，但他们在国际学术界，尤其在美国享有盛名。——译者注

并且不可被简化为对行动者每个部分的表述的总和。因此,"客观主义的"建构,既是与原初观点以及与所有混合话语——这些话语把半具体和半建构、标签和概念混淆在一起——相分离的条件,也能让我们把各种前科学的表述(它们也是对象不可或缺的组成部分),重新纳入关于对象的科学研究。事实上,我们无法将建立大学场域结构的意图和描述斗争逻辑的意图区分开来:大学场域是一个多维的空间,它建立在一系列权力的基础上,这些权力能在竞争性斗争的任何特定时刻变得有效力;而各种斗争则在大学场域的结构中找到了它们的根源,其目的在于,通过重新定义各种权力的等级,也就是各种标准,来维持或者转变这一结构。即使在"有意识地动员起来的团体"和"心照不宣地团结一致的团体"两者的竞争之间,斗争并未采取有组织的形式,但斗争是一个无可争议的事实,它的各种标准及其所决定的属性既是手段又是目的,研究者必须将其纳入他的现实模型,而不是试图通过将自己设定为仲裁者或"公正的旁观者",即法官(自认为只有他才能在最后阶段,通过让所有东西各居其位,做出好的安排,并使所有人达成共识),来人为地排除斗争。我们必须超越主客二分的观点:一方面,我们要超越关于客观分类(classement objectif)的客观主义视角,其对单一尺度和各种累积性指标(indices cumulés)的追寻,代表了一种漫画式的滑稽可笑的表达;另一方面,我们也要超越主观主义的视角,或者更确切地说,一种视角主义的观点,它仅限于记录各种等级序列之间的差异,这些差异被视为一些无法比较的观点。事实上,就像被视作整体的社会场域一样,大学场域也是一个斗争的场所,人们通过努力维持或者转变不同标准,以及由它所决定的不同权力之间的力量关系状态,进行着有关各种不同分类标准的斗争,而这一斗争有助于分类的实现，因为它能够在某个特定时刻被客观地理解；但是，行动者们对分类的描述，以及他们能够用来维持或颠覆这种描述的策略性力量和方向，则取决于他们在各种客观分类中所处的位置。[1]因此，科学研究的目的，就是建立一种恰当的知识，它既是对不同位置之间的客观联系的恰当认识，也是对建立在不同位置和与之相应的立场之间的必要联系（也就是在空间中所占据的位置与对空间本身的观点之间的必要联系，这种观点既具有该空间的现实性，也具有生成性）的恰当认识，我们可以把处在这些位置上的人的习性当作中介，来获取这种恰当的知识。换句话说，科学研究通过界定各种位置所在空间的区域而形成了"分类"，这也是各种分类策略的客观基础，行动者们试图通过这些策略来维持或改变此空间；并且在种种策略之中，我们还必须考虑到那些被动员起来、为了保障其成员利益的团体的构成。

若想要调和客观主义和视角主义两种不同立场，我们则需要力求对客观化进行客观化（objectiver l'objectivation），并试图创造一种关于理论效果的理论。无论是从理论的观点来看，还是从伦理或是政治的观点来看，这种调和的必要性可能还有另一个更为根本性的理由：对行动者和起作用的属性的"客观"空间的学术建构，往往会用分析性和反思性的认识，来取代对"有权力的"团体的整体而混乱的认识，从而驱散了构成日常经验的模糊和不确定的迷雾。想"客观地"理解人们生活于其中的世界，却又不去理解这种理解的逻辑，也不去理解它同实际理解之间的区别，这样也就无法理解，到底是什么让这个世界得以存续和维持

---

[1] 某个行动者或者行动者组成的团体可能没有意识到，在斗争中，他们可能仅仅由于其存在，就会威胁到该场域其他成员的声誉（例如，通过强加新的思想模式和新的表达方式，以及有利于自身生产的各种评价标准）；虽然他可能并没有有意识地把他们当作竞争者，也没有运用专门针对他们的策略，更别说把它们当敌人了。

（vivable et viable）：正是实践理解的模糊性本身造就了这个世界。就像在礼物交换时那样[1]，客观主义的方式并不了解它自身的真相，从而取消了让实践成为可能的条件，也就是说，这种方式并不了解什么模式能够解释实践的发生。客观主义视角的确会给那些具有简化倾向的人带去满足感；但单纯满足于此，会让我们忘记在现实模型中引入经验与客观主义模型之间的差距，而实际上正是这种差距构成了我们对真理的体验。

很可能没有多少领域，能把如此多的自由和制度支持，给予自我掩饰的游戏，以及"经验性的表述"与"在社会场域或空间中所占据的位置的真相"之间的差距；对这种差距的容忍，可能就是一个社会环境中最深刻的真相，此环境允许并支持各种形式的对自我的划分（clivage du moi），即所有使"被模糊地感知的客观真相"与"对此客观真相的否定"这两者得以共存的方式，因而让那些最缺乏象征资本的人能在这场"所有人互相为敌"（tous contre tous）的斗争中幸存下来。在这场斗争中，每个人都依赖于所有其他人，既包括竞争者和顾客，也包括对手和法官，以便确认他自身的真理和价值，也就是说，他象征性的生与死。[2] 因为很显然，这些个体防御系统将很难拥有任何社会效力，除非它们与所有那些占据相同或对应位置的人有合谋关系，并使这些人在

---

[1] 这里布迪厄指向的是马塞尔·莫斯等人关于"礼物"的分析，布迪厄曾多次在自身研究中同涂尔干、莫斯、列维-斯特劳斯等人，就"礼物"问题展开对话。在莫斯看来，礼物交换可能并非是经济理性的，而是在某种程度上基于某种"神圣性"，因此礼物交换这一行为为不同社会团体所共享。布迪厄则将这种"神圣性"视为一种"信念"（doxa），这种理所当然、毋庸置疑的状态，也在某种程度上起到了支配的作用，促进了区隔的产生。——译者注

[2] 我们必须分析符号学的和统计学的那些自发程序，通过这些程序，在特定资本分配中，所占据的位置的实践直觉得以建构，尤其是所占据的位置中各种指标的解码和统计；此外，我们也必须分析捍卫或否认真理的机制，比如各种形式的相互褒奖的俱乐部，以及各种补偿和替代的策略，例如大学工会主义或某些政策，它们为双重身份和双重语言策略提供了一个有利的场所，这些策略由于使用那些可无限扩展的"概念"（如"劳动者"），或转化那些借自工人斗争的措辞和思想模式，而变得更加有利。

生死攸关的错误与幸存的幻想中，辨认出这样一种表达：要努力[1]在维系社会存在的东西中，把维系他们自身存在的东西保存下来。

事实上，许多或多或少制度化的表述和实践，只能被理解为集体防御系统（systèmes de défense collectif），行动者们通过这些系统，找到了某种方法来逃避那些过于粗暴的质疑；引起这些质疑的，很可能是对各种明确标准的严格运用，例如科学或专研的标准。因此，正是各种不同的评价尺度（无论是科学的或行政的，还是学术的或知识的），提供了各种不同的救赎方式和杰出的形式，它们让每个人都可以在与所有人的共谋中，用那些众所周知的真理来伪装自己。[2] 等级划分的各种标准与原则的不确定性，会在客观性本身中孕育出种种模糊的效果，而科学协议必须考虑到它们：举例来说，各种标准（如关于出版地点的标准，或是参加国外研讨会或举行讲座数量的标准）之所以具有不确定性，既是因为每一门科学都有一套关于期刊、出版社、不同国家或是研讨会的等级标准，它们复杂且存在争议，也是因为那些拒绝参与其中的人，可能很难与那些未受邀请的人区别开来。总而言之，如果不把等级制度的客观不精确性纳入理论，那将是对客观性的严重破坏，而此一模型正是为了克服这种客观不精确性，它建立在对科学地位的各种不可或缺的指标进行清查的基础之上。我们必须自问，各种等级序列的多样性本身，以及各种在实践上不可比较的权力的共存（例如科学声望和学术权力、内部承认和外部声

---

[1] 这里作者用了 effort（努力）一词，很可能指向了斯宾诺莎取拉丁语 conatus 的含义，即万物（人或事物）维持自身存在需要付出的努力。在布迪厄的语境中，conatus 指向的是个人对某些特定社会条件的反应，具体而言，即个体对自身的主观期待（习性）进行调整，从而与客观环境（场域）相适配的过程。——译者注

[2] 扰乱等级序列的因素之一在于学科的划分，以及在学科的内部对专业的划分，它们虽然等级鲜明，但提供了某些独立自主的等级。

誉），是否会受到某种反累积法则的影响，这种法则既存在于结构之中，与此同时，也被心照不宣地当作一种保护，它阻止我们不加任何妥协地应用那些官方公开承认的规范。

我们可以从以下这一矛盾的事实中看到另一种表现：自称为科学的领域，实际上并未提出所谓科学声望的制度化符号。无疑，我们可以援引法兰西学会或者法国国家科学研究中心（CNRS）学术金奖[1]这样的例子，但是在这两种荣誉（distinctions）[2]中，前者似乎既表彰科学成就，也表彰伦理-政治方面的才能，而后者则完全例外。我们可以以相同的逻辑，也就是说，在一种被强加的妥协（它出于提供和给予某些保障来规避研究者职业上各种风险的必要性）中，理解为何会有如此多科学委员会会像双边平等委员会[3]一样运作，或是理解在学术或科学场域中处于被支配位置的人所熟悉的策略，这种策略的目的在于，用政治或工会式的修辞所提供的普遍化能力，把位置的同源（homologies de position）当作条件的一致（identité de condition）（例如，根据1968年风靡一时的"三个P"模式，也就是老板[patron]、教授[professeur]、父亲[père]模式），从而以团结一致的名义，建立或多或少带有强迫性的身份认同（identifications）；这种团结一致绝不是无足轻重的，它试图纳入所有可能场域之

---

[1] 法国国家科学研究中心（CNRS）全称为 Centre National de la Recherche Scientifique，是法国最大的国家级学术研究机构。每年由该中心颁发的金奖是法国学术界最重要的奖项之一，代表该年度学术界的最高成就，该奖项既颁给理工科，也颁给人文学科。值得一提的是，布迪厄本人于1993年获得了该奖。——译者注

[2] 这里布迪厄用了 distinctions 一词，既指涉"荣誉"，同时指向其关键概念"区隔"。——译者注

[3] 双边平等委员会（commissions paritaires），指的是由同等数量的雇主和雇员代表组成的委员会，定期开会，就公司内部或行业层面的就业、工资、工作条件等进行谈判，其职能更多是咨询性的，意在调停双方之间的冲突。——译者注

中所有从属的部分，比如雷诺汽车厂熟练工人（OS[1]）与国家科学研究中心临时工之间如此相去甚远的位置和立场，其中前者为反对生产节奏加速而斗争，后者则拒绝纯粹科学的标准。我们也必须有条理地清查所有案例，在其中，政治化作为一种补偿性策略，使我们能避开学术市场或科学市场的特定法则，例如所有针对科学研究的政治批判形式；而这使那些在科学上落后的生产者，能给予他们自己及其同类以一种幻觉，就像他们重新超过了那些已超过他们的人（dépasser ce qui les dépasse）：我们能在对马克思历史主义的实际社会应用中，观察到该主义所处的状态，因为正是其状态构成了它的实际应用；但若想真正理解这一状态，我们就必须看到，马克思历史主义常常会通过提及"人民"和"群众"，而带有一种最终手段（ultime recours）的功能，它能使在科学方面最贫乏的人将自己设立为科学法官中的政治法官。

经验的个体与认识论的个体

如果说我们必须对种种研究程序进行回溯性反思，并进一步反思经由这些程序而确定的研究对象，从而试图阐明那些已经被应用的建构原则，这是因为，此一逻辑工作的完成，将有助于我们强化对书写及其效果的逻辑控制和社会学控制，并有助于我们更有效地反对会对这种建构工作造成破坏的解读。实际上，如果借鉴索绪尔的观点，我们可以说，只有知道了社会学家正在做什么，我们才能恰当地解读种种研究程序的产物。

---

[1] 此处原文为 OS，是法语 Ouvriers Spécialisé（熟练工人）的缩写，该词与欧洲中世纪学徒制密切相关，曾指完成学徒期的工匠；后来指从事专一工作的工人，尤其是在工厂流水线上从事生产的工人。——译者注

如果我们想向社会世界传播科学话语，就会存在被误解的风险，而这些风险非常普遍地体现在这一事实中，即读者会更倾向于使那些被建构的语言的陈述按照日常使用的方式来运作。我们可以从以下例子中清楚看到这一点：那些不了解韦伯式区隔概念的读者，会像社会学家的价值判断一般，去理解那些属于研究对象的价值参照。[1]例如，当社会学家提到大学空间的"二流院系""次等学科"或"下等区域"时，他只是在指出一个价值事实，并努力通过将此事实与其存在的所有社会条件关联起来，进而去解释此一价值事实；他甚至可以从中看出有关价值判断形式的解释性原则，而这些判断正是为了"反驳"此一原则，例如那些因误读而可能引起的抗议。但是，这只不过是误解的一种次要形式，因为它过于粗浅且明显。就像我们可以从专有名词的例子中看到的那样，此种解读最危险的后果，在于用日常认识的逻辑取代科学认识的逻辑。

科学话语需要的是一种科学的解读，它能再生产出那些本身就是产物的活动。然而，科学话语中的语词，特别是那些指向特定个人（专有名词）或机构（例如法兰西公学院[2]）的语词，完全就是日常话语、小说或者历史的用语；但这两种话语空间的指涉对象，会被科学断裂与科学建构之间的差距分开。因此，在日常生活中，专有名词进行着一种简单的定位活动（repérage）；并且，它以一种逻辑学家所谓的"指示性的"方式运作，因此

---

[1] 并不是只有外行人才不了解韦伯这一如此根本性的区隔概念，下述事实可以证明这一点："社会学家"可以指责文化实践分析的点在于，它记录了被统治阶级的文化实践最不具合法性或是非法的这一事实。（关于这一错误的批评，可以参见 P. Bourdieu, J.-C. Chamboredon et J.-C. Passeron, *Le Métier de sociologue*, Paris, Mouton, 1968, p. 76。）

[2] 法兰西公学院（Collège de France）是法国最重要的学术机构之一，旗下设有 52 名讲席教授（chaire），涵盖了数学、物理、哲学、文学等众多领域，课程面向公众免费开放。福柯、列维-斯特劳斯、巴特等人，以及布迪厄本人，都曾经是法兰西公学院的讲席教授。——译者注

几乎可以说是无关紧要的(例如杜邦[Dupont]并不意味着桥人[l'homme du pont][1]),并且几乎不提供任何关于被指示者的信息(除非所涉及的是某个贵族或著名的名字,或是会让人想起某个特定种族)。专有名词是能被任意应用到任何对象上的标签,它能说明这个指涉对象是与众不同的,但没有说明它为何与众不同;专有名词是一种认可(reconnaissance)的工具,而不是认识(connaissance)的工具,它标记出经验的个体(individu empirique),这一个体在总体上被理解为独一的,也就是说,被理解为是与众不同的,但它并不会进一步分析这种差异。相反,被建构的个体则是由定义明确的属性所组成的有限集合来定义的,这些属性通过一系列可识别的差异,与根据同一些明确标准建构起来的其他属性集合相区别,而这些标准构成了其他个体的特征;更确切地说,被建构的个体并不在日常空间里标记出它的指涉对象,而是在由各种差异所构成的空间中将其标记出来,这些差异则产生于对有效变量所组成的有限集合的定义本身。[2]因此,由"科学分析"所处理和生产的、那个被建构的列维-斯特劳斯(Lévi-Strauss),与我们在日常生活中用来指明《忧郁的热带》(Tristes tropiques)作者的专有名词,确切地说并不是同一个指涉对象:在日常陈述中,"列维-斯特劳斯"是一个能指(signifiant),它可以适用于谓语的无限领域中,这些谓语符合各种不同的差异,它们不仅能将这位法国人类学家与所有其他教授区分开来,甚至

---

[1] 法语中的 pont 是"桥"的意思,法语名称 Dupont(杜邦)中则由 Du(可表示部分冠词,或 de+le 的缩合)和 pont(桥)构成,但是这个名字本身已经不再包含"桥"的意思,类似于日本姓名中的"松下"或"山下"并不一定与树或山有关。——译者注
[2] 关于这几点,我们可以参考逻辑学家们,例如罗素、加德纳、奎因、斯特劳森等人关于专有名词和个体化操作者的经典讨论,列维-斯特劳斯在《野性的思维》(La Pensée sauvage)中的反思,以及让-克洛德·帕里恩特(J.-C. Pariente)在《言语与个体》中的精彩分析(J.-C. Pariente, Le Langage et l'individuel, Paris, A. Colin, 1973.)。

也能将其与所有其他人区分开来；在任何情况下，我们都会按照一种隐含的相关性原则（这是由实践的需要或紧迫性强加给我们的）而使这些差异存在。社会学建构不同于其他可能的建构，例如精神分析的建构，因为前者包含各种有效属性和有效变量的无限清单，并且暂时排除了那些不相关属性的有限清单。诸如眼睛或头发的颜色、血型或身高等变量，以某种方式被置于括号里，仿佛被建构的列维－斯特劳斯没有这些特征一般。但是，正如对应分析（analyse des correspondances）[1]的图表（le diagramme-plan）所明确表示的那样，在其中，"认识论的"列维－斯特劳斯因其在被建构的空间中所处的位置而区别于他人，他的特点在于与不平等的强度有关的差异性系统，其中各种差异之间以不平等的方式互相联系，它们建立在被考察的理论领域中，位于"相关属性的有限集合"和"一系列与其他被建构的个体有关的属性所组成的有限集合"之间。简而言之，认识论意义上的列维－斯特劳斯由它在空间中所占据的位置而定义，而他的各种属性则有助于建构这个空间，并且至少在一定程度上有助于定义它。与那个在信念意义上（doxique）[2]不可穷尽的列维－斯特劳斯不同，此一认识论的个体不包含任何能逃脱概念化的事物；但是这种建构的自我透明性是简化所带来的必然结果，并且这种理论作为观点，作为选择性视角的原则，若是要想取得任何进展，就必须发

---

[1] 对应分析，或多重对应分析（ACM, analyse des correspondances multiples）是一种统计学分析方式，研究者通过将各种变量绘制在图表中，直观展现各种数据之间的关系。布迪厄用这种方式，来将各种理论空间（如社会场域或社会空间）可视化，从而直观展现不同要素之间的关系。——译者注

[2] doxa 是布迪厄经常使用的概念，该词源自古希腊语 doksa，用以表示一系列为社会所公认的意见；在胡塞尔那里，这一概念更多指向一整套信仰或非客观的观点。布迪厄借鉴了胡塞尔对该词的用法，并以此指代个体对一整套观念或社会规范的"信念"，它并不指向宗教意义上的"信仰"，却以"信仰"一般在个体实践中发挥作用。这里的 doxique 是名词 doxa 的形容词形式，意为"信念的""与信念有关的"。——译者注

明某些范畴和程序，从而能够把那些暂时被排除在外的属性重新纳入理论之中（如由精神分析学家所构建的属性）。[1]

对应分析的图表会使用日常空间的属性之一，即被区分的对象之间的相互外在性，以便再生产出一套关于分化（différenciation）的完全理论上的空间逻辑，也就是说，再生产出一系列差异化原则（对应分析中的各个要素）的逻辑效力。这些差异化原则可以让我们区分那些被建构的个体，它们的建构有赖于对各种属性的统计处理，而各种属性则取决于不同的经验个体对共同定义的应用，即对共同观点的应用，它在一系列相同的标准下被具体化。[2]下述事实最能阐明，是什么导致了认识论个体和经验个体之间的差异：在本分析进行到某个特定时间点时，读者就可以观察到，数对经验个体会被混淆，例如雷蒙·波林（Raymond Polin）和弗雷德里克·德洛弗尔（Frédéric Deloffre）。[3] 从分析者当时的观点来看，他们之所以变得无法区分，是因为他们在前两个轴上坐标相同，而这也体现在此研究阶段所选择的变量清单上。[4]

我之所以有意举这个例子，是因为它提出了关于解读效果的问题，它也告诉我们，回到仅仅作为"认可"的日常知识是危险的。对此图表的"天真的"解读，往往会让那些使建构本身具有科学效力的东西消失；在这个差异的理论空间中，这个由定义明

---

[1] 因此，我们可以把行动者（他由在场域中发挥作用的属性所组成的有限集合所定义）同被预先建构的个体对立起来。
[2] 关于时空关系（rapports spatio-temporels）在个体身份认同中所扮演的角色，参见 P. F. Strawson, *Les Individus*, trad. A. Shalom et P. Drong, Paris, Seuil, 1959, pp. 1-64。
[3] 雷蒙·波林曾任索邦大学哲学教授，弗里德里克·德洛弗尔则曾任索邦大学文学教授，两人都曾因在 1968 年五月风暴中的保守主义立场而知名。——译者注
[4] 我们也可以回到举例说明的问题上：选择列维-斯特劳斯作为被建构起来的"大师"群体的例子（"大师"是由其在被建构的空间中占据的某个特定领域来定义的），难道不就是通过鼓励或允许读者重新导入个体经验的属性，从而破坏建构的工作本身吗？但是，随机选择一个被建构的个体，并不会更有意义；抑或选择一个最能体现所构建等级各种典型属性的个体（这很可能也代表了对"理想类型"概念最"不坏"的实现），也不会更有意义。

确的变量的有限集合（而且相对受限制）所组成的空间中，此种解读模式可以"重新找回"一系列在日常经验中被亲身体验到的差异，因为它们的确构成了建构的原则；这种解读甚至还能让我们"找回"那些在最初用于建构的观点中没有被引入的差异，例如不同的政治立场，尤其是在1968年五月风暴时的立场，或是风格和作品的差异（当然这一点还有待验证）。因此，任何读者，只要他们具有关于位置的实践感（sens pratique）[1]——这种实践感来自长时间暴露在世界的规律性与规则中——就会很轻易地发现（甚至过于轻易，如果我们忘记那些建构条件的话），他们自身处在一个被严谨地建构起来的、具有自我透明性的认识论空间中，而这种严谨性和透明性都完全被排除在日常经验之外。只要我们认识到，如同一张被精心构建的地图[2]，图表是我们实践中的"现实"的模型，我们就能理解这种明确的感觉。或者更准确地说，这种现实会在日常生活中向我们流露出来；通过违抗或屈服，我们得以保留、标记或是废除各种差距，而正是这些差距构成了现实的隐藏形式。同时，现实的形式也由各种等级序列和优先权、各种亲和性和不可兼容性（风格、性情等）、各种同感和反感、各种共谋和敌对而构成。因此，图表能够像被客观化的、被编码的形式那样运作，此一形式又与感知和行动的实践模式有

---

[1] "实践感"是布迪厄社会学的重要概念，他还曾于1980年写作同名专著《实践感》以阐述此概念。某种程度上，我们可以将布迪厄的"实践"概念理解为"一个人的性情（习性）及其在场域中所处的位置（资本），两者在社会舞台（场域）上，在线性状态中运作而来的结果"（参见迈克尔·格伦菲尔编，布迪厄：关键概念 [原书第2版]，林云柯译，重庆：重庆大学出版社，2018年，第64页）。"实践感"则与行动者对实践行为的感知有关。布迪厄认为，"实践感"与"游戏感"密切相关，当行动者身处某个场域中的某个位置时，他无法以全知视角来理解其实践行为，而只能通过经验的积累，来习得一套游戏规则，而这套规则即是"实践感"。——译者注

[2] 这里的法语原文中用到了 carte 和 plan 两个词语，这两个词语都有地图的意思，但前者指范围较大的地图，比如世界地图（carte du monde）等；而后者指局部地图，比如某个城市的地图（plan d'une ville）等，也可以指局部的平面图或图样。——译者注

关，而这些模式则能够引导最能适应其领域内在需求的行动者们的实践。实际上，图表所呈现的多维空间，是为了成为对大学场域的同构式（isomorphe）再现：作为被建构的空间的真实形象，图表在这两个空间中的每一个行动者和每一种属性之间，都建立起对应关系，因此，行动者与两个空间的属性之间的所有关系，都呈现出相同的结构。此研究所揭示的结构，是每一元素及其每一项活动的真正的存在原则（本质上是一种关系原则），尤其是行动者们的策略原则，以及这些元素和定义它们的各种关系结构的生成原则。

通过这些分析，我们会更清楚，所有关于社会世界的科学话语都存在困难；特别是当某一话语直接触及游戏本身，而其作者又发现它牵涉其中且触及了它自身的利益时，这种困难尤甚。如果说我们很难，甚至无法让那些包含专有名词或特殊案例的陈述免于争议，那是因为读者几乎不可避免地会用实际的主体和客体，来取代话语中与认识论有关的主体和客体，并将关于被建构的行动者的事实性陈述，转变为针对经验个体的述行式揭发，或者转变为所谓的诉诸人身（ad hominem）的论战。[1] 写作者会在他所描述的空间中占据某个位置：他知道这一点，而且他也清楚读者们也知晓这一点。他知道读者会试图将他所提出的、经过建构的看法，与他在这个场域中所处的位置联系起来，并试图将此看法简化为某种与任何其他观点一样的观点；他也知道，哪怕是最细

---

[1] 如果我不担心表现得像是在迎合自恋式的自鸣得意，我就会提出，研究者们的信念，会受他们认识论的观点所影响。或者说，我也可能会提出另一些问题，它们实际上来自我们试图对其加以客观化的经验空间：例如对背叛和不公正手段（我们能看到，这些手段没有被发现）的感受（这种感受假定并带来了排斥）、对冲突的焦虑，以及对身体接触"面对面"的恐惧（正如卡尔·克劳斯所说的那样："我们随时都可能撞上齐格弗里德·洛维 [Siegfried Löwy] 先生。"）等。（译按：齐格弗里德·洛维是奥地利作家、记者，克劳斯在这里将其视为流行、时尚记者的代表。）

微的写作差异（例如一个但是，一个也许，或只是一个动词时态的差异），也带有他所采取的立场的痕迹；他还知道，就算他竭尽全力，也很可能无法创造出完全中立、不带任何个人立场的语言，而只能得到单调乏味的效果，这对毕竟只是自传形式的作品而言，代价的确太大了。并且，虽然认识主体努力消除自身经验主体的身份，以使自身能隐藏在其研究活动和研究成果的匿名记录背后，但这一努力很可能预先就会失败。因此，使用迂回的说法（périphrase）[1]，用各种相关属性的（部分的）列举来取代专有名词，只能得到一种看似匿名的外表；这种做法属于学术论战的经典程序之一：人们只通过暗示、影射、言外之意来描述对手，而只有懂得这套代码的人才能理解此一程序，也就是说，在通常情况下，只有被针对的对手才能领会这一程序。所以科学的中立化会使其论述带有这种额外的暴力：正是由于所有外在的暴力符号都被有条理地抹除，这种额外的暴力才能加入关于学术恩怨的沉闷论战。总而言之，那些由一般术语组成的专有名词，例如"草原上的踪迹"（Traces-dans-la-prairie）、"母黑熊"（Ourse-noire）、"熊的背部脂肪"（Graisse-du-dos-de-l'ours）、"摆尾鱼"（Le-poisson-remue-la-queue）[2]等，它们并不像列维－斯特劳斯所说的那样，会在实践中作为一种分类行为而发生作用，因为专有名词的持有者并不拥有他组合起来的那些一般术语所描述的属性；因此，尽管迂回说法（那位法兰西公学院民族学教授 [le-professeur-d'ethnologie-au-Collège-de-France]）想要指向那个被

---

[1] 迂回说法，或代用语，是指在指代某人／事／物时，不直接称呼其名，而是用一种迂回的方式称呼。例如，不直接说"狮子"（lion）而是"万兽之王"（le roi des animaux）。下文中用"法兰西公学院民族学教授"指称列维-斯特劳斯也是一例。在《野性的思维》中，列维－斯特劳斯分析了这种迂回说法，他认为这种方式体现了他所谓的"修补术"（bricolage）。——译者注
[2] 参见 C. Lévi-Strauss, *La Pensée sauvage*, Paris, Plon, 1962, pp. 229 et 231 et J-C. Pariente, op. cit., pp. 71-79。

1 一本"焚书"？

描述的行动者，而非克洛德·列维-斯特劳斯这个个体，但是除非有明确的提醒，否则它很可能只能被理解为克洛德·列维-斯特劳斯的委婉替代语。无论是那些被建构的空间（它们用以指定相关位置在理论空间中的各个区域），或是在特定情况下，由被建构的空间所占据的位置而定义（这仰赖于对应分析）的那些个体类型，这两者都可能遭受同样的命运：它们或是在解读中，被它们部分覆盖的机构所遮蔽，例如法兰西公学院、高等研究实践学院、索邦大学等；它们抑或像简单的标签一样发挥作用，其接近于在日常生活中，尤其是在论战中流行的现实主义天赋观念论（rénotions réalistes），而那些"类型学"的作者则会不假思索地把这些天赋观念挪为己用。

其主要原因在于，若是想严谨地使用数据最精细的分析技术（例如对应分析），则意味着要完全掌握作为其基础的数学原理，也需要掌握或多或少有意识地使用社会数据时所产生的社会学效应；毫无疑问，尽管数据的"发明者"提出了所有那些警告，但众多数据的使用者（以及读者）很难把他们真正的认识论身份分配给被塑造的观念（它们被塑造出来是为了指定各种因素以及由这些因素而决定的区分）：事实上，这些单元并不是被严格定义的逻辑分类，它们没有被一些清楚标记的边界所分隔，其所有成员并不具备**所有**相关特征，也就是说，他们并不具备那些数量有限、程度相同且能确定其成员资格的必要属性（因此，对某些属性的拥有，是无法通过对某些其他属性的拥有来弥补的）。所有聚集在同一个空间区域中的行动者们，因维特根斯坦所谓的"家族相似性"而连结在一起，它们拥有某种共同的面貌，通常接近于原初直觉以一种模糊的、隐含的方式让我们领会到的面

41

43

貌。那些有助于描绘这些集合特征的属性，由一个复杂的统计学关系网络连结起来，而这些统计关系也是**可理解的亲缘性关系**，而不是逻辑相似性关系；分析者必须尽可能完整地阐释这种关系，并将其浓缩成一个速记性的、有助于记忆的和富有暗示性的称呼。

这里，书写的选择会再一次因日常用法而变得困难，尤其会因这种传统——把各种以"某某主义"（-isme）为词尾的概念，用作标记或委婉的辱骂，也就是说，把它们当作用来指涉经验个体或团体的专有名词[1]——而变得更加困难。因此，由某个概念而得到的某种类别的名称，会被简化为一种命名的行为，因为它遵从这类活动的日常逻辑：为某个个体或由个体所组成的团体取一个独特的名称，例如所谓的绰号（绰号与一般的专有名词不同，它本身并非毫无意义，而是如列维-斯特劳斯所认为的那样，以专有名词的方式运作），意味着采纳某种可能的观点，并声称这是唯一合法的观点，从而将其强加于他人。象征性斗争的关键目标在于对合法命名方式进行垄断：这是一种起支配作用的观点，它通过让自己成为合法观点，从而使"真理"作为在一种特定空间或特定时间下的观点而被曲解。[2] 此外，为了避免论战重新复苏的危险，我们可以考虑用多个概念来说明空间的每一个部分，这些概念提醒我们，根据定义，空间中的每一个区域只能在它与其他区域的关系中被思考和谈论；与此同时，它们也提醒我们，在实践中（理论必须将实践纳入其中），空间中的每一部分，根据

---

[1] 这种以"某某主义"作为某个团体名称，并对其加以讽刺与嘲弄的现象在艺术界很常见，例如"印象主义"（impressionnisme）或"立体主义"（cubisme）等团体的名称，在最开始都是艺术评论界对其成员艺术作品的嘲弄。——译者注

[2] 我只想提醒那些将这种分析视为个人看法的人，在一个由象征资本所统治的世界中，所有意在积累声誉或危害他人声誉的策略（如各种不同程度上的诽谤、诋毁、诬蔑、赞扬、批评等），都很合乎逻辑地占据着某个位置。

它被感知的位置的不同,都会有不同甚至对立的名称:用个体或团体称呼自己的方式(例如皇帝、贵族)来称呼他们,就是承认、接受其支配地位,同意其观点,并接受这一事实,即它所采取的观点实际上只是以自我为中心的完美巧合;但我们也可以用另一个名字来称呼它,那是别人,尤其是其敌人们给它取的名字,而它则拒不接受这一名称,并将其视作诽谤、中伤或是污蔑(例如篡位者)。最后,我们也可以用官方名称来称呼它,这一命名是由具备合法性的官方机构授予的,也就是说,是由国家——它拥有对合法的象征暴力(violence symbolique)的垄断权——授予的(例如,国家统计与经济研究所提出的社会专业类别)。在特殊情况下,身兼法官和当事人的社会学家,几乎不会被承认拥有这种命名的垄断权。无论如何,社会学家的那些命名行为很有可能会在日常逻辑中发挥作用:当这些命名针对读者自身和他所在的团体时,读者就会把这些名称解读为外来的,来自外部敌人那一方,因此也将其视作一种侮辱;相反,若这些命名是对他者,即对外部群体的客观化活动,读者则会接受它们并使其为己所用,尽管他们还是会将其看作一种侮辱或论战式的攻击。

为了对抗这类解读,防止把一般化的客观化工具降格为部分客观化的武器,我们有必要不断地让几个部分组合起来(但交流很可能会受到威胁,因为交流需要简单而持续的称呼):一方面是系统性的迂回说法,它试图完整地列举相关属性或最具"概括性的"(synoptique)概念[1],也就是说,最能马上使人从客观上(即从外部观察者的角度来看)联想到其特征的关系系统;另一方面则是认识论意义上的多名称性,它可以很好地表达差异的不同方

---

[1] 最"概括性的"概念可能与一种经验性的观点有关(如小资产阶级这一概念就是如此)。因此,认识论的用法与日常的用法之间的断裂,会非常急迫地变得必要。

面，在这种情况下，一个集合能够在它同其他集合的客观关系中被定义。不要忘记，还有经验的多名称性，即实际上用以指称同一个体或同一群体的名字的多样性，因此也是某个人或某个团体在其他人或其他团体面前的各种不同表现形式，而这种多名称性会提醒我们，为了把合法观点强加于众人而进行的斗争，是客观现实的一部分。[1]

我认为，只有那些对实证主义怀着坚定不移的信念的人，才会在以上这些关于科学书写的问题中，看出某种"文学"倾向自得意满的残存。社会学家若是想控制他的话语，即控制其话语的接受，那么他就必须采取一种科学式的修辞（rhétorique scientifique），但这种修辞未必具有科学性（scientificité）：他需要强加给读者一种科学式的阅读方法，而不是让他们相信所阅读内容的科学性，除非当后者是科学式阅读的默认条件时。科学话语不同于虚构话语（例如小说话语，它或多或少地公开表现为一种虚假的、虚构的话语），因为正如约翰·R.塞尔（John R. Searle）所指出的，科学话语想说的就是它说出来的，它严肃地对待它说出的话，并且愿意为之承担后果，也就是说，如果有必要的话，它会承认自己所犯的错误。[2]但是，科学话语和虚构话语之

---

[1] 在《堂吉诃德》中，多名称性这种方式系统性地出现，来表达同一个人可能拥有的众多观点。关于这一点，参见 L. Spitzer, Linguistic Perspectivism in the Don Quijote, *Linguistics and Literary History*, New York, Russell and Russell, 1962。

[2] 参见 J.-R. Searle, *Sens et expression. Études de théorie des actes de langage*, Paris, Éd. de Minuit, pp. 101-119。在艺术和文学本身的历史中，每一个新的约定俗成系统都会在其真理中（也就是任意武断的真理中），表现出以往约定俗成系统的特点。这种历史也与阿兰·罗伯-格里耶（Alain Robbe-Grillet）和罗贝尔·潘热（Robert Pinget）（特别是他的《伪经》[*Apocryphe*]）等小说家的作品吻合，他们提醒读者注意在小说家和读者之间的契约中，存在某些虚假的东西，尤其是公然宣称的虚构与对真实效果的追求的共存。因此，他们把虚构当作虚构，甚至对真实的虚构；也正是在这种虚构中，虚构的真理得以完成。（译按：阿兰·罗伯-格里耶和罗贝尔·潘热都是法国20世纪新小说派的代表人物，他们的作品本身就是虚构的，从而在某种程度上达到更加真实的效果。）

间的差异，并不像塞尔所认为的那样，只存在于以言行事的意图（intentions illocutoires）这一层面上。对话语的所有特征进行统计，是为了表明陈述的信念模式（modalité doxique），使人们相信所说的是真理，或是相反，为了提醒人们这只是一种伪装。这无疑会表明，小说可以诉诸真实性的修辞，而科学话语则可能会迎合科学性的修辞，这种修辞旨在制造科学的虚构，从而使科学话语在表面上符合"常规科学"的拥护者们在某个特定时刻所形成的观点：为社会所公认的话语能对所有它提出的东西负责。

为社会所公认的科学性之所以是一个如此重要的目标，是因为尽管真理并不具有某种固有力量，但在其中的确存在某种信仰的力量，一种打着真理的旗号而被制造出来的信仰：在各种表述的斗争中，那种为社会所公认的科学表述，即被视作真实的表述，蕴含着它独有的社会力量，当它涉及社会世界时，科学就会让持有（或从表面上看持有）这种力量的人，拥有对合法性观点的垄断权，以及对自证预言（prévision autovérifiante）的垄断权。正是由于科学蕴含了这种为社会所独有的力量的可能性，因此当科学涉及社会世界时必然会受到质疑；此外，也正是由于科学蕴含着某种攻击的威胁，所以它必然会在某些人那里，尤其会在世俗权力的拥有者以及他在文化生产场域中的同行或同盟者那里，激起某些防御性策略，其中最常见的策略，是将至少部分地摆脱了社会决定论的认识论观点与研究者在该场域中的位置联系起来，从而将其简化为一种纯粹关于信念（doxa）的观点。但是，这么做的问题在于，这些人并没有看到，此一取消资格的策略，实际上意味着对某些意图的承认，正是它们界定了何为科学知识社会学；并且我们只有把这种科学话语对立于另一种更加严谨的科学

（它受到的限制与其产生的条件有关），才能证明这种防御性策略多少还具有一定的合理性。[1]

在各门社会科学中，社会关键议题的重要性与科学性的社会效应有关；而这说明了科学性修辞会在科学中扮演决定性的角色。任何自称对社会世界而言是"科学的"话语，都必须考虑科学性的表述状态，以及它实际上必须遵守的规范，只有这样，它才会产生科学的效果（effet de science），才能获得象征有效性（efficacité symbolique）和各种社会利益，它们与科学外在形式的相似性有关。因此，所谓科学的话语，必然处在与社会世界有关的各种可能的话语空间中，而且一定会从客观关系中获得一部分属性，又将其与这些属性联系起来，尤其是与其文体风格联系起来。而在此客观关系内，这种话语的社会价值、科学地位，以及它的虚构地位或科学虚构的地位，会以某种完全独立于作者意志和意识的方式而被定义。我们称为"现实主义"的艺术（无论是绘画还是文学），只不过能产生一种现实的效果，即一种建立在"符合社会规范"之上的现实效果，在某一特定时刻，我们认定这种社会规范是现实的；同样，我们称为"科学"的话语，则只不过能产生科学效果，这种效果至少在表面上符合那种我们认定为科学的规范。正是在这种逻辑中，我们所说的文学或科学的风格起着决定性作用：同样，在其他时候，正在建构过程中的专业哲学，通过一种明确的风格来反对世俗的粗制滥造和轻浮，从而肯定了其对严谨与深刻的追求，尤其是在康德那里；或者相反，正如沃尔夫·莱贝尼

---

[1] 如果我们说出"只有科学批评才能挑战科学研究"这样的话，那么这会使捍卫随笔写作的人们大呼"这是恐怖主义"。因此，社会学家要么会被指责太软弱、太容易被反驳，要么太过强硬、无可辩驳。

斯（Wolf Lepenies）[1]清楚地指出的，布丰（Buffon）[2]则因过度关注优美风格而损害了他所主张的科学性。同样，社会学家对优美风格的过度关注，也可能会威胁他的科研工作者身份，因此，他们或多或少有意识地拒绝文学式的考究，并用科学性的符号来装点自己（例如统计学曲线图和图表，甚至数学的形式主义等）。

事实上，在各种风格的空间中所采取的不同立场，与在大学场域中所处的位置密切相关。过于优美的文风能谋得文学上的利益，却有牺牲科学效果的风险；糟糕的文风能产生严谨或深刻的效果（例如在哲学领域），却不利于世俗的成功。因此，面对这两种选择，地理学家、历史学家和社会学家采取了超越个体差异性的策略，而这些策略是符合他们各自所在位置的。历史学家处在人文和社会科学院校场域的中央位置，也就是说，位于两套限制性系统之间；因此，他们既会让自己的写作具有对科学性而言至关重要的各种属性，也会非常关注自己的写作文风。诚然，地理学家和社会学家们有共同之处，即对文学性表现出更多的冷漠，但是，地理学家们往往采取中立的立场，这意味着，他们往往会放弃经验式的表述；这种中立的立场会表现出地理学家们谦逊的倾向，这与他们所在的位置是相符的。而社会学家则被迫同时身处社会科学和人文科学两个场域中，他们会轮流或同时借用这两个场域中最强有力的修辞，即数学的修辞（它经常被用作科学性的外部标志）或哲学的修辞（它则经常被简化为词汇的效果）；但当他这么做时，往往也违背了某些社会学家的霸权意图，从社

---

1 沃尔夫·莱贝尼斯（1941— ），德国社会学家、政治学家。其作品从社会学视角出发，探寻各种不同领域，如文学、历史学等与政治之间的关系。——译者注
2 布丰伯爵（1707—1768），原名乔治-路易·勒克莱尔（Georges-Louis Leclerc），法国启蒙时期的博物学家、数学家、哲学家。——译者注

会学诞生之初,这种霸权意图就内在于孔德式的关于各门科学的分类中。[1]

对科学实践所处的社会空间的认识,以及对各种可能性的领域的认识(我们会参考这些可能性,无论是文体上的还是其他方面的,从而做出最终选择),并不意味着否定科学的雄心,也不意味着否认我们能认识或说出什么的可能性,而是要通过这种认识所培养出的意识和警惕,加强科学地认识现实的能力。实际上,这种认识会引起一些质疑,它们比"方法论"赋予"常规科学"的各种安全指示和审慎标准更为激进,并且这些质疑可以让我们以最低的代价获得科学声望:无论在科学中还是在其他领域里,"可靠"都是一种典型的社会美德;并且,如果说人们会优先考虑那些"负责任的"、沉稳的和有条理的人,他们无论在生活方式和工作方式上都能保证可预测性(prévisibilité)和可度量性(calculabilité),这绝非偶然。因此,对所有常规科学的"公务员们"而言都是如此,他们栖身于科学中,就像住在公职住房里一样;他们只会严肃对待那些值得严肃对待的东西(首先就从严肃对待他们自己开始),也就是那些重要的和可以指望得上的东西。以上这些要求的社会特征在于,它们几乎只与科学效力的外在表现

---

[1] 这并不意味着,我们不能在纯粹的文学研究中找到具有科学性的论据。因此,正如巴特松(Bateson)对民族学家所做的评论那样,当涉及的是将社会整体形态(configuration sociale)的相关特征客观化,并因此传达出对历史必然性原则的系统性理解时,风格能唤起各种不同联想的力量构成了科学成就无法超越的形式。例如,当中世纪史学家(译按:根据英译本,这里指的是法国历史学家乔治·杜比),通过语言本身的效力,展现出农民们的孤立和无助时(他们被禁锢在开垦地的孤岛上,饱受恐惧折磨),他的首要目的在于,在这些能够产生现实效果的词语中(并且通过这些词语),为读者再生产出他必须进行的视角的更新,从而对抗概念-背景概念(les concepts-écrans;译按:指在研究过程中,对实证研究进行理论抽象化、概括化的方式,它会在一定程度上简化研究对象的复杂性)和思想的机械主义理论(les automatismes de pensée),从而使读者能够正确认识加洛林王朝时期文化的特殊性。对社会学家来说也是如此,他可能不得不在两种不同策略之间寻找平衡:一方面,他需要进行概念化(conceptualisation)这一繁复的工作,这与对象的建构密不可分;另一方面,他也需要寻找某种合适的表达方式,这是为了恢复一种被建构起来的、统一的经验,它与某种生活方式或某种思维方式密切相关。

有关：最大的象征性利益难道不是经常流向那些科学的法利赛人（pharisiens）[1]吗？他们知道如何用最明显的科学性符号来装点自己，例如模仿更先进科学的程序和语言。无论是对常规科学的各项形式主义要求——例如显著性检验（tests de signification）、误差估测（calculs d'erreur）、参考文献等——的炫耀性遵从，还是对最低限度的、必要但非充分的社会性效力表面上的尊重（正是在这种效力中，所有在科学领域拥有社会权力的人都会立即认出自己），它们都不只是为了确保大型科学官僚机构的领导人享有与他们对科学的真正贡献完全不相称的科学声望。制度化的科学往往会建立起关于"常规化实践"的科学活动模式，在这种模式下，最具科学决定性的操作可以不经反思或批判性控制而完成，因为各种可见程序——它们往往被托付给执行者们——表面上的完美性，分散了人们对学者本人及其科学声望的质疑。这就是为什么，社会科学并非在一种唯科学主义的形式下追求绝对知识，而是用带有社会决定论的科学知识武装自身，因此是对抗"常规科学"和实证主义信念（assurance）的最有力武器，而这种实证主义信念正是阻碍科学进步的最大社会障碍。

　　马克思曾提出，每隔一段时间，就会有一些人设法完全摆脱他们在社会空间里被分配的位置；因此，他们可以从总体上来理解这一空间，进而把这些观点传达给那些仍被困在这个结构中的人。事实上，社会学家的确可以断言，与那些庸常的观点相比，他通过研究而生产的表述是具有超验性的；但他不必着急声称，自己掌握着某些绝对的观点，能够在行动中掌握历

---

[1] 法利赛人是犹太教重要派别之一，"法利赛"原意为"分离"，指一些为追求纯洁而与世俗保持距离的人。该派别与追求世俗物欲的撒都该人对立。——译者注

史感知（donné historique）的总体性。科学观点的出发点，既不是被迫卷入游戏当中的行动者们局部、褊狭的观点，也不是神圣旁观者的绝对观点；所谓的科学观点，是指在认识工具的特定状态下，可以实现的最系统性的总体化，为了达到这一目的，我们需要对历史感知和总体化工作进行尽可能充分的客观化。这样，它标志着在通往康德所说的想象的焦点（focus imaginarius）的道路上迈出了真正的一步，从这个想象的焦点（foyer imaginaire）中，我们可以发现一个完善的系统；但是我们只能把严格意义上的科学意图视作关于实践的理想（或是一种调节性理念）。只有当我们放弃"马上就实现这一理想"这一想法时，我们才能期望离它越来越近。[1]

因此，让我们回到起点，也就是说，回到关于自我的研究上（travail sur soi）。研究者必须完成这一工作，从而试图把所有将他与其研究对象联系起来的东西都客观化；读者也必须为了自身的利益，重复这项工作，以便掌握那些他可能在阅读中得到的、或多或少会对其产生不利影响的社会原则。如果我们想避免将某个特定的观点普遍化，并且避免为社会空间中某个位置提供某种或多或少被合理化的、无意识的解释，那么我们就必须打开所有把研究者和他的大多数读者都困在其中的盒子；并且可以肯定的是，他们可能并不想知道自己被困在其中，也正因如此，我们就更需要打开这个盒子：也就是说，我们需要

---

[1] 布迪厄在这一段论述中，多次暗示了马克思和康德的一些哲学概念。首先，"感知"（donné）暗示了马克思关于"感知"的社会历史性的强调，也与康德的感性理论有关；"总体性"（totalité），是马克思主义历史观的主要特征，也是联系康德思想中科学理性和实践理性的中介；此外，布迪厄此段论述中还暗示了康德对"历史理性"的思考，在康德看来，当人们通过"猜测"、"假设"或"类比"来处理历史时，并不是为了掌握历史知识或理解历史规律，而是在对历史的感知中，意识到自身的道德与自由。这也呼应了本段结尾，布迪厄主张把"想象的焦点"视为出发点，而非"目的"的观点。——译者注

讨论权力场域的结构，以及它与被视作整体的大学场域之间的关系；我们也需要分析（只要经验数据允许的话）大学场域的结构，以及各个不同院系在其中的位置；最后，我们还需要分析各个院系的结构，以及各个不同学科在其中的位置。因此，我们首先会在第 2 章中，进一步定义初始对象在社会空间接合处的位置，以及研究者本人在其中的位置，他带着清醒（lucidités）或是盲目（cécités）参与其中，并且沾染上这个空间的特征；只有在这一基础上，我们才能在第 3 章中以更深入的形式，回到本研究的核心问题，即 1968 年前夕，各所人文和社会科学院校的权力基础和权力形式。我们将首先概述大学场域的结构以及人文和社科学院的结构，而我们之所以关注后者，既是因为它在大学场域中处于中心位置，也是因为人文（humanités）和社会科学（sciences de l'homme）的这一划分本身；我们可以从中非常清楚地看到，在整个大学场域和所有院系之中都存在某些张力，它们产生于科学和科学家地位的巩固。而在这一概述后，我们就可以提出有关历史的问题，也可以试图掌握促成转变的决定性因素及其逻辑，我们在这些转变中所观察到的结构状态再现了某一特定历史时刻：学生人数的增长，以及与之相应的教职员工人数的增长，深刻地改变了大学场域和每个院系内部的力量关系，特别是不同"职务等级"（grades）和不同学科之间的关系，它们本身就会因等级关系的转变而受到不同程度的影响；我们将在第 4 章看到，尽管教师们也采取了一些客观上而言有组织的行动（他们并没有刻意就此协商过），以试图捍卫他们所在的团体，但这一转变还是发生了。在这里（就像在文学场域中那样），形态学的变化是一种中介，通过它，再生产机制倾向于排除的历史会重新被纳入场域之中；这些场域是一些开放的空间，它们必须从外部汲取为维持其运作所需的资源，因此才有可能成为独立的因果序列之间交汇的场所，从而创造出事件，也就是说，典型的历史事件[1]。我们会在第 5 章对此展开讨论。

此一勾勒教育系统近期演变结构史（histoire structurale）的尝试，会引发写作的问题，它涉及时态的使用，并且由此而涉及话语的认识论状态。我们是否应该以所使用文件和调查的相对特殊性为由，并以它们在社会空间和时间中所明确宣称的模仿性为由，来避免赋予话语以某种一般性（这种一般性来自作为科学陈述的标志的、超历史性的一般现在时 [le présent transhistorique]）？这相当于否定了任何知识分子努力"沉浸"在历史的特殊性中，以便从中获得超历史的不变因素的计划本身，也就是把各种永恒的一般性特权让给随笔作家或编纂者，除他们的阅读或个人经验之外，没有任何其他历史因素会困扰他们。在本维尼斯特[2]看来，科学话语的完全现在时（présent omnitemporel）[3]与"预设了说话者和听众的、且前者会试图以某种方式影响后者"的"话语的时态"（通常是一般现在时）不同，它更接近于不定过去时（aoriste）[4]，是一种"典型的历史时态"，它"通过把事件从现在中分离出来，

1　即 1968 年在法国发生的五月风暴。——译者注
2　埃米尔·本维尼斯特（Émile Benveniste, 1902—1976），法国语言学家，发展了索绪尔的结构主义语言学，同时对印欧语系研究的发展也影响深远。——译者注
3　在法语中，完全现在时是现在时的用法之一。它可以用于对某个当下状态的描述，例如"她的眼睛是蓝色的"（Elle a les yeux bleus）；可以用于对某个习惯动作的重复，例如"他每天早上五点就出门"（Il sort tous les jours à cinq heures）；还可以用于表现某种永恒的、客观的真理，例如"地球绕着太阳转"（La Terre tourne autour du Soleil）。这里，布迪厄关注的重点就在于现在时所具有的这种表示一般真理的性质。——译者注
4　希腊语中的一种动词变位形式，表示已经达到目的、已经开始的行动或一般性质的行动。——译者注

从而将其客观化",并且"排除任何自传性的语言形式"。[1]科学话语的完全现在时表现了客观化的距离,而不提及某个有具体日期的过去。因此,如果我们可以在非常不同的历史背景下,观察到科学协议所展示出的结构性不变因素(invariants structuraux)本身,并且这些不变因素仍然作为常数(constantes)在同一个领域发挥作用,那么我们就完全可以把这种完全现在时应用于科学协议中。顺带一提,正是由于与当下相关的(en jeu)现在时的存在,才使社会学成为一门多事的科学,正如盎格鲁-撒克逊人所说的那样,是一门有争议性的(controversial)科学,而且社会学走得越远,就越是如此:显然,如果我们更愿意承认历史学家的研究更具有学者的客观性与中立性,那是因为我们往往对他所揭示的游戏(jeux)和博弈(enjeux)更加无动于衷。要知道,历史现在时(présent chronologique)中的时间距离并不能很好地衡量历史距离,例如转化为历史、简单过去时(passé historique)[2]的距离;我们也要清楚,属于作为当下性的现在时(présent comme actualité)[3]的东西,即作为行动者、对象、事件、观念的领域,它们在时间上可以是过去或是现在,但它们的确与当下相关(en jeu),因此它们在被考察的时刻实际上被现实化了(actualisés),这就界定了仍然"活着"、仍在"燃烧"的当下,与"已经死亡

---

[1] E. Benveniste, *Problèmes de linguistique générale*, Paris, Gallimard, 1966, pp. 239, 242, 245, 249.
[2] 这里布迪厄比较了法语中的两种时态。其中历史现在时(也写作 présent historique)是指用于历史叙述中的现在时,语言学家认为历史现在时可以让过去的事件显得更加生动;而简单过去时(passé simple)或历史过去时(passé historique),则是一种过去时态,用于描述过去某个不对现在产生任何影响的历史事件。19世纪时,简单过去时曾广泛应用于历史写作和小说写作,而在现代法语中,简单过去时已经很罕见。——译者注
[3] 此处布迪厄谈论的所有内容,都是本维尼斯特《一般语言学问题》中的分析。简单来说,法语的时态有两种轴:一种是历史时态;另一种是话语时态(上文有提及),这里所谓的"作为当下性的现在时"就是属于话语时态的现在时,其确切的含义是指这种时间轴里的一切时态,无论是过去还是现在,都与切身的当下性关联。——译者注

且被埋葬"的过去之间的鸿沟,就像对社会世界而言,过去仍然是与当下相关的、现实化的、起作用的、有影响的。

因此,现在时似乎是必要的,它能够帮助我们描述所有机制或过程,它们超越了表面上的改变,尤其是词汇方面的改变,例如以主席(président)取代院长(doyen),以教学与研究单位(UER)取代学院(faculté)[1],等等;但这些机制或过程仍然是历史现在时的一部分,因为它们仍然有其影响。举一个极端的例子,可以肯定的是,如果未来一段时期里大学保持一成不变,学生依旧按照经院哲学式的三段式划分(divisions)和细分(subdivisions)来组织他们的论文和许多其他形式的话语[2],那么我们就依然能用现在时来谈论受托马斯·阿奎纳(Thomas d'Aquin)重视的澄清原则(principe de clarification)。[3] 即使是典型历史事件的非历史模式,即危机作为不同社会时态的同步化,也无法以完全现在时写下一系列完全时间效果(effets omnitemporels)的独特成就,而正是这些效果的结合(conjonction),导致了某个历史局面(conjoncture historique)的产生。

现在时也适用于所有在调查的时刻是真实的、在阅读的时刻

---

[1] 巴黎大学曾经由文学院、理学院、法学院、医学院等院系组成,其中每个学院的负责人称作"院长"(doyen)。1968年五月风暴后,为了削弱不同院系之间学生的联系,法国进行了高等教育改革,用更加松散的"教学与研究单位"(UER, Unité d'enseignement et de recherche)取代"学院"(faculté),机构负责人则称作"主席"(président)。1984年,法国再次进行高等教育改革,以"大学培训与研究单位"(UFR, Unité de formation et de recherche)取代"教学与研究单位",并沿用至今,机构负责人则称作"主任"(directeur)。——译者注

[2] 在法国的高考或大学校竞考中,哲学板块有一部分是议论文(dissertation)写作,考生需要针对一个哲学命题或社会议题,当堂撰写文章。议论文需要遵循三段论式的思维,即由"正题"(thèse)、"反题"(anti-thèse)与"合题"(synthèse)三个部分(parties)组成,而在三个部分中最好又由三个小部分(sous-parties)组成。——译者注

[3] 在经院哲学家托马斯·阿奎那看来,澄清原则(principe de clarification, manifestatio)指的是对"澄清信仰"这一行为的关注,也就是说,对他而言,信仰是可以被阐述、论述和澄清的。——译者注

仍然真实的东西，或是所有建立在调查的基础之上的、可以用规律和机制来理解的东西。因此，正是研究时间和出版时间之间相差的这近二十年，让大家可以根据在此期间发生的变化，并从这些变化所揭示的东西出发，去验证我提出的这个模型（尤其是对不同学科和职务等级之间力量关系转变的模型）是否能够解释这些在调查之后所发生的、很难有条理地捕捉到的现象；而在本书中，我们只是稍加提及了这些现象。我指的是各种新权力，尤其是工会权力的出现：它是新的招聘模式的产物，能控制新的次等教师的招聘，从而把由助教（assistants）和讲师（maîtres-assistants）[1]的招聘模式的转变所引起的进程推向最终的结果——在某些情况下，这可能会使那些在旧招聘模式下的选拔范畴被取消，例如巴黎高师毕业生或教师资格获得者等。[2] 旧的职业晋升模式与新的招聘模式之间有着显而意见的矛盾：旧的职业晋升模式试图维持过去受到保护的旧体制，并倾向于把那些在新招聘模式下被招聘的教师限制在次等位置；这两种模式之间的矛盾，是种种诉求、压力与制度变革的根源，而它们都会在政治变革的推动下，通过消除不同职务等级之间的差异，或是消除为获得这些职务所必须的

---

[1] 法国高等教育体系中的 maître-assistant（讲师）一职，存在于 1960—1984 年，他们一方面教授课程，另一方面准备自己的博士论文。虽然讲师在高校任教，但他们的教职并没有编制。1984 年后，maître-assistant（讲师）这一职称被调整为 maître de conférence。需要注意的是，虽然 maître de conférence 这一职位取代了讲师职位，但事实上它更接近于中国高等教育体系中的"副教授"（虽然法国并不存在"副教授"这一评级），因为在法国，maître de conférence（副教授）就具备指导硕士生的资格。如果某个副教授具备"研究指导资格"（HDR, Habilitation à diriger des recherches），那么他还可以指导博士。——译者注
[2] 很明显，对次等职位教师与相关联的教学利益的重新定义，不仅应该与教师的社会和学校性特征的转变相关，还必须与职业实践条件的深层次变化相关，这些变化是由公众数量和社会性质的转变所引起的。因此，如果我们想描述职位及其关系，那么，正如下文将提出的那样，为了满足比较和理解的需要，我们不可避免地要把系统从前的状态作为参照；而这种对职业及其关系的描述，倾向于强调种种不适应的符号，并且倾向于以负面的方式描述由新需求所引起的种种实践和利益。

52 文凭之间的差异，从而消除由人们的学校教育和学术轨迹的初始差异所导致的种种差异。

最后，我们还应该尽一切可能，来避免研究中所包含的各种错误解读，同时还应详细说明这些错误的解读，并把它们视作各种"特定条件下"（ad hoc）的回应，也就是说，在各种情况下，都把它们视作人身攻击式的（ad personam）论据：事实上，我们完全有理由假设，对变量和不变量的科学重建的解读，将会根据读者与大学机构过去和现在的关系而改变，就像真实的历史经验一样。在这种情况下，想理解是困难的，这是因为在某种程度上，我们知道得太多了，而且我们既不想考虑（voir），也不想明白（savoir）那些为我们所知的东西。因此，最简单的可能也是最困难的，因为正如维特根斯坦所说的那样："必须去克服的，不是智识上的困难，而是意志上的困难。"在所有科学中，社会学最适合用来理解"真实理念的内在力量"的界限；社会学很清楚，那些与之对立的反抗力量，也正是那些它将要克服的"意志上的困难"。

2 系科之争

> 高等院系阶层（在某种意义上是作为科学议会的右翼）要为政府的法规辩护，而在一个必须是自由的政体中，在与真理有关的问题上，还必须有一个反对派（左翼），这就是哲学院的位置，因为要是没有它的严格审查和异议，政府就无法清楚地了解什么会对自己有益，什么又是有害的。
>
> ——伊曼努尔·康德，《系科之争》[1]

作为"有能力的人"，大学教授们在社会空间中的位置主要取决于对文化资本（一种受支配的资本形式）的占有，但他们反而处在受权力场域支配的一极，这显然与工商业的老板们截然不同。虽然大学教授与作家和艺术家都持有制度化形式的文化资本，但他们之间是互相对立的：由于大学教授在文化生产场域中占据了暂时的主导性位置，因此他们会因院系的不同，而区别于处在该场域中制度化程度最低、最具异端性质的区域中的人们（尤其是那些我们称之为"独立的"或自由撰稿 [free lance] 的作家和艺术家，他们与附属于大学的作家和艺术家对立）。[2]

---

[1] 中译本参见：伊曼努尔·康德，《论教育学》，赵鹏，何兆武译，上海：上海人民出版社，2005年，第75页。——译者注

[2] 权力场域的结构，作为权力所占据的位置所在的空间，它在不同种类资本的基础上，由统治阶级的不同派别占据，经济资本被支配、而文化资本占主导地位的派别占据其中一极（艺术家、知识分子、文学院和理学院教授），经济资本占主导地位、而文化资本被支配的派别占据另一极（公共和私营部门的主管或者干部）。关于这一结构，参见 P. Bourdieu, *La Distinction*, Paris, Éd. de Minuit, 1979, pp. 362-363；对权力场域主导部分的更细致分析，参见 P. Bourdieu et M. de Saint-Martin, « Le Patronat », *Actes de la recherche en sciences sociales*, 20-21, mars-avril 1978, pp. 3-82.

尽管因我们所讨论的两个群体的界限（特别是它们的部分重叠）所带来的问题，我们很难将这二者加以比较，但是通过比较类似于《现代》（*Les Temps modernes*）和《批评》（*Critique*）这样的"知识分子"刊物的定期合作者，我们可以确定，大学教授在这方面类似于高级公务员，与作家和知识分子（他们的独身率或离婚率相对较高，平均子女数量较少）相比，他们更有可能显示出社会融合和声望的各种不同指标（他们的独身率低，平均子女数高，更有可能获得奖章、勋章，拥有预备役军官资格的比率高等），而且当这些人在不同学院（理学院、文学院、法学院、医学院）的社会等级序列中所处位置越高，上述指标会更为明显。[1]

在这些聚合的指标中，我们还可以加入阿兰·吉拉尔（Alain Girard）在关于社会成功的调查中所提供的数据。在该调查中，我们可以看到，26.2%的作家将他们的成功归因于卡里斯玛因素（facteurs charismatiques，例如天赋、智力品质、天职）；相比之下，教授中持这一观点的比例为19.1%。教授们经常提到他们的原生家庭（11.8%，作家为7.5%）、他们的老师（9.1%，作家为4.4%）和他们的配偶（1.7%，作家为0.3%）等角色所起的作用。"他们喜欢向他们的老师致敬。这有可能是对他们不同学业阶段中所有老师的普遍敬意，或是对其中某一位老师的特别崇敬，这个人是他们的

---

[1] 我们完全有理由认为，今日，大学学者与作家或自由知识分子之间的对立，可能并没有在两次世界大战之间（l'entre-deux-guerres）或19世纪末时那么明显：由于学生人数的增长和招聘程序的相应变化，教授的数量有所增加；而当大学面向作家型学者或记者型学者开放后，这种对立部分地转向了大学场域内部。大学场域的结构史和比较社会学，应当特别关注这两个场域之间的社会距离在不同时刻和不同社会中的变化，以及在这两个场域中与这些变化相关的社会影响。这一距离可以根据不同的指标加以测量，例如从一个场域转移到另一个场域的次数，同时在两个场域中占有一席之地的频率，两个群体之间在社会出身、学校教育方面的社会差距，以及是否经历制度化及其频率等。

伯乐，唤醒了他们的天职，或是后来在研究中指导和帮助过他们。对他们老师的感激之情，有时甚至是崇敬或热诚之情，常常在他们的回答中流露而出。本着相同的精神状态，他们也比其他人更经常地承认家庭的影响，家庭从童年起就教导他们尊重智力或精神品质，这有助于他们事业的实现。他们会有一种服从于天职的感觉，并且最后，他们比其他人更常提及主导着家庭的和谐融洽，以及来自妻子的长期支持。"

（参见 A. Girard, *La Réussite sociale en France, ses caractères, ses lois, ses effets*, Paris, PUF, 1961, pp. 158-159.） [1]

事实上，除与"社会融合"和"对主导秩序的拥护"相关的各种指标之外，我们还需要考虑大学场域与经济或政治的权力场域之间的距离，或是大学场域与智识场域之间随不同社会和时期而有所变化的距离。由此可知，大学场域的自主性在 19 世纪不断增长：正如克里斯托夫·夏尔勒（Christophe Charle）所指出的，高等教育教师不再像 19 世纪上半叶那样，是由当权者直接任命、介入政治的要人显贵，而是成为经过筛选的、专业化的教师，他们通过与政治生活并不兼容的职业活动，切断了与那些要人显贵圈子之间的联系，并为一种特殊的学术理想所激励；与此同时，教授们往往会远离智识场域，正如我们在法语文学教授（尤其是朗松[2]）的情况中所看到的，他们使自身专业化，并学习特定的方法论，从而会打破文学批评的世俗传统。

---

[1] 我十分清楚地意识到此一比较在统计基础方面的不足。但是在我看来，在这种情况下，就像在其他案例中一样，我们必须考虑到我们所分析的宇宙可能因其在一个包罗万象的空间中所处的位置而欠下的一切；我们至少也应该粗略地标明大学场域在权力场域以及整个社会场域中所占据的位置，而不是在一无所知的情况下将种种影响记录下来。这种分析表面上看来无可指摘，实际上只是因为，它会将错误建构的对象固化至其表面上的界限。

[2] 指法国文学批评家古斯塔夫·朗松（Gustave Lanson，1857—1934），曾任巴黎大学法语文学教授，对法国现当代文学批评影响深远。——译者注

然而，我们也应当注意，不要只为了确定某一特定位置，就将整个教师群体与统治阶级的各个不同派别之间进行过度比较。事实上，高等教育机构（即所有不同的公立大学与大学校）的场域结构，会在一种特定的学校教育逻辑下，再生产出权力场域的结构（或者，也可以说是统治阶级各个派别之间的对立）。与高等教育机构的场域结构相似，各个不同院系的教授们会分布在经济、政治权力与文化声望这两极之间，而这与统治阶级各个派别的分布原则相同：事实上，我们可以发现，随着院系的变化——从理学院到文学院，再到法学院和医学院——统治阶级中最具特色的属性的出现频率也会越来越高；而拥有独特的学业成就标志，例如在高中优等生会考（concours général）[1] 中获得优胜提名的频率，则与院系的社会等级成反比。事实上，一切似乎都表明，不同院系对政治或经济权力场域的依赖也会遵循相同的逻辑而变化（从理学院到医学院），而各所人文和社会科学院校的教授则尤其依赖于为场域所特有的规范，但依赖程度会因他们在此空间中所处的位置的不同而有所变化。尤其是自德雷福斯事件（l'affaire Dreyfus）[2] 以来，智识场域更加主张独立于世俗权力，并主张采取一种全新的政治立场，即一种外部的、具有批判性的立场。

---

[1] 高中优等生会考是法国一项历史悠久的传统考试，创始于 1747 年。每年，法国高中一年级和毕业年级的优秀学生会参与该会考，而技术学校的学生则会组织相应的"全国职业竞赛"。——译者注

[2] 德雷福斯事件是法国 19、20 世纪之交一场影响深远的社会政治事件。1894 年，犹太裔军官德雷福斯被指控向当时的普鲁士王国泄露军事机密。尔后，军方知道了德雷福斯的清白，但为了维护军方尊严以及共和国利益，德雷福斯依旧被判有罪。当时法国社会分裂为两个对立的阵营：一方是极端民族主义派，他们拒绝德雷福斯的清白，并主张当时颇具影响力的反犹主义；另一方则是"德雷福斯派"，以左拉为代表的作家、学者、知识分子积极介入该事件以支持德雷福斯的清白。在此事件后，法语中的"知识分子"（intellectuel）一词，逐渐带有了介入现实政治的意涵。——译者注

以下统计分析的结果来自随机抽样（n［样本数量］= 405），我们根据院系的不同，也依照 45%～55% 的抽样率，选取了来自 1968 年《国家教育年鉴》(*Annuaire de l'Éducation nationale*) 中所统计的巴黎大学各个学院（药学院除外）的正式教授。[1] 我们从 1967 年开始收集资料，同时与理学院和文学院的教授们进行了一系列深入访谈，然而调查随后中断了。尽管我们最后于 1971 年基本完成了调查，但我们想要描绘的是大学场域在 1968 年前夕的情况，因为我们想要将其同各所人文和社会科学院校的权力调查（该调查是在这一时期进行的，其结果将在下文介绍）进行比较；并且也因为，我们相信，在这一关键时刻（moment critique），即教师群体最古老的传统仍然存在、但我们已经能发现未来进一步转变的种种迹象时，尤其是当学生群体和教师群体形态变化的种种效果已经显现出来时，我们能发现不同类别的教授们对 1968 年五月危机的原则和反应，以及这次危机之后的改革所带来的制度转型及其局限性。[2]

为了实现这种对各学院教授的"团体特征描述学"

---

[1] 正如这本《国家教育年鉴》的编辑们所观察到的那样，此项统计工作呈现的是 1966 年教师行业的状态，因为新的任命没有被及时登记下来。而 1970 年的《国家教育年鉴》则只提供每所大学机构中，教学与研究单位（UER）的列表及其负责人的名字。因此，我们直接从教育部获得了 1970 年的教授名单，以便控制样本，并将 1966 年到本研究完成日期之间的后续任命情况考虑在内。我们会在整个分析过程中保留 1967 年的用语，即使在分析更近的年代时也是如此。例如，我们会使用"学院"（faculté），而不是后来取代它的大学（université）；会使用"院长"（doyen），而不是后来取代它的"教学与研究单位主任"（directeur d'UER）。

[2] 当我们对比不同院校的教授时，我们应该考虑到 1950 年代以来教师（和学生）人数的增长比率。不同的院系并不处于同一发展阶段（如果我们可以这么说的话）：理学院在 1955—1960 年增幅最大，1970 年左右才开始处于封闭阶段；文学院从 1960 年开始大力招聘教师，而法学院则从 1965 年左右才开始。因此，相同的职称，在不同学院并不一定具有相同的价值。例如，在 1968 年，当理学院处于封闭阶段时，助教需要等待相对较长的时间（6—7 年）才能获得讲师职称的任命；而与此同时，文学院的扩张仍在继续，因此助教等待任命的时间则相对较短。这很可能是因为，文学院的助教并不是正式教职，他们只能在晋升为讲师之后才能获得正式教职，而理学院的助教是有正式职称的。同样，教职员工团体数量的增长，也很可能会对教授职称的获得条件造成非常不平等的影响。

(prosopographie)[1]，针对样本中的每一位教授，我们都收集了由书面资料和为其他目的（往往出于行政目的）而进行的不同调查所提供的所有信息，这些调查大多在与我们合作下进行（我们可以在附录中找到关于数据收集操作和所使用资料来源的重要描述），或是明确由我们进行，以补充或核实从其他来源获得的信息（对样本中所涉及的教授进行深度访谈和电话调查）。我们之所以决定在所有与观点有关的问题上主要甚至完全使用书面资料，是出于以下几个原因：首先，正如我们在采访中所观察到的，绝大多数接受采访的教授都拒绝在政治方面的分类，并以不同的论据否认或驳斥所有想确认他们政治或工会立场的企图[2]；其次，很明显，无论是所占据的权力地位，还是1968年抗议的突出目标，或是对改革及其效果所采取的立场，这些问题都没有受到调查关系的影响，它们还被视为一种质疑，是对"学阀"的抗议的延伸（许多接受采访的教授都自发地提到了这一点）。简而言之，为了尽可能完全避免歪曲、掩饰和变形，同时为了避免社会学家和他的"档案卡"在知识界和艺术界通常会引起的怀疑或指控（这种做法会被指控为宗派主义的编目或警察

---

[1] prosopographie（团体特征描述学）一词来自古希腊语 πρόσωπον（prósôpon），意为戏剧中对人物角色的描述，尔后指涉对某一特定阶级或团体成员共同特征的描述。在历史学中，该词意指对某一特定社会范畴的传记式研究。——译者注

[2] 与其堆砌受访教授们回避政治或工会问题的单调理由，我们不如引用这位医学院教授的话，他的话清楚地陈述了这一原则："我要告诉您我没有……我认为这不是在回避，但我相信我是无法被分类的，并且之所以不可分类，是因为我从来没有加入任何党派（……）。您知道，我想是让·吉东（Jean Guitton）这么说的（……）：'有这么一些人，他们的介入就是不介入'。"但是，比起这些对问卷的质疑，我们更应该引用另一位因加入共产党而知名的教授的回答，因为他的回答向我们直接展示了那种科学和伦理的原则，它使我们只注意到那些公开的政治主张："我说过，我不会回答这些调查。我的主张是众所周知的。我没有掩饰它们。但我不会回答这些调查。再说一遍，我不会回答这些调查。"我们可以在塞尔吉·朗格（S. Lang）的书中找到一项非常有趣、但不太有说服力的专题研究：这是由埃维雷特·卡尔·莱德（E. C. Ladd）和萨缪尔·马丁·利普塞特（S. M. Lipset）所做的调查，他们记录了美国教授在接受问卷调查时的反应。参见 S. Lang, *The File*, New York, Heidelberg, Berlin, Springer-Verlag, 1981。

式专横的审查），我们决定只采用那些已经公开或将要公开出版的信息，比如信息提供者在接受我们的调查时（调查旨在确定本研究涉及的研究人员或作家名录）特意或有意提供的信息。此外，由于我们希望在公开的图表中保留所有专有名词（就像我们在研究其他领域时所做的那样），因此这一流程就更有必要了。为此，我们收集了所有相关指标：

a）为达到某些位置所需的社会决定因素，即习性的形成和学业优异的决定性因素、他们从长辈那里继承而来的经济资本和社会文化资本，包括社会出身（例如父亲的职业，是否被收录进《上流社会名人录》[*Bottin mondain*][1]）、地理出身、家庭出身在宗教方面的影响；[2]

b）学校教育决定性因素，它是前述那些决定性因素在教育方面的转译（教育资本）：在中等教育期间就读的学校（公立高中或私立中学，学校在巴黎还是在外省等）和学业成功（高中优等生会考），在高等教育期间就读的学校（在巴黎、外省或在外国）和所取得的文凭；[3]

c）大学权力资本：隶属于法兰西学会、大学咨询委员会

---

[1] 《上流社会名人录》是一本商业年鉴，于1903年由迪多－博坦协会(société Didot-Bottin)创办，每期年鉴会介绍法国（尤其是巴黎及其周边地区）上流社会知名家庭及其成员的名单，同时该协会也会组织一系列上流社会俱乐部。——译者注

[2] 我们只针对理学院和医学院教师的原生家庭进行了更加详细的分析：我们在调查中分别收集到这两个学院58%和97%的教师的家庭出身信息，这些信息包括父亲的文凭、母亲的职业和文凭、祖父母和外祖父母的职业和文凭，以及所属家庭（配偶）的职业和文凭。

[3] 关于这一点，只有一部分所收集的信息可以用来比较不同学院的教授，这是因为各种课程、竞考、考试、文凭之间几乎是不可比较的，并且只适用于每个学院内部的比较，例如不同学科之间的比较（但即使这样的比较在许多情况下也很困难，既因为各个学科有相对的不可比较性，也因为相关群体的规模太小）。我们还可以列举一些我们没有使用的例子：比如对巴黎大学文学院和理学院而言，这些数据包括参加巴黎高师竞考预科班的地点或准备大学入学考试的地点、参加巴黎高师竞考预科班的时长、录取排名、获得教师资格的年龄、成为助教的年龄、成为教授的年龄、取得博士学位的年龄等；对医学院而言，则包括成为实习医生的年龄和录取排名、成为住院实习医生的年龄和录取排名、正式进入医院的年龄、成为助理医生的年龄、成为教授的年龄、指导医生的地位（主要或次要、年轻或年长等）等数据，它们可能会构成特定社会资本的决定性因素，其选择似乎在很大程度上取决于个人所继承的社会资本。

(CCU),担任学院院长、教学与研究单位主任或研究所所长的职务(担任大型竞考——如巴黎高师或教师资格竞争考试评委会成员——的评审委员会成员这一标准仅出现在关于巴黎大学文学院的调查中,而并不适用于其他学院,因为相关的位置之间是不可一概而论的);[1]

d) 科学权力资本:担任研究机构主管、担任学术期刊主编、在研究教学机构教学、参加法国国家科学研究中心(CNRS)的高层决议会或委员会、参加科学研究高等理事会;

e) 科学声望资本:法兰西学会成员、科研荣誉称号、作品被翻译成外文的数量、参加国际学术研讨会的频率(在《引用索引》中被提及的次数因院系不同而波动太大,从而无法被采纳,担任科学期刊或丛书主编的情况也是如此);[2]

f) 智识声望资本:法兰西学术院(Aacadémie française)成员、出现在《拉鲁斯辞典》(*Larousse*)[3]中,上电视的次数,与各种日报、周刊和知识分子刊物的合作频率,作品以口袋书的形式出版[4],各种知识分子刊物的编委会成员;[5]

g) 政治或经济权力的资本:收录在《名人录》(*Who's*

---

[1] 我们也考察了下述的所属情况(尽管没有在分析中采用这些数据):例如是否为高等教育理事会成员、是否为大学理事会成员、是否为法国大学出版社(PUF)系列丛书的主编等。

[2] 我们也考察了是否为外国学院成员、获得荣誉博士学位的情况(以及对文学院而言,还要加上出版的著作和文章的数量)。但是,我们必须放弃像出版的著作和文章的数量这样表面上很简单的指标,这是为了避免去比较不可比较的东西,因为我们忽略了它们在以下不同方面之间的差异:诸如对象、方法、成果、不同类别的生产者等,而这些差异是由世代、院系、学科等因素的不同而造成的。

[3] 《拉鲁斯辞典》是法国最重要的辞典之一,它以19世纪法国辞典学者皮埃尔·拉鲁斯(Pierre Larousse)命名。辞典中包含一些名人的词条,词条会简单介绍他们的生平,因此进入辞典是一项重要荣誉。——译者注

[4] 在法国,学术著作一般会首先在一些大学出版社出版,价格昂贵。如果作品影响力巨大、畅销,一些重要出版社,例如上文提到的伽利玛出版社或瑟伊(Seuil)出版社等则会推出口袋本著作。——译者注

[5] 我们无法保留那些"知识分子"奖项,它们数量极其庞大且极不协调,如果没有事先研究,就无法对其进行适当的编码。

Who)[1]中,身为政府内阁成员、国家计划委员会成员,在权力型大学校任教[2],被授予各种奖章;[3]

h)广义上的"政治"倾向(dispositions)[4]:参加卡昂(Caen)和亚眠(Amiens)的研讨会[5],各类请愿书的签署。

疏离和附着

大学场域在其结构中再生产了权力场域,大学场域自身的选择行为和灌输教育行为有助于权力场域结构的再生产。事实上,大学场域作为各种位置(同时也是占据此一位置的人的倾向)的差异空间而得以运作,通过其运作,构成权力场域不同位置的空间再生产得以完成,并且这种运作不受个体或集体的意志或意愿的干预。[6]正如对应分析的图表所明确呈现的,从教授的属性来看,

---

1 《名人录》是由美国马奎斯(Marquis)出版公司出版的名人录刊物之一,创立于1899年,具有较高的代表性,其他的人物排行榜,例如福布斯等,也会参考这一刊物。——译者注

2 布迪厄将法国高等教育体系中的"大学校"分为两类:一类是巴黎高师这样的"智识型"大学校,旨在培养学者、知识分子;另一类则是"权力型"大学校,例如巴黎综合理工学院,该校由法国政府(军事部门)直接管理,在这里就读的学生不仅是学生,还是国家公务人员,每月会领取国家发放的公务员工资。——译者注

3 我们没有保留"经济与社会委员会成员"这一标准,因为成员数量太少。

4 在布迪厄的思想体系中,"倾向"(disposition)一词与"习性"(habitus)、"属性"(propriété)密切相关,亦有学者将该词翻译为"性情倾向"、"禀赋"或"秉性"。这一概念指的是在一定的家庭和教育因素的影响之下,人们所表现出的各种精神气质(ethos)、身体习性(hexis corporelle)、表达方式和思维方式,下文中布迪厄将频繁使用这一概念。——译者注

5 卡昂和亚眠是法国的两座城市,1956年和1968年法国政府分别在这两地召开了两场重要研讨会,会议讨论了一系列高等教育改革的重要议题,对日后法国高等教育体系产生了深远影响。——译者注

6 根据所接收的学生(des étudiants ou des élèves;译按:法语中的étudiant指公立大学的学生,élève指大学校学生)的社会和学校教育特点分布的不同,各个高等教育机构的结构,在所有可能核实的情况下,都非常准确地对应于根据教师的社会和学校教育特定分布的同一机构的结构:因此,这也是为什么与文学院或理学院相比,医学院和法学院的学生更有可能来自统治阶级,或者在统治阶级当中,来自经济上最有优势的派别,因为企业家或自由职业者(译按:在法国,医生、律师等职业均为自由职业)。此外,与文学院或理学院相比,医学院和法学院的毕业生能获得在经济等级上更高的职业,而大多数文学院或理学院的毕业生则会去学校任教。我们可以从以下事实中得出丰富的认识论性的和社会学性的评述:我们只需用社会-逻辑的/社会学的(socio-logique)顺序,去取代通常会在官方统计中被采纳的序列,即用"大

那些我们能够掌握的、可以区分不同院系或学科的差异，与整个权力场域的结构是同源的（homologue）[1]：在世俗上处于被支配地位的理学院和文学院（后者受支配的程度较低），它们因一系列经济、文化和社会方面的差异，与在社会上占主导地位的法学院和医学院相对立；尽管这些不同类型的差异实际上往往难以区分，但我们可以通过它们认识到，权力场域内被支配的派别和占主导地位的派别之间在本质上是互相对立的。

我们只须对那些能够显示不同指标分布情况的统计表格进行解读（这些表格与经济和文化资本有着或多或少直接的关联），就能从中看出此一主要对立。当我们按照社会出身，尤其是通过父亲的职业来排列不同院系的教授时，或是考察其他社会地位的指标时，我们都能观察到相同的等级序列：理学院、文学院、法学院、医学院；其中，出身于统治阶级的教授在四个学院中分别占 58%、60%、77% 和 85.5%，而曾就读私立教育机构的教授在四个学院中则分别占 9.5%、12.5%、30%、23%，我们可以发现法学院和医学院的比例并不符合这个等级序列。我们也可以注意到，不同院系教授所来自的不同派别——它们本身也是由经济资本和文化资本的等级所划分的——所占的比例也根据相同的序列而变化：教授之子的比例在文学教授那里最高（23.3%），在医学教授那里最低（10.0%），而医学教授（基础理论研究者除外），

学技术学院（IUT）、理学院、文学院、法学院、医学院、药学院"这一序列，去取代"法学院、文学院、理学院、医学院、药学院、大学技术学院"这一序列，并在社会–职业类别的层面进行类似操作（尽管这两个序列都是按常识排列的），那么我们就可以从这些分布情况中归纳出一个几乎恒定的结构（极少数差异在其中会非常明显）。参见 Ministère de l'éducation nationale, Service central de la statistique et de la conjoncture, Les étudiants dans les universités, année scolaire 1967-1968, Statistiques des enseignements, Tableaux et informations, 5-2, 67-68, mars 1968。

1 布迪厄用"同源性"（homologie）这一概念，来描述结构上具有相似性、但又各自独立的空间之间的关系，尤其是社会空间和场域之间的关系。——译者注

尤其是法学教授，则更经常来自自由职业家庭，或是来自公共或私营部门的管理层或干部家庭。[1]

事实上，一项更详细的分析显示，根据院系的不同，被归入同一职业范畴中的个体会展现出不同的特性。因此，来自平民阶层的文学院或理学院教授有他们自己的晋升渠道，即初等师范学院（École normale d'instituteurs）[2]，而平民出身的人在法学院或医学院要罕见得多；相反，在法学院或医学院，教授们几乎都来自私立小学。同样的对立也会出现在出身于教师家庭的教授那里（这种情况在文学院和理学院比在法学院更多）。因此，在现有信息的限度内（所涉及的人群始终是非常有限的），当某些个体出身相同、但其实践和表述会因院系或学科的不同而变化时，我们无法确定，是应该把这些差异归因于次等的出身差异，或是在整个生涯轨迹中由各种差异而产生的影响（例如被考虑的职业的不可能性程度），还是将其归因于这两种影响的结合，而后者很可能是最常见的。

---

[1] 我们收集到的一部分理学教授（58%）和医学教授的数据则可以让我们假设，我们在祖父母和外祖父母的职业那里，或者在配偶的职业地位那里也可以观察到同样的等级序列，因为择偶往往会受到门当户对（homogamie）倾向的影响，比如文学或理学教授的妻子也有更大比例是教师，而医学教授的妻子没有就业或是医生的比例较高。

[2] 初等师范学院主要培养小学教师，与主要培养高等教育教师的、颇具精英主义色彩的高等师范学院不同，平民阶层也较容易在完成自身学业后，进入学院任职，从而改变自己的出身。——译者注

对下文表格的注解

下文中的表格根据院系的不同——理学院、文学院、法学院和医学院——来呈现某些由继承而来的资本或既得资本的指标（在不同种类下）的分布情况。[1] 我们放弃了按任教的学科来呈现分布情况（在对应分析中，任教的学科只是作为典型变量而起作用）。事实上，这些必不可少的分组存在很多不确定性。我们应该把力学与数学或基础物理联系起来，把遗传学与自然科学或生物化学联系起来吗？古典阿拉伯语文学是应该像英语或德语语文学一样，被归类到外国语言文学教学中，还是应该与古典文学和语文学（philologie）相提并论？文学院开设的人口统计学专业，是属于哲学（如同各种年鉴所指出的那样）、地理学还是社会科学？而关于法学院，将政治思想史或经济思想史归入法律史领域，会比将它归入公法或政治经济学更不合理吗？医学院的情况也比较模糊，例如我们并不总能区分临床医生和外科医生。我们还可以举出很多例子。由此可见，每一项决定都需要预先对每一相关环境进行深入调查。因此，我们更倾向于坚持理学院、文学院、法学院和医学院这样的主要行政划分，无论它们多么宽泛或约定俗成，我们都希望它们在调查时仍然能覆盖大学生活的现实。

---

[1] 考虑到我们采用的是团体特征描述学（prosopographie）的方法（参见附录1），某些被归类为"不详"（non-déterminés, ND）的个体，也可能具有相关的属性。

表 I 人口统计学指标和由继承而来的资本或既得资本的指标

	理学院 128人	文学院 120人	法学院 87人	医学院 70人	总计 405人
性别					
男	91.4	91.7	96.6	100.0	94.0
女	8.6	8.3	3.4	−	6.0
出生年					
1900年以前	2.3	3.3	2.3	1.6	2.5
1900—1904年	13.4	8.3	9.2	15.9	11.5
1905—1909年	11.0	15.0	13.8	21.8	14.6
1910—1914年	21.9	20.0	21.8	25.9	22.0
1915—1919年	14.3	10.8	9.2	15.9	12.5
1920—1924年	21.9	23.4	21.8	14.5	21.0
1925—1929年	7.9	12.5	16.2	2.9	10.4
1930年及以后	5.6	5.9	3.5	1.5	4.5
不详	1.7	0.8	1.2	−	1.0
婚姻关系					
独身	4.1	4.2	6.1	−	3.9
已婚	89.3	92.5	92.5	98.5	92.4
离婚	2.5	0.8	−	1.5	1.3
丧偶	4.1	2.5	1.4	−	2.4
孩子的数量					
独身	4.1	4.2	6.1	−	3.9
没有孩子	6.4	10.0	8.3	5.9	7.7
1人	19.6	15.0	11.6	10.4	14.9
2人	23.6	21.6	20.7	24.4	22.5
3人	19.6	25.0	20.7	23.1	22.1
4人	17.2	12.5	19.7	21.6	17.2
5人以上	9.5	10.9	12.8	12.9	11.2
不详	−	0.8	−	1.7	0.5
出生地					
巴黎及郊区	29.3	37.5	19.5	51.2	33.3
外省	69.9	62.5	79.3	45.9	65.7
不详	0.8	−	1.2	2.9	1.0
居住地					
巴黎第16, 17, 8, 7区以及讷伊市	6.4*	13.4	36.9	58.6	24.0
巴黎第5, 6, 13, 14区	25.1*	28.3	18.7	28.6	25.3
巴黎其他区	7.2*	10.0	12.9	5.7	8.9
郊区：78省或92省（讷伊市除外）	9.5*	18.3	21.9	4.3	13.9
其他	7.2*	15.8	5.9	2.8	8.7

续表

	理学院 128人	文学院 120人	法学院 87人	医学院 70人	总计 405人
宗教					
犹太教	15.6	3.3	5.9	7.3	8.4
新教	6.3	9.2	10.5	5.9	7.9
正统天主教	7.8	19.2	21.8	41.6	20.0
其他	70.3	68.3	62.0	45.2	63.7
父亲的社会职业类型					
农业雇佣劳动者、工人	8.6	10.0	3.5	1.5	6.7
职员、手工业者、中层管理人员、小学教员	33.6	30.0	19.5	11.4	25.7
工程师、实业家、高级管理人员	25.8	23.4	27.6	32.8	26.7
军官、司法官员、自由职业、行政管理人员	12.5	13.3	37.9	42.8	23.5
教授、知识分子	19.5	23.3	11.5	10.0	17.2
其他	−	−	−	1.5	0.8
《名人录》	40.6	46.7	60.9	50	48.4
《上流社会名人录》	1.6	1.7	12.6	37.1	10.1
勋章					
法国国家荣誉军团勋章	28.9*	25.8	41.4	61.4	36.3
法国国家功勋勋章	11.7*	3.3	8.1	8.6	7.9

* 这些数字只有一些参考性价值，因为有很高比例（超过40%）的教授没有提供信息。

表 II 学校教育资本的指标

	理学院	文学院	法学院	医学院	总计
就读私立中等教育的情况					
私立学校	9.5	12.5	29.9	22.9	17.1
只上过公立学校	78.5	81.7	68.9	75.6	77.0
初等师范学院	8.7	5.0	−	−	4.2
无回答	3.3	0.8	1.2	1.5	1.7
高中					
巴黎地区一流高中	22.7	39.2	10.4	11.5	22.9
巴黎地区其他高中	27.4	22.4	12.7	41.2	24.9
外省或外国高中	39.7	30.0	52.6	24.3	37.5
巴黎地区私立高中	1.6	3.4	3.5	12.9	4.4
外省私立高中	4.7	4.2	19.6	2.9	7.4
无回答	3.9	0.8	1.2	7.2	2.9

续表

	理学院	文学院	法学院	医学院	总计
高等教育					
在巴黎就读	86.7	87.5	63.2	88.6	82.4
只在外省就读	13.3	12.5	36.8	5.7	16.7
不详	–	–	–	5.7	0.9
在外国学习					
有	7.8	8.4	10.4	4.5	7.9
无	85.1	91.6	89.6	91.0	89.1
不详	7.1	–	–	4.5	3.0
高中优等生会考	10.1	14.1	6.8	5.7	9.8

表 III 大学权力资本的指标

	理学院	文学院	法学院	医学院	总计
大学咨询委员会	27.4	34.2	26.4	41.4	31.6
教育功劳奖	26.6	51.7	40.2	15.7	35.0
学会					
法兰西学会	10.2	3.3	5.7		8.1
全国医学学术院				12.9	
学院院长	11.7	17.5	32.2	20.0	19.3
教学与研究单位主任	15.2	34.2	31.1	14.3	22.7

表 IV 科学权力和科学声望资本的指标

	理学院	文学院	法学院	医学院	总计
CNRS 委员会	33.6	37.5	9.2	10.0	25.4
CNRS 实验室主任	22.6	15.0	10.3	8.6	15.3
任教于培养知识分子的大学校(例如巴黎高师)	17.2	39.2	5.7	2.9	18.8
学术研讨会出席情况					
1~3次	24.2	30.8	51.7	28.6	32.8
4次以上	46.9	31.7	26.4	37.1	36.3
0次	28.9	37.5	21.9	34.3	30.9
CNRS 勋章	2.4	0.8	–	1.4	1.2
著作被翻译的情况					
有	15.6	25.0	16.1	8.6	17.3
无	84.4	75.0	83.9	91.4	82.7

表 V 智识声望资本的指标

	理学院	文学院	法学院	医学院	总计
以口袋书形式出版	4.7	30.0	20.7	5.7	15.8
为《世界报》撰稿	3.9	15.0	11.5	5.7	9.1
为期刊或周刊撰稿	2.3	21.7	14.9	2.8	10.9
上电视节目	5.5	15.0	1.1	10.1	8.1

表 VI 政治或经济权力资本的指标

	理学院	文学院	法学院	医学院	总计
参与公立机构	14.8	16.7	41.4	65.7	29.9
参与第六次国家计划	0.8	0.9	5.7	4.3	2.5
在权力型大学校任教	12.5	8.3	28.7	1.4	12.8

不同院系成员当前所持有的经济或社会资本指标，会按照相同的结构分布，无论它涉及的是高级街区（第十六区、第十七区、第八区、第七区）的住宅，纳伊市[1]（理学院、文学院、法学院和医学院教授分别占比为 6.4%、13.4%、36.9% 和 58.6%），或是列入《上流社会名人录》（1.6%、1.7%、12.6%、37.1%），还是拥有三个或三个以上孩子的家庭（46.3%、48.4%、53.2%、57.6%），这种家庭情况可能与经济资本和社会资本有联系（至少是潜在的联系），尽管它也明显与一些其他因素的分布有关，

---

[1] 巴黎共由 20 个区组成，分别以数字命名。这里布迪厄列举的都是巴黎最为高级的住宅区，其中十六区是资产阶级聚集地，埃菲尔铁塔和凯旋门则分别坐落于七区和八区。纳伊市（Neuilly），今天更名为塞纳河畔纳伊市（Neuilly-sur-Seine），位于巴黎西郊，在巴黎十七区与拉德芳斯（巴黎城市 CBD）之间，虽然地理位置上并不属于巴黎，而是属于法兰西岛的上塞纳省（Hauts-de-Seine, 92 省），但与巴黎关系非常紧密，也是资产阶级高级住宅区。——译者注

例如宗教因素，尤其是是否信仰罗马天主教，而宗教因素也会按照相同的结构分布（7.8%、19.2%、21.8%、41.6%）。[1] 这几项指标非常贫乏且非常间接，所以并不足以让我们确切理解理学、文学教授与法学、医学教授之间的经济差异——尤其是医学教授，他们不仅拥有因自身的教授职位和医疗服务单位负责人的职位而获得的收入，还有通过私人客户获得的外快。[2] 无论如何，仅从收入的角度来看，我们可以观察到各学院之间可能存在巨大差距，因为职业道路的不同会导致整个职业生涯中获得的收入总和的巨大差异：就此而言，文学院似乎处于最不利的地位，因为其毕业生获得助教和讲师职位的平均年龄都很大（1978年的平均年龄为31岁和37岁；相比之下，理学院分别为25岁和32岁，法学院分别为28岁和34岁）。文学院毕业生获得副教授和教授头衔的时间也很晚（分别为43岁和50岁，而法学院分别为34岁和43岁，理学院则为35岁和44岁）。[3] 由此可知，A级教师（副教授或教授）的平均持续时间特别短：在1978年，文学院为25年；相比之下，医学院为29年（获得副教授的平均年龄为39岁，教授则为49岁），理学院为33年，法学院为34年。[4]

但是，我们可以观察到，所有政治与经济权力（pouvoir politique et économique）的指标——例如参与国家机构，包括内

---

[1] 有各种迹象表明，宣称信奉天主教的主观和客观意义，会根据其在整个院系或者学科中的出现频率而变化；其次，它也会根据学科的内容更多是科学的还是"现代主义的"而变化。

[2] 关于这一点，就像许多其他方面一样，我们需要真正的专题研究来确定工资在总收入中的份额，以及补充性收入的性质，这些补充性收入本身显然与时间预算的结构有关。在大学权力方面，额外的课程可能是收入的重要来源，此外，畅销教科书的版权也是如此（我们必须确定它们是怎样根据院系的不同而变化的）。总而言之，间接额外收入会随着理学院—医学院的序列而增加。

[3] 参见 J. Nettelbeck, *Le Recrutement des professeurs d'université*, Paris, Maison des sciences de l'homme, 1979, ronéoté, pp. 80 sq. (annexe statistique)。

[4] 关于整个职业生涯获得的收入总额方面，由于职业生涯的不同而带来的财产方面的结果，参见 A. Tiano, *Les Traitements des fonctionnaires*, Paris, Éd. Genin, 1957, spécialement pp. 172 sq.。

阁（cabinets ministériels）、宪法委员会（Conseil constitut-ionnel）、经济与社会理事会（Conseil économique et social）、最高行政法院（Conseil d'État）、财政监察局（Inspection des finances）等，或是参与国家计划委员会——都朝着相同的方向变化（从文学院到医学院）；而高中优等生会考（这是在中等教育中学业优异的良好指标[1]）的获奖比例，以及关于科学研究和学术认可的各项指标则朝相反的方向变化（从医学院到文学院）。因此，我们可以发现，大学场域是根据两个相互对立的等级划分原则而建构起来的：根据继承而来的资本以及当前持有的经济与政治资本而形成的社会等级，与根据科学权威或智识声望的资本而形成的特定等级相对立，更确切地说，与文化等级相对立。这种对立属于大学场域的结构本身，在此一场域中，两个相互竞争的合法化原则之间会发生对抗：第一个原则是世俗的和政治性的，它在大学场域的逻辑中，体现了这一场域对权力场域通行原则的依赖，而随着人们在完全世俗性的等级中的上升，即从理学院到法学院或医学院，此一原则将会越来越占据主导地位；另一个原则建立在科学和知识分子秩序的自主性之上，从法学院或医学院到理学院，这一原则将会越来越重要。

我们可以在一个面向文化生产和再生产的场域内，发现经济权力场域与文化权力场域两者在权力场域内的对立，而此一对立本身很可能解释了，为什么我们在这一场域的两极之间所观察到的对立如此彻底，它涉及生活的各个方面，并表现为两种截然不同的生活方式：这两种方式不仅在经济和文化基础上有深刻区别，而且在伦理宗教和政治秩序上也有差异。尽管这项调查的目标本身自然而然地倾向于优先关注与大学和大学生活最为相关的属

---

[1] 我们所收集的关于理学院和医学院的数据可以让我们假设，在高中毕业会考中取得好成绩的比率也会根据相同的逻辑而变化。

性，但在那些我们所获得的信息中，我们也可以发现某些最深刻、最普遍倾向的间接指标，而这些倾向是他们整个生活方式的基础。因此，我们一方面可以在单身或离婚的情况中，另一方面也可以在家庭规模的情况中（正是这两方面极大地促成了该场域的主要对立）看到一种指标，它不仅是传统观点所谓的社会融合指标，也是融入社会秩序（intégration à l'ordre social）的指标，简而言之，我们可以称之为衡量"对秩序的品味"（goût de l'ordre）的指标。

实际上，与其逐一解读不同的统计关系，例如将离婚率（家庭融合程度低的指标）与子女人数少（用以假定家庭融合程度低，尤其是假定社会秩序融合程度低）联系起来，我们更应该努力从整体上把握一系列指标，它们能够形成某种关于社会含义的直觉，或是与大学场域在世俗上占主导地位的一极相关：大家庭与法国荣誉勋位勋章[1]、投票给右翼与教授法学、天主教与私立学校、居住在高级街区与被列入《上流社会名人录》、在巴黎政治学院（Sciences po）[2]或法国国家行政学院（ENA）[3]就读与在权力型大学校任教、出身于资产阶级与参加国家机构或五年计划委员会；或是试着把握那些更难理解的指标，也就是所有与被支配的一极有关的指标，它们往往被看作是负面的，例如左派观点与巴黎高师文凭、犹太身份或学校职位的"献身者"（oblat）。[4] 如果说这

---

[1] 法国荣誉勋位勋章（Légion d'honneur），前身是由拿破仑设立的"法国军团荣誉勋章"，主要用于表彰军人和平民，也是法国政府颁发的最高荣誉之一。——译者注

[2] 巴黎政治学院全称为 Institut d'Études Politiques de Paris，是法国重要的"大学校"，培养了诸多政界、商界精英，法兰西第五共和国共有六位总统（马克龙、奥朗德、萨科齐、希拉克、密特朗、蓬皮杜）毕业于该校。——译者注

[3] 法国国家行政学院全称为 École nationale d'administration，也是法国重要的"大学校"之一，曾培养诸多法国政界与商界领袖。——译者注

[4] 献身者（oblat）是一个宗教术语，指那些因家庭贫困而被送入宗教机构的儿童，由宗教机构负责对儿童的赡养和教育。布迪厄在此指涉那些出身平民阶级、经过教育以后改变出身的教师，它们往往对整个教育系统持非常积极的态度："(……)献身者，自童年时代起，他们就向往某一所名校，对于这所学校，他们不可能有任何的违抗，既然他们把一切都归功于它，未来的一切也都仰赖于它。"参见《国家精英》，杨亚平译，北京：商务印书馆，2018年，第176页。——译者注

几组特征会给人带来一种连贯性和必然性的感觉，那是因为实践感的直觉，会在其中辨认出由相同的生成原则（générateur）和统一原则（unificateur）产生的关于实践或属性的连贯性，并且这是一种没有连贯意图的、自发的连贯性。我们必须试着以文字重建的，正是这种实践状态下的连贯性，同时警告人们不要被这样的诱惑所鼓励：我们应当避免将客观系统性层面上的习性的产物，转化为一种精心设计的意识形态系统，尽管这种习性的产物尚未被转化为言语，并且被系统化的程度很低。

第一组指标显示或揭露出来的，很可能是占主导地位的人在日常语言中会称为"严肃性"的东西，即对秩序的品味，它首先是一种严肃对待自身与世界的方式，即不带任何距离地认同事物的秩序（l'ordre des choses），同时将自身的存在（être）视为应然（devoir-être）。而另一组指标则由于自身的缺失与缺陷（这二者都是拒绝）而造成了疏离（distanciation），这与融合相反，是对所有既有秩序的拒绝，也是对所有融入正常世界秩序之人的拒绝，例如仪式、典礼、成见、传统、荣誉、法国荣誉勋位勋章（福楼拜说，这是"损害荣誉的荣誉"）、惯例和习俗，简而言之，他们拒绝一切将世俗秩序中最微不足道的实践与对社会秩序的维护深刻地联系起来的东西，以及它们所强加的所有规训、它们所唤起的等级序列，以及它们所涉及的对社会区分的观点。[1] 我们更多是在神话的意义上，而不是政治的意义上，感受到将这一对立与右翼和左翼之间的对立联系起来的关系。

---

[1] 例如，我们应该去分析医学院的教授们在交换新年贺卡时，所表现出来的真正的库拉圈（cycle de la Kula）。（译按：库拉圈是指美拉尼西亚群岛的居民间的赠予–交换体系，尤其指项圈和臂镯的交换，马林诺夫斯基在其《西太平洋的航海者》中着重论述了这一礼物交换形式。）

图 1 巴黎大学各学院的空间

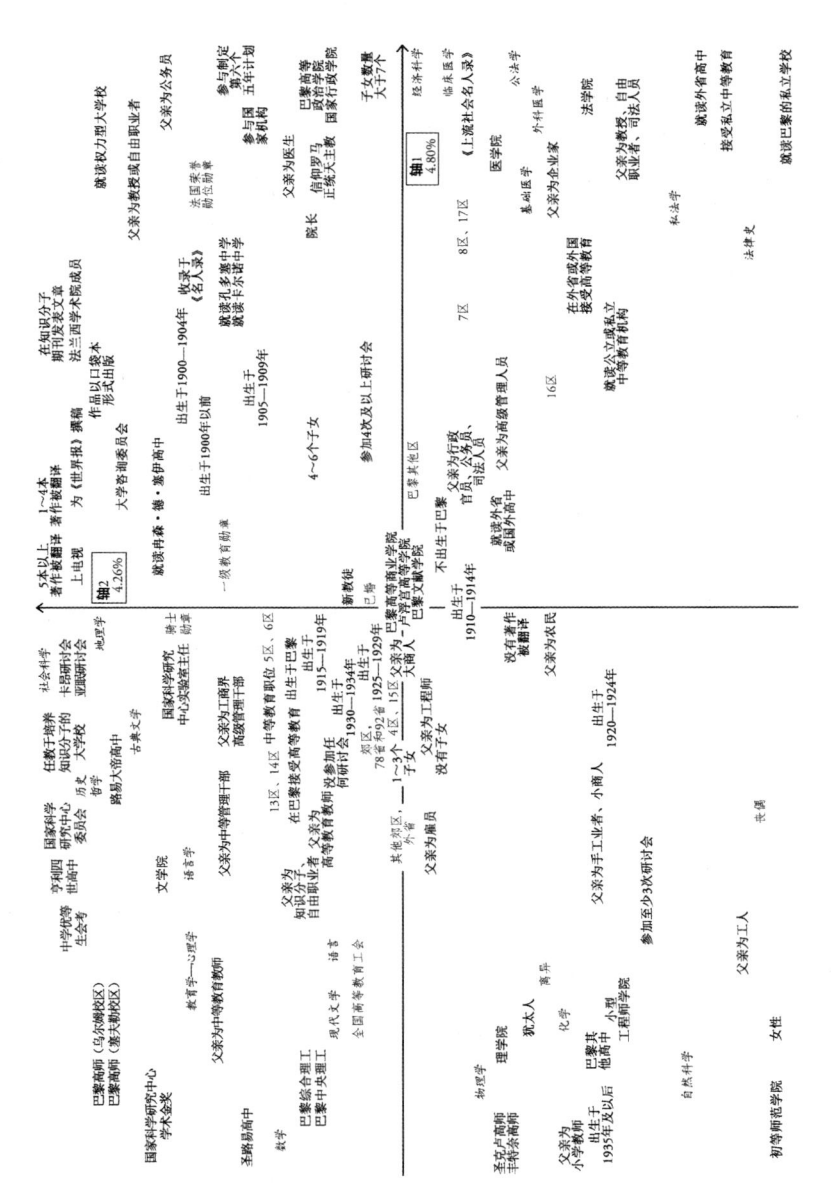

对应分析：第一与第二"惯性—属性轴"[1]的平面图
（说明性变量以仿宋字体表示）

---

[1] 布迪厄笔下的"惯性"(inertie)，与"习性"密切相关，指的是行动者按照自身的"习性"来进行实践活动，因此也构成自身行事的"倾向"。例如，在谈到教育工作者时，布迪厄这样写道："这些人员受过长期培养，能担负一种学校工作，以期在新的再生产者中再生产这种培养，并由此而包含一种在它相对独立的范围内进行的完美自我再生产的倾向（惯性）"（《再生产》，邢克超译，北京：商务印书馆，2022 年，第 70 页）。——译者注

我们还应该提及，是什么东西使科学研究（即一种自由思想，它除自身之外没有任何其他限制）不仅与规范性学科对立（例如法学），还与有科学保障的医学技术对立。医学可以让科学付诸实践，也会以权威的名义，强加一种医生的秩序，即一种道德、一种模式或一种生活方式，正如我们可以在"堕胎"问题上看到的那样；这种权威不仅是科学的权威，而且是"能力"的权威和"声望"的权威。学者们所在的位置及其倾向，会使他们习惯于定义什么是好的，什么是善的：我们很清楚，医学教授参与各种国家机构、委员会，以及广义的政治领域的比例很高；而法学家，尤其是国际法、商法或公法专家，在政府和国际组织中担任专家顾问的比例很高。[1] 对科学的认同（adhésion）[2] 被限定在简单的社会理性甚至是宗教的范围内，这与天主教资产阶级一直以来对科学的不信任关系非常吻合，这种关系长期以来使他们倾向于让子女接受私立教育；私立教育则保证了道德秩序，保证了家庭（尤其是双重意义上的大家庭[3]）及其荣誉、精神和道德，因而也保证了有教养的家族之子（fils de famille）——例如子承父业、成为医生或法官的子女——的再生产，即合法继承人的再生产，也就是说，他们是合法化的继承人，并且倾向于去继承身为继承人所应得的遗产，他们被承认且心怀感激。这两种完全对立于科学和权

---

[1] 许多法学教授担任着公共或私人机构、国家机构（如司法部）或国际组织（联合国教科文组织）的专家顾问，或是担任政府机构的官方代表（参加国际会议、欧洲共同市场委员会、国际劳工组织、联合国等）。例如，有一个被调查者说："我受到法国政府委派去参加海牙会议（……）。我目前每两个月去一次布鲁塞尔，参加共同市场负责统一所有法案的委员会。去年，我参加了司法部关于国籍法（nationalité）的修订委员会。现在，我仍在布鲁塞尔委员会。我曾有好几年担任国际劳工组织专家委员会成员（……）。我参加了几次代表大会。我也是国际法研究院的一员。"（巴黎某法学院教授）

[2] 这里的"认同"一词与本节标题"疏离和附着"中的"附着"一词，都是法语词 adhésion。因此该词既指涉一种距离上的接近，也指涉立场上的认同。——译者注

[3] 这里的"大家庭"（grandes familles），既指在社会上名声显赫，具有地位的大家庭，也指人数众多的大家庭。——译者注

力的关系,指的是权力场域里完全对立的过去和现在的位置:那些出身于平民或中产阶层的理学和文学教授,他们进入更高的阶级完全归功于他们学业的成功,还有那些来自教师家庭的教授,他们很少倾向于寻求学术以外的权力,而是很可能只会完全投身于学术机构当中,因为他们先前在此领域中的投入得到了良好的回报;相反,与理学或文学教授相比,有四分之三出身于资产阶级的法学教授,更经常地在大学中兼任权威职位,抑或在政界甚或商界兼任权威职位。简而言之,我们必须超越区隔了19世纪的古老对立:郝麦(Homais)和布尔尼西安(Bournisien)[1]的对立,即科学主义和教权主义的对立,才能理解是什么造成了这种伦理倾向和知识分子倾向之间的根本亲缘性。而这些倾向与人们在此空间中所处的位置有关,此一空间的组织与经济资本和知识分子资本的双重关系有关,也同与这两种资本有关的各种其他关系相关联,其中犹太人和罗马天主教徒位于此空间中对立的两极,而新教徒则位于中央:在社会上处于被支配地位、而在知识分子界占主导地位的人,他们所表现出的异端或批判性倾向,同与科学实践(尤其是社会科学)相关的批判性断裂之间具有相似性;而循规蹈矩之人的倾向(这些等级的位置为官员之子留有一席之地是偶然的吗?)、正统倾向、按照右翼的方式思考的倾向以及支持右派的倾向(在这样一个社会世界,右翼显然是符合期待的,甚至可以说是不言而喻的),则又与资产阶级和天主教徒对科学令人不安的、批判性的、异端性的质疑和否定之间存在相似性。而这种对科学的否定,常常会将有机科学家(特别是巴黎综合理工学院的人)带入某个混合了物理学与形而上学、生物学与唯灵

---

[1] 两人都是福楼拜的小说《包法利夫人》中的角色,其中郝麦是药剂师,布尔尼西安是神父。——译者注

论（spiritisme）、考古学与神智学（théosophie）的思想领域。

作为权力场域的同源场域，大学场域有它自己的逻辑；而当阶级的各个派别之间的冲突披着康德所说的"系科之争"那样形式特殊的外衣时，这些冲突的意义会截然不同。尽管大学场域的两极会根据它们对权力场域的依赖程度的不同而互相对立，也会根据权力场域所提出或强加的是限制还是激励措施而根本对立，但最具他律性（hétéronomes）的位置永远不会完全面向知识的生产和再生产，而最具自主性的位置也永远不会完全摆脱社会再生产的外部必然性。自主性在上述第二种对立中特别明显，这也体现在对应分析中，在此情况下，自主性完全建立在大学场域内具体成就的纯粹内部标准之上，它在由第一种因素所定义的每个部门中，在不同类型的具体资本的持有者和其他人之间建立起了鲜明的对立，其与社会出身的差异密切相关。因此，那些出身低微、来自外省的人（我们也常常可以在此一范畴中找出女性的身影）往往处于不确定的权力那一边，这是由国家科学研究中心委员会所赋予的、通常是由选举产生的权力；他们也可能处于纯粹学术权力那一边，而这种与机构再生产有关的权力，则是由大学咨询委员会的身份所赋予的，他们与那些持有不同种类特定资本的人对立，无论是在科学声望方面（获得国家科学研究中心金奖），还是在几乎由人文和社会科学院校的教授所垄断的智识声望方面（例如书籍被翻译、参与学术或知识分子刊物的编委会、在《世界报》上发表文章、经常上电视等）。事实上，这些学术成就的差异（显然与年龄有关）与社会差异密切相关，以至于它们似乎在特定的大学逻辑中，成为对混合资本（习性）和客观化资本的初始差异的转译，而这些差异与不同社会出身和地理出身有关，它们似乎将继承而来的优势转化为"应得的"优势带来的结果，而这是逐步发生的：这会体现在特别成功的求学过程（例如在高中优等生会考中金榜题名）和完美的大学生涯中，尤其是在不同的分科、院系、机构之间做出选择时（其中各种可能的空间逐步缩小），包括是否就读于那些最为声名显赫的中等教育机构，例如亨利四世高中（Henri-IV）或路易大帝高中（Louis-le-Grand）。[1]

不同的院系是依照某种与权力场域结构对应的交叉结构分布的，其中一端是在科学上占主导地位、但在社会上被支配的各院系；另一端则是在科学上被支配、但在世俗上占主导地位的院系。由此，我们可以理解，主要的对立在于不同类别的教授在实践中（并且首先在他们的时间预算 [budget-temps] 上）赋予科研活动的位置和意义，以及他们对这些活动所形成的理念。研究、教学、实验室管理等通用词，涵盖了截然不同的现实面，并且在研究管理部门同质化的约束和模式的共同作用下，它们很可能会因科学范式的传播而更具欺骗性；而科学范式的传播，也会让所有高等教育从业者从自然科学那里借来一套术语，去指示那些经常远离科学事物的现实（例如实验室的概念），从而被迫向科学致敬。[2]

---

[1] 在法国，进入大学校的竞考竞争非常激烈。高中毕业生在参加竞考前，需要首先上时长两年的竞考预科班（classes préparatoires aux grandes écoles），以准备这一考试。而亨利四世高中（Henri-IV）和路易大帝高中（Louis-le-Grand）是法国竞考通过率最高的两所高中。——译者注
[2] 科学的组织和技术模式以及官僚逻辑，会使管理团体只了解和承认依自然科学模型而构思的"计划"，而这个团体本身受制于其培养模式和专家治国论（technocratique）的视角所带来的特殊利益；在这种组织和技术模式以及官僚逻辑的共同作用下，自然科学模式的普遍化会产生诸多效果，但我们不会一一清点这些效果，因为它们往往并不利于研究的真正进展。正因此我们可以看到，这导致了一系列大型高预算公司的增加，它们使用"尖端技术"，并让"科研熟练工"（OS de la recherche）作为重要的"派遣队"（contingents）而发挥作用，他们只会被分配一些零碎的任务，这些任务只能由专家治国论者和科研人员组成的联盟而产生，其中前者对它们声称要处理、甚至管理的种种科学一无所知，而后者则处于不利地位，他们只能任由委员会、理事会和其他不负责任的科学"负责人"把研究的对象和目的强加给他们，它们来自这些不负责任的人混乱的头脑风暴而形成的所谓"社会需求"。

因此，医学院经常以研究的名义进行一些活动，它们与我们以同样的名义在理学院进行的活动相去甚远，更不用说法学院或是最为传统的各类人文学科了，在这些院系中，新词往往难以掩盖旧的现实。例如，我们曾向一位医学教授询问，与其他事务相比，他花了多少时间在研究上，他是这样回答的："很可惜，很少，因为我时间不够。所谓的研究，尤其是一项指导性的工作，它要引导人们去寻找资金、寻找人力，而不仅仅是一项简单的工作而已。并不是我本人在做研究，我是在帮助别人去做，但是我自己不亲自做，或者总之，很不幸地，我本人做的研究相对较少。"另一位医学教授则这样回答："研究，我自己不做；考虑到我的年龄，我更多是指导、监督研究，我也着手申请补助、筹集研究资金；至于教学，我是做的，每周至少上三节课是我的义务，所以我既会上课，也会每周至少开一次科室会议，我们会在会议上研究疑难病例，这也是研究的一部分……这既是研究，又是教学，还能救治患者。"我们完全有理由认为，在这些并非特殊的案例中，"家长式的老板"（patron patrimonial）牺牲了所谓的个人研究，为其他研究人员寻找资金，而他只能在官僚主义的意义上指导研究人员，因为他并没有指导学生们的科学研究；他可以赋予研究人员以行政主管或科学管理者的角色，从而能够在各种角色的模糊中，找到一种既能掩饰自己，又能掩饰他人的方法。[1]

---

[1] 法学教授也是如此，并且许多文学教授亦然。法学教授尤其经常地将研究视为与其教学相关的个人工作："我无须履行任何研究方面的职责，所以这个问题是无关紧要的。（……）在当前条件下，从事研究是纯粹个人的事情，我们投入自己的精力、为自己而干。（……）我无法把教学和研究分开。任何教学活动都包含了研究，任何研究都必然会在某个时刻成为教学活动。（……）在某些非常不利的情况下，我们所做的一切都会马上进入教学中，并且我们也完全无法退一步来为自己的长期研究做准备。"（巴黎某公法教授）

为了保留众多"客户群"(clientèle)[1]、确保"老板"预期中的社会利益，例如参加各种委员会、理事会、评委会等，积累和维持社会资本的工作是必要的；但此一工作也意味着需要花费大量时间，因此也就与科研工作相互冲突，而科学工作是积累和维持适当的科学资本（它本身总是或多或少受到法定权力的玷污）的（必要）条件[2]。成功的积累行为，意味着位置感（sens du placement）——客户群的价值取决于每个客户的社会质量——也意味着资格（habilité）与分寸（tact），简而言之，需要一种社会感知，它很可能与过去的环境归属，以及在人生早期阶段所获取的恰当的信息和倾向密切相关：这就是老道的老板所必须实践的容忍与自由主义（但无论如何都要符合官方机构的定义），他也必须为其客户群的社会质量与广度，而牺牲他们的政治（或科学）同质性。（正如奈特贝克所观察到的，这也能够让左派获选人成为教授，哪怕在法学院也是如此。参见 J. Nettelbeck, *op.cit.*, p. 44。）

这种基于制度专断性（arbitraire de l'institution）的法定权威，是对科学所特有的权威的玷污，而这也是法学和医学院的（当然也是最具社会使命的各个人文学科的）基本运作原则本身。这首先是由于，由继承得来的或在学术互动中获得的社会资本，其收益会随着人们远离研究极点而增加；因此，这种收益对人们职业生涯轨迹的影响越大、越是决定了人们进入主导性位置时所需的心照不宣的条件，技术资历和社会资历在教授的法定能力中所扮

---

[1] 法语中的 clientèle 一词，既指与"老板"（patron）对立的"客户"（client）组成的"客户群"（clientèle），也指"拥护者""支持者"。布迪厄用一种经济关系来比喻老师和学生：老师就像"老板"，学生就像他的"客户"，二者日后甚至存在竞争关系。——译者注
[2] 这适用于所有院系，科学权能被自主化和形式化的程度越小，大学权力对科学权威的表述所施加的玷污效果可能就越大。

演的角色就越是不同。我们知道，庞大的法律世家或医生世家并非神话，它们不仅仅是与文化资本转移效应相关的单纯职业性继承。但除此之外，选择有影响力的"老板"在医生的职业生涯中尤为关键：与其他领域的教授相比，医学教授显然更是一位保护者，他要保护所有"客户"在成为新的"师傅"之前的职业生涯，同时要保障他的学生（或者说"徒弟"）的科学或知识培训。[1]

群体招募新成员的社会逻辑所揭示出的，正是最隐蔽的、或许也是最被明确要求的"入场券"（droit d'entrée）：任人唯亲不仅是一种旨在为子孙后代保留稀有位置的再生产策略，它更是一种维持更本质性的东西（这甚至构成了团体的存在）的方式，换句话说，它拥护了作为团体基础的文化专断（arbitraire culturel[2]），或者说幻觉（illusio）[3]，如果没有这种幻觉，就不会有游戏或博弈。对家庭出身的明确、清楚的考虑，只是选拔新成员（cooptation）之策略的公开形式，这些策略既有赖于与团体规范和对团体价值的认同有关的各种指标（例如竞考评委会称为"信

---

[1] 在法学院中，参加教师资格考试的人彼此互相熟悉，包括博士候选人、补充性竞考专员、助教，也就是那些知道如何"让自己出名"的人（参见 J. Nettelbeck, *op.cit.*, p. 25）。在医学院，来自老板的保护是成功的绝对条件。而这往往让竞考本身形同虚设。例如，这是一名受访教授对教师资格考试的看法："我可以私下告诉你，这是一场我们完全不会重视的考试。我们只把它当成一种额外的东西，因为它必须有评委会。所以，只有我们的老板可能是评委会成员时，我们才会参加考试。是通过教师资格考试，还是成为没有获得教师资格的医院外科医生，两者之间没有什么区别。（……）教师资格考试并不是一个头衔，或者也可以说，它不是一个很难获得的头衔。"（巴黎某医学教授）

[2] 法语 arbitraire 一词兼有"专断"和"任意性"两个义项，布迪厄在使用该词时也考虑到它的双重含义：一方面，他用该词描述以无意识的方式存在于所谓正统文化中的强制性特征，统治阶级可以通过文化的再生产，将"文化专断"发展为"社会专断"；另一方面，他也从语言学出发（尤其是索绪尔和乔姆斯基的理论），强调了该词"任意性"的含义，并将这种"任意性"与"必然性"（nécessité）相对，意在指出所谓的社会必然性实际上建立在任意性的基础之上。——译者注

[3] illusio（幻觉）一词的词源与拉丁语词 ludo（游戏）有关。"游戏"（jeu）是布迪厄社会学中一个很重要的观念，在他看来，人们的社会实践，就来自人们对社会游戏的参与，但我们并非有意识参与其中，而是浸淫在各种习性（habitus）中，以至于习惯了各种游戏规则，从而使"游戏"成为"幻觉"（illusio），甚至"信念"（doxa）。——译者注

念"或"热诚"的东西），也有赖于那些在实践、甚至在举止和态度上无法估量之物，以便决定哪些人有资格进入该团体，有资格成为该团体的一部分，或是组成该团体。事实上，只有每个团体成员都通过（par）并为（pour）团体而存在，或者更准确地说，只有每个成员都符合团体存在的基础原则时，团体才能持久地存在，也就是说，超越于团体全体成员之上而持存。真正进入团体的"入场券"，即所谓的"团体精神"（或者其他情况下，我们可以具体称之为"法学精神"、"哲学精神"或"巴黎综合理工精神"等），或者说对构成团体存在、身份和真理的一切内在形式的认可，以及该团体为了自我再生产所必须再生产的那些东西，都是难以定义的，因为我们不能将这种入场的权力简化为"官方对进入团体所要求的能力"这一技术性的定义。而且，如果社会继承（hérédité sociale）在所有群体（它们与社会秩序的再生产互相勾结）的再生产中发挥了重要作用，那是因为，团体新进成员会引发社会结构的深刻转变，而我们可以从此一转变所导致的危机中看到，这一类具备高度选择性的"俱乐部"所要求的东西，更多是成员们从以前和外部经验中所学到的东西，而不是在学校教育中所学到的东西；这些东西也被铭刻在身体中，在一种持久倾向的形式下，构成了某种精神气质（ethos）、身体习性（hexis corporelle）、表达方式和思维方式，以及所有那些我们称为"精神"的、非常身体性的、"难以定义"的东西。[1]

　　正如我在别处分析教师资格考试报告时所指出的，团

---

[1] "哦，在我周围，我家里到处都是医生。我们真是一个医生大家庭。我父亲当然是一名医生；我的四个叔叔，其中三个是医生。我的八个堂兄弟姐妹里，至少有四五个是医生，我从没数过。我兄弟不是医生，但他是牙医，他是巴黎牙科学院的教授。说真的，当我们家庭聚餐时，就像是在开学院会议。"（巴黎某医学教授）

体选拔新成员的各种程序,始终以选择"人"、完整的人(personnes totales)和习性为目标。以下是一份关于法学教师资格考试的证词:"没有明确的大纲:没有评分标准,甚至打分也不是必要的;我们是在评价一个人,而不是做加减法。每个评审委员会决定自己的标准和方法。根据经验,这种'印象主义'的效应,比具有欺骗性的精确数字更可靠。"(Jean Rivero, La formation et le recrutement des professeurs des facultés de droit françaises, *Doctrina, Revista de derecho, jurisprudencia y administración* [Uruguay], t. 59, 1962, pp. 249-261. 里维罗曾任巴黎大学法学院行政法专业的正式教授,也担任过公法教师资格考试委员会主任。)只有在法学领域,基于"完整的人"的总体直觉,对选拔新成员而言才如此重要。事实上,只要想想是什么造就了"大外科医生"或医院某科室的"大老板"就足够了,他们必须操持一门技艺(art),并且通常是在紧急情况下;这门技艺就像战争统帅所拥有的一样,意味着对实际执行条件的完全掌控,也就是说,自我掌控和自信的结合,而这种自信能够吸引他人的信任和效忠。在这种情况下,团体选拔新成员的程序必须要确认的,以及教育必须传递或强化的,不仅是一种知识(savoir)或是一整套科学认识,还是一种专业技术(savoir-faire),更确切地说,是一种将知识付诸实践的技艺,而且是一种在实践中恰如其分的技艺,它与整体上的行动方式、生存技艺和习性是不可分割的。这正是医学与纯临床医学教学的捍卫者们所主张的:"这是一种有点学究式的教学(……):我们通过一些小问题学到了它……像伤寒发热这样的大病,我们对纯粹的生物学问题相对不太关心。当然,我们知道这是由于埃伯斯杆菌（bacille d'Eberth）[1]引起的，但只要我们知道这一点，差不多就足够了。我们所学的医学，是一种可以帮助我们做出临床诊断的对症医学；这不是美国人所重视的病理生理学，当然，那是很好的，也应该这么做（……）。但是，要是为了这种病理生理学而放弃临床医学，就太可惜了，临床医学本来是我们的强项，它有助于我们进行诊断，因此基本上是一门实践医学。"医院实习曾是这种"在实践中"学习的特权场所，走读实习医生（externes）通过经验和实际案例来学习。这里培养出了一大批"普通的好医生"（bons médecins moyens），他们"曾与患者实际接触，也接受过一些经验丰富的老板的指导"；他们虽然不像那些精英住院实习医生（internes）[2]一样，是"最顶尖、最有能力的医生"，但确实"知道自己分内之事"。在看护服务期间，走读实习医生有机会获得一些经验，例如亲历"需要做出紧急决定的综合症"，或是"与住院实习医生一起进行诊断、X光照片、经历迟疑，还能同参与会诊的外科医生共事、接触，这的确是在实践中学习……"（某临床医生，1972年）。导师所展示的专业技术，与教授说教式的讲课没有多少共同之处，也并不要求相同的能力，尤其不需要同样的知识概念。这种完全传统、几近手工的学习必须逐步进行，它对理论知识的要求较少，而是需要把整个人投入与老板和住院实习医生的关系中，并通过他们，让自己投入医院和"医疗技艺"中（"之后，我们参与了手术，我们作为住院实习医生的第一或第二助手帮助他们，我们很满意"）。

1　埃伯斯杆菌，即伤寒杆菌，是一种肠道沙门氏菌，会引发伤寒发热，1880年由德国病理学家卡尔·约瑟夫·埃伯斯（Karl Joseph Eberth）发现。——译者注
2　此处的走读实习医生（externes）指的是那些不住院的实习医生，而住院实习医生（internes）则是常驻医院的实习医生，后者的岗位通常比前者更难获得，也能接受更多机会。——译者注

因此，这种比较向人们揭示了各种差异，这些差异也给比较带来了限制。而事实上，在临床医生和数学家之间，甚或在法学家和社会学家之间，始终存在两种知识生产和再生产模式的差异，更宽泛地说，是两种价值体系和生活方式的差异，或者说是构想成功人士的两种不同方式之间的差异。作为精英中负责任和受人尊敬的一员，医学教授承担了一系列行政责任和政治责任，并扮演了兼具技术性和社会性的角色，他们的成功应当归功于其社会资本、出身或婚姻关系，这些因素甚至有可能比文化资本更重要，并且也应当归功于某些倾向，例如严肃、尊重师长、私生活检点（尤其可以通过配偶的社会地位和子女数量的多寡得到证实），或是更服从纪律，而不是只准备实习医生考试所需的书本知识（据一名知情人士称，"先用心学习，再慢慢理解"），甚或归功于修辞技巧，这些倾向都有一定价值，尤其是在确保对社会价值与美德的拥护（adhésion）上。[1]

不同院系与学科在职业继承方面的重要性也不尽相同，如果我们能在其中看到某种职业资历（ancienneté dans la profession）的形式，就可以对此做出解释（除了任人唯亲的直接影响）。这种职业资历能让来自相同团体的行动者（在所有其他方面都是平等的，尤其是年龄）在竞争中占据更多优势，因为他们在很大程度上拥有某些明确或不言而喻的属性，而这正是团体新成员所必需具备的：首先是与象征资本相关的专有名词，它能够确保与事先就已经获得的客户群保持长久关系，就像著名企业品牌一样。其次是特殊的文化资本，拥有它很可能就拥有了一张王牌；而当

---

[1] 关于住院实习医生的竞考，人们常常强调修辞术甚至雄辩术的重要性（参见 J. Hamburger, *Conseil aux étudiants en médecine de mon service*, Paris, Flammarion, 1963, pp. 9-10）。

我们所考察的场域（无论是院系还是学科）中，有效资本对这种特殊资本的客观化、形式化程度较低，且有效资本被更彻底地简化为一门技艺的构成性倾向或经验时（人们只有通过长期的、一手经验的积累才能获得这门技艺），这张王牌就会更为强大。[1] 教授的社会出身和获得教授职位的年龄，会随着从医学院和法学院到文学院再到理学院的顺序，而有年轻化的趋势（或者说，与法学家或临床医生相比，经济学教授和基础理论研究者更年轻，且更少出身于相关群体）；生产和获取知识的程序和方式，在工具、方法和技术层面被客观化的程度（而不是仅存在于被吸纳的状态中），会朝相同的方向变化：新加入的成员，尤其是那些没有继承资本的人，在与前辈竞争时，会有更大、更早的机会，因为无论在知识的生产还是再生产中（特别是在生产力的获得中），所需的技能和倾向都不太重要；新加入的成员需要的是各种形式的经验，以及在长期熟悉过程中形成的直觉认识，这些经验和直觉认识更加形式化，因此更适合于以理性的方式，或者说以普遍的方式来传递和获取。[2]

但是两类学院之间的对立、科学能力和社会能力之间的对立，

---

[1] 一切都表明，我们可以在所有场域中，尤其是经济场域中，观察到产品生产和销售所需的特定资本的客观化程度与团体新成员的差异化机会之间的关系，以及由此而来的进入团体的壁垒的强度。（因此，如果说在文化生产的场域中，我们可以在整个19世纪戏剧领域，尤其是资产阶级戏剧中，发现最明显的职业继承，这并非偶然。）

[2] 如果不看到科学实践与客观化和制度化的社会性进程之间的联系，我们就无法全面理解科学与技艺之间的对立：我们在这里指向的显然是书写的角色，它是一种与口头传递的思想的摹仿直接性（immédiateté mimétique）相断裂的工具；我们指向的也是各种形式的象征符号的角色，尤其是逻辑或数学的象征符号，它们通过书面语言实现了客观化的效果，并用象征符号的自主逻辑和它自身的显著性取代直觉，甚至取代几何直觉。而这种显著性，用莱布尼茨的话说，是"盲目的显著性"，它产生于象征符号本身中，莱布尼茨称之为界限外的显著性（evidentia ex terminis）。显然，在思想方法的客观化中，各种进步总是在它们所预设的社会形式中，并通过这些形式而实现的（例如，发展出逻辑学的辩证法，与制度化的讨论密不可分，这是两个对手在公众面前角逐）；我们可以根据不同学科所采用的交流形式的合理化和形式化程度，来区分各个学科。

也存在于任何在世俗上占主导地位的院系内部（甚至也存在于人文和社会科学院校中，从这一角度来看，它们处于中间位置）。因此，医学院以某种方式重新部署了整个大学空间（甚至包括整个权力场域）[1]：尽管不可能用几句话来概括每个方面，但临床医生和医学院的生物学家（毕竟在社会和学术经历上，他们与理学院中的生物学家也有很大的不同）之间复杂而多维的对立，可以被描述为技艺与科学之间的对立；其中，技艺会受到前辈榜样所长期滋养的"经验"的指导，它来自对各种特殊情况的关注，科学则不满足于只将外部征兆作为诊断基础，而是试图理解一般性的原因。[2] 技艺与科学是关于医学实践概念的两种截然不同的原则，其中技艺把患者和医生之间的临床关系，也就是著名的"一对一咨询"放在首位，这也是所有捍卫"自由"医生（médecine « libérale »）[3]这一观点的根基所在；而科学则赋予实验室分析和基础研究以优先性。这两者之间的对立，会根据它们所扮演的是主导性还是从属性角色而改变，这会使两者的对立更加复杂。临床医生会满足于那些直接针对他们需求的研究，他们会强调经济盈利的必要性，将基础理论研究者限制或维持在应用研究的纯技术功能中，这种做法的本质在于，应临床医生的要求，实施经过临床试验的分析方法，而不是研究新方法，或是提出那些常常令临床医生漠不关心且无法触及的长期问题。至于迄今为止在社会

---

[1] 我们可以用同一个模型来描述法学和经济科学之间的关系，因为这个模型建立在一个自主化过程的终点上，此一过程可以使经济科学从辅助学科的地位中脱离出来（参见 L. Le Van-Lemesle, L'économie politique à la conquête d'une légitimité[1896-1937], *Actes de la recherche en sciences sociales*, 1983, 47-48, pp. 113-117）。

[2] 这种对立，与工程师和建筑师之间，在另一个场域中建立起的对立完全对应：在这种情况下，有专长的人（homme de l'art）可以援引技艺的不受时效约束的必然性（其次，还有生存技艺的必然性，也就是说，"人"的技艺必然性），来对抗技术的非人道和非审美的束缚。

[3] "自由"医生，即私人医生（médecine privée），是与公立医生（médecine publique）相对立的医生，他们通常在私人诊所工作，不享受国家津贴。——译者注

层面上处于被支配地位的基础理论研究者，他们当中最有能力主张科学权威的那些人（也就是说，处于上升期的分子生物学专家，而不是衰落中的解剖学家），越来越倾向于以"科学带来治疗的进步"为名，声称他们有权进行一项完全脱离纯技术服务功能的基础性研究；同时，由于他们在各个自然科学学科方面颇具声望，因此他们是现代医学的捍卫者，并且试图打破"临床医生"的视野和"一对一咨询"的意识形态，正是这些惯例遮蔽了他们的双眼。在这场斗争中，基础理论研究者似乎拥有光明的未来，即科学；但实际上，在他们之中最负盛名的、最依恋传统医学形象的人，会把他们自身凌驾于普通临床医生之上，从而质疑教授群体迄今为止完美统一、等级鲜明的形象。

基础理论研究者所呈现的社会和学校教育属性，使他们介于理学教授和临床医生之间。因此，虽然他们的父辈与其他类型的医学教授非常相似（除了小资产阶级之子的比率稍高一点），但事实上，他们的祖父辈更有可能是科学工作者：若是以祖父辈的职业作为衡量标准，那么祖上两代家庭都属于资产阶级的比率，基础理论研究者只占22%；与之相对，临床医生为42.5%，外科医生为54.5%，而医学教授的整体为39%，理学教授则为20%。基础理论研究者很可能来自不太古老和较不宽裕的家庭，他们不像临床医生和外科医生一样拥有两个收入来源，即治疗和顾客，他们很少居住在高级街区，很少被选入《名人录》或《上流社会名人录》中——并且值得注意的是，就像科学工作者一样，他们之中有相当一部分是犹太人。在一个社会层面高度同质化且非常关注同质性的领域中，这些社会差异足以形成两个在社会层面上截然不同、相互对立的团体，而这具体表现在，大多数受访者（甚至很有可能包括全体教授）似乎都高估了这些差异："那种有点疯狂的人才搞研究：只有那些出身贫苦的年轻人才选择搞研究，他们对人们所说的好职业并不关心。"（访谈，某基础理论研究者，1972年）无论如何，这一切似乎都表明，当这些差异表现在政治对立时，基础理论研究者更多支持左派，而科学声望较弱的（尽管其声望也会随公众舆论而波动，例如移植手术是否成功）临床医生和外科医生则更多支持右派，并且是各种保守运动的先锋（这两类人似乎大规模地团结在1968年5月成立的自治联合会中，它仿照文学院和理学院的自治联合会，也掌握着所有具有行政权力的职位[1]）。

尽管在不同场域中，这种对立可能会包含不同的元素，但它很可能也构成了文化生产场域的某种不变因素，其中宗教场域为我们提供了一个范式：正统和异端之间的对立。我们将会看到，在人文和社会科学院校中，"正统"（orthodoxie）与"异端"（hérésie）截然对立，其中前者以那些通过竞考这条康庄大道的正统教授为代表，而后者则包括那些处于边缘地位的、别出心裁的研究者或教授，他们经过各种"独木桥"才最终获得认可。同样，在医学院中，既有医疗秩序的捍卫者（医疗秩序与社会秩序不可分割，它建立在各种竞考和认可仪式之上，以确保团体的再生产），也有异端创新者，例如医学研究改革的鼓动者，他们通过绕远路而发迹，例如前往国外，尤其是美国，并且由于没有机会获得能在社会上占主导地位的社会头衔，他们只能在一些虽多少享有盛名、但处于边缘位置的机构里寻找机会，例如国立自然史博物馆（Muséum）、自然科学院系、巴斯德研究所（Institut

---

[1] 1968年五月风暴前夕，巴黎大学文学院、理学院和医学院的部分教师分别在各自的学院成立了"不结盟"的自治联合会（Syndicat autonome），这些联合会持右派保守主张，反对学生运动和革命，与下文提到的高等教育全国总工会（SNESup）划清界限。——译者注

Pasteur)、法兰西公学院等；在这些机构中，他们更有可能获得的是学术成就，而不是在社会层面上的成功。[1]这种学术声望与社会尊重之间的对立，以及研究人员离经叛道、颇具风险的事业与教授更有保障但也更为受限的生涯之间的对立，与不同机构的客观位置之间的差异有关，与他们对世俗权力的依赖或独立有关，也与行动者各种倾向的差异有关：无论是主动选择还是被动接受，他们要么保持顺从，要么倾向断裂（在学术和社会层面都是如此）；要么屈服，要么违抗；要么捍卫已经建立的科学标准，要么对正统学术观念进行批判性革新。

科学能力与社会能力

世俗上占主导地位的院系（或学科）与更倾向于科学研究的院系（或学科）之间的对立存在不同形式，我们能在其中辨认出康德对这两类院系所做的区分：一方面，三个世俗上的"高等院系"，即神学院、法学院和医学院，它们能够为政府谋取"对人民最有力、最持久的影响"，并直接受控于政府，因此对政府来说，它们的自主权较低，此外，它们最没有自主性，同时直接负责培养和控制知识的实际使用和日常使用者，即教士、法官、医生；另一方面，则是没有任何世俗效力的"次等院系"，它们受"学者自身理性"的支配，也就是说，受它们自身法则的支配，不论所涉及的是与历史经验有关的知识（历史、地理、语法等），还是纯粹理性的知识（纯数学或纯哲学）。在康德看来，"在某种

---

[1] 我们不必提及，不同教席之间的等级序列在科学性方面所产生的影响，它使某些基础教席，例如细菌学教席，只是为了获得更有声望的教席的跳板，例如临床医学教席（关于这几点，我们可以参考阿鲁恩·贾慕斯在《对决策社会学的贡献：医学改革和医院改革》[H. Jamous, Contribution à une sociologie de la décision. La Réforme des études médicales et des études hospitalières, Paris, CES, 1967] 中的精彩研究）。

意义上构成科学议会的右翼"那一侧的是权威；而在左翼那一侧的，则是审查和异议的自由[1]：在政治秩序中占主导地位的院系，其职能在于培养具有执行力的行动者，他们能在既有社会秩序的法则限度内，不假思索、不加质疑地执行某种科学技术或方法，而这些学院则声称，他们既不生产也不转变这些技术或方法；与之相对，在文化秩序中占主导地位的院系，则会为了建构科学理性的基础（其他院系只是反复灌输与应用这种基础），而声称自己拥有禁止执行某些活动的自由，无论这些活动在实践中、在世俗秩序中有多么重要。

医生或法学家的能力是一种受法律保障的技术能力，在此一能力的授权（autorisation）与权威（autorité）下，医生和法学家得以应用或多或少具有科学性的知识：基础理论研究者从属于临床医生，这表明了科学对社会权力的从属，而后者则会规定前者的职能与限制。根据康德的定义，高等院系所实现的程序部分地隶属于社会魔法（magie sociale），它使社会能力和技术能力以一种不可分割的方式被认可，就像在入教仪式中一样。米歇尔·福柯（Michel Foucault）所建立的关于临床医学理念的谱系学，则阐明了医学能力的"技术"和"社会"的双重维度；福柯的谱系学描述了，赋予医学教授以社会重要性（importance sociale）的社会必然性（nécessité sociale）是如何逐步建立起来的，并将他们的技艺与未被授予任何特殊社会权威的技术能力（例如工程师的能力）区分开来。医学是一门实践的科学，其真理与成就关系到整个国家，而临床医学则"表现为一种根本结构，它兼具科学

---

[1] 参见 Kant, *Le Conflit des facultés*, Paris, Vrin, 1953, pp. 14-15, 28 et 37。康德描述的部分有效性提出了有关大学场域不变因素的问题，并且促使我们进行针对不同国别传统、不同时期的系统性比较。

一致性以及医疗秩序的社会效力，是治疗的技艺得以进入市民社会秩序中的连接点"（正如某位过去的改革者所说的那样）。[1] 我们可以依同样的逻辑指出，临床行为的实践本身就意味着某种象征暴力的形式：临床能力是一套感知模式系统，它或多或少被形式化且被编码化，并且或多或少会被医疗工作者完全吸收。若是希望让临床医学知识实际应用于实际诊断行为中，则必须考察患者所提供的各种身体指标（如肿胀或发红）或语言指标（如可见的身体指标频率、持续时间和位置，或疼痛的频率、持续时间等信息），并且这些指标大部分只有通过临床调查才能得知；这类似于法官通过法院审判规程（jurisprudence）把法律知识恰当地应用于个案上。但是，正如阿隆·西库尔勒（Aaron Cicourel）[2]的分析所清楚表明的那样，这种对症下药的诊断（不论准确与否）是在一种不对称的社会关系下完成的，在这种关系下，专家会将他自己的认知预设（présupposés cognitifs）强加于病人所传递的指标上，他不必担心病人默认的预设与他自己对临床符号的明确或隐含的预设之间存在的差异，会导致诊断中可能产生的误解和错误，也没有注意到将病人自发的临床话语转译为编码化的临床话语这一根本性问题（例如，将病人呈现出来或用语言描述的手指红斑称作炎症）。另一个备受压抑的问题，是获取信息所花费的时间、专家认知范围的局限（在诊断时没有提出的问题），或是他运用知识的能力的不足对认知所产生的影响，这可能与缺乏经验有关，并且尤其可能与紧急情况所致的仓促或是成见有关，而引导性问题（leading questions）可能又进一步加深了这种成见。

---

[1] 由福柯所引用，参见 M. Foucault, *Naissance de la clinique. Une archéologie du regard médical*, Paris, PUF, 1963.
[2] 阿隆·西库尔勒（1928— ），美国社会学家，发展了有关认知社会学的理论。——译者注

一般来说，每个院系内科学学科的发展，都符合这样一条规律：用在社会层面上专断的科学必然性，来取代在科学层面上专断的社会必然性（一种文化专断性）。[1] 随着科学的价值得到更广泛的认可（尤其在技术变革以及教育系统活动的影响下），它也会获得更多社会认可，并且其社会效力还会得到提升；但科学只能以外部授权的方式，从外部获得其社会力量，这种来自外部的权威会在社会层面上建立起一种科学必然性，从而使其"社会专断"合法化。然而，这种法定权威与某种技艺（如临床医学的技艺）或某种学术传统（如神学、法学，甚至文学史或哲学史）具有相同的循环合法性（légitimation circulaire）关系，其必然性从根本上讲是社会性的，它最终取决于"学者们的共同意见"，而此主张本身并不植根于与事实的一致性和兼容性有关的、唯一合理的必然性中，而是植根于社会必然性中，它既与被客观地组织起来的各种倾向系统有关，也与或多或少被客观化和编码化的文化专断有关，并且正是在这种文化专断中，此一倾向系统才得以显露出来。我们知道，当个人、艺术团体或政治团体为了在最多样的领域给自己的各种"选择"——诸如政治、审美、伦理的选择——披上一致性的外衣，就会产生意识形态的结构；但是，这种表面上的一致性实际上来自各种逻辑上互不调和的元素的组合，它们只有在共同的倾向或立场的整合力量下，才会结合起来。因此，诸如哲学史、艺术史或文学史这样的学科，会将那些本身既没有任何合理性，又没有任何存在理由的结构看作是自主的；而像法

---

[1] 法学院迟迟不肯放弃各种法定权威的外部标志，绝非偶然，因为那些外部标志，例如白鼬皮饰带（译按：法官、教授礼服上的饰带）和长袍（译按：法官、律师、教授等群体穿着的长袍），是某些不可或缺的工具，它们体现了法律条文及其解释者的工作，并且展示了他们的权威，而这正是他们行使职能（即制定法律）不可分割的一部分。

哲学、美学或伦理学这样的学科，则往往会把实际上建立在信仰的统一性上的东西，说成是建立在理性的统一性上。这些学科只能使结构本身的效果加倍，但此一效果只存在于对纯粹理性起源的幻觉中，并且不受任何限定的影响。[1]

所有能确保学者群体社会凝聚力的东西，尤其是所有选拔新成员的形式（这些形式旨在确保习性的持久同质性，其极端形式是任人唯亲）的东西，其地位会随着从物理学家、数学家到临床医生、法学家的方向而变得越来越重要。这很可能在一定程度上是因为，当团体的科学统一性更不确定且当团体的社会责任更大时，就更加迫切地需要将团体的社会统一性建立在知识的统一性之上，而所谓知识的统一性，就是学者们的共同意见（communis doctorum opinio）[2]：正如我们可以从法学家的情况中特别清楚地看到的那样，一个"负责任"的团体不可能在不损害其权威资本的情况下，呈现出一种无序的状态（就像知识分子那样），而是必须通过"成文法"（raison écrite）来消除种种矛盾，因为人们可以通过这些矛盾来透视团体内部的冲突，而且有可能让团体真正的职能问题暴露出来；并且该团体也必须预先排除所有可能威胁到"团体秩序守护者"的人。

在此，我们有必要仔细研究这些心照不宣的委托授权契约，它们构成了各学院的权威的基础，并为各学院的自由划

---

[1] 在哲学、文学或者法学等我们可以称之为理论研究的学科中，有很重要的一部分工作都在于试图把"某某主义"（如马克思主义、自然主义或自由主义）的概念建立在理性的基础之上：这些观念，正如我们将在下文关于结构主义的论述中看到的那样，主要地（如果不是完全的话）建立在社会必要性之上。

[2] 我们可以看到，其对象的特殊性质——它在现象定义上与法律学科有共同之处——使社会学处于一个非常特殊的位置：如果说学者的意见即使采取了正统形式，也会更经常呈现出最极端的分散性，这是由于在入口处缺乏强有力的学术控制，尤其是社会控制，也由于产生这些意见的人在社会出身和学术出身方面的相关多样性。

定了界限,这些限制会随着它们需要承担的社会责任的增加而变得更加严格;我们也有必要分析高等教育体制中的特权阶级——统治阶级的成员们——是如何描述这些机构的职能的。一项对1969年全国教育调查的答复所做的分析清楚地表明,从被统治阶级成员到统治阶级成员,从理学教授到法学、医学教授,人们会越来越倾向于把大学的社会职能凌驾于科学职能之上,比如,把"培养国家干部"凌驾于追求科学知识之上。因此,教授赋予其教学活动的职能与特权阶级所规定的教师职能之间的重合程度,也会朝相同的方向发展(因此分裂也是不可能的,教授们会以分裂的名义,发挥他们的相对自主性,以满足自身的利益)。尤其是在1968年之后的这段时期,统治阶级总会感受到,大学院系是"腐蚀青年"的地方,有时甚至还会表现出怀疑,并且首先针对的便是人文和社会科学院校,其次则是理学院;正如一位企业主管在采访中所说的那样,因为"玷污"的效应,巴黎大学理学院并不比"大学校"更"可靠"。就好像,一旦技术培训职能未能履行,从而有可能威胁或损害社会职能的履行时,人们就会准备好违反授权委托契约。

根据这些分析,我们可以更清楚地理解院系之间政治差异的确切含义,这些差异可以根据公共信息或直接从一部分教授(由于院系不同而有很大差异)那里收集到的信息来加以确定。尽管理学院教授们往往并不关心政治,并且几乎不会公开表达自己的政治立场,但他们似乎略微偏向左派(虽然他们甚少参加工会)。与一般印象不同,人文和社会科学院校的教授总体上很可能并不比理学院教授更偏左,他们更经常位于中右翼或右翼,而不是左翼;尽管在公开立场层面(例如请愿书或支持者名单),左翼少数群体的代表性更强,因此也更明显(如果我们再次引入包括讲师和副教授在内的整个教师群体,这一现象会更加明显);这是因为,在智识场域的此一历史状态下,越是接近大学场域中"知识分子"那一极,就会越偏左,因而公开表达政治主张的倾向就会越强烈。除基础理论研究者以外的医学教授通常对政治漠不关心,他们几乎都处于中间派或是右翼,对他们而言,社会秩序是理所当然的,公共示威则是不恰当的行为。至于法学教授,他们在政治上的投入比医学教授更大,但他们很可能并不主要集中在右翼,而是更倾向于公开谈论政治问题、表达政治立场,当他们属于左翼少数派时尤甚。[1]

这一分析意味着我们应当引入一种反思:我们既应当考虑如何理解某一行动者的政治主张,也应当反思他是在什么条件下获得这种政见,又是如何评估它的,也就是说,我们必须思考一种我们可以称之为私人的政治主张(在密友之间或单独在投票站中所表达的政见)与公开的政治主张之间的关系。我们十分清楚,在一定限度内,对他人政见的看法会随着"法官"政治立场的转变而改变,因此也会随着明确或隐含的标准所组成的系统而改变,我们根据这些标准来将行动者区分为左派和右派,但真正的左派和右派对这些标准可能存在分歧;同时,

---

[1] 在支持瓦莱里·吉斯卡尔·德斯坦(Valéry Giscard d'Estaing)竞选的大学委员会中(参见 le Quotidien de Paris, 17 mai 1974),医学、法学和经济学教授的比率非常高,特别是在巴黎:64位教授中,有28位医学教授及18位法学和经济学教授支持德斯坦,与之相对,文学教授则只有10位,没有一位理学教授支持他(此外还有5位法兰西学会成员、1位国立工艺学院[CNAM]教授支持他);在外省,47位教授中,分别有18位医学教授及14位法学和经济学教授支持他,与之相对,文学和理学教授分别只有8位和7位。我们无法对弗朗索瓦·密特朗(François Mitterand)的支持名单进行同样精确的分析,因为各种用于指示的头衔过于模糊。但是,可以确定的是,支持者中文学和理学教授的比率非常高。(译按:德斯坦于1974年当选法国总统,政治立场偏右;密特朗于1981年当选法国总统,是法兰西第五共和国第一位左翼总统、第一位社会党总统。)

对他人政见的看法也会随着人们对"真正的""真实的"政治主张的定义（这往往是不言自明的）而改变，也就是说，取决于某一政见会在怎样的条件下以"真实的"面貌出现。[1] 在本研究中，我们向信息提供者（受访者的学生或其他教授）询问了他们对某些特定教师群体政治立场的看法，从而证实了以上这一观点。事实上，如果我们承认，政见是以一种可见的表达方式而呈现出来的（根据柏拉图的公式："发表意见，就是说话"），那么我们就能理解，政治主张本身可以被定义为伦理倾向或政治倾向与市场之间的关系，人们正是在此市场中表达自己的政治主张。我们几乎总会忽略市场效应所导致的变化（调查效应是其中一个方面，它会根据被调查者社会特征的变化而变化），尤其会忽略对某一特定团体而言，在私下里表达出来的政治倾向与公开的政治观点之间的差距：其中前者会以知心话的形式在好友之间互相吐露，或是由于调查的关系而披上了一层"匿名"的外衣，以各种形式的"委婉化"（euphémisation）——例如把"右派"说成是"中间派"——而表达出来；后者则来自公开发表的主张、声明、游行示威，以及可以使自身成为群体标准或规范的东西，或是能成为模式化的或流行的意见的东西，而人们会认为有义务去遵守这些规范，即使是通过沉默或是秘而不宣的方式来遵守它们。如果我们要避免将立场的选择理解为突然的改变或转向，就必须注意这一差距，就像在1968年危机时期，政治立场的选择与发

---

[1] 如果我们认为公开表达的政治立场比私下表达的政见（如对密友吐露的真心话）更"真实"或"真诚"，我们就忽视了这些公开表态有可能是勉为其难的，甚至有可能是迫不得已的，例如，当某些人公开表达自己的政治立场时，可能只是为了维持自己的人设，或是要维护自己的社会身份。我们可以从这一视角出发，来分析公众舆论对某一行动者"真实"政治主张的看法（如"X是左派"），在不同情况下对其公开政治主张的影响，因为这些主张可能意在确认或否认公众舆论的观点。

表意见的趋势普遍加强有关,而这可以部分归因于市场效应。[1]

我们对 1969 年高等教育全国总工会(Syndicat national de l'enseignement supérieur)成员的随机样本的分析表明,理学院、文学院、医学院和法学院教授的注册比率分别为 15%、30%、6%(几乎都是基础理论研究者)和 1%,而加入更偏右翼的自治工会(Syndicat autonome)的比率则很可能朝相反的方向变化。(1983 年 5 月,加入高等教育全国总工会的教师分布在不同学院中:法学院 1.2%;医学院 3%,药学院 1.2%;文学院 26.1%,其中社会学 1.9%,教育学 1.1%,心理学 1.3%,哲学 1.9%,文学 4.8%,历史学 2.7%,地理学 2.5%,语言学 1.6%,外语 7.8%;理学院 56.3%,其中数学 16%,物理学 16.4%,地质学 1.6%,化学 7.1%,生物学 15.2%,机械工程和土木工程 1%。)我们对科研扩展研究协会(AEERS)[2]1969 年全国调查结果的分析甚至可以进一步表明,尽管任何自发样本都有固有的局限性,但不同学院的教授们对于教育系统所采取的立场(无论是在大学中引入工会自由或政治自由,还是改革教师招聘系统),与他们的院系在高等教育机构系统中占据的位置是严格对应的。这是因为,教师对大学制度及其转变的观点,从来不是由社会出身直接决定的,而是在倾向(disposition)与位置(position)之间

---

[1] 我们通常认为文学院的教授们大多都是左派,但这实际上是一种认知偏差:这会使那些公开宣称自己是右派的教授(至少在 1968 年前相对比较少见)或多或少英雄式异端分子的身份出现,或是至少显得像英雄式异端分子;然而,正如我们在 1968 年五月风暴中所看到的那样,如果不考虑由他们公开的政治立场以及新闻界的妥协所引起的非难,他们的大多数同事其实是站在他们这一边的。

[2] 科学研究扩展研究协会全称为 Association d'étude pour l'expansion de la recherche scientifique,曾举办了上文中提到过的卡昂研讨会(1966)以及亚眠研讨会(1968),提出了一系列教育改革主张。——译者注

的关系中被确定下来的：因此，那些"幸存者"（miraculé）[1]会将一切归功于这个体系，他们认为一切都是平等的，并且是这个体系及其等级序列最执拗的捍卫者。

康德在两类学院之间建立起对立关系，其中第一类受制于它们所服务的世俗秩序，第二类则从所有世俗的学科和限制中解放出来；此一对立的顶点以及极端形式，便在于法学专业与社会科学之间的对立：其中法学是为秩序与权力服务的科学，它们旨在使已经建立的社会秩序在双重意义上合理化；而社会科学则通过在各个高阶学院的保留地中引入自由（乃至不负责任），从而逐渐开始挑战这些高阶学院在社会世界中对合法思想和合法话语的垄断。社会科学并不力求捍卫公共事务的秩序，而是要反思社会秩序为何会呈现出如此这般的样子，并通过历史比较或想象中的差异，把已经确立的国家与社会秩序降格为已实现或可实现的可能性领域中的一个特殊案例。[2]这项程序并非它看起来那样无足轻重，因为它意味着对社会现状一贯拥护（adhésion）状态的悬置，而在那些秩序的捍卫者看来，这已经是一个决定性的断裂，甚至证明了某种"不负责任性"。

---

[1] 法语中的 miraculé 一词原意为"被圣迹治愈了的病人"，也指那些幸而避免灾祸的"幸运儿"，在这里则指那些并非出身于大家族、却通过教育改变了自己出身的"幸存者"。——译者注
[2] 我们也可以在文学院中，观察到社会学与其他可能把它当作研究对象的学科之间的对立（如教育社会学），或是它与其他可能作为其研究对象的正统学科之间的对立（如艺术社会学、文学社会学或哲学社会学）。

3 资本类别和权力形式

> 尤其不应该放弃法兰西学术院的竞选；恰好过两周之后，我要去勒鲁瓦·博利厄府上午餐，然后和他一起去一个重要会议。没有他的支持，竞选就很难成功。我在他面前已经提过您的名字，他自然是久仰大名。他似乎有些异议。不过，下次选举他恰好需要我那伙人的支持，我打算再和他说说；我会直截了当地把我们之间的关系告诉他，我也会直言不讳地说，如果您参加竞选，我会要求我所有的朋友都投票给您（……）而他知道我有些朋友。我估计，如果我能设法得到他的协助，您就十拿九稳了。
>
> ——马塞尔·普鲁斯特，《追忆似水年华》[1]

文学院在大学空间中处于一个特殊的位置：它介于以法学院和医学院为代表的"世俗的"一极与以理学院为代表的"科学的"一极之间。因此，自1967年以来，文学院很可能是观察两种大学权力之间斗争的首选场所。这两种权力位于该场域的两极，它们都以近乎毫无保留的方式试图树立自身权威：与法学院相似，在医学院中，大学权力的主导地位建立在对不同位置的兼任之上，这种方式既能控制其他位置，也能控制占据这些位置的人。此一

---

[1] 中译本参见：M.普鲁斯特，《追忆似水年华 III：盖尔芒特家那边》，潘丽珍，许渊冲译，南京：译林出版社，1991年，第257-258页。——译者注

主导地位受到了充分地肯定，因此那些纯研究者们（也就是基础理论研究者）似乎显得有些"错位"，并且会被归入另一种范畴中，即理学院的范畴中（除某些特例以外，他们在其中受到的认可更少）；而在理学院中，情况则恰恰相反，基于研究活动的成功投入而带来的科学声望，往往使大学校长、院长或其他科研领域的行政人员在非权力的场所行使主导权力，并且使这种主导权力看起来像是补偿性的替代品（尽管我们也总能找到某些行政人员在科研层面受到认可的反例）。

人文和社会科学院校（facultés des lettres et sciences humaines[1]）的独特之处在于，不同等级划分原则之间的关系在其中更为平衡。事实上，一方面，人文和社会科学院校具有科学场域的性质，从而也就具有科学逻辑以及智识场域的性质[2]——其结果是智识声望构成了唯一的资本与利润类别，而这正是为人文和社会科学院校所固有的；另一方面，作为一个负责传播合法文化的机构，人文和社会科学院校被赋予了认可（consécration）[3]和保存（conservation）的社会功能，这里是特定社会权力的场所，这种权力与法学和医学教授所拥有的权力一样，都与社会秩序最基本的结构具有相似的性质。简而言之，各所人文和社会科学院校会按照与其他学院相同的原则来进行划分，并且整个大学空间也会依据这一原则组织起来。在大学空间中存在两类行动者和机构：

---

[1] 1968年法国高等教育调整后，原来的"学院"拆分为不同的"大学"，例如巴黎大学文学院就被拆分为巴黎第四大学、巴黎第十大学等。在本章中，布迪厄论述了巴黎各所人文和社会科学高等教育机构的情况，但他保留了faculté（学院）一词而没有使用université（大学），我们在翻译时将该词处理为"院校"，以保留其"学院"和"大学"两方面的含义。——译者注

[2] 这很可能也是因为，由于教师团体的扩张，人文和社科院系吸纳了大量的作家、作家型记者和记者型作家。

[3] 法语中的consécration一词，既有"认可""承认"之意，还具有宗教意义上的"祝圣""成圣"之意。在布迪厄的理论体系中，该词指涉使某一观点得到社会认可，甚至使其成为带有宗教含义的"信念"（doxa）。——译者注

一类行动者和机构更偏向于科研与科学目标，或是更偏向于智识场域和特定的文化目标；另一类行动者和机构则更偏向于文化秩序再生产以及再生产者团体的再生产，他们更关注文化秩序中与世俗权力的行使有关的各种利益。这两者互相对立，并且此一对立，与在整个大学场域内，在文化秩序中占主导地位的院系和在世俗秩序中占主导地位的院系之间的对立，呈同源结构。

因此，我们可以从这个更有限的范围内，观察和描述该场域构成性位置的空间结构，以及该结构与旨在维护或颠覆此一结构的斗争之间的关系，也就是说，"客观的"分类与分类的斗争之间的关系。其中，"客观的"分类的建构，需要把在该场域中所有发挥作用的特性都作为分类标准；而分类的斗争则旨在通过保存或转变各种分类标准的等级序列，从而保存或转变这种分类。[1]

由于法国大学高度等级化和集中化的组织形式，我们可以姑且假定，除少数例外，最"有权力的"人文社科教授基本上都出自巴黎的各所院校。因此，我们选取了1967年巴黎主要高等教育机构里的所有正式教授，作为权力调查的起始群体，这些机构包括法兰西公学院（自然科学教授除外）、索邦大学、楠泰尔学院（Nanterre）[2]、高等研究实践学院

---

[1] 首先，从客观竞争关系的角度来看，这些院系可以被视为某些同质的整体；因此，在另一个分析层面上，它们也可以毫无矛盾地作为不同场域而出现，这些场域本身就是不同秩序的差异场所。

[2] 索邦大学是巴黎大学的前身，始建于13世纪（当时名为索邦神学院）。1968年以前，人们常用"索邦"一词代指巴黎大学。1968年五月风暴后，法国政府进行了高等教育改革，巴黎大学被拆分为十三所大学。在这些高校中，巴黎第四大学继承了巴黎大学人文和社会科学学院，因此人们常用"索邦"代指巴黎四大，布迪厄这里所说的"索邦大学"指的也是巴黎第四大学。楠泰尔学院位于巴黎西郊的楠泰尔市，建校于1964年，是法国政府为应对高校学生增长，从巴黎大学人文和社会科学学院中拆分出去新成立的学院。该校是法国左翼思想的大本营，1968年五月风暴最初就萌芽于此。1968年院系改革后，该校更名为巴黎第十大学。——译者注

（第四、第五、第六部）[1]、国立工艺学院（École des arts et métiers）[2]、东方语言学院（École des langues orientales）[3]和国立文献学院（École des chartes）[4]，我们也因此排除了那些"自由"知识分子或拥有大学以外职务的知识分子，例如拉康。而像国立自然史博物馆、巴黎天文台（Observatoire）[5]、法国经纬度管理局（Bureau des longitudes）、国家农业研究院（INRA）[6]、发现宫（Palais de la découverte）[7]等机构也会被排除在外，因为它们不含人文社科正式讲席教授。在国立文献学院（其教师团体规模非常小）和东方语言学院，只有一名教授（此外他还在高等研究实践学院教书）拥有所需的属性（关于这些属性的定义，参见下文）。楠泰尔学院副教授的比例很高，但并不具有很强的代表性。为了把那些隶属于好几个机构的教授统一编入其母群体（population-mère），我们采纳了在社会层面广受承认的等级分类，比如把那些同时任职于法兰西公学院或索邦大学和高等研究实践学院的人，归在法兰西公学院或索邦大学名下；我们可以看到，此一操作蕴含着对某一等级分类所采取的立场，而这种等级序

---

1 "部"（section）是巴黎高等研究实践学院在历史上的行政单位。在改革前，该机构由六个不同的"部"组成，其中第四部研究宗教科学，第五部研究语文学和历史科学，第六部则研究经济与社会科学。——译者注
2 法国国立工艺学院是法国最负盛名的工程师院校之一，参与由十所法国著名工程师大学组成的巴黎高科集团。——译者注
3 东方语言学院为法国国立东方语言文化学院（Institut national des langues et civilisations orientales，Inalco）的前身，是一所研究中东欧、非洲、亚洲、美洲和大洋洲语言文化的高等研究机构。——译者注
4 国立文献学院是现隶属于巴黎文理研究大学（PSL）的一所公立大学校，涵盖专业包括历史、艺术等领域。——译者注
5 巴黎天文台是现隶属于巴黎文理研究大学（PSL）的一所高等研究机构，是法国最重要的天文台，也是世界上最大的天文中心之一。——译者注
6 全称为法国国家农业研究院（Institut national de la recherche agronomique），是一所从事农业、生物学研究的研究机构。——译者注
7 发现宫是巴黎一所科学博物馆，常设展包括数学、物理、天文学等自然科学领域。——译者注

3 资本类别和权力形式

列本身就是讨论的关键所在。因此，当我们讨论高等研究实践学院时，只会讨论那些不附属于其他机构的人（non-cumulant），虽然这不符合该学院最稀有的特性之一，无论是专门研究宗教科学的第四部，专注于研究语文学和历史科学的第五部（它们都与索邦大学和法兰西公学院联系紧密），抑或第六部[1]，由于它们所具有的爱机构主义（patriotisme d'institution）倾向，及其对科研的投入以及与新闻和出版业的特殊关系，因而有着象征和实际的效果，这些效果对教师团体而言是不容忽视的。

在巴黎 1967 年的大学机构里，至少拥有一个职位的正式教授的母群体中，我们选取了至少具备两个下述属性的教授：法兰西学会成员、教师资格考试评审委员会成员、巴黎高师竞考评委会成员、大学咨询委员会成员（大学权力）、1963 年或 1967 年国家科学研究中心高层决议会或委员会成员（科研权力）、知识分子刊物的编委会成员或是一套丛书的主编（智识声望）、在《引用索引》中的引用率高于 5（科研声望）。[2] 我们之所以选取这些属性，是因为它们在该场域中，在不同程度上且以不同名义而具有效力。这种选择模式建立在对不同权力（无论是在力量、实施模式还是效果方面）的客观指标的拥有之上，而获得科研奖项、出现在《引用索引》是其中最具客观性的指标；此种选择模式似乎比所有"与声望有关"的方法更可靠，其中最糟糕的很可能是在这类研

---

[1] 值得一提的是，1975 年，高等研究实践学院第六部独立，成立了法国社会科学高等研究院（École des hautes études en sciences sociales, EHESS）。——译者注
[2] 在众多决定教授群体归属的属性中，我们放弃了实验室主管这一属性：事实上，我们很难区分这一头衔到底是教授的法定属性（就像在巴黎大学各个学院中，或是在高等研究实践学院中那样），还是说拥有这一头衔的人的确在有效指导一个研究团队。因此，我们既无法将该属性视为大学权力的指标，也无法将其视为科学性或是科研投入度的指标。

究中通常会用到的滚雪球（snowball）抽样法[1]：事实上，除了最初的核心选择预先决定了后续选择，即最终群体，滚雪球抽样法会将一种权力凌驾于其他所有权力之上，而此一权力的基础是被人知晓、得到认可。

用于建构研究群体而采用的筛选方法，旨在绘制一个大学场域虽简化却忠实的形象。大学场域是一个通过理解行动者的属性而理解各个不同位置的空间，其中的行动者们拥有这些属性（attributs）或职权（attributions），他们凭借能够产生可见效果的武器和权力，努力夺取或捍卫这些属性或职权，并努力保持它们或转变它们。随机抽样法会破坏全部结构，这尤其是因为在结构上具有决定性的位置可以由极少数人来代表，有时甚至可以只由某一人作为代表，就像在文化生产场域中常见的那样。我所采用的选择模式与随机抽样法不同，它使我们能够通过描述占据这些位置的人所具有的属性和权力，来将权力的各个位置特征化。为了从整体上建构此一空间的构成性关系，我们必须使用与个体有关的信息，但这并不意味着我们采用了某种隐含的或明确的权力理论，并将其视作某些个体的本质属性；而本调查的目的正是辨认出这一本质属性（《谁来统治？》[who governs ?][2]），并且要进一步批判或谴责这一本质属性（"老板"或"学阀"）。事实上，不同种类的具体权力附着在不同位置上，由于这些权力的制度化程度较低，因此它们很难与所考察位置的占据者分离开来。除非我们只满足于纯粹理论上的意图，否则我

---

[1] 滚雪球抽样法（échantillonnage par boule de neige）是一种抽样调查形式，其主要特征是随机选取受访者进行访问，再请他们提供另一些与调查目标有关的调查对象，然后根据这些线索选取新的调查对象。——译者注

[2] 《谁来统治？》是由美国政治学家罗伯特·达尔（Robert Dahl）出版于1961年的政治学著作，该书的主要观点为，在代议制民主制中，政权实际上由相互竞争的不同利益集团掌控，政府只是在不同集团之间起调停作用。——译者注

们只有通过分析所有相关属性（之所以说它们是"相关的"，是因为这些属性在某个特定游戏空间中是有效的，并且紧密依附于某些个体）的分布情况，才能提出关于客观关系结构的科学表述，而此一结构是所有权力的起源，这些权力通常会被理解和体验为依附在某些物体或某些人身上的实质（substances）或本质（essences）。在某个机构中，每个成员属性的总和（例如，巴黎高师校友或法兰西学会成员的总数）定义了该机构的社会权重（le poids social de l'institution），而此一社会权重又会反过来以一般的或具体的方式，构成该机构每个成员的特征，并且某一成员在机构中的位置越是取决于拥有或不拥有某一属性，这种属性就越有助于描述此一机构的位置。[1]

当然，被建构的统计群体的组成取决于各种选择标准，即各种权力：忽略智识声望指标（例如一份知识分子刊物的编委会成员，或是一套丛书的主编），将会使大学团体中最具智识性的（因此也通常是最有名的）那部分人群消失。同样，引入某一标准，例如为《新观察家》撰稿，虽然这很可能会遭到那些大学权力最典型属性的持有者的强烈反对，但我们也可以因此纳入某些记者型学者：尽管那些在大学里最知名的学者会对这些记者型学者不屑一顾，但他们与报刊和周刊的特殊关系会赋予他们赞美和批评的权利，他们也因此

---

[1] 由于可供使用的信息往往会随着声望的降低而减少，因此我们所采用的筛选程序还有一个实际的好处，即能够通过把所研究的群体限定在书面资料中最具代表性的母群体里，从而促进研究的进行。但我们可以看到，当我们用明确和特定的标准来限定研究群体时，我们反而有可能得到更加严谨的结果，因为我们并不像那些依赖于《名人录》这类资料来源的研究，让研究群体的范围受制于可用文献的范围（因此，在我们所考察的教授中，被收入《名人录》中的比例与不同种类大学权力之间的关系是不平衡的；这部分是因为，某些最有声望的研究者们会拒绝被收录其中，因为他们会将此视作得到"世俗"认可的迹象）。

能够在同一场域内施加某些相当实在的影响。[1]无论如何,我们似乎已经在现有信息的范围内引入了所有相关的标准,也就是那些与我们所追求的目标一致的、能够确定各种重要差异的标准,以及那些能够彰显大学场域结构的构成性权力在所考察时刻分布情况的标准;然而,即便如此,本研究依然试图恢复并重现为现实世界所固有的不确定性[2]:为强加合法的等级化原则而进行的斗争,事实上会让符合标准的人和不符合标准的人之间的分界线始终被讨论、争论,因此在每个时刻,这条分界线都是波动、变化的,并且会根据时局的变化而改变。[3]因此,由于个体职业生涯的逻辑(尤其是年龄)或是场域转变的逻辑(尤其是与新闻界的关系)的影响,某些在几年前本来占据主导位置的人,如今很可能就缺席了(例如皮埃尔·雷努万[Pierre Renouvin][4],当他在1964年放弃他

---

[1] 记者型教授不同于记者,尤其是文化类记者,他们可以对(sur)大学场域施加某些影响,因为他们可以在大学场域中(dans),利用新闻界赋予他们的种种权力,以及所有与之相关利益。(因此,从合乎逻辑的角度出发,我们本应该保留这一权重不断增强的标准,哪怕只是为了得到某些用于分析大学职业生涯的手段,尤其是用于分析高等研究实践学院第六部的手段,以及分析该机构总体演变的手段。)

[2] 我们的调查很可能低估了大学权力的集中程度,因为我们在多个案例中都没能考虑到权力的强度,这与指标拥有者对某一属性的支配有关(例如,大学咨询委员会、国家科学研究中心委员会主席的职位);我们也没能考虑到权力支配的持续时间:那些多年来主宰着大学某一门学科的"大老板"们所占据的位置,在分析中很可能没有在现实中区分得那么明显。另一方面,我们也并没有取得与每个研究对象最直接相关的各种信息,例如指导博士论文的数量以及博士生的社会素质(尽管我们也可以证明,在某些学科中,这些指标的拥有者会随大学权力指标的变化而改变)。最后,我们之所以没有引入额外的区分原则,是因为每个原则(如美文出版社[Les Belles lettres]和克林克西克出版社[Klincksieck]之间的对立)只涉及该场域的一个非常小的部分。(译按:美文出版社和克林克西克出版社是两家法国专注社会科学类书籍的出版社,其中前者主要出版经典著作,而后者则主要出版现代书籍,尤其是德、英等国的译作。)

[3] 在纳入研究对象、确定场域中所处位置的不确定性因素中,最重要的因素是可供使用的资料来源的不平等,这取决于资料的质量:那些在七八处资料中均被提及的人,与那些只被《名人录》收录或是被其他质量较差的补充资料提及的人相比,可能会显得具备更多属性。另一个重要的不确定性因素,是受访者通常会故意模糊他们父亲的职业:这一不确定性尤其会影响管理人员和商人这两个阶层(我们不得不放弃中层和高级管理人员之间、小商人和大商人之间的区别),甚至会影响教师的类别(中等教育和高等教育的教师之间,往往存在一条并不明确的鸿沟)。

[4] 皮埃尔·雷努万(1893—1974),法国历史学家、国际关系史领域专家。——译者注

那些大学权力位置的时候，他就从此一空间中消失了）；这些人也有可能被降格到此一空间中更低的边界上，例如厄内斯特·拉布鲁斯（Ernest Labrousse）[1]，当他放弃那些大学权力位置时，就只剩下科学声望了。[2] 与之相反，某些因曾经不拥有任何决定性属性而未被选定的人，很可能在几年后就被选中了。[3]

权力空间的结构

我们马上就可以看到，被建构的统计群体不同于巴黎地区高等教育机构中"文科"正式教授的集合；我们会在后者中，通过系统性的差异来提取出前者，并且当不同类别的教授在该场域内所占据的位置更高时，它们的出现率也会相应地变得更高：法兰西公学院和索邦大学频繁出现，而高等研究实践学院，尤其是楠泰尔学院则在母群体中的占比很少；同样，就学科而言，古典文学和古代语文学、现代史和各门社会科学以及哲学（在较小的程度上）的出现率很高；相反，现代文学、各门语言和地理学的出现率则较低。获得不同形式权力（在此不加区分）的机会与年龄密切相关，也会因所继承的文化资本和社会资本的不同指标而相应变化：就社会出身而言，农民、工人、雇员的子女在"有权势"

---

[1] 厄内斯特·拉布鲁斯（1895—1988），法国历史学家，经济史、社会史领域专家。——译者注
[2] 无论我们怎么谈论时尚效应，科学或智识声望都比大学权力稳定得多，因为大学权力与地位的关系更大，而与它的持有者关系更小。（然而，我们也清楚，关于科学价值的真正的制度性标准几乎不存在，而这正是这个宣称只承认科学价值的场域最显著的特征之一。）
[3] 在信息的收集方面，我们所采用的程序和资料来源，与我们在上一章考察巴黎大学四个学院代表性教授样本所使用的基本相同。不同的是，我们没有考虑他们是否参加卡昂和亚眠的研讨会，也没有考虑他们出身家庭的宗教信仰，因为这些明显的立场只能概括调查群体的一小部分特征；相反，我们加入了所有关于职业生涯和内部权力位置的信息，因为这些信息会在此范围内重新获得它们的意义。

的群体中所占比例较低，而教师、手工业者和商人的子女，尤其是企业家后代，在其中的占比则要高得多；或者就教育资本而言，我们主要根据是否拥有巴黎高师文凭，以及是否通过教师资格考试来加以衡量。如果我们能区分权力的两大范畴，这些关系很可能会更加清晰：事实上，正如我们所看到的那样，如果我们越是看重教授们的智识或科学声望，法兰西公学院教授（例如社会科学以及历史学教授）、企业家后代的出现率就会越高，而如果我们更注重大学场域的权力，则索邦大学的教授（例如文学、语文学或哲学教授），或者教师子女的出现率就会越高；我们有可能把巴黎高师文凭视作普遍标准，它通过与两种不同倾向的结合，引入了权力的两种不同形式。[1]

人文和社会科学场域围绕两种权力之间的主要对立而组织起来。为大学所固有的权力主要建立在对教师团体再生产方式的掌控之上，例如作为教师资格考试评委会、大学咨询委员会（正式教授就是由这个委员会选定）成员，也就是说，建立在对某种资本的支配上，人们会在大学中，尤其是在巴黎高师获得这种资本，并且持有这种资本的人主要是大学教授（例如索邦大学教授），尤其是那些正统学科的教授，这些教授本身常常是教师子女（不论是中等教育教师还是高等教育教师），他们尤其可能来自小学教师家庭；而这种资本几乎只在（法国的）大学内才有价值。另一些不同种类的权力与在社会上被编码的权力相对，我们尤其会

---

[1] 如果我们要对全体院校的学校成功因素和非学校成功因素进行相同的分析，则会遇到一些困难：首先，教育资本的不同指标之间是不可比较的（在不同院校中，诸如通过教师资格考试或获得博士学位等头衔之间的差异很大），并且也不存在某种普遍标准，例如，同为巴黎高师文凭，文学文凭和理学文凭的分量是不同的；其次，各种权力之间的区分，并不总是像在文学院中那么明确，也并不完全根据相同的原则发生。然而，正如我们所看到的那样，地理出身和社会出身似乎在所有院校中都与成就的差异密切相关，我们可以通过某些共同的标准（外部声望、科学认可等）来把握这些差异。

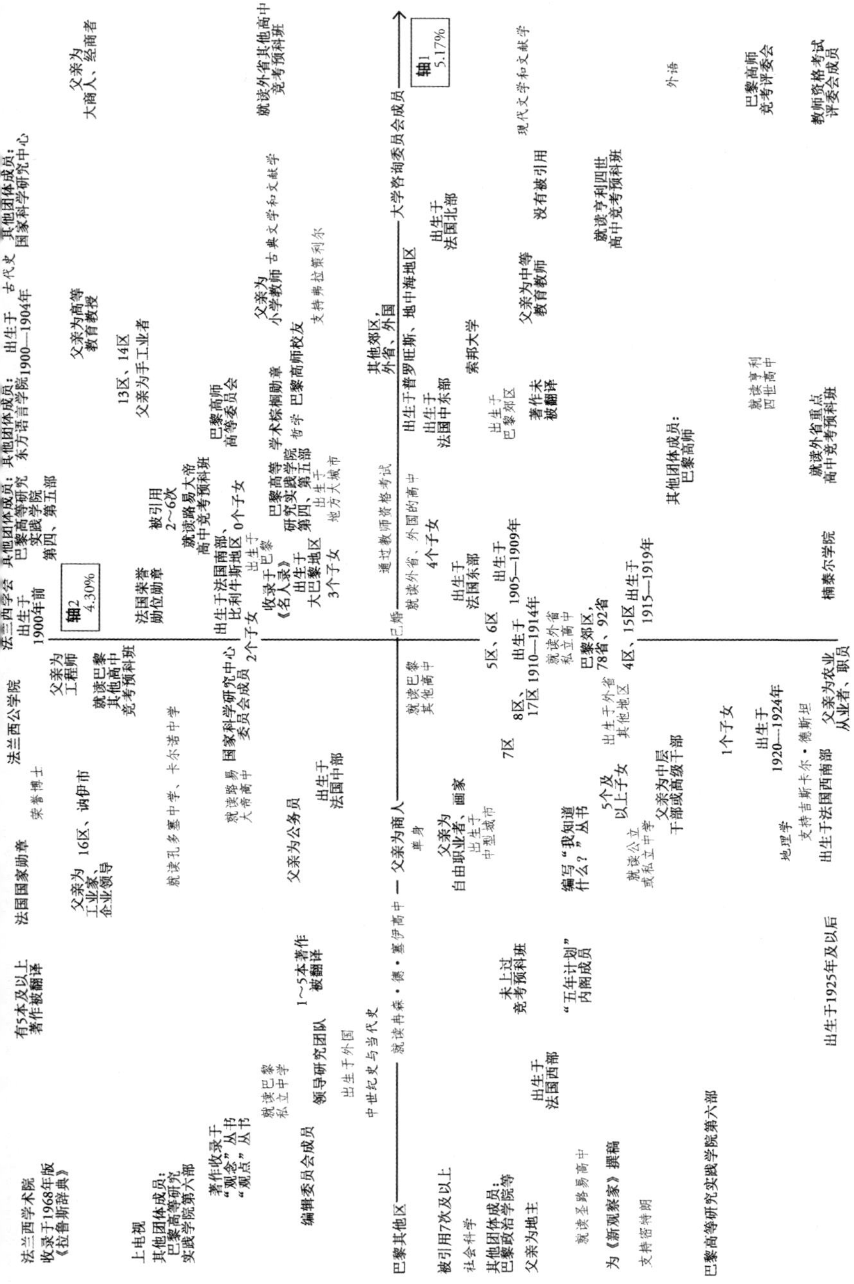

图 2 各所人文和社会科学院校的空间

对应分析：第一与第二"惯性—属性轴"的平面图
（关于每一个体的对应分析平面图，参见"后记：二十年后"中的坐标图）
说明性变量以仿宋字体表示

在社会科学的专家那里发现这类权力：诸如领导研究团队所展现的学术权力或学术权威；科学声望（它来自学术场域所给予的认可，尤其是通过引用和翻译而获得的来自国外的认可）；或多或少被制度化的智识声望；以及法兰西学术院成员、被《拉鲁斯辞典》提及；出版物被一些经典丛书收录，例如"观念"（Idées）丛书[1]或"观点"（Points）丛书[2]等；各种知识分子刊物的编委会成员；以及最后，与大众传媒之间的联系，例如电视和大印量的周刊（比如《新观察家》），这种联系既是认可和批评权力的指标，也是与声望的象征资本有关的指标。[3]

第二个划分原则将下述两类教授对立起来：其中一类教授年纪较大，并获得了一系列广受认可的头衔，例如严格意义上的学术头衔（如法兰西学会成员或法兰西学术院成员），或是在科研方面的头衔（如作品被引用或被翻译），抑或是纯粹社会性的头衔（如被收录在《名人录》中，获得法国荣誉勋位勋章或法国国家勋章 [Ordre du Mérite]）；另一类教授则更为年轻，由于他们缺乏那些被制度化的声望符号，并且只在较低层次支配其大学权力，因此他们的自我定位较为消极。此一对立也出现在大学机构

---

[1] "观念"丛书，全名为"观念文库"（Bibliothèque des idées），是伽利玛出版社旗下最重要的学术丛书系列，丛书分为哲学、社会学和文学批评三个不同方向，以大开本形式出版，被收录进该书系是非常重要的学术认可。——译者注

[2] "观点"丛书是法国瑟伊（Seuil）出版社旗下重要的人文社科类书系，一般市面上最受认可乃至畅销的学术著作，会被收录进该系列，以口袋本形式出版。——译者注

[3] 我们很可能将这种同时存在于机构和倾向中的对立，与两种科学生产形式的区分联系起来。这一由埃尔加·勒特（Elga Reuter）和皮埃尔·特里皮耶（Pierre Tripier）建立起来的区分形式分别是"最小化者"（minimiseurs）和"专业人士"，其中前者旨在生产在目的和方法上符合现行标准的工作，例如国家博士论文（thèse d'État），从而将风险最小化；而后者则通常隶属于研究机构，他们生产短小的文章，从而快速取得科研成果（参见 E. Reuter et P. Tripier, Travail et créativité dans un marché interne: le cas du système français de recherche universitaire, *Sociologie du travail*, juillet-septembre 1980, pp. 241-246）。

之间，一方面是法兰西公学院（特别是那些古典学科的专家，尤其是古代史和考古学），另一方面则是高等研究实践学院和楠泰尔学院。同样，这一对立也出现在教授之间，一些教授拥有更大的科学权力（如担任国家科学研究中心委员会成员），另一些教授则可能偏向教育再生产（如担任教师资格考试评委会成员），或是虽具有一定声望，但缺乏大学权力。这一对立与被继承资本的体系性差异相对应：若是在社会层面与巴黎资产阶级的联系越紧密，各种形式的社会成就的等级就会越高；一方面是企业家、工程师或官员的子女，另一方面则是各院系教授的子女，他们通常出生在巴黎或外省的大都市，大部分接受过私立教育，他们显然区别于小农、工人或雇员子女，这些人通常来自外省小城市；而两类人之间的中间地带，则由来自社会与地理空间居中的教授所占据。[1]

至于第三个因素，则是大学权势集团（Establishment）和具有消极形象的、默默无闻的群体之间的对立。其中前者由"杰出学者"和"大老板"组成，他们大多就职于索邦大学，各自完全主导某一学科，并且经常会积累学科内部再生产的控制权（如在巴黎高师教书，隶属于教师资格考试评委会、大学咨询委员会、巴黎高师竞考评审团）和高度的外部认可（上电视，作品被收入"观念"丛书，著作被译成外语）。而后者则通常是极为专业、冷门的学科（尤其是古代史领域）的专家，他们远离世俗名声和内部权力。也就是说，这些人里既有法兰西公学院的专研学者，也有大学里边缘学科的专

---

[1] 值得注意的是，当我们将法兰西公学院、索邦大学、高等研究实践学院第四、五、六部、楠泰尔学院等所属机构视作说明性变量并将其中性化时，这里所描述的关系结构不会变形，而是依然保持原样。

家,例如经济学家和社会心理学家,他们似乎与"大环境"格格不入,这既与他们的大学生涯有关(他们通常并不是巴黎高师毕业生),也与社会出身有关(他们更经常是商人之子,并且出生在外国)(参见图3)。

由图中两个坐标轴所划定的空间被组织成各个区域,这些区域对应于各种类别的位置和倾向,它们之间的对立方式非常不同:(几乎)纯粹的大学权力区域(对应图2中的东-东南部)汇集了那些最普通学科的全职教授[1](他们位于等级序列的最底层,其所在学科是各种古典学科的现代变体,例如外语、现代文学与现代语文学),尤其是许多对1968年五月风暴反应激烈的教授,其中甚至有一些教授公开支持罗贝尔·弗拉策利尔(Robert Flacelière)[2]——学生们正是将抗议的矛头对准了这位巴黎高师前校长。此一区域既与纯粹内部声望(受到法兰西学会承认,尤其由一系列专研学者组成)区域(东-北部)对立,也与外部声望区域和年轻(或地位较低)导师区域(西-西南部)对立,尤其是高等研究实践学院第六部;该区域与坐标图上半部(北部)毫无共同之处,这一最具科学声望的区域汇集了杜梅齐尔(Dumézil)、本维尼斯特、杜邦-索梅尔(Dupont-Sommer)[3]等重要学者;若是在社会科学和历史学专家这一区域(西北部),科学声望就会与智识声望结合起来,例如列维-斯特劳斯、阿隆、

---

[1] 法国高等教育体系中的"全职教授"(professeur ordinaire),指的是那些通过高等教师资格考试、获得教席(chaire)的教授。之所以称为"全职"(ordinaire),是因为其获得了编制,工资来源于政府的"一般财政预算"(budget ordinaire)。——译者注

[2] 罗贝尔·弗拉策利尔(1904—1982),语文学家、古希腊学家,1963—1971年任巴黎高师校长。在1968年五月风暴期间持保守政见。他曾于运动期间主持巴黎大学纪律委员会,传唤参与运动的学生参加,并给予学生处罚。他的这一做法遭到了激进派学生的强烈反对。——译者注

[3] 乔治·杜梅齐尔(1898—1986),法国历史学家、比较语言学家,曾在高等研究实践学院和法兰西公学院任职;安德烈·杜邦-索梅尔(1900—1983),法国语言学家、东方学家。——译者注

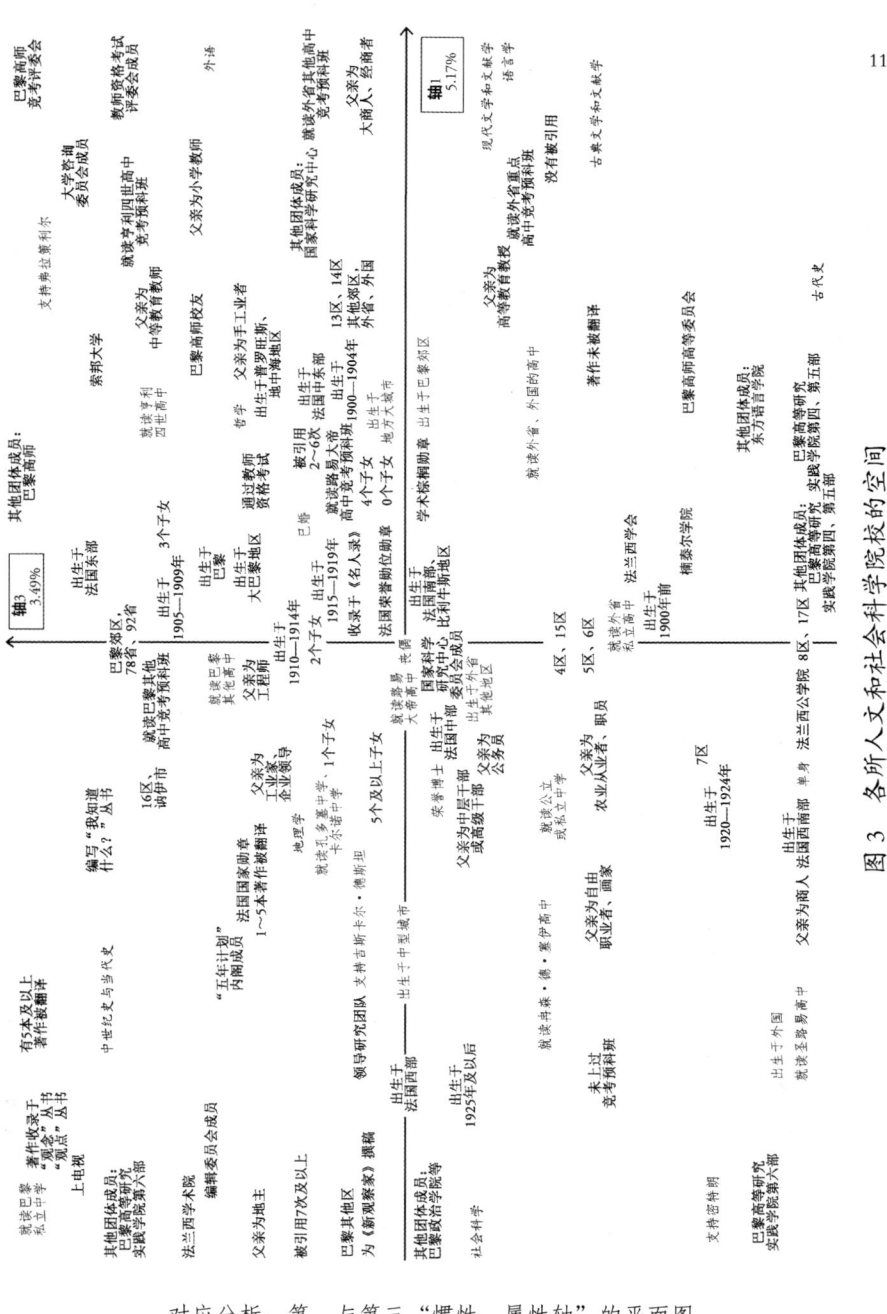

图 3 各所人文和社会科学院校的空间

对应分析：第一与第三"惯性—属性轴"的平面图
（说明性变量以仿宋字体表示）

佩鲁（Perroux）、布罗代尔（Braudel）或杜比（Duby）[1]（参见"后记：二十年后"中的坐标图）。

很明显，我们可以在作品、它们的主题和风格的层面上，发现大专研学者（grands érudits）和全职教授之间的区别。我们在最后的分析中没有保留著作出版地点这一要素，因为它只体现了统计群体中很小一部分人员的特征；但它很可能也是能够说明此一对立的良好指标：一方面是德国出版商于19世纪建立的克林克西克（Klincksieck）出版社，这一老牌出版社囊括了诸多专研学者各种高质量、高度专业化的著作；另一方面则是诞生于20世纪初的美文出版社（Belles Lettres），该社是法国大学为应对日耳曼文化影响的产物，它汇集的作品更多关注法语的雅致而非博学性。为了给官方教育系统所规定的文化一个看起来不太有争议的概念，我们有必要用为这套系统所特有的那套语言，来描述那些"巧妙地克服困难并以清晰而迷人的形式抓住要点"的作品，那些怀疑"现代语言学在术语方面的放肆"、对引入新科学时"烦琐的科学程序感到有些害怕"的语言学家，那些只着眼于"进一步理解文本，从而增加文学趣味"的评论家，以及那些因其讲座充斥着"如烟火般的玩笑和俏皮话"而深感标新立异的教授（以上所有引用的段落都节选自一些学者的讣告）。

相较于专研学者，社会科学专家的特权很可能在于其在《引用索引》中的影响力，此索引对于第一个因素的确立有突出贡献，并且当不同学科和不同研究人员越接近社会科学以及美国传统，此索引对他们就越有利。我们也可以从下述

---

[1] 弗朗索瓦·佩鲁（1903—1987），法国经济学家；费尔南·布罗代尔（1902—1985），法国历史学家，第二代年鉴学派代表人物；乔治·杜比（1919—1996），法国历史学家，主要研究中世纪史和社会经济史。——译者注

事实中看到，与大众传媒（新闻、电视）之间的关系所具有的影响力：在《阅读》（*Lire*）杂志1981年四月第68期（第38-51页）里进入知名知识分子排行榜的30人中，有9人分别或同时处于科学声望区域和智识声望区域。

最严格地依附于机构并严格局限于机构内的人，例如大型竞考评审团成员或大学咨询委员会成员，从世俗上看是（世俗上的）权力支配者，但从大学认可尤其是智识声望的角度来看，他们是被支配者（其著作几乎未被翻译）。他们往往在学业上成绩突出：他们在高中优等生会考取得优胜，在巴黎高师入学考试或在教师资格考试中夺魁（caciques）；因此，他们也是认可和承认的辩证法的产物，此一辩证法能够吸引那些最认同这一系统的人，也会吸引那些将此一系统照单全收并参与其再生产的人。一般来说，他们自身的能力越紧密地依赖于机构的运作条件（如在语文学方面，或是在一般语言教学方面），他们对机构的依附性就会越强；并且如果他们是来自出身低微的家庭或是教师家庭的"献身者"（如小学教员之子），他们就会更全身心地投入机构之中。[1]

全职教授与团体再生产

我们若是想要获得并维持大学资本，则需要占据一定的位置，例如所有负责控制团体成员进入的机构，尤其是巴黎高师竞考委

---

[1] 某些知识分子对大学之外的世界几乎充耳不闻，并常常宣称这是有选择地拒绝各种世俗上的牵连；无疑，这只是一种他们所感受到的排斥方式，并且随着新闻界在知识分子生活中地位的上升，他们对这种排斥的感受将越发明显。除那些媒体权力掌控者的证词以外（参见la déclaration de Mona Ozouf *in* C. Sales, L'intelligentsia, visite aux artisans de la culture, *le Monde de l'éducation*, février 1976, p. 8），我们还可以援引巴黎某位哲学教授的自白：尽管他声称必须"划清新闻界和哲学研究之间的界线"，但他仍然会对自己尽管付出一切努力，却从未成功在《世界报》上发表过任何一篇文章而感到遗憾。

员会成员、教师资格考试或博士资格考试评委会成员、大学咨询委员会成员等,这些位置允许我们支配其他位置以及这些位置的占据者:这种关于大学团体的机构再生产权力,使持有此一权力的人拥有了某种法定权威,这种权威具有某种功能特性,它与作者作品以及个人的好坏程度不甚相关,反而与他在等级序列中的位置关系更密切;与此同时,此一特性不仅表现在快速轮换的学生群体上,而且表现在博士候选人的客户群上,导师一般会在这一群体中招募助教,并且会和该群体成员维持一种广泛且持久的依赖关系。[1]

我们对一组信息提供者进行了访谈,从这次访谈中,我们提取出一幅尤其典型的画像:在这一极端案例中,再生产的权力几乎完全独立于其作品的学术价值。"X 教授,他毕业于法国雅典学院(l'École d'Athènes)[2],但他并没有继续自己的考古学研究。他转向了文学史研究,并且其研究带有科普的性质。但是在那些具有决策权的地方,到处都有他的身影:无论是大学理事会、大学咨询委员会,还是国家科学研究中心。去年,他依然以惊人的票数,再次被选入国家科学研究中心(……)。他没有任何智识声望,但他有权力(……)。他很有名,即使他的作品很差。阅读他的作品是浪费时间。在法国,他是古希腊文化研究的居伊·德·卡尔(Guy des Cars)[3](……)。他写了一部古希腊文学史。这只是一本

---

[1] "权力的要素之一,就是指导博士论文,学生们将通过论文成为助教、讲师。这是一种重要的行动手段。"(某历史学家,1971 年——在此一案例中,如同在别的情况下一样,我们似乎无法进一步提供能在空间中详细定位受访者位置的线索,因为这很可能会破坏信息提供者的匿名性。)

[2] 法国雅典学院(École française d'Athènes)是建立在雅典的法国高等教育机构,成立于 1846 年,主要致力于对古希腊语言、历史和古文明的研究。——译者注

[3] 居伊·德·卡尔(1911—1993)是法国畅销作家,曾主持编写儿童文集《你们知道吗?》(Savez-vous?),类似于法国的《十万个为什么》。——译者注

通俗科普书，以文本选段为基础，加以两三粗浅的评论。他的书面向普罗大众。这不是一部研究希腊文学的作品，而只是一本希腊文学史，正如书名所说的那样。这说明了一切。（……）。我们可以好好反思一下为什么会有 X 教授的现象出现。他一直被视为毫无能力的人（……）。这样一个什么也不是的家伙，怎么却几乎到达顶峰了呢？在伊拉斯谟系列丛书(collection Érasme)[1]中最没意义的,就是 X 教授那本烂书。甚至可以说，里面什么都没有。他曾考入大学校，取得了教师资格考试状元。这在那时候是很有用的。他出版了不少东西。他写得很快，因为他思考很少。他自命不凡，并且从不感到尴尬。"（与某古典文学教授的访谈，1971 年）这无疑是一个极端案例，但我们也能在其他人那里找到此一案例的痕迹："Y 教授的确有智识声望，但那是一种特殊类型的声望。他不是一个研究者——注意，我们都这么批评他，虽然最近人们才开始经常这么做，但是这种批评的声音早在七八年前就有了……我记得我在 1963 年就这么说过他：但我的同事们当时对我的说法很愤怒！'怎么！他的地理学概要不是研究吗？'我说不，那不是研究，只是综述（……）。他是一个写综述的人，写科普读物的人，真不是教授。"（与一群地理学家的访谈，1971 年）"我认为声望不应该被高估。[就地理学而言，]智识价值可能远不如大学权力重要。我想到了 Z 教授，他写了一篇在大多数人看来很糟糕的博士论文：但和其他那些在研究方面更有智识价值的人相比，此人在大学里的权力要大得多（……）。现在，各种组织越来越多；因此，获得资金、赢得项目、受到政府资助变得越来越重要。

---

[1] 伊拉斯谟系列丛书是由法国大学出版社于 1960 年代推出的古代经典丛书，收录有古希腊语和拉丁语经典著作。——译者注

在那个时候，重要的就不是学术水平的高低了。"（某地理学家，1971 年）

每个行动者在他所占据的每个权力位置上所能行使的半制度化权力（pouvoir semi-institutionnalisé）的程度，即所谓的"影响力"（poids），取决于行动者在其他方面所拥有的所有权力属性（在此处，与其他案例中一样，此一权力属性很可能是由诸如"大学主席先生"或"院长先生"这样的称呼所带来的），也取决于行动者能从不同位置上获得的所有交换的可能性。换句话说，每一名行动者都会将他在一般情况下所拥有的影响力引入每个次级机构中，但此一影响力也是他作为最高权力机构的一员（例如，以大学主席或选举人的名义）而获得的；在一个基于竞争、等级分明的领域中，他所介入的那些次级机构的成员们显然也会向往他所在的位置。因此这也解释了，为什么法兰西学会的成员们——他们平等地分布于大学场域的"大学人士"和"学者"（或"知识分子"）这两极之间——可以对整个场域，尤其是学术性最强的部门行使巨大的控制和审查权力。在这里，资本也会流向资本：占据某些位置所能带来的社会影响力，决定并证明了占据这些新位置的合理性，因为这些新位置本身就包含了占据这些职位的人的全部影响力。[1]

正因如此，我们才有可能像让－巴蒂斯特·杜洛塞尔（Jean-Baptiste Duroselle）[2]一样，用皮埃尔·雷努万来指代一切大学里的独裁者："我们总有一种印象，觉得他获得那

---

[1] "社会权重"这一隐喻完美地表达了该场域的逻辑，对应分析能够通过数学运算来重建此一逻辑，而这一数学运算类似于寻找加权系统的惯性轴。

[2] 让－巴蒂斯特·杜洛塞尔（1917—1994），法国历史学家，国际关系史、外交史专家，同时也是皮埃尔·雷努万的学生。——译者注

些关键职位好像是自然而然的,为此他并不需要阴谋诡计或奔走钻营。反正最后我们总是有求于他。"一旦完成了最初的积累,便只需合理管理收益即可:"这样一来,除占据他大量时间的各个委员会、评委会之外,他从 1930 年代末开始,也获得了三个重要职务:他既是索邦大学历史部主任,也担任大学咨询委员会历史部主席,同时兼任国家科学研究中心历史委员会主席一职;这三个职务叠加在一起,使他可以将权力扩展到整个法国历史编纂学(⋯⋯)。他试着控制每个职位的候选人的质量,并借此成功对人员的任命施加影响。由于几乎所有的论文都在巴黎答辩,并且他自 1938 年起,就是索邦资历最老的当代史研究者,因此他主持了所有的论文答辩;与此同时,他也受邀参加那些在外省举行的、为数不多的重要答辩,因此,从个人层面上,他认识所有未来的讲师们。[1]他让大学咨询委员会同意,任命新教师的'短名单'(liste étroite)中,实际候选人不会比空缺的职位更多。因此,他能避免任何不经他手的人事任命。此外,高等教育署署长在进行任命前,也一定会听取他的意见。仅仅通过他在国家科学研究中心所担任的管理职位,他就控制了博士论文的准备工作,因此他实际上还掌握了某种权威,尽管不成文,但影响巨大。"[2]

一般来说,兼任那些具有控制力的职位是有权势者之间交换各种服务的条件,这使建立和维持客户群成为可能:我

---

[1] 所有重要的国家博士论文都集中在巴黎(根据杜洛塞尔的统计,1939 年 11 月至 1948 年 12 月,11 篇获得"非常优秀"[très honorable]的当代史论文都在巴黎答辩),这使从全局上控制教师招聘成为可能。

[2] 关于这些职务,皮埃尔·雷努万最终还担任了巴黎人文学院院长一职(译按:巴黎人文学院设立自 1808 年,于 1970 年解散,包含文学、历史和哲学等学科,目前被拆分为巴黎一大、三大、索邦大学、巴黎西岱大学等院校),同时也担任法国国家政治科学基金会主席一职(参见 la notice nécrologique de Pierre Renouvin par J.-B Duroselle, in *Revue d'histoire moderne et contemporaine*, XXII, octobre-décembre 1975, pp. 497-507)。

们只有从机构总体的层面上,才能理解这些服务的流通,并且此一流通很少采取直接、即时的可见交换形式(所谓直接和即时的交换,指的是在 Y 教授的介入下, X 教授的学生能够获得 A 机构中的某一职位,而作为交换, Y 教授的学生也能在 X 教授的介入下获得 B 机构中的某一职位)。具有控制力的位置形成的网络越广泛、多元(在教育机构与研究机构中,在学术丛书与期刊中,以及场域的另一极:报刊杂志等),交换循环就越长、越复杂,外行人就越难以理解。Y 教授"推荐"了 X 教授的学生后,就能得到 X 教授的回报: X 教授会在编辑委员会、选举委员会或支持委员会上,提醒自己"意识形态派"(famille idéologique)的成员们注意 Y 教授的书,尔后成员们则会在学术刊物上为该书撰写书评。在这种逻辑下,我们可以理解,巴黎高师文凭不止证明了学生有能力获取专业知识,并且能证明,学生获得了与教育机构有关的某种倾向。该文凭在权力的积累中扮演了非常重要的角色:院校之间的关系所代表的社会资本,如果通过持续不断地交换而得到了妥当维护,则会成为跨学科团结(solidarités transdisciplinaires)的基础之一;这也解释了为什么每当有人必须获得并维持在局部小型垄断组织(局限于某一学科范围内)之外大学权力位置时,甚至是颇具声望的位置时(例如法兰西公学院所提供的位置),社会资本总会发挥决定性作用。作为实际或潜在关系的社会资本,巴黎高师文凭会对所有被把持的社会权力产生加倍影响;因此,一个人在这些权力等级中所处的位置越高,巴黎高师毕业生这一身份产生的影响就会越大。

由于大学资本的积累需要花时间(这表明被持有的资本与年龄密切相关),所以这个空间中的间距,是以时间、时间差距和年龄差异来衡量的。因此，该场域的结构会向行动者们展示一条职业生涯的康庄大道：从巴黎高师毕业，然后成为助教、写博士论文，随后是讲师、副教授，再到索邦大学教授，最后到法兰西学会成员；所有其他历程都会被客观地与这一轨迹相比较。行动者们倾向于把此职业生涯（这既是竞争，也是比赛）的每个主要阶段，与进入这一阶段的正常年龄联系起来；参照这一年龄标准，我们在任何年纪（生物学意义上的）都可能显得年轻或年老。事实上，由于等级化的权力位置是以时间划分的，因此等级序列的再生产也意味着对各种差距的维持，即对继承秩序（ordre des successions）的维持。这一秩序受到了那些想要"走捷径"的急性子们（celeritas[1]）的威胁，他们会将他们在其他领域获得的属性或权力引入大学秩序中；与之相对的则是沉稳的人（gravitas[2]），人们认为这种健康的缓慢本身构成了一种严肃性的保障（例如，缓慢地写博士论文意味着某种严肃性），并且它还有力证明了何为恭顺（obsequium），即对既有秩序的基本原则无条件的遵守。[3]

所有人对抗所有人的斗争来自两类人之间永恒的竞争：曾经加入过竞争的人，以及那些具有竞争倾向的人（这些倾向是竞争所必须的，并且竞争还会加强他们的竞争倾向）。这场斗争无法避免永久革命的威胁，就其本身的逻辑而言，它还有助于时间差

---

[1] celeritas，词根来自拉丁语词 celer（快速的），意为"迅速""敏捷"，这里布迪厄指涉的是希望迅速在大学场域获得成功的人。——译者注

[2] gravitas，词根来自拉丁语词 gravis（沉重的），意为"沉重""笨重"，也引申为"稳重""重要"。——译者注

[3] 这就是为什么我们将会展示，新旧进入团体者之间的关系危机诞生于和谐的破裂中。在大多数新进入团体的人中，这种和谐建立在期望（各种期待）的内在结构和客观结构（各种可能的轨迹）之间；而此一破裂，发生在两者的同时作用下：一方面，晋升的可能性结构会发生转变；另一方面，行动者的各种倾向也可能发生改变。在这种情况下，"老人"和"新人"之间是"脱节的"（déphasé），前者在后者的正常诉求中，看到了某种野心家的利欲熏心；而后者对伦理秩序的感召，在前者看来则是一种"学阀"式的保守主义。

异系统的秩序再生产：一方面，这是由于竞争这一事实本身就意味着对竞争中共同利害关系的认可，并且还直接导致了这种认可；另一方面，这也是由于竞争每时每刻都仅限于那些在竞争中大致处于相同位置的竞争者，并且还会由那些在竞争中占据更有力位置的人来担任裁判。

虽然很明显，如果没有使其成为可能的有效结构，所有的统治策略都将一无是处，但同样显而易见的是，只有当新进入团体的人（如助教）同意加入竞争的游戏，并因此而认可关键的利害关系，权力的功效才会真正对他们发挥作用（这种功效来自对战略位置的控制，它能够支配竞争者们的发展）。此外，行使学术权力的前提，是具备某种社会所赋予的能力（aptitude）和倾向（propension），从而可以利用学术场域所提供的各种可能性：首先要有能力"收到学生，妥善安排他们，让他们保持对老师的依赖关系"，进而确保持久的权力基础。而"拥有被妥善安排的学生"这一事实（某地理学家，1971年），可能首先意味着某种操纵他人时间的手段，或者更准确地说，教授们可以支配学生求学生涯和职业生涯的节奏，从而可以加速或是推迟学生获得各种成就的时间，例如在各种竞考或一般考试中优胜、通过博士论文答辩、发表论文或专著、获得大学教职的时间。相应的，这种手段也是权力的一个维度，并且通常只有谋求这一权力的人也或多或少有意识地参与这场共谋，此一手段才会在他们身上发挥作用，并使他们维持一种温顺服从的倾向，有时这种倾向甚至会持续到相当大的年纪；总而言之，这种倾向多少有点幼稚（如在德国，人们把博士论文导师称作 Doktorvater，字面意思就是"博士之父"），我们可以用它来描述各种不同年龄优秀学生的特征。

"对助教和讲师而言,在某一期刊上发表文章之前,他们往往会有些停滞不前(……)。特别是在巴黎,他们可能要等上一两年,这对等待进入讲师资格名单(LAFMA, liste d'aptitude à la fonction de maître-assistant)的他们而言,是非常难熬的。"(某地理学家,1971年)"老板有权力,因为他们有权任命助教。他们有两方面权力:首先,他有权选择助教;其次,他有权让他们为此首先付出回报。而在讲师资格名单上注册以后,助教就不再负有契约规定的义务了:于是人们又发明了一些规则,需要达成某些条件才把他加入这个名单;对某些老板而言,条件是论文必须要写到一定页数;对另一些老板而言,则是是否殷勤的问题。"(某文学教授,1971年)

在权力很少或完全没有被制度化的情况之下[1],持久的权威和依赖关系建立在期望之上,这种期望就像是对未来某一事物的狂妄野心,它长久地改变了某些人的行为,也就是说,只要期望还存在,他们就会一直望眼欲穿。这种关系也取决于使人等待(faire attendre)的手段:导师要么会刺激、鼓励学生的期望,要么会延缓他的期待,他会通过某些承诺或是技巧不让学生失望,甚至会否定他们的预期、让他们对预期目标灰心;同时,导师还会让学生抑制和克制浮躁,这使学生能忍受并接受延期、忍受希望和预期目标的持续落空。虽然担保人(导师)的承诺或鼓励都明确暗示着种种期望,但它们会无限地推迟、延后甚至中止。

因此,大学权力由一种特定能力组成:一方面,它会对希

---

[1] 与公共或私营企业行使的官僚权力相比,大学团体要求的再生产权力并不那么制度化,但要比文化生产场域中的认可权力制度化得多。这种权力在文学院中被制度化的程度要低于医学院,因为在医学院里,老板们有一整套制度化的控制手段,比如所有那些一连串的竞考(走读实习医生、住院实习医生、助理医生、教师资格考试等)。

望产生影响（这些希望本身，既建立在参与游戏的倾向以及对游戏的投入上，也建立在游戏客观的不确定性上）；另一方面，它也会对客观可能性有影响，尤其在限制潜在竞争者的领域时。长期以来，如果一名外省教授想去索邦大学，或者一名索邦大学或法兰西公学院的教授想进入法兰西学会，他为了自身竞选而投靠的法兰西学会成员或索邦大学教授就能指定他的助教，并且还能得到他的选票（尤其是在指定继任者时），或者只是得到他的敬重——他会在自己的论文中论及这位教授（虽然举某个具体的例子也许可以缓和我稍显武断的分析，但想必读者一定能理解我为什么没有这么做）。权威建立在对职业生涯的预期之上：我们只有在一心想要某物时，才会深陷其中。但是，这些预期本身并不独立于或然的未来的客观存在，这些或然的未来既没有完全确定，也并非完全不确定。尽管为了使该机制运作，显然有必要让几个具有相同头衔、在学校教育层面属于同一世代的对手去竞争相同的职位。但他们的数量必须足够小，这样他们才有理由去憧憬那些在他们眼前的职位，并且能预先认同那些现在正占据着这个位置的人；与此同时，他们的数量也要足够多，这样他们才不会有绝对的把握（如果有绝对把握，期望也就无从说起了）。在如此定义的自由空间中，导师会依据各种次要属性（年龄、性别、巴黎高师毕业生）来评判不同对手之间的竞争，并且会提请人们注意各种优先次序和优先权（例如："我会把你的名字加入讲师名单中，但不会在 X 老师前"），以及各种承诺和等级次序。一些来自普瓦捷（Poitiers）、雷恩（Rennes）或里尔（Lille）的"大学校学生们"每星期会受邀参加导师的研讨班，就其功能和运转机制而言，这些课程更接近美国教授协会每年组织的大型专业聚会，也就是说，更接近于学术市场（academic marketplace）的逻辑[1]，而非德国传统中的研究讨论课：对那些想要发迹的人而言，这些会议几乎是强制性的，它们聚集了所有觊觎某一职位的竞争者们；在这里，学生们会摹仿性地服从于导师或更强大的对手，正是在这种服从中，并且通过这种服从，科学研究的伦理会被反复灌输，并不断得到强化，这比任何其他因素都更能决定学术生产的形式与限制。[2]

时间与权力

依附关系及其前景，既取决于"老板"的各种策略（它们与"老板"的位置和各种倾向有关），也取决于"客户"的策略，这当然是在两者都得以施行的条件范围内，而其中最重要的条件很可能是在相关学科内，各种职位在就业市场中的张力（这种张力越强，主导者的游戏也就越容易，与此同时新进入者之间的竞争也会越激烈）。在大学空间的范畴中，的确会有小部分教授，如某位受访者所言，会"在知识层面给学生以激励，在研究上为他们提供帮助，并督促他们成果的发表"（某语言学家，1971 年）。但我们若是撇开这些教授不谈，那么我们将会看到，为了妥善安置他们的"顾客"、确保他们的职业生涯，从而稳定他们自身的

---

[1] 参见 T. Caplow and R. J. McGee, *The Academic Marketplace*, New York, Doubleday and Co. 1965 (1re éd., 1958), p. 99。

[2] 我们也能在那些私人画室中观察到相同的逻辑，19 世纪，这些画室致力于培养画家参加罗马大奖。一切都是为了让学徒处于对师傅绝对服从的状态中（例如，学徒必须通过一系列阶段：首先根据版画来素描，然后根据石膏像，接着则是根据人体模特、绘画来素描，节奏是由师傅决定的），哪怕到非常年长时。那些很年长的人也可能仍在画素描，没有人知道到底要在某一个层级上花多长时间。例如，在以参赛加冕而闻名的德拉洛什的画室里，只有最铁石心肠的人，才能在由各种暗箱操作和阴谋诡计所招致的气馁中幸存下来（参见 A. Boime, *The Academy and French Painting in the Nineteenth Century*, Londres, Phaidon, 1971 和 J. Lethève, *La Vie quotidienne des artistes français au XIXe siècle*, Paris, Hachette, 1968）。

权力交接，与其位置相契合的"老板们"，即被赋予了必要的游戏感（sens du jeu）的"老板们"，一方面操心着在尽可能长的时间内控制他们的"新手们"（poulains），不让他们过早独立，甚至不让他们成为活跃的对手（尤其是对其客户群而言）；另一方面又存在着一种必然性，要去充分"推举"（pousser）那些"新手们"，以避免让他们失望。"老板们"必须在这种操心和必然性之间找到一种最佳平衡，以便使"新手们"依附于自己（从而避免，比如，归顺自己的竞争对手），与此同时还要显示他们自身的权力，并由此增强他们的学术声望和吸引力。

或许我们只须引用一位非常内行的受访者所提出的分析，就能比较老板们的这两种不同策略："曾有那么一段时间，X 教授身边簇拥着各种各样的人；其中不乏那些最优秀的学生想跟 X 教授读博。他让他们失望了吗？他并没有推举自己的学生们，除某些在地理位置上离他很远的人以外，（……），但他们并不是他的助教；那些他实实在在推举过的学生，都成功通过了博士论文答辩，并很快就崭露头角，例如像 Y 教授这样的学生，在 38 岁就拿到了索邦大学的教授职位[1]，诸如此类不一而足。至于其他学生，他则让他们继续当讲师。是他拖住了他们。像 R 这样曾是 X 教授助教的人，他根本不会过问。还有其他一些曾和 X 教授读博的人，他们最后确实拿到了教职，但已经 40 多岁了。他们是在 1968 年五月风暴之后，才最终拿到巴黎八大（Vincennes）[2] 的教职。

---

[1] 法国高等教育体系中，"教授"职位的数量是固定的。只有当前一任教授退休后，才会空出一个教授名额；为拿到这一教授职位，不同老师要进行激烈的竞争。其中，索邦大学(巴黎四大)的教职是最难获得、含金量最大的，尤其是人文社科领域。——译者注

[2] 巴黎第八大学(简称巴黎八大)，位于巴黎北郊圣德尼市，1969 年建校，最初名为万森纳大学(Université de Vincennes)。巴黎八大是法国最激进、左翼、崇尚民主的高校之一，福柯、拉康、朗西埃等思想家都曾在此任教。——译者注

如果没有新建立的八大的话,他们很可能还在索邦大学当讲师。正因此,目前还没有其他 X 教授的学生掌权,除 D 教授以外。哪怕像 Y 教授这样,对他十分忠诚的学生,也无法掌权(……)。一旦他们掌权了,他们就不再忠于 X 了,或者说他们根本无法掌权。有些 X 教授的学生在开始写博士论文时根本找不到导师的人,于是在快要答辩时转投 Z 教授门下;一旦他们拿到博士学位,X 教授又会出现,来帮助他们。"(某地理学家,1971 年)

在学术领域中,权力是如此取决于信仰,很可能很少有其他社会领域会像学术领域一样;对此,霍布斯的论述非常中肯:"具有权力的声誉也是一种权势"(avoir du pouvoir, c'est être crédité de pouvoir)[1]。所以如果我们想完全理解大学权力集中的现象,就必须考虑在"使竞争者们趋向于最有权势的保护者"这一策略的影响下,竞争者们所带来的贡献。这些策略是习性的策略,因此比起意识,这些策略更接近无意识。根据其吹捧者(panégyriste)的说法,导师取得主导性位置似乎"是完全自然而然的,既不用阴谋诡计,也无须奔走钻营";同样,最有经验、在大学里最如鱼得水的学生,既不用算计,也不用权衡利弊,就会直接向最有影响力的导师表示感激,并为导师带来客户群。这正是另一种使资本流向资本的效应。事实上,我们可以证明,不同"老板"所拥有的大学权力资本与其客户的数量和质量(可以由教育资本来衡量)之间存在密切的关系,而这也反映了导师象征资本的某个维度或某种表现形式。

仅仅靠指导博士论文的数量,我们就能在不同学科中

---

[1] 该选段出自霍布斯的《利维坦》第十章"论权势、身价、地位、尊重及资格"。——译者注

找出那些大"老板"。例如在数据最为可靠的历史学科中[1]，基拉尔指导了 57 篇主论文；拉布鲁斯 42 篇；雷努万 23 篇；吉拉尔 22 篇；佩鲁瓦 21 篇；莫拉和穆斯尼耶[2]分别有 19 篇。[3] 同样，在古希腊研究领域，费尔南·罗贝尔指导了 33 篇主论文（3 篇补充论文和 3 篇第三阶段博士论文[4]），德·罗米莉女士 21 篇（4 篇补充论文和 9 篇第三阶段博士论文）；弗拉策利尔 20 篇（8 篇补充论文）；尚特雷恩 17 篇（8 篇补充论文）；阿尔勒女士[5]16 篇（12 篇第

---

[1] 这些统计基于《法国本土人文院校现代史博士论文清单》(Liste des thèses d'histoire contemporaine déposées dans les facultés des lettres de France métropolitaine, arrêtée au l' octobre 1966) 而得出，其中 n（样本数量）= 756，其中 347 篇是主论文，60 篇是补充论文，271 篇是第三阶段博士论文，78 篇是公立大学论文。这份清单是应法国大学现代史教授协会的要求而做的，我们可以在杜洛塞尔的《现代史博士论文研究》(J.-B. Duroselle, Les thèses d'histoire contemporaine. Aires cultivées et zones en friche, Revue d'histoire moderne et contemporaine, janvier-mars 1967, pp. 71-77) 中找到对这份文件的描述。

[2] 分别指法国历史学家路易·基拉尔（Louis Girard, 1911—2003）、皮埃尔·吉拉尔（Pierre Guiral, 1909—1996）、厄内斯特·拉布鲁斯（Ernest Labrousse, 1895—1988）、皮埃尔·雷努万（Pierre Renouvin, 1893—1974）、爱德华·佩鲁瓦（Édouard Perroy, 1901—1974）、米歇尔·莫拉·杜茹尔丹（Michel Mollat du Jourdin, 1911—1996）、罗兰·穆斯尼耶（Roland Mousnier, 1907—1993）。——译者注

[3] 如果我们加上补充论文的话，这一等级序列也不会有很大不同；但如果我们纳入所有论文，尤其是第三阶段博士论文，这一等级序列就会发生重大变化（更不必说只考虑第三阶段博士论文时的情况了）。如果说吉拉尔、杜罗塞尔、莫拉和佩鲁瓦仍然排在前十名、属于这一序列，我们将会看到，雷蒙德（Rémond）和莱因哈特（Reinhardt），以及以下一系列巴黎政治学院和高等研究实践学院的教授出现在了排行榜上。如果我们只考虑第三阶段博士论文的指导者，这一差距将更加明显：雷蒙德（楠泰尔学院、巴黎政治学院），44 篇；维拉尔（Vilar，索邦大学、高等研究实践学院），20 篇；莱因哈特（索邦大学、巴黎政治学院），18 篇；切斯诺（Chesneaux，高等研究实践学院），14 篇；加尼亚热（Gagniage，索邦大学），格罗斯（Grosser，巴黎政治学院），14 篇；拉沃（Lavau，巴黎政治学院），12 篇；于尔蒂格（Hurtig，巴黎政治学院）、吕耶尔（Lhuilier，斯特拉斯堡大学）、图夏尔（Touchard，巴黎政治学院），10 篇。（这些统计仍然是存在局限的，因为某些教授 [尤其是巴黎政治学院的教授] 可以指导其他学科的论文，而那些论文的情况没有被包含在内。）

[4] 1984 年以前，法国的学制分为几个不同阶段，其中通过第三阶段论文答辩后就能获得博士学位，但此一学位的含金量不如"国家博士"学位。——译者注

[5] 分别指法国古希腊学者费尔南·罗贝尔（Fernand Robert, 1908—1992）、雅克琳娜·德·罗米莉（Jacqueline de Romilly, 1913—2010）、罗贝尔·弗拉策利尔（Robert Flacelière, 1904—1982）、皮埃尔·尚特雷恩（Pierre Chanteraine, 1899—1974）、玛格丽特·阿尔勒（Marguerite Harl, 1919—2020）。——译者注

三阶段博士论文）。[1]而在哲学领域，利科指导了 10 篇（4 篇补充论文）；伊波利特 10 篇（3 篇补充论文）；舒尔 10 篇（3 篇补充论文）；杨科列维奇 7 篇；瓦尔 6 篇（3 篇补充论文）；冈迪亚克 6 篇（7 篇补充论文）；阿尔基耶 5 篇（1 篇补充论文）；古耶尔 4 篇（12 篇补充论文）；康吉莱姆 4 篇（4 篇补充论文）；苏里奥[2]4 篇（2 篇补充论文）。[3]我们可以观察到，在所有学科中，杰出的专研学者或研究者与最有权势的全职教授之间有着显著的差异：前者一般来说只指导极少数的博士候选人，并且通常在非常专门化的领域，尤其当他们就职于法兰西公学院时；而后者则会指导大量的论文，并且主题往往非常多样。

1　这些统计基于人文社科之家（Maison des sciences de l'homme）针对研究者所做的调查，调查收集了导师指导博士论文的总数量（包括准备中的论文和已经通过答辩的论文）：因此，与官方清单相比，例如由高等教育的古代语言教师联合会于 1971 年 6 月统计的《希腊语、拉丁语方面研究清单》（Liste des travaux en grec, en latin），这些统计低估了教授指导论文的比率，尤其因为并非该学科的所有研究人员或教授都回应了该调查。但与两个相对接近的日期内提交的论文相比，关于每个教授指导论文的总数，以及这些论文代表的社会资本的清单可能更准确，因为这些统计保留了那些真正为了介入法国学术市场的博士论文。

2　分别指法国哲学家保罗·利科（Paul Ricœur, 1913—2005）、让·伊波利特（Jean Hyppolite, 1907—1968）、皮埃尔 – 马克西姆·舒尔（Pierre-Maxime Schuhl, 1902—1984）、弗拉基米尔·杨科列维奇（Vladimir Jankélévitch, 1903—1985）、让·瓦尔（Jean Wahl, 1888—1974）、莫里斯·德·冈迪亚克（Maurice de Gandillac, 1906—2006）、费尔迪南·阿尔基耶（Ferdinand Alquié, 1906—1985）、亨利·古耶尔（Henri Gouhier, 1898—1994）、乔治·康吉莱姆（George Canguilhem, 1904—1995）、埃蒂安·苏里奥（Étienne Souriau, 1892—1979）。——译者注

3　与上文中古希腊研究领域的清单相同，这份基于 1967 年人文社科之家的调查所得的清单也低估了教授指导论文的比率。可以肯定的是，在这份清单中，博士论文登记者的人数是偏低的：例如，亨利·古耶尔在一次访谈中宣称，他一直有 50～80 名博士注册，并且每年参加大约 15 次论文答辩；另一位学生较少的教授则表示，他在接受调查时有 25～35 名博士注册，其中既有国家博士论文注册者，也有第三阶段论文注册者，并且每年参加五六次答辩。而另一份 1965—1968 年索邦大学博士论文提交情况的统计清单（*Répertoire raisonné des sujets en cours des doctorats d'État - lettres et sciences humaines - inscrits en France, 1965-1970*, Université de Paris X-Nanterre et Centre de documentation sciences humaines）则略有不同，这是可以理解的，因为它更好地把握了某一时期内不同老板的吸引力（所以我们可以看到，伊波利特在 1961 年成为法兰西公学院讲席教授后，在榜单上的排名下降了；而受到退隐影响，苏里奥和瓦尔则从榜单上消失了）。一项严谨的分析必须区分不同的大学世代——这些世代与生物学意义上的世代并不完全一致，这使那些在生物学年龄上相同、但进入索邦大学年龄不同的教授，在其客户群数量和质量角度是完全无法比较的；并且，那些最有权势的人往往是那些长期掌握权力的人，他们在相当年轻时就已经获得了各种权力。

但恰恰当人们考虑到博士候选人的社会质量时，最意味深长的差异就出现了：事实上，我们会看到，那些在该场域中最具能力属性的候选人，如男性、通过教师资格考试（甚或在这场考试中排名优异）、巴黎高师文凭等，会围绕在最有权势的"老板"身边，所以这些博士候选人也最有潜在"权力"（正如其后来的职业生涯所清楚证明的）。因此，在哲学界这样一个很可能汇集了教育体系里最优秀的那批学生的场域中[1]，让·伊波利特和保罗·利科针锋相对：伊波利特是巴黎高师毕业生，并一度担任巴黎高师校长，后来成为索邦大学教授，随后任法兰西公学院讲席教授；利科则并非巴黎高师毕业生，他先是担任楠泰尔学院教授，然后前往美国任教。利科是胡塞尔的法语译者及评注者，还曾出版现象学、语言哲学和诠释学等领域的重要研究著作，从这一点上看，与作为黑格尔法语译者及评注者的伊波利特相比，利科拥有的威信和声望至少是不亚于后者的；但他所指导的博士在社会质量层面明显逊色于伊波利特。伊波利特的10位"博士候选人"都是男性，其中9位通过了教师资格考试，6位是巴黎高师毕业生；调查期间，6位在巴黎任教；4位已经是副教授，2位是讲师，2位任助教；此外，还有4位学生受聘于法国国家科学研究中心。而利科的10位博士候选人中，有8位男性，8位通过了教师资格考试，没有一位是巴黎高师毕业生，并且只有2位是巴黎人；5位任讲师，3位助教，1位副教授，1位在巴黎天主教大学担任教授。然而，这项简单的调查能让我们清楚地看到，博士论文在哲学这一正统学科中的功能和运作机制：在其中，通过博士论文，论文指

---

[1] 在上文我们引用过的哲学博士论文清单（论文按照研究对象被归类、记录下来）的基础之上，我们又找出了这些论文的指导教师，并进一步考察其中每位作者的特点（它们提取自人文社科之家对研究者所做的调查）。

导老师绝对地控制着唯一可能进入该学科的职位——某一院校教授的职位。[1]

若是想拥有成功的大学生涯，人们就需要"选择"一位有权势的老板，他并不一定是最知名的，甚至并不一定要在技术层面上最有能力；这就是为什么，那些在1970—1980年代执掌大权、最具声望的"哲学家"一代，往往会跟一位1950—1960年代在索邦大学任教的教授写博士论文，而这些导师30年前则在埃米尔·布雷耶（Emile Bréhier）和莱昂·布伦施威格（Léon Brunschwicg）[2]门下读博。通过吸引某些最"有前途的"博士候选人投入专家门下读博——这些专家往往在哲学空间中某一限定明确的领域开展研究，例如舒尔、吉东（Guitton）、古耶尔或康吉莱姆——这种专业化效应看似阻碍了垄断进程，但实际上强化了这一垄断进程：事实上，依据某种秘而不宣但众所周知的逻辑，最一般的主题往往是最负盛名的；其他指标也同样可以揭示这一点：更专业的主题往往只是作为副论文，并且副论文的导师往往是某一个特殊领域的专家。[3] 只要仔细看看那些提交给最有吸引力的"老板"的论

---

[1] 如果我们把厄内斯特·拉布鲁斯（高等研究实践学院主任、索邦大学教授），甚或皮埃尔·维拉尔（Pierre Vilar，他也是这两个机构的成员）的博士候选人，与路易·基拉尔（索邦大学教授，长期担任大学咨询委员会主席）的博士候选人进行比较，我们就会看到，当正统大学（译按：这里指索邦大学）——尤其是在历史学领域——不再能垄断各种可能的职业生涯时，情况就有所不同了，因为像高等研究实践学院或巴黎政治学院这样的其他机构也提供了各种可能性。路易·基拉尔的大部分学生或是有着默默无名的职业生涯，或是在大学以外的领域知名，例如路易·梅尔玛兹（Louis Mermaz）、让·埃伦斯坦（Jean Elleinstein）或是路易·梅克桑多（Louis Mexandeau）；而厄内斯特·拉布鲁斯的许多学生却都成为他们这一代最有声望的历史学家，其中很多都在高等研究实践学院或巴黎八大任教。

[2] 埃米尔·布雷耶（1876—1952）、莱昂·布伦施威格（1869—1944），两人都是索邦大学哲学教授，其中前者是亨利·柏格森的学生，后者是让·卡瓦耶斯、雷蒙·阿隆等著名学者的博士导师。——译者注

[3] 在法国以往的高等教育体系中，博士需要撰写两篇论文：一篇主论文，一篇副论文（补充论文）。前者主题一般较宽泛，而后者则更具体化、专业化。以福柯为例，他的主论文是著名的《疯狂与非理性：古典时代疯狂史》（Folie et déraison: histoire de la folie à l'âge classique），副论文则是更专业化的《康德人类学的起源与结构》（Genèse et structure de l'Anthropologie de Kant）。——译者注

文主题清单，就足以看出，除某些特殊情况以外，学生们在博士论文老板那里所期待的东西（从客观上来看）并不是对研究的真正指导，也不是方法论上或技术上的建议，甚至不是哲学灵感，而是对某种素质的认可和与之相关的自由，以及在更无意识层面上的、对职业生涯的指导和保护。因此，我们可以在伊波利特那里看到，除少数关于黑格尔的主题以外（它们大多还是少数"边缘人"搞出来的），其他的研究主要是关于莱布尼茨、尼采、阿兰（Alain）[1]，或是关于古希腊思想史，抑或关于感官的现象学等。简而言之，大老板和他们的顾客之间的智识性亲缘关系，远不如把他们连接在一起的社会性亲缘关系那么明显。

尽管主题的"选择"和老板的"选择"看起来好像遵循着两个独立的原则，但两者在不同的逻辑中表达了相同的倾向：实际上，某个学生对哲学高度的感觉（sens de la hauteur philosophique），既表现在他所选主题的广度和所选作者的"高贵"程度上，也体现在"老板"的选择上。对某个在哲学领域有野心的学生而言，这位"老板"可以被视作最具哲学家气质的教授，一方面，这是由其作品质量决定的；另一方面则更可能由其在大学中的位置所决定；所以这位"老板"是最适合为这名学生的哲学活动提供社会条件的人，具体而言，他能为这名学生提供大学教职。这两种"选择"，体现了在智识和社会层面不可分割的位置感（sens du placement），而这会将最知名的追求者引向最高贵的研究对象、最具声望的位置。就像"选择"配偶一样，对老板的"选择"在某种程度上也是一种从资本流向资本的关系：就选

---

[1] 阿兰（1868—1951），原名为埃米尔－奥古斯特·夏蒂耶（Émile-Auguste Chartier），其作品常被归于理性主义哲学中，他也深受现象学的影响。——译者注

定的老板和主题的高度而言,博士候选人确认了他对自身高度的看法,同时确认了其对不同潜在老板的高度的看法,而这就像是某种在智识层面的好的或坏的品味,并伴随着所有可能的信念链(allodoxia[1])效应。老板是被学生选择的,并非由他主动选择;而他的学生(并不一定是他的门徒)的价值却赋予他在智识方面某种形式的认可,并且有助于创造他的价值,就像他帮助学生们创造他们的价值一样。[2]

正是通过合作者们进行的所有相互"选择"——他们甚至在"选择"原则上也能互相匹配——某些团结得以形成,这些团结似乎是建立在明确标准和规则之上的判断和分类活动的产物。在这里和其他地方一样,我们应当避免把规律性(其原则为实践感倾向)视作某种规则效应,也不应将其视作某种有意识的、有条理的意图所产生的效果。统计学所进行的客观化,尤其是通过合并多个个体策略的结果而进行的客观化,必然会产生某些扭曲,我们必须意识到这一点:这种扭曲揭示了行动者的属性与其实践之间的关系,人们很可能会把这种关系解读为对自我利益深思熟虑之后,经过玩世不恭的算计所得的结果。而如果考虑到这种关于(他者)行动的、天真的功利主义哲学是日常争论的惯常基础,它有时甚至会被伪装成科学,并且经常在怨恨中获得清醒的假象,此一解读就更有可能出现了。

---

[1] 信念链(allodoxia)一词来自拉丁语 allodoxe,由词根 allo-(其他的)和 doxo-(意见)组成。信念链是一系列错误的认识,它们会对社会中既有的信念(doxa)加以强化,并促成其合法化。在第 5 章和附录 3 中,布迪厄将进一步讨论此概念。——译者注

[2] 我们可以从这个角度来理解继任者对前任的颂词以及它们的内容,其中不可避免地混合了对"老板"(patron)的感激(取该词"感激"之意)的表示和对"导师"(maître)在智识层面的认可。(译按:这里布迪厄用的 reconnaissance 一词在法语中既有"感恩""感激"之意,又能表示"承认"或"认可"。)

在规章制度层面上赋予少数人的大胆乃至轻率冒失，会为多数人在制度层面所持有的审慎态度提供最好的理由和最稳妥的借口。对"杰出者"的崇拜，以及由之带来的各种机会、由之所促进的大胆假象，以及由它所鼓励的谦卑而艰涩的工作，使这种崇拜似乎并没有像表面上那样与学术中庸精神（academica mediocritas）带来的审慎相对立，也并不对立于猜疑和愤恨式的认识论或是对知识方面的自由与风险的恐惧；它同对"严肃者"的呼吁、对谨慎投资和微薄利润的呼吁相结合，以便挫败或阻碍任何可能扰乱秩序的思想，但这一秩序本身就建立在对知识自由的不信任之上，甚至建立在某种非常特殊的反智主义（anti-intellectualisme）的形式之上。无论在论文答辩中、评注性书评中，还是完全回避当时先锋思想的中庸课堂上，我们对知识创新和创造的暗中抵制，以及我们对思想、言论和批评自由的厌恶（而这些要素往往会引导各种学术判断），很可能都是认可某一制度所导致的结果，只有那些完全接受制度限制并对此一无所知的人，才会获得与该制度的思想有关的、各种规章制度层面的保证。没有什么比博士论文更有助于强化各种为人们所需的倾向；这有赖于"博士之父"的家长式权威在各种实践领域的分散控制（特别是在出版方面），也有赖于学生的自我审查，以及他对导师和学术生产的崇拜，并且尤其有赖于博士候选人与导师之间的长期依赖关系——这种关系由博士论文所维系，并且往往与学徒真正的技术性需求毫无关联。[1]

---

[1] 不言而喻，社会需求只能通过隐藏在技术需求的外表之下来实现。因此，在双方的共谋下，将这两种需求联系起来的双重游戏往往会成为规则，并成为建立起基于自愿的真正学徒契约的主要障碍之一，契约中所施加的限制与控制通过提供某些研究工具（它们是真正的知识自由的条件），从而使这些限制与控制本身消失。

我们通常会强调论文答辩的仪式，但这无论如何都掩盖了重点：即顺从的等待，以及包含在此一等待中的对学术秩序的认可。中世纪，人们会通过考试来成为制造马具的师傅；而规定这项考试的条例提醒我们，任何师傅都是有师傅的：不是师傅手下的学徒，无论是谁都不可加入师傅的行列（nullus assumi debet in magistrum, qui sub magistro non fuerit discipulus[1]）。每一个被承认的师傅都承认另一个师傅，并且通过后者，承认由师傅们所组成的神圣团体在知识方面的裁判权。简而言之，任何一位"师傅"（导师[2]）都会承认制度的价值以及各种制度性的价值，它们都扎根于对所有非制度化思想（pensée non institutionnelle）的拒斥之中，也扎根于对学术"严肃者"的鼓吹之中，此一标准化的工具从表面上看能将科学与道德标准化，然而它往往只是一种工具，会将对个体与集体的限制转变成对科学美德的选择。

就像任何制度化程度较低且不将权力委托给代理人的权力形式一样[3]，严格意义上的大学权力必须花费大量时间去累积和维持。因此，正如韦伯所指出的，获得大学场域内的行政权力（如系主任或院长的行政权力），或是某种非正式的权力（如担任教授评选委员会成员，或是选举人团中有影响力的一员，抑或各种类型的理事会和委员会成员），事实上都有可能危害对科学权威资本的积累，反之亦然。就像要在经济和文化机构的客观化程度并不发达的前资本主义社会中积累符号资本一样，人们要想积累具体的学术权威资本，就必须亲自付出（付出自己的时间），这

---

[1] 中世纪欧洲的手工业、制造业、绘画等领域非常强调学徒制。布迪厄在此借用中世纪学徒和师傅的关系，来隐喻法国现代高等教育中博士候选人与论文导师之间的关系。——译者注
[2] 法语 maître 一词既可表示学徒制中的"师傅"，也可表示论文"导师"。——译者注
[3] 我们将会看到，一个文化生产或再生产机构的权力包含着一种严格意义上的文化权威，一种制度的威望（charisme d'institution）。

样才能控制累积、行使大学权力的机构网络，才能参与到资本的交换之中；而这些资本的累积又为我们提供了一个契机：我们能由此逐渐组织起一种提供了各种服务的资本，而这对建立共谋、联盟和客户群而言是必不可少的。

为了证明这一点，我们只要想象一下马塞尔·杜里（Marcel Durry）——他正是那类无处不在的教授的典型化身——是如何安排自己时间的就足够了：他于1944年起担任索邦大学教授，并在三十多年间兼任了各种行政职务、主席职位，同时是"拉丁语世界"（latinerie）——他喜欢如此称呼——的最高负责人。他是一个经常领取出场费的人：他既是拉丁研究所所长、索邦大学文学院院长，又长期担任教师资格考试评委会主席、大学咨询委员会主席，还是拉丁研究学会理事、国际古典研究联合会主席，并曾一度担任罗马-雅典协会主席；他是纪尧姆·布代（Guillaume Budé[1]）研究学会理事，并且"从未错过任何一场会议"；他还担任美文出版社理事会顾问、委拉斯开兹之家（Casa Velasquez）理事会成员。"政府部门经常征求他的意见"，但他仍有时间"走遍欧洲"，足迹甚至遍及君士坦丁堡或巴西，因为他在那边也担任了一些职务（参见 J. Heurgon, nécrologie de Marcel Durry in *Bulletin de l'association Guillaume Budé*, 1978, n° 1, pp. 1-3，以及 P. Grimal, *Revue d'études latines*, 55, 1977, pp. 28-32）。而皮埃尔·威尔米耶（Pierre Wuilleumier）的职业生涯则会为我们提供另一个颇具范式性的形象：他是"二线老板"，是副院长而非院长，是财务总监而非主席，是秘书而非主任，但

---

[1] 纪尧姆·布代（1467—1540），文艺复兴时期法国人文主义学者，精通古希腊语和拉丁语，并推动了法兰西公学院的设立。——译者注

他同样兢兢业业地工作，对机构的正常运作而言，他同样不可或缺（参见 F. Robert, *Bulletin de l'association Guillaume Budé*, mars 1980, n° 1, pp. 1-4，以及 P. Grimal, *Revue d'études latines*, 5, 1979, pp.29-31[1]）。

为参加各种仪式、典礼、会议、代表团所牺牲的时间，也是为了累积这种特殊形式的象征性资本——学术名誉和声望——最严格、最必要的条件：任何团体对某个人的认可，都是为了换取他对该团体价值、义务、传统和仪式的认可，团体正是通过以上这些因素重申其存在的价值；这里，所谓的"认可"，是某种形式的内部权威（相对独立于科学权威）的根基。只有通过一系列更深入的专题研究，我们才能更好地理解学者之间的交换逻辑：他们会在论文答辩委员会（请自己的同事担任自己学生博士论文答辩委员会的成员，就是心照不宣地约定将会提供某些回报，从而进入持续不断的交换循环中）、选举（支持同事参选的人，也会在其他选举中得到同事的支持）、编委会（这里也有类似的机制在运作）或招聘委员会等情况下进行交换。正因如此，权力累积的逻辑呈现出"一环扣一环的义务链条"这样一种恶性循环的形式，并且权力的逐步累积也会滋生出更多的权力。

但我们在此有必要援引某位受访者对大学场域最新动态的描述。[2] 大约在1980年代，随着各种咨询机构的发展，大学场域中时间和学术权力对等的逻辑似乎已经达到了极限："成为这个委员会的一员有很大的好处，因为别人会请求、

---

1 该句原文为"*Revue d'études latines*, 5, 1979, pp.29-31"，即"第5期"。根据上文的夹注，可以推测此处可能系出版社误印。英译本原样保留，而日译本则将此处改为"第57期"。——译者注
2 本书第1版出版于1984年。——译者注

需要你，如果你参与这场游戏的话，你就是这个关系网的一部分，而且你也可以通过这个关系网认识几乎所有人；与此同时，你会被邀请到大学里去参加各种专家委员会，或许还有人会请你去讲座。有一次 X 教授邀请我去 L 市做一次讲座，那让我赚到了四五百法郎。但钱并不是重点，重点是这对找工作有利。对一位还在撰写博士论文的讲师而言，和这些人一起工作，哪怕他们跟你并不在同一阵线（其中某些是工会代表，还有一些则受到右翼政府的任命），成为委员会的一员在客观上就是如此，无论你是否愿意。的确，我们每次开会时，讲师们总是按照惯例和教授们一起在餐厅吃午饭（……）。参加这个委员会最可观的好处，就是让你被别人认识；对一个还在找教职的讲师来说，一旦他通过论文答辩，如果他参加了某些地方性的、比较边缘的委员会，同时如果那边有一个新的职位，那么当地的专家委员会就会优先考虑他。除通过出版或是在智识层面严格意义上的认可以外，这还会为你创造一张社会人脉关系的网络。"（某社会学家，1980 年）当这些新类型的权力在工会主义（syndicalisme）和某些特定类型的社团保护主义（corporatisme）的影响下发展起来时，人们就需要为获得权力付出前所未有的代价，也就是说要放弃对某种特定权威资本的积累；我们完全有理由假定，各种特定类型斗争的加剧，其造成的主要后果是会减少可用于科学研究的时间（此一后果虽然并非有意为之，但符合那些从科研中获利最少的人的利益）："对那些掌握了诀窍的人而言，写七份报告不在话下，很快就能搞定，最多一天。但出席各种会议真的太花时间了（一周）。那一年，我们参加了两个会，一个一周，一个三天半。真的太累人了。除此之外还有办公室会议，那个会主要就是在委员会各个成员之间分发文件。我代表讲师出席会议。我在那里至少待了两个小时，甚至可能有半天。'啊，这个学生的导师是某某教授，所以我们不要让这个学生来。'而 X 教授每年更是要花好几个半天去政府部门，因为教育部直接与各位主席共事，并向他们下达指令。主席的工作可比委员会基层成员的工作多得多（……）。有类事情需要花大量时间，这就是委员会成员们之间的电话。我觉得这尤其打扰了教授们，不止是委员会成员们，还包括住在外省的人，等等。那些工会积极分子必须写信给工会成员汇报，并且需要筹备各种会议，高等教育全国总工会（SNESup）的代表尤其如此。我觉得所有这些加起来，可能花掉了我一个月的时间，无论如何，在委员会那一年工作非常繁重。但这和国家科学研究中心委员会的工作比起来就小巫见大巫了；有些人兼任了国家科学研究中心和大学高等咨询委员会（CSCU）的职位，他们每年要花三个月在这些行政事务上。"（某社会学家，1980 年）

因此，没有什么比时间预算结构更能总结处于大学场域两极的人们之间的所有对立了，因为不同的资本类型会对应于时间支出的不同形式：一方面是那些主要在学术资本的积累和经营上投入的人，这种投入包括他们的"个人"成果，这些成果有很大一部分既是知识生产的工具，也是大学权力生产的工具，例如课程、教科书、词典、百科全书等；另一方面则是那些主要在生产上投资的人，同时他们也会在代表的工作方面投资，这些工作有助于他们通过累计外部声望来获得象征资本。事实上，我们还应该根据他们投入生产的时间，或是投入直接推销他们产品的时间（特别是学术"进出口"工作、研讨会、代表大会、讲座、应邀交流等），抑或投入所有公共活动的时间，将最具外部声望的人再进一步加以划分。而所有这些公共活动（尤其是政治活动）都构成了知识分子社会角色的一部分，并且这些活动部分地遵循公共关系的逻辑以及广告的逻辑（虽然并不一定如此），例如与记者的频繁往来、为报纸撰写文章、参与请愿或示威等。

可以理解的是，大学权力往往与科学资本及其带来的认可无关。作为一种世俗权力，大学权力无论在事实上还是法律上都不是大学领域中的必需品，因此，它往往表现为一种较低形式的权力，或是被视为某种替代品或安慰奖，甚至在最有把握拥有此权力的人眼中可能也是如此。同样可以理解的是，面对那些致力于科研并取得了丰硕成果的学者，那些致力于行政管理的学者会怀有一种深刻的矛盾情绪——尤其考虑到大学传统中的"爱校主义"（patriotisme d'université）是脆弱且殊少回报的，这种矛盾就更显而易见了。

我们完全有理由假定，大学学者对世俗权力位置初期或晚期的态度，取决于习性的各种倾向（dispositions de l'habitus），也取决于攻克在该场域中受正式认可的关键目标——科研成果和智识声望——的可能性；而这些倾向本身则通过预测和自证预言（self-fulfilling prophecy）效应促成了各种可能性的实现。在位置与倾向、习性与场域之间建立起的因果循环逻辑，可能会使那些在科研投资上不太成功的人接受或寻求科研以外的投资，并以此作为替代或补偿，而这些投资又会反过来导致科研投资收益的减少。然而，试图确定智识层面的不成功是否是导致人们从事这些负面工作的决定性原因，或是确定这种不成功是否是由负面工作所带来的影响，将是徒劳无功的（从事这些负面工作的人有可能会担任某个具有学术权力的职位或某个大学行政职务,或是走工会主义这条形式特殊的道路,在教学或研究中,这种工会主义代表了世俗成功的第二条道路);这尤其是因为,至少在1968年五月危机之前,有多个案例表明,虽然某些学者在学术层面也具备受到学术文化所认可的各种倾向,但他们似乎还是很自然而然地担任了某些行政管理职务。

所以大学空间中的这些区域由以下这些行动者占据,是合乎情理的:他们由学校教育机构生产,并为这些机构的生产服务,只要他们肯放弃自己的各种倾向,那么他们就能无限地为机构的再生产创造条件,并且首先从最重要的条件开始:既强加在文化需求和愿望方面的限制,又使人们对限制无知;既强加对这种世界观的限制,又使人们拥护这种残缺的世界观。而这会导致人们以"文化常识"(culture générale)的名义,将最极端的特殊性理解为普遍性。[1]那些献身者总是倾向于认为,除了教会(Église)以外,再没有其他得救的方式——尤其是当他们成为文化再生产机构的大祭司(grands pontifes)时;这些机构通过认可(consacre)他们,从而也认可了他们对其他所有文化领域主动或被动的无知。[2]虽然这些献身者是被显示圣迹的幸存者(miraculé),但他们并不是天选之人(élection),而是精英体制的受害者(victime);在他们身上表现出一种自负与不满的奇怪结合,这马上引起了外国观察者的注意,例如利奥·斯皮策(Léo Spitzer)[3]就曾多次谈

---

[1] 从这个角度来看,无论我们如何强调教学大纲(programmes)的重要性都不为过:它们定义了能产学术收益的知识范围,并且有助于思想程序(programmes de pensée)的生产和再生产,从而对客户群(学生以及未来的导师)的培养起到关键作用。
[2] 此处布迪厄用一系列宗教语汇来描述学术场域的再生产。需要指出的是,这些词语具有双关性:比如 Église 一词既指教会,又指某个学派或团体;pontife 既指大祭司,又引申为权威人士;而动词 consacrer 既指宗教层面的祝圣、奉献,又引申为认可、接受。——译者注
[3] 利奥·斯皮策(1887—1960),奥地利文学理论家、语文学家,尤其关注风格学研究。——译者注

及法国拉伯雷研究者们（rabelaisants）"在学术上的封闭"，以及它们"在索邦大学和国家这两个层面上的自给自足"[1]。

  法国大学中的文化贵族（aristocratie culturelle），基本上来自与教育系统联系最紧密的小资产阶级，例如索邦大学的核心人士基本上是小学教师的后代；而与其他国家（如德国或者英国）相比，法国文化贵族很可能更缺乏由文化贵族的遗产所能谋得的一切，并且他们很可能没有意识到这种缺乏。如果没有认识到以上这些，那么我们就无法理解法国大学那些最持久的特征。穷人的知识贵族主义（aristocratisme intellectuel）是文化贫困这一恶性循环的根源。我们无须论及所谓民族特性，就能理解为何平等主义的雅各宾主义（jacobinisme égalitariste）和教育贵族主义（aristocratisme scolaire）在竞考制度中的结合，会使所有科研成果呈现出一种极为矛盾的倾向：一方面，人们会集体抵制所有使科研成果客观化的等级划分（这些等级划分阻止了所有将科研地位的指标制度化的尝试）；另一方面，人们又会毫无保留地吹捧那些伟大的知识分子。

  那些正统学科的典型教授有很大一部分都出身于教师家庭，尤其是中下层的教师家庭；他们几乎所有人都上过文科预科班，并进入巴黎高师学习，且往往会留校任教，他们的配偶一般也是教师。这些典型教授会拥护他们所选择的教育机构，而他们之所以选择这一机构，是因为该机构选择了他们，反之亦然。虽然这种拥护是完全受限的，但它也含有某种彻底、绝对、无条件的成分。认可的辩证法（dialectique de la consécration）在此处充分发

---

[1] L. Spitzer, *Études de style*, préface de J. Starobinski, Paris, Gallimard, 1970, p. 165, n. 26 et p. 159, n. 2.

挥其作用，它会把行动者带向某个位置，这是由他的社会构成性倾向预先决定的。只有用次语言进行交流的、最精细的科学，才能让我们发现在团体选拔新成员的程序中，机构是通过哪些指标来认可那些认可它的人的。其中有两个指标非常重要："严肃"（sérieux），以及与之互补的"杰出"（brillant）；其中前者指严肃对待教育建议或指令的倾向，而后者则往往被认为与早熟（précocité）有关，即在教育考核上迅速取得成功。所谓"杰出"，也衡量了对"严肃"这一"早熟"价值观的认同程度：从某种意义上来说，最早熟的人，就是那些在最年轻时就最有资历的人。[1]

各种正统学科是大学权力的典型代表，例如法国文学史、古典文学或哲学，这些学科与教学大纲和竞考联系紧密，并借此与中等教育建立联系，因为它们会通过教学大纲、课程和竞考主题，以反复灌输的方式来塑造教师团体的倾向，从而直接控制了再生产。[2] 这些学科的教授被赋予了某种社会权威：他们会积极捍卫法语和法国文化，并会积极参与负责支持这类事务的机构；因而，他们也会让自己的教学与"科研"实践屈从于各种会考和竞考的要求。

我们能从语法学家的案例中清楚地看到这种准司法功能。他们会玩弄语法的模糊性（我们可以从实证或规范这两个层面来理解这种模糊性）而对此不自知，他们既定义语言

---

[1] 这一点在法学院和医学院中可能尤为突出：这两个学院的师生更需要"严肃"这一特质，这也体现了人们对资产阶级规范性价值的拥护；但此时，将"杰出者"和"严肃者"对立并不合适，因为最杰出的人往往就是最严肃的人，他们早早就直截了当地表现出对团体传统的拥护（然而，这种早熟的严肃并没有完全排除有节制的、在规章制度合理范围内的"堕落"，恰恰相反，只要这种"堕落"被限制在社会时间与社会空间的惯例之内即可）。
[2] 法国的高中毕业会考由文学、哲学等科目组成，一些知名的文学、哲学教授会参与高中课纲、考纲的制定。——译者注

本身,又说明语言应该是什么:"语言学家扮演的是一种双重角色:一方面,他应该去发现语言的性质;另一方面则是向年轻人教授语言规范。作为观察家和发现者,语言学家应当创立一门关于语言的科学;但是作为教授和立法者,语言学家与教士、法官或君主一样,都属于同一制度——他们创立或管理与宗教、法律或礼仪相关的规范,语言学家则创立并诠释何为'良好'或'正确'的语言规范。"[1]

正统学科中的正统老师们会投入大部分的时间在作品的产出上,这些作品的教育意图或多或少都被巧妙地否定了,它们既是特权(通常在经济上有所收益),也是文化权力的工具(将知识标准化、将合法的成果经典化):这些作品当然包括各种教材、"我知道什么?"(Que sais-je?)系列丛书[2],以及无数的"综述"性的丛书,特别是种类繁多、有利可图的历史类书籍、字典和百科全书等。[3]这类"宽泛的综述"通常是集体完成的,除吸引大量客户群并让他们满意之外,它们还能通过各种选择,产生经典化(Canonisation)或排行榜效应(effet de palmarès),此一效应会首先作用于教师团体,并在此基础上进一步对不同层次的学生产生影响。[4]这些"宽泛的综述"来自课堂,且注定会再次回到课堂,它们会确立各种问题和争论,并将其经典化,而这些问题和

---

[1] 参见 E. Haugen, *Language Conflict and Language Planning*, Cambridge, Harvard University Press, 1966, p. 4。

[2] "我知道什么?"系列丛书是法国大学出版社(PUF)旗下重要的科普导读类口袋书系,创立于1941年。许多专家学者会在该系列中撰写面向普通大众的导读类图书。——译者注

[3] 我们很清楚法国大学出版社与索邦大学教授之间的联系,他们是大型丛书的主编,也是其在法律意义上的掌门人;并且他们还会将那些得到津贴的博士论文,或是在社会层面上得到机构权威认可的综述类作品收录进该丛书中(我们也有必要以同样的逻辑来分析各种大学出版社的运作机制及其模棱两可的功能)。

[4] 在该场域的另一极,排行榜效应会通过新闻媒体(特别是文化类周刊)来实现;因此在某些情况下,新闻媒体能直接影响学生群体。

争论之所以存在和存续，是因为教学大纲在经由学校的客观化和整合之后，会产生某种惰性，因此这会使知识停留在某种过时的状态。这类"综述"是大规模教育再生产的自然延伸：作为一种正当的通俗化（vulgarisation légitime），此一再生产进程会向学生反复灌输那些经由"学者们的共同意见"（opinion commune des docteurs）所认可的知识，并由此将其建构为某种在学术层面经过批准与认可的知识；因而，与所有"时髦的"知识或现代主义异端邪说不同，此类"综述"传递的是经过广泛承认的、值得被传授与学习的知识，它并不致力于生产新的、甚至异端的知识，也很难创造能生产这类新知识的能力与倾向。

更普遍而言，研究和教学之间的结构性差距（不同的学科也会有不同的差距），会导致各级教师都倾向于在防御性的因循守旧中，寻找一种避免过时的方法。他们会滥用其教学所确保的垄断地位，以便能同那些他们无论如何都难以传递的知识保持虚伪的距离："至于那些并不走在[当前学术]前沿的人，他们则会一边扩散、一边抹黑这类前沿理论；他们会对难题与处理这些难题的方式提出伪批评或伪观点，或是采取某种伪立场，从而使自己区别于他们所普及的那些作者。"（某语言学家，1971年）

在此，我们必须对各种传记和参考文献进行详细的分析，将各种产品和与之相伴的再生产活动（如被教授的课程、调整后的竞考等）联系起来，并检查科研和教学活动之间的时间分配是如何进行的，最后再确定在教学活动中，哪些位置是为了准备科研活动，哪些教学活动又是为了培养新的教师。[1]对于最后这组对立，我们可以在不同机构和不同教授赋予第三阶段博士论文和教师资格考试的分量中，找到某些指标。在国家博士论文制度的鼓励之下，博士生们很可能会孤苦伶仃、多年寒窗苦读，以期找到适合研究的表达方式（如针对某个具体问题提出具有原创性解读的科研论文），试图完成一部独一无二、包罗万象的"惊世杰作"；但第三阶段博士论文在某种程度上代表了从制度层面摆脱这种野心的可能性，尽管其会因学科不同而有迥然不同的用途，哪怕在同一学科中，也可能会因导师科研适应性的不同而有所区别。事实上，我们可以观察到，从传统学科转向那些研究型学科时，已通过答辩或正在准备中的国家博士论文的比例会有所降低，相反，第三阶段博士论文的比例则会有所上升（众所周知，第三阶段博士学位首先发轫于理学院，它的出现是为了取代教师资格考试，尤其是高等教师资格考试）。以 B 级教师[2]为例，在不同学科中，没有完成答辩或根本没有准备第三阶段博士论文的教师在此类教师中所占比例的分布情况如下：社会学为 40%，语言学为 59.7%，而拉丁语和希腊语为 73.6%，文学则为 75.1%（这些数据来自 1967 年人文社科之家对人文和社科学者的调查，我们还通过对博士论文情况的汇总整理，证实了这些数据：1968 年，有 32 篇社会学论文、17 篇民族学论文、14 篇心理学论文、11 篇希腊语研究论文和 3 篇英语研究论文在巴黎通过了第三阶段博士论文答辩）。

第三阶段博士论文的地位变化能让我们清楚地看到，试

---

[1] 如果我们用教师在附属机构或其他地方的"补充性"教学时长来衡量教学方针的强度，会很有意思：我们完全有理由假设，越接近"再生产者"那一极，我们就越常碰到那些为自己累积可观经济收益的人。他们会以（在智识层面上）非常经济的方式，在索邦大学、巴黎高师或塞维涅学院（école Sévigné）等机构大量教授关于竞考大纲或是教师资格考试大纲的课程。

[2] 指没有获得正式教职编制的助教和讲师。——译者注

图准确把握各种文化作品的生产与评估新模式,并把握这些新模式的制度化过程,是十分困难的。就这一点而言,事实上很清楚的是,大学的各种风尚仍然会优先于各种法律规定:这主要是因为,不少大学教授会大量招收第三阶段博士生,从而让此一学位贬值。第三阶段博士学位认可了科研价值,但它在各个院系正统学科的市场上几乎没有任何价值,因为这一市场始终由教师资格考试和各种教学考试所主导,并且该学位与各种传统头衔(尤其是教师资格)之间竞争十分激烈,即使在社会科学市场上也是如此。这正是导致那些最注重研究性的机构几乎都缺乏社会分量的原因之一,例如法兰西公学院和高等研究实践学院:"第三阶段博士论文一文不值。看看这个例子:从两年前开始,[巴黎高师的]文科生获得了教师资格考试免考的特权。但这会带来什么?我们是最先建议高师学生千万不要使用这一特权的人。他们会从免考中获益吗?有利于第三阶段博士论文?但是这篇论文会给他们带来什么呢?什么都没有。(……)我们不得不讲一些非常现实的,甚至过于现实的话,然后还是建议他们选一个靠谱的老板,有时还会稍微向他们透露一点学术圈的秘密。"(某文学教授,1971年)"最好的文凭,就是通过教师资格考试。哪怕第三阶段博士论文也在它之下,这是显而易见的。"(某古典学教授,1971年)"对助教而言,通过教师资格考试就能扶摇直上了,所以这门考试真的很关键。1968年,它有崩溃的危险;但现在,它比任何时候都更重要:老板的招聘政策使它再次变得重要。"(某历史学家,1971年)

如果我们想要理解世俗权力在文化秩序中的运作机制,那么我们就必须看到,尽管世俗权力与智识和科学声望有所区别,但

138

它还是会试图让自身被当作一种真正的智识或科学声望（尤其是在世俗的范围内），进而让自身在科研领域制造改道或延迟的效果。这是因为，通过一切合法制度所施加的权威效果，以及对某些有权势的人有意或无意的服从（他们占据着令大家都垂涎不已的位置），世俗权力可以让我们获得各种必要的认可与尊敬（其中，各种带着奉承的引用和评论是最显而易见的）。更进一步而言，由于对既定文化秩序的内在服从，所有把自身的实际价值或预期价值部分地与学术认可挂钩的人，往往都会承认在科学或智识方面进行立法的正当性；实际上，世俗权力每一次都会通过任命、资金的提供，或更确切地说（a fortiori），通过认可的行为（如担任论文答辩会评委），来介入某个科学或智识在其中作为关键目标的世界，而这又进一步证明了立法行为的合法性。

兼任并没有完全被我们排除在外，我们会在空间的中心地带，发现很多教授会兼具并调和"老板的权力"（掌控几乎所有学者的前途与命运）和"学者的权威"（这通常意味着既在索邦大学有教职，又在高等研究实践学院授课）。我们可以在以下事实中，为信念链（allodoxia）找到某种客观基础：在两个极端（即两种权力完全区分的地方）之间，也存在着所有中间特征，这为个人和集体自欺（mauvaise foi collective）提供了支持，如果没有这种自欺，智性的或科学的生活可能就难以忍受了；正是此一自欺，会让旧式论文导师认为自己完全是因为科研能力，才被看作一位受追捧、受重视的导师。之所以会造成这一现象，一方面是因为导师的自欺欺人，另一方面则是由于各种权力机构让他曾经的学生参与了这种同谋或纵容。

这种与再生产机制有关的权力，以及对团体未来情况的影响力，在医学院表现得最为明显：它会通过选拔新成员的方式控制人们进入大学团体的门槛；它也取决于老板和客户之间长期的保护和依赖关系；同时它还建立在对各种权力机构的控制之上，例如招聘竞考评委会、大学咨询委员会、学院顾问，甚至是改革委员会。[1] 但是，学术秩序在社会和科研层面最可靠的保证（这两个层面是不可分割的）很可能就在于一种复杂的机制：这使在世俗上占据主导地位的机构稳步发展，而这与在学术启蒙阶段取得进展这两者之间相辅相成。就医学院而言，所谓"学术进展"，就是通过一系列竞考（正如某位旁观者所指出的，为了通过竞考，传授那些实验室科研方法的时间就会大大推迟）；而在文学院，则意味着博士论文漫长的写作过程。在这两种情况下，所谓的"学术进展"，都意味着对各种倾向的长期强化。选拔团体新成员这一程序肯定了这些倾向；并且正是由于这些倾向的存在，学者们才很难成为"异端"，因为他们不会试图与那些巧妙地混合了学术正统性的知识和权力决裂。

知名的异端

在大学场域中，阅读者们（lectores[2]）会优先关注文化再生产以及再生产者团体的再生产；而那些与之对立的人，则会优先致力于科研工作，虽然他们也会完成教学任务，但主要是在一些边缘学术机构，例如法兰西公学院或高等研究实践学院：他们通常是研究团队的领导者，并且很少出现在大学权力的位置上，因为

---

1 关于医学院权力基础的有关问题，我们尤其可参见 H. Jamous, *op.cit.*, pp. 108-111。
2 该词拉丁语原意为可以阅读的人，一般指那些具有阅读能力的神职人员，在这里则指那些负责传授正统知识的学者，与"异端"相对。——译者注

这些位置需要花费大量时间（所以指导博士论文的数量也会相应减少）。他们尤其常见于一些新兴学科中，特别是民族学、语言学、社会学，或者一些非正统的边缘学科中，例如亚述学、埃及学、印度学、汉学、伊斯兰或柏柏尔研究（berbères）、印度语言或文学等，甚或出现在一些正统学科中（一般而言其研究方法经过了革新），例如经济社会史，他们声名远扬，其声望大大超出了大学场域的范围（至少其中一部分是如此）。这些大师兼任了那些最负盛名的学术认可的头衔（如法兰西学会院士，这是一系列长期依赖关系的顶点），他们有时还会拥有一些最广为人知的"智性"认可指标（如著作被推出口袋本、被收入《拉鲁斯辞典》，或是法兰西学术院成员等），或是在智识场域中占据某些有权势的位置（担任知识分子刊物编委会成员或系列丛书主编等），抑或声名远及海外（被外国学者大量引用、作品被翻译成外语等）、经常用外语写作。至少对那些创立了某某学派的"师傅"（maître）而言，他们的名字是与"某某主义"紧密联系在一起的，他们的学生，与其说是客户（clients），不如说是弟子（élèves）或门徒（disciples），尽管他们的象征资本往往也伴随着某种社会权力（至少在某些情况下是如此）。

象征权威更常出现在新兴学科的专家身上，但这无法掩盖另一个事实，那就是这些学科会通过旧式权力和新式权力的结合（前者如大学咨询委员会，后者则与这些学科所涉及的研究有关，例如掌控国家科学研究中心和其他机构研究者的职位，或是控制研究资金的各种委员等），让某些"转型的"（reconvertis）老板实现权力集中，并且这与正统学科的故步自封相比，毫无共同之处。由于各种位置的范围不断扩展，那些能同时通过博士论文和大学咨询委员会来控制高等教育招聘的人，或是通过国家科学研究中心委员会来控制研究员职位选拔和大部分资金的人，将拥有前所未有的交换可能性，因而可以直接或间接地掌控进入团体的门槛，进而长期决定一门学科的所有发展方向。

如果说法兰西公学院、高等研究实践学院的教授们，各个学校次要和边缘学科的教授们，乃至那些正统学科中最冷门专业的教授们尤其会位于场域中靠近研究的那一极，那是因为他们几乎完全摆脱了那些加诸于学院中主导学科身上的限制：他们不必完全照搬课程大纲，也不用理会一般大众，他们可以完全投身于研究工作中，并积累了随之而来的声望和权力。由于他们可以自由选择课程主题，因此也可以探索新的研究领域，并且只需专注于一小部分未来冷门学科专家的培养，而不是像某些老师一样，要针对每年的考试和竞考大纲，向一大群学生（他们多数会去学校任教）陈述已趋完善的研究状况（这项研究往往已经由别人完成），或是重复早已被解决的问题，却还认为这些研究成果肯定要归功于学校考试的那套逻辑。

我们不能把这两极之间的对立，同各个大学院校与其他高等教育机构之间的对立相混淆。在法兰西公学院中，除某些遵循18世纪象牙塔传统的专研学者之外，在最经典的学科中（如古代语言），也有一些"杰出学者"，他们受过完整的古典学教育（他们上过高等修辞学班[1]，也曾在索邦大学就读），除一般的学术头衔外，还拥有某种世俗的声望，后

---

[1] 这里指的是为考入巴黎高师古典系而上的古典学预科班。——译者注

者往往来自新闻界。[1] 需要补充的是，纯粹的学业成绩（如在巴黎高师入学考试和教师资格考试中取得好成绩），历来都是那些想通过法国雅典学院和考古学专业来成为专研学者的人的必经之路。就这一方面而言，各个院校中也有一些教授会转向研究，尤其是在社会科学或另一些小众学科中，但也包括那些正统学科里最专业的领域，例如哲学或历史学。

相应地，那些处于各个边缘位置的学者，不论他们之中某些人的声名多么显赫，他们往往都会或多或少完全拒斥与再生产机制有关的权力。但如果进一步了解这些职位的特点，我们就能理解，为什么占据这些职位的人也从未真正与大学秩序完全决裂：相较于那些完全以再生产为导向的"正常"职业历程，以及由这些历程所带来的心理和社会安全感，边缘学者几乎都经历了某种或多或少具有决定性的偏移，并且他们对"正常"职业历程并不完全陌生（如当他们出生在法国以外时）。[2]

克洛德·列维－斯特劳斯在一次采访中提及了他本人的学术历程，我们可以把他当作大学边缘人士或局外人的典型例子（顺带一提，对他来说，研究永远比教学更重要）："我的第一份教职是在蒙德马桑（Mont-de-Marsan）当哲学老师[3]，50年日复一日的工作之后才退休。从事公共教育50年，是一段很长的时期了。我只在中学待了两年半，因为1935年我就去了巴西，在圣保罗大学工作。从那时起，教学和科

---

[1] 1968年之前，"大专研学者"和"大修辞学者"之间截然对立；而后，五月风暴让他们达成了某种和解，这似乎让"杰出学者"的比例有所增加。

[2] 由于正统大学（索邦）对外国人的极端封闭，那些边缘机构，尤其是高等研究实践学院，就成为两次世界大战之间接受德国移民和1945年之后来自东欧国家流亡者的地方。

[3] 蒙德马桑是法国西南部比利牛斯山区的一座城市，列维－斯特劳斯曾在这里的维克多－杜鲁伊（Virtor-Duruy）高中任教过一年。——译者注

3 资本类别和权力形式

研就一直紧密结合在一起。对我来说,教学一直是一种面对公众的考验,我必须明确表达自己的想法,即使只是一个临时或错误的想法也一样,因为这些讲稿随后都会出版。我所有的著作,都首先来自口头形式讲演(……)。我的职业生涯总是会被外部因素打断。而去巴西彻底改变了这一情况。在此之前,我绝对没有想到自己会去那里。随后,在巴西内陆的探险,颠覆了我对大学常规的认知。接下来就是动员和战争。停战后,我回中学教了几周书。但是维希(Vichy)政府颁布的法律让我丢掉了工作。[1] 由于美国同事对我的早期工作有兴趣,这才让我有机会前往美国。所以我在纽约待了几年时间,巴黎解放后,我就被召回了法国。我在巴黎只待了六个月,那是1944—1945年的冬天。随后我又被派回美国,担任大使馆的文化顾问。1948年,我回到法国,在人类博物馆(Musée de l'homme)和高等研究实践学院任教,接着在1959来到了法兰西公学院。所以,这是一段动荡的学术生涯,其中最令人印象深刻的事情很可能都发生在大学之外。"(《解放报》,1983年6月2日)[2] 某些知名的边缘学者(尤其是其中最为杰出的那一批)曾与索邦大学有争执或纠纷。我们也知道,法兰西公学院有多位大师长期受到索邦大学的"谴责":这就是为什么在1960年代左右,学士文凭候选人若是想拿到学位,就不能在古尔维奇[3]面前提列维-斯特劳斯的名字,或是不能在厄尔贡[4]面前提杜梅齐尔的名字(为

---

[1] "二战"爆发后,纳粹德国占领了法国,并于1940年成立了维希政府,由贝当元帅担任政府首脑。维希政府禁止犹太人任教,列维-斯特劳斯因自己的犹太人身份而被撤销了教职。——译者注

[2] 我们也可以举乔治·杜梅齐尔的例子:他的职业生涯主要在国外度过,完全在正统大学之外。

[3] 乔治·古尔维奇(Georges Gurvitch, 1894—1965),出生于俄国,后移居法国,曾在索邦大学、高等研究实践学院任教。——译者注

[4] 雅克·厄尔贡(Jacques Heurgon, 1903—1995),拉丁文学学者、伊特鲁里亚学者,曾在索邦大学任教。——译者注

了只列举调查进行期间最有名的例子,我们就暂且不提本维尼斯特或古鲁[1]了)。

边缘学者会偏离正统课程,也会偏离与之相关的思维模式与生活方式;我们很可能可以通过他们是否自愿承担由此带来的(相对)风险,来观察这些边缘学者的社会、地理出身对他们产生的影响:从总体而言,他们的出身明显优于一般教授。如果我们经常观察由出身带来的影响,我们就会观察到某种法则,根据此一法则,人们在各种类型的投资中承担风险的倾向,与客观安全感以及由此而产生的保证(assurance)有关。[2] 因此,研究型教授和教学型教授之间的对立,会在大学场域的范围内,以一种相对较弱的形式,再生产"作家"与"教授"、"艺术家生活的放肆和大胆"与"学术人(homo academicus)的严谨乃至狭隘"之间的结构性对立,而当大量作家和批评家进入教师团体时,该情况是很常见的。

这意味着,位于学术研究一极的教师,以及与之对立的、位于文化生产一极的教师都会按照各自的等级序列而被分配:在第一片区域中,是法兰西公学院与高等研究实践学院的对立;而在

---

[1] 皮埃尔·古鲁(Pierre Gourou, 1900—1999),人类学家。列维-斯特劳斯、本维尼斯特和古鲁三人都曾担任法兰西公学院讲席教授,三人还一起创办了《人:法国人类学杂志》(*L'Homme, revue française d'antropplogie*)。——译者注

[2] 如果说,我们可以在最杰出的专家团体中,找到某些宗教方面的专家(如希腊宗教史学家费斯图吉耶尔[Festugière]),这很可能是由于,他们的科学使命与少数群体的伦理-宗教倾向有关,这些倾向证明了他们在世俗大学中的杰出研究地位(我们也许还可以根据相同的逻辑,来理解出身于被支配阶级的那些"奇迹般的幸存者"是如何从自身所在阶级中脱颖而出的);至于像马鲁(译按:亨利-伊雷内·马鲁[Henri-Irénée Marrou, 1904—1977],法国古代史学者,尤其研究早期基督教史)这样的左翼天主教徒,他们之所以在科学上占支配地位,是因为他们必须既反对占主导地位的世俗传统,也要反对我们可以在美文传统那一极中发现的天主教多数派传统(厄尔贡、库尔塞尔[Courcelles]等人),以及出于反对共和主义传统而采取的"人道主义"反应(在此,天主教的审查制度强调得体、优雅)。

第二片区域中，则是索邦大学与楠泰尔学院的对立。[1] 在这两种情况下，等级划分原则就是他们所拥有的资本总量：其中研究一极主要是科学或智识性资本（如法兰西学会成员、实验室主任等），另一极则尤其是人们拥有的大学资本（如大学咨询委员会成员），并且此一资本本身与巴黎高师毕业生身份以及年龄密切相关，也与诸如婚姻状况或出生地等变量有关。在最具学术性的领域中（楠泰尔学院在此占据被支配地位），等级划分原则是纯粹学术性的，各种等级对应于年龄、稀有头衔（如巴黎高师毕业生头衔）以及学科的等级：其中哲学和古典文学最高，地理学最低。在另一极上，等级序列则建立在象征资本的基础上：其中既有一小部分声名显赫的大教授，也有其他那些较不出名的教授；其中后者往往与高等研究实践学院以及社会科学有关，他们也会通过与新闻界的频繁接触，而与智识场域产生联系。[2]

一旦删去身兼数职的成员，我们就很难通过统计学分析来重建高等研究实践学院第六部的位置，也无法清楚地解释，为何这所在大学层面上次要的机构，在大学场域中会占据如此举足轻重的位置。因此，我们必须多花一些笔墨在这所机构及其制度影响力（effet d'institution）上；在所有法国大学机构中，该机构的影响力很可能是独一无二的。在调查之时，也就是 1968 年五月风暴前夕，它只是一所边缘性的机构，但颇具声望、充满活力，且不同于其他所有高等教育机构，因为它所具有的自主性使它免去其他一般院校的教学束缚（如准备普通考试或招聘竞考，特别是

---

[1] 参见图 2 和图 3，其中索邦大学位于第一象限，与之对立的楠泰尔学院位于第四象限；高等研究实践学院位于第二象限，与之对立的法兰西公学院位于第三象限。——译者注
[2] 我们越是接近研究的一极，就会观察到，象征资本和大学身份地位之间的距离可能会越大，某些最具声望的知识分子在大学中所处的地位很可能是比较低微的：调查期间最典型的例子是路易·阿尔都塞、罗兰·巴特和米歇尔·福柯。

教师资格考试），同时也因为它在机构层面的运转具有一种与众不同的科学和行政管理导向：其规划和纲领在科学与制度上颇有野心。在其历史发展现阶段，该机构囊括了许多正式隶属于其他机构的教授们（"身兼数职者"），并向他们提供新型研究活动的物质和机构条件（工作场地、行政管理人员、开放精神与事业精神，后者很可能是最重要的），并且这类研究活动通常是长期合作的，历史研究中心（Centre de recherches historiques）[1] 的那些重大项目就是其中一个典型范式。

第一批社会科学"实验室"，例如社会人类学实验室（Laboratoire d'anthropologie sociale[2]）、历史研究中心、古代社会比较研究中心（Centre de recherches comparées sur les sociétés anciennes[3]）等，既不是由法国国家科学研究中心创立的，也不是由索邦大学或法兰西公学院创立的，而是在高等研究实践学院创立的[4]；该机构逐步配备了集体研究工具，例如文献中心、图书馆、制图实验室、计算中心等，并推出了一系列出版物（1955—1970年该机构共发行了17种期刊）。此一发展，使该机构无论在科研领域还是教学研究方面，都成为社会科学创新研究的重镇；而其中最重要的发展因素之一，可能是一项有风险的投资政策，它首先基于对边缘性机

---

[1] 历史研究中心1949年由年鉴学派二代掌门人费尔南·布罗代尔创立，主张对历史进行长时段（从中世纪到现代）、跨学科的研究，并且提倡"全球史"的写法。目前，该研究机构隶属于社会科学高等研究院（EHESS）和法国国家科学研究中心（CNRS）。——译者注

[2] 社会人类学实验室1960年由克洛德·列维－斯特劳斯创立，目前隶属于法兰西公学院、法国国家科学研究中心和社会科学高等研究院，研究方向覆盖世界各地的人类学研究。——译者注

[3] 古代社会比较研究中心（又名路易·热尔内中心）于1964年由让-皮埃尔·韦尔南（Jean-Pierre Vernant）创立，为了纪念学者路易·热尔内（Louis Gernet）。该机构目前隶属于社会科学高等研究院和国家科学研究中心，主要对古希腊、罗马文明展开比较研究。——译者注

[4] 1975年，高等研究实践学院第六部独立后组建了新的社会科学高等研究院，以上机构也因此从高等研究实践学院来到了社会科学高等研究院。——译者注

构的合理肯定和利用，例如关注其他机构尚未涉及的领域、接纳被忽视或被遗忘的学科、招揽未来有发展前途的研究者等；其次，它也建立在一种法国特有的、真正的"爱机构主义"（patriotisme d'institution）之上[1]；最后，尤为重要的是，它也建立在对外国的开放态度之上，第六部一直以来都特别欢迎来自其他国家的教师、影响力、创新甚至资金。[2]

虽然我们并不打算只用三言两语，就来描述一个漫长而缓慢的演化过程（此一演化过程尤其与1968年五月风暴后巴黎地区的院系大调整有关，也与高等研究实践学院地位的改善有关），但我们仍然能够注意到，无论是在团队领导方面（1960年代的学术委员会完全由身兼数职者组成）还是在教师团队中，身兼数职的教授的影响力都趋于减弱，今日，人们完全从机构内部招聘行政管理人员，例如主席、职员、科学顾问等。因此，虽然本调查删除了第六部那些兼任其他职位的成员，并且低估了该机构在1967年的影响力，但本调查还是提供了一个关于该机构的相当准确的形象，并且随着时间推移，该形象还将变得愈加准确；然而无论如何，此一形象与它努力维持的形象大相径庭，原因既包括年鉴学派（École des Annales）对象征资本的集体积累，也与由颇具威望的身兼数职者带来的象征传染（contamination symbolique）效应有关，还与该机构同媒体和出版界或多或少的有机联系所促成和简化的公共关系活动有关：该机构的教授有很大一部分都没有

---

[1] 如果说，高等研究实践学院的主要原创性，即它对社会科学研究的真正发展所作出的决定性贡献被最小化了，那么这也是由于调查掌握了这种原创性，并且在这一时期，该机构最成功的投资已经带来了可观收益，但这些收益往往归功于其他机构，尤其是法兰西公学院。
[2] 与外国（尤其是美国）的关系，是不同行动者、不同学科和不同机构之间最强有力的区分原则之一，同时也是在寻求认可的象征斗争中，最具争议性的关键议题之一。第六部是科学"国际主义"发展的高峰；它曾是许多科学新事物的进口地，也是向外国出口的最重要基地之一（特别是在历史学和符号学领域）。

传统学者的头衔和权力,也没有比肩学术大师的认可头衔和学术作品。我们可以用两种截然对立的方式来描述该机构几乎所有成员:使用有缺陷的语言(其对手的语言)的人,或是选择性地拒绝对手语言的人。我们也能以同样的方式来描述教学模式(主要上研讨课[séminaire]还是普通课程[cours])、学历文凭(高等研究实践学院文凭、第三阶段博士论文还是通过教师资格考试),甚至教授的外部声望——有些人认为这种声望是与新闻界的低级妥协而造成的影响,而另一些人则认为这是某种向世界开放的证明以及"现代性"的证明。这种结构性的不协调(dissonance structurale)既体现在各种制度性的规定中,即在学位授予(特别是博士学位)方面,高等研究实践学院对大学院系的依赖(至少直到最近)[1],也体现在两个不同学位之间的差距,即没有业士学位(baccalauréat[2])也能获得的高等研究实践学院文凭与第三阶段博士论文之间的差距,而后者目前仍然尚未在学术市场上获得广泛认可,就更不用说大学生群体之间巨大的相关性离散(dispersion corrélative)了。

一个与学术惯例断裂、结构上倾向于教学和科学创新的机构,其异端传统会使成员们积极捍卫各种科研价值,以及对外开放和向现代性开放的价值;但是,这些异端传统也的确在相同的程度上引起了人们对这些价值有名无实的敬意或赞誉,而且它们还有可能会鼓励人们打着"声望"的旗号,用最低的实际成本来获取最大的象征利润。因此,随着机构的老化,科学和教育实践的理

---

[1] 法国某些大学校或研究机构自身并不颁发文凭,而是需要和其他公立学校合作,才能颁发文凭,尤其是博士文凭。——译者注
[2] 在法国,高中毕业生通过高考后,即可获得业士学位,并有资格进入公立大学就读。——译者注

想图景与现实之间、憧憬的未来与具体现实层面之间的差距会不断扩大。同样,这很可能也解释了,为什么弥合此一结构性差距的需要对整个机构而言越来越重要,因为它不得不为可能危及其自主权的公共关系政策做出更多的牺牲;至于那些最没把握去实现被高声宣扬的科学抱负和现代性的教师们,他们也必须违反旧有的大学规范——禁止学者与新闻界有牵连,以便在机构之外,尤其是在所谓的文化新闻界中,获得某种与声望有关的象征资本,而这部分是独立于机构内部认可的。该机构的位置在结构上的模糊性,强化了被此一模糊性本身所吸引的人们的各种倾向,也为他们提供了各种生活可能性和自由,而这在某种程度上是超越于他们的智识手段的:这同样也解释了,为什么该机构代表着大学场域抵抗新闻界标准和价值观入侵时的弱点。[1]对所有急切的觊觎者而言,与长生产周期和长期投资相反(其中最具代表性的是博士"巨著",尤其是某些历史学家的著作),他们选择了短期生产(局限于日报或周刊文章),并且以牺牲生产为代价,优先考虑商业化,因此新闻界为他们提供了某种手段,甚至捷径:它能确保某些学者获得只赋予大学者和重要知识分子的声望(虽然只是一种次等的形式),从而快速且毫不费力地弥合各种憧憬与可能性之间的差距;在机构向他律性演变的某个阶段,它甚至可能成为一条在机构内部本身的晋升途径。

---

[1] 因此,在社会科学领域,高等研究实践学院成为大学场域和新闻场域之间的交换枢纽(plaque tournante)。那些把大学机构权力(即关于职位和职业生涯的权力)和新闻出版界的权力结合在一起的人,能够通过某些大学场域中的资产(如某些职位、晋升)和某些新闻界的服务(如书评或表扬文章)这两者之间非常复杂的交换流通,来积累和行使重要的象征性权力。

共谋的对手

投身于伟大圣职的献身者与以高等研究实践学院为中心的少数现代主义异端鼻祖之间的对立，孕育了根深蒂固的冲突，但这些冲突并不排斥某种形式的共谋与互补。在法国，这些社会对立尤为突出，因为大学场域长期以来都受到文学场域价值观的支配，这些价值观的运作就像"认识论上的对偶"（couples épistémologiques），从而让人们相信，各种可能性的领域是由两个极端的位置划定的，这也会阻止我们察觉到，不论在两个阵营中的哪一个，都能在对手的范围内，找到对自身界限的最佳辩护。在这里，如同在其他地方一样，守旧主义（intégrisme）都会打着现代主义的"大胆"旗号（无论这种"大胆"是真实的还是假设的），从而方便自己服从于惯例；而现代主义则在守旧主义过于明显的过时古语（archaïsme）中，找到"部分创新"（innovation à demi）的理由，而这种部分创新可以通过自由与便利的合并，为某种新的学术惯例创造基础（例如，结构主义符号学今日在法语教学体系中所获得的认可，就是最好的证明）。

这种钳形效应（effet de tenaille）是对场域结构本身所施加的限制的典型说明：如果我们孤立地去理解各种行动者、机构或知识和研究趋势，而不考虑把它们结合起来的关系，那么这些限制就会一直隐而不现、不可理解。为了真正实现从作为位置空间的场域社会学向此处所勾勒的文化生产社会学的过渡，我们必须将符合主要位置的职业轨迹和相对应的生产演变联系起来，例如对重要案例进行专题研究（然而，社会规范往往会禁止我们这么做，因为我们涉及的是同时代的人）。

事实上，我们并不应该过分强调差异乃至对立（正如分析逻辑所自然导向的那样），因为这可能会使我们忽视敌对者之间存在的一致和共谋。将大学场域分割的各种对立，既不是暂时的矛盾（为了超越自身、达到必然的最高统一），也并非不可超越的二律背反（antinomies）。没有什么比接受摩尼教（manichéenne）[1]观点更天真的了：比如将"进步"与"进步主义者"放在一边，将"抵抗"与"保守主义者"放在另一边。无论在权力场域还是大学场域，抑或将两者视为一个整体，其中都没有哪种原则占据绝对支配地位，而是有多个相对独立的等级划分原则同时并存。不同权力之间既相互竞争又相互补充，也就是说，它们至少在某些方面是连带一致的：它们相互渗透，并且其象征性的效力部分地来自它们彼此之间并不完全互相排斥。这是由于世俗权力可以让那些完全缺乏智识权威的人通过教学的限制（尤其是教学大纲的限制），来确保某种在精神层面或多或少专制的权力；同时，这也是由于智识声望并非完全脱离于世俗权力：它很可能与一种非常特殊且非常受限的世俗权力有关。

互相竞争的等级划分原则的多样性（这是为强加某一主导性支配原则而进行的斗争的基础）造成了这样一种局面：就像在整个权力场域中一样，每个场域（人文社科场域，以及旗下的学科子场域，或是在某一学科内不同专业的更次一级的场域）都提供了数不胜数的满足感；哪怕这些满足感起到的只是安慰奖的作用（例如，世俗权力的位置就是这样），也会被体验为是不可替代的。因而，可能很少有哪个社会世界会像大学场域一样，为自欺行为提供如此多的客观支持，这种自欺会导致人们拒绝不可理解之物，

---

[1] 摩尼教主张"二元论"思想，尤其宣扬善恶二元论。——译者注

并选择人们习以为常之物。如果我们分析大学人士（或者更普遍而言，分析所有统治阶级成员），就会发现他们可能比我们预期中的要更加心满意足（尤其是对他们自己）；但与此同时，他们可能也会怀着更多的怨恨（尤其是对社会世界），而这与他们相对优越的特权地位并不相符。这或许是因为他们仍然怀念着过去人们对所有统治形式和卓越形式的积累，却没有意识到与互相竞争的分类学的多元性有关的心理优势；其结果是，如果有人试图累积所有分类原则，那么他就会得到几乎和所有个体数量一样多的类别，这些个体也会因此变得无法比较、独一无二、不可取代。此外，他们也没有进一步意识到，限制个体之间的竞争会对整个分类造成怎样的影响。然而，这并不妨碍他们不断采取行动：有时是以分散的方式，特别是在选拔新成员或是任命世俗权威的过程中；有时则是集体行动，他们会戴着普世主义主张的面具，多少有些巧妙地掩盖自己的行会保护主义策略，以阻碍或阻止某个人兼具智识权威和大学权力。

没有什么比雷蒙·皮卡尔（Raymond Picard[1]）和罗兰·巴特之间的对立，更清楚地展现了不同权力和不同表达方式（正统的或异端的）之间的结构性共谋：其中前者是文学文本合法评论的垄断者之一，而后者则是现代主义评论家的代言人。在如此被创造出来、近乎实验性的情境之下，我们可以发现这个充满斗争的场域是如何运作的：它的两个阵营围绕着各自的杰出人士动员起来，而对立的原则正是在此一力量场域中得以确立。实际上，我们只需要了解两位主角在大学场域里所处的位置，就足以理解这场使他们截然对立的论战的真正根源；并且正如那些最有经验的

---

[1] 雷蒙·皮卡尔（1917—1975），索邦大学教授，法国戏剧研究专家，编写了拉辛戏剧全集，与罗兰·巴特在1960年代进行过一场著名论战。——译者注

观察家所指出的,我们无法在二人各自的立场声明中找出这一根源,因为这些声明只不过将他们二人所处的位置之间的对立——文学研究和社会科学研究之间的对立,以及索邦大学和高等研究实践学院之间的对立——进行了合理化的转译。

雷蒙·皮卡尔很清楚这一点,因为他指责罗兰·巴特忽视了"大学中用于实践的学术方法的极端多样性",并认为后者将"新批评"(nouvelle critique)对立于"大学批评"(critique universitaire)是毫无道理的,所谓的"新批评只不过是巴特为了攻击大学批评而构想出的幽灵"[1]。事实上,无论是"新批评"的敌人还是捍卫者,他们都会将一切与大学权势集团相对立的东西纳入"新批评"的范畴:直到现在,"'新批评'就像勒拿的海德拉(hydre de Lerne[2])一样,由不同的头组成,其中包含了存在主义、现象学、马克思主义、结构主义、精神分析等,它会根据不同代表人物所倚仗的意识形态,来选择不同的文学研究'方法'"[3]。罗兰·巴特明确声称,他所主张的"新批评"扎根于社会科学、社会学、历史学和精神分析学之中;他的拥护者们也没有忘记继续谴责大学批评,对他们而言,"大学批评表现得仿佛马克思、弗洛伊德、阿德勒、索绪尔和列维-斯特劳斯从未开口说过话一样"[4]。当这位"新批评"的代言人指出"阅读"规则是"语言学规则,而非语文学规则"[5]时,他在某种程度上就以浓缩的方式暗示了日后斗争的社会根源。我们可以把这场冲突视作日后分裂的预演——它

---

[1] 参见 R. Picard, *Nouvelle critique ou nouvelle imposture*, Paris, Pauvert, 1965, p. 84;以及 *le Monde* des 14 et 28 mars. 4 et 11 avril 1964。

[2] 海德拉是古希腊神话中生活于勒拿湖附近的蛇形怪物,相传有九个脑袋(也有七头的说法)。——译者注

[3] J. Piatier, La « nouvelle critique » est-elle une imposture ?, *le Monde*, 23 octobre 1965.

[4] J. Bloch-Michel, « Barthes-Picard : troisième round », *le Nouvel Observateur*, 30 mars-5 avril 1966.

[5] R. Barthes, *Critique et vérité*, Paris, Seuil, 1966, p. 53.

或多或少将在 1968 年五月风暴中再次出现：在现代主义阵营中，不乏一些与社会科学和哲学走得很近的作家或批评家，而巴特的支持者正是这样一群身处学术机构边缘、有时甚至身在国外的人：例如《原样》(Tel Quel)杂志团体、让－保罗·萨特、加斯通·巴什拉、吕西安·戈德曼、乔治·普莱、让·斯塔罗宾斯基、勒内·基拉尔、让－皮埃尔·里夏尔等[1]；传统主义阵营里则有正统学者、巴黎高师毕业生或文科预科班学生、保守派记者等，例如皮埃尔－亨利·西蒙（Pierre-Henri Simon）、蒂埃里·莫尼耶（Thierry Maulnier）或让·高（Jean Cau）。[2]这场"古今之争"(querelle des anciens et des modernes)在大学场域和智识场域都掀起了轩然大波，一位评论员甚至将之称作"文坛德雷福斯事件"[3]，然而在这场论战中，各个角色的位置似乎已经预先由该场域的逻辑分配好了。

在制度这一侧，阅读者（lector）[4]会被迫将学者们的信念（doxa）、他们不言自明的沉默信仰，转化为某种正统观念或是明确的信仰声明：他会被责令去揭露关于某个制度的无意识思想，从而清楚地表明与他谦卑而虔诚的立场有关的真相，这也会通向某种崇拜，而这种崇拜是超越于他本人的。由于扎根于自己显而易见的位置上，所以除了精神气质（ethos），他不会呈现出其他的作风（méthode），也就是由其所处的位置而决定的各种倾向本身：他是"耐心且谦逊的"[5]，而且他也希望如此。他不断鼓吹

1　Le Monde, 5 février 1966. 其他人也许还会加上莫龙（Mauron）或者卢塞（Rousset）的名字。
2　我们可以在巴特的著作《批评与真理》(R. Barthes, op. cit., p. 10, n. 1.)中，找到雷蒙·皮卡尔支持者文章的清单。
3　R. Matignon, Le maintien de l'ordre, l'Express, 2-8 mai 1966.
4　在该段中，布迪厄论述的是雷蒙·皮卡尔及其在与巴特的论战中所采取的立场。——译者注
5　R. Picard, op.cit., p. 69.

3 资本类别和权力形式

自己的"审慎"[1],从而提醒我们注意其职能的局限,这也是公务员群体的局限:他宣称要"满足于文本编辑的工作,这是一项重要且艰巨的工作",也要满足于"以可靠的方式,确定关于拉辛的各种琐碎小事"[2]。他致力于将日常崇拜常规化的那些细枝末节、死气沉沉的工作,并选择在作品面前将自己抹去,而只是"解释作品,并让它们受到喜爱"[3]。但是,同所有其他代表一样,这位循规蹈矩之人因其谦逊而获得了团体的认可,而这也为他带来了某种非同寻常的保证(assurance):他意识到,自己正在表达某个拥有相同信仰的共同体的终极价值——不言而喻,这些终极价值便是"客观""品味""清晰""常识"——而他认为,质疑构成大学秩序的可靠性是可耻的,他本人也是此一秩序的产物;因此,他觉得自己有权利也有义务,去揭露和谴责那些在他看来由冒失的欺诈、不得体的极端行为所带来的后果。他的某位支持者清楚地说明了,这些有点自命不凡的觊觎者,会因其浅薄的傲慢和不耐烦的抱负,引起那些捍卫礼节、规矩之人的伦理恐惧:"我承认,有些人的确有办法树立威望、使人折服;其他人则会在文本面前抹去自己,因为无论如何,文本都不需要他们就能自己存在(……)。如果由我来编写《小拉鲁斯辞典》,我会这样定义两类批评家:一类是'巴洛克式批评家',他们等同于或高于创作者,因而自己也成为创作者;他们是那种会把自己加入作品中的读者,从而补充、完善作品,甚至将其扭曲、变形。另一类则是'古典批评家',他们是作品的卑微仆人。"[4] 一套教会式

---

[1] Id., p. 72.
[2] Id., pp. 78- 79.
[3] R. Picard, « Un nihilisme confortable », le Nouvel Observateur, 13-19 avril 1964.
[4] E. Guitton, le Monde, 13 novembre 1965.

171

的话言，能清楚地表现在面对厚颜无耻的傲慢阅读者（hubris du lector）时，教士（sacerdoce）所表现出的愤怒：那个微不足道的先知（prophète），竟然声称自己能取代真正的先知，也就是作者（auctor），还篡夺了只属于后者的权威（auctoritas）。[1]

事实上，罗兰·巴特所主张的正是这样一个先知的角色：他对学校教育机构提供的"对文本的平庸解释"感到厌倦，这些机构只致力于重复和编纂，而巴特则拒绝这样的做法，他采用政治话语系统，来揭露被"文学国家"（État littéraire[2]）的守护者们篡夺的权力；他的作品往往深奥难懂，其中他会炫耀各种具有科学性的外部符号，并经常随意且粗略地使用各种混杂着语言学、精神分析和人类学的词汇，他甚至高度肯定自己的"颠覆"[3]意图和"现代性"[4]主张。通过与神职人员的谦逊的双重决裂，巴特确立了自己现代主义"解经人"（herméneute）的形象：他会运用最新的科学武器，把某种含义强加给文本。与此同时，他也确立了自己"创作者"的形象：他会通过阐释本身对作品进行再创作，这种阐释建立在文学作品之上，而又超越了真实与虚假。通过某种变色龙策略[5]，他成为精神分析学家、语言学家、人类学家，以便揭发索邦大学朗松式的蒙昧主义（obscurantisme lansonien）；同时他也化身为作家，通过声张不容置辩的主观主义权力，来对

---

[1] 罗兰·巴特曾于1967年发表了著名的《作者之死》（La Mort de l'auteur）。——译者注
[2] R. Barthes, *op. cit.*, p. 13.
[3] *Id.*, p. 14.
[4] "我们怎么能否认，各种社会科学、精神分析、马克思主义、社会学，都可以应用在对帕斯卡尔、拉辛和马拉美的阐释上呢？在我们这个绘画不具形体的时代，这个量子理论的时代，如果只能用伽利略和菲利普·德·尚帕涅（Philippe de Champagnie）时代的理论来进行批评，怎么可能够用呢？"（参见 R. Matignon, *L'Express*, 2-8 mai 1966）（译按：菲利普·德·尚帕涅 [1602—1674]，法国画家、雕刻家，曾提出一系列关于绘画的理论。）
[5] 法语原文为 « stratégie de la chauve-souris »（蝙蝠策略），英译本将其译为 "tactics of the chamelon"（变色龙策略）。——译者注

抗唯科学主义者的学究气以及对细枝末节的吹毛求疵，从而洗去实证主义的平庸罪孽。[1] 巴特宣称自己能够将高级研究人员的科学想象力和先锋派作家的偶像破坏自由结合起来，还能够消除在社会学层面上，传统与职能之间十分鲜明的对立，例如圣伯夫与马塞尔·普鲁斯特之间的对立[2]、巴黎高师与沙龙之间的对立、经过去魅的科学严谨性与受文学家启发的业余爱好之间的对立，而这些传统和职能直到那时仍然是互不相容的；显然，他在这两极之间游走，试图兼具科学利益与哲学或文学声望，就像结构人类学在社会层面获得成功以后，人们常常做的那样。这就好比在科学时代，我们唯有让邪恶的随笔作家向科学美致敬，才能让现代化改革（aggiornamento[3]）发生。

要衡量这场论战的暧昧性，只需将其与19世纪末的另一场论战相比较即可：这是"新索邦"（nouvelle Sorbonne）与"文科旧索邦"（vieille Sorbonne littéraire），以及与后者联系紧密的上流社会批评家之间的对立；其中，"新索邦"以涂尔干、朗松、拉维斯、塞诺波斯[4]等人为代表，而后者则包括勒梅特尔、法格特或布鲁内提埃尔[5]，他们受到整个文学圈的支持，从署名为"阿加

---

[1] "当我们读雷蒙·皮卡尔时，有时会有一种正在参加高中毕业会考的印象。"（参见 J. Duvignaud, le Nouvel Observateur, 3-9 novembre 1965）

[2] 普鲁斯特曾创作《驳圣伯夫》，质疑了圣伯夫传记式的文学批评方式。——译者注

[3] aggiornamento 一词原指梵蒂冈教会在 20 世纪为适应现代化而进行的一系列宗教改革，后引申为现代化的改革、革新。——译者注

[4] 厄内斯特·拉维斯（Ernest Lavisse, 1842—1922），法国历史学家，曾编写巨著《法国史》；夏尔·塞诺波斯（Charles Seignobos, 1854—1942），法国历史学家，拉维斯的学生。——译者注

[5] 儒勒·勒梅特尔（Jules Lemaître, 1853—1914），法国作家、戏剧批评家；埃米尔·法格特（Émile Faguet, 1847—1916），法国作家、文学批评家；费尔迪南·布鲁内提埃尔（Ferdinand Brunetière, 1849—1906），法国文学史家。——译者注

通"（Agathon）的著名调查中就可见一斑。[1]1968 年的五月风暴与德雷福斯事件是有相似之处的：此时，各种新科学，例如社会学、心理学、历史学与各种旧文科学科之间截然对立，并且根据几乎同样的原则，科学与创造对立，集体工作与个体灵感对立，国际开放与民族传统对立，左派与右派对立。[2] 但是，这些表面上的相似性不应该掩盖已经发生的对调（chassé-croisé）："新索邦"颓废的继承人们至少同时兼具了阿加通所重视的修辞优雅和朗松所要求的科学性；至于 1960 年代的符号学家们，他们则站在科学与政治"进步主义"的一边，与这样一位对手及其古老的思维模式（如"作者与作品"）对抗。这些符号学家实际上是在文化出版的帮助下和广大学生的支持下，继续进行着那场古老的斗争：上流社会文学家和随笔作家与"新索邦"的"科学主义"、"实证主义"和"理性主义"之间的斗争。但这场不断更新的、反对社会科学"还原性唯物主义"（matérialisme réducteur）的斗争，这次呈现为一幅完美的讽刺漫画：从此，这场斗争会打着科学、符号学乃至结构人类学的名号，并声称自己能调和科学严谨性的各种要求与作者批评所要求的社交优雅。

现代化改革（aggiornamento）

这场论战可能凸显了当时象征性权力关系转变的某些矛盾，而这些矛盾其实一直存在于整个教育体系中，进一步而言，就是自然科学与人文科学之间、科学文化与文学文化之间的矛盾，以

---

[1] 法国记者亨利·马西斯（Henri Massis）和阿尔弗雷德·德·塔尔德（Alfred de Tarde）两人曾共同署名为"阿加通"，分别在 1911 年和 1913 年发表了两篇著名的调查《新索邦精神》（L'Esprit de la nouvelle Sorbonne）和《今日青年》（Les Jeunes Gens d'aujourd'hui）。——译者注
[2] 参见 C. Charle, *La Crise littéraire à l'époque du naturalisme*, Paris, Pens, 1970, pp. 157 et sq.；以及 A. Compagnon, *La Troisième République des lettres*, Paris, 1983。

及理学院与文学院之间、科学能力与文学能力（facultés[1]）之间的矛盾。[2] 雷蒙·皮卡尔的小册子是曾经占据着主导地位的旧学科（这些学科与教育和文化机构的再生产直接相关）第一次明显有力的反击：他反对那些以部分转型（reconversion partielle）为代价、同时要求科学"现代性"和文学优雅的人，这些人正试图入侵保留给正统学科的领地，他们之所以能如此，是因为他们获得了大学生群体和广大知识分子群体的支持，这些群体的要求或期待，是直接由自诩为知识分子的新闻界表达与塑造的；而新闻界则是由最具知识分子性的新闻工作者和最具记者性的知识分子融合而成的。

尽管在教学的传统定义中，学生并没有真正被视为竞争的关键，更不被视为竞争的裁判，然而实际上，他们在内部斗争中（大学场域就是这些斗争的场所）扮演着颇具决定性的角色：他们组成了先锋运动（无论是真实的或假想的）最忠实、最具战斗性的基本队伍，这对反对大学权势集团而言至关重要。[3] 因此，学生和次等教师人数的增长，是文化产品

---

[1] 这里的 faculté 一词，既指教师团体组成的学院，也指精神上的能力或权力。——译者注
[2] 现代主义科学文化的捍卫者（他们的盟友往往是一些高级公务员和科学管理人员，即在现代主义专家治国论中拥有某些特权并拥有某些新型权力的人，并且这些权力既不同于生产权力，也不同于再生产权力）与传统主义文学文化的捍卫者之间的对立，不应该让我们忽视第三极，也就是经济－政治文化这一极，随着它在政治场域中象征性效力的增加，其影响力也趋于增长。我们对科研扩展研究协会（AEERS）关于全国大学咨询意见的分析表明，在教师团体中，几乎没有任何代表支持纯粹的专家治国立场，也就是使教育系统的整体运转完全服务于生产性的需要。但是，我们能发现，教师群体中有很大一批教师队伍（尤其是在各个自然科学院校中），他们与国家高级官员达成了共识，希望对科学秩序进行某种整顿；他们对增加和集中稀缺科学资源的关注，与专家治国论者合理使用科学资源的意愿是一致的。
[3] 在整个19世纪，此一学生群体很可能在智识场域和艺术场域获得自主权（尤其是相对于学术权威而言），这过程中扮演了决定性角色，他们向"先锋"作品提供只有"资产阶级艺术"才拥有的东西，也就是说，该群体重要到足以证明特定的生产和传播机构的发展和运作是合理的（先锋电影就是一个清楚明了的例子），从而促成了智识场域的自我封闭。然而事实是，若我们向场域外的公众求助，则既可能促成真正的创新，也可能为无能和保守辩解（例如，将政治化当作无能的借口，或是借政治化为自己的失败辩解，这样的做法屡见不鲜，甚至在绘画领域也是如此）。

需求量的增长和这种需求的质变的根源：我们尤其可以肯定的是，所有智识性的"创新"，都能在各人文院校的新兴学科中找到精心挑选的受众；这些知识分子向往着那些定义模糊的感知与判断范畴，他们倾向于采用知识分子所主张的外部符号，并且往往喜欢效仿那些热门科学的看法，例如符号学、人类学、精神分析学或马克思学。正是在此时，一种新类型的生产者在新的群众（以及想要征服他们的出版商们）所提供的可能性中，找到机会来重新定义可出版内容的限制、废除研究与随笔写作或新闻界之间的边界，并且让平庸的文化产品成为先锋派的真正战利品。

如果我们想要理解大学场域内象征性权力关系的演变，则必须分析所有导致其自主性削弱的进程，或是使外部认可机构（尤其是文化新闻界）影响力增加的进程，这些机构能使某些生产者和某些产品得以快速传播，并迅速获得声望；而内部机构与之相比则慢得多，因为人们需要经过长期和缓慢的进程，才能从它们那里得到认可。就这方面而言，我们必须分析混合了机构与行动者的各种属性的大学机构，尤其是那些与媒体联系密切的大学机构，例如社会科学高等研究院（EHESS），以及文化类周刊，例如《新观察家》（*Le Nouvel Observateur*）、《文学周刊》（*Le Magazine littéraire*）、《新文学》（*Les Nouvelle littéraires*），或是高度通俗化的期刊，例如《历史》（*L'Histoire*）、《争鸣》（*Le Débat*）等；在结构上，这些属性与各种体裁的混合相关，也与各种差异之间的模糊有关，包括有限生产场域和大规模生产场域之间的差异、新闻从业者和大学学者或作家之间的差异，或者更确切地说，短周期文化产业及其每年被快速生产出的产品（它们千方百计、不择手段，勇敢地讨论各种主题，没有引文、注释、参考文献或附录）与长期文化事业及其流通缓慢的产品（如博士论文，它的黯淡命运越来越为大学出版社左右；而学术期刊或原创性文章，其价值则会被平庸的、高度通俗的文化产品的生产者肆无忌惮、明目张胆地榨取，这些中间人急于从他们的文化"走私品"中直接获利）之间的差异。我们必须重建所有团结的网络和交换的循环（但如何才能既做到这一点，又不被指责为像警察式的盘问调查？），通过这些网络和循环，所有被界定为具有双重归属和双重身份的行动者（如作家型记者或记者型作家，以及记者型学者或学者型记者），都会在一种认知偏差之下（他们还会为这种错误的评估辩护），把他们自己与他们同侪中最受认可的学者或作者相提并论（无论是同在一个排行榜中，还是在同一个新兴认可机构中，如编委会、出版社等）：他们会为那些最受认可的学者或作者日后在一般大众中的成功创造条件，作为回报，这些学者则会认可他们的随笔作家身份；他们好像拥有了某种文化认可的权力，因此也可以让自身获得认可。[1] 同时，我们也必须破除所有策略的逻辑（正是通过这些策略，寄生性的认可权力会累积起来）：首先，我们需要分析受到认可的大学学者或知识分子与新闻工作者之间的交换（这种相互利用，不可避免地可能招致相互怀疑或相互轻蔑），新闻工作者宣称他们能够使前两者受到认可，例如某位记者型学者因与萨特或列维－斯特劳斯的访谈而出名[2]，因此她便有了使所有上她节目的人获得认可的权力。她会先邀请自己的同行上节目，而作为回报，他们会将她的文章刊登在其他报刊或杂志上，并承认她有关结构主义或拉康

---

[1] 参见附录 3。
[2] 英译本指出，布迪厄此处论及的是法国哲学家卡特琳娜·克莱芒（Catherine Clément）。——译者注

精神分析的随笔是具有合理性的,或是承认她对极权政权或意识形态的揭露之作是正当合法的。此外,我们还应该描述的是,在媒体中获得与行使的象征性权力转移至学术市场(特别是社会科学高等研究院,这里是对入侵抵抗最少的场所)的条件和形式;或是相反,描述大学权威转移至新闻或出版市场的条件和形式(如清点大学学者为新闻从业者的著作所写的书评)。

为了给所谓"合法文化"强加新的定义,需要进行一系列斗争,社会科学在其中扮演着极为特殊的角色,类似于特洛伊木马;为了理解此一特殊角色,我们必须将社会科学重新置入它们或多或少都会密切参与的两个空间中,即人文院系的空间和自然科学院系的空间。如果我们把巴黎高师毕业生的比例也作为指标(并且把通过教师资格考试的比率也作为指标,至少在分析人文院系时如此),我们就能清楚地观察到,各个学科的社会等级大体上对应于学生和教授的社会出身(尽管过度选择效应有可能会对此造成干扰)。

由此,举例来说,如果我们以1967年所有A级教师中,巴黎高师毕业生的比率来衡量不同学科的价值,则可以得到以下等级序列:哲学和古代语言中,巴黎高师毕业生占40%;法语占39%;心理学占27%;社会学占25%;历史学占24%;语言学占19%;地理学占4%。如果我们对此加以进一步筛选,则可以发现,在1967年索邦大学和楠泰尔学院的教授和副教授中,巴黎高师毕业生的比率分别为:德语、希腊语占75%;拉丁语占66%;哲学占60%;小语种(斯堪的纳维亚语、俄语等)占53%;法语占50%;历史学占48%;

心理学占35%；社会学占30%；英语占22%；西班牙语和地理学占10%；意大利语和民族学占0%。由这两个数据所得的等级序列是大致相同的，但巴黎高师毕业生的比率在助教和讲师中的占比则低得多。

在没有深入分析细节的情况下，我们可以观察到，社会科学占据着被双重支配的位置：首先，它会被越来越占据主导位置的等级序列，即自然科学等级序列所支配；同时，它还会被旧有的等级序列所支配，虽然目前，其地位受到了自然科学的兴起、自然科学价值的提升以及文化交易的崛起等因素的威胁。这解释了为什么对那些成绩不佳、资质平庸的资产阶级后代而言，各门社会科学专业就像他们的避难学科（disciplines refuges）一样。[1] 我们可称之为科学效果的东西，是大多数符号学著作的典型特征，它也往往表现为各种社会科学术语多少有点"魔术"般的组合，例如精神分析与语言学的结合、精神分析与经济学的结合等。这些社会科学学科在1970年代迅速发展，因而也被理解为某些学

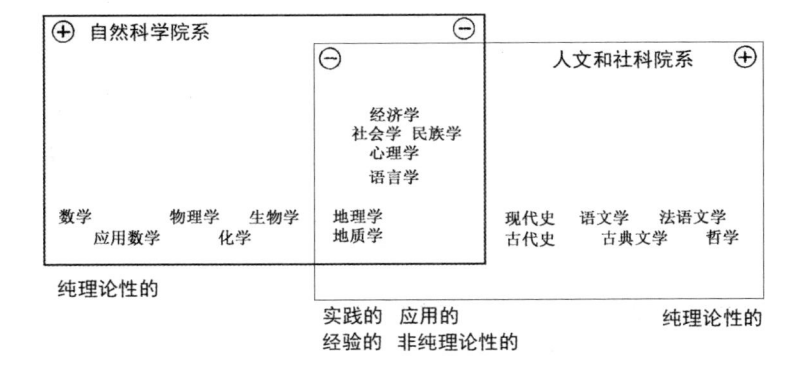

自然科学院系 ⊕	⊖	人文和社科院系 ⊕
	经济学	
	社会学 民族学	
	心理学	
	语言学	
数学 物理学 生物学	地理学	现代史 语文学 法语文学
应用数学 化学	地质学	古代史 古典文学 哲学
纯理论性的		纯理论性的
	实践的 应用的	
	经验的 非纯理论性的	

---

[1] 对某些"硬"科学专家而言，社会科学也是他们的避难所：他们常常会批判乃至贬低社会科学，从而倾向于为其出身的世界提供必要的奉献（他们仍受其出身的世界的支配），但他们往往难以掌握社会科学的特定逻辑；他们还会利用其特殊资本，以方法论意义上的审查形式来支配社会科学，但此种形式往往与科学的真实逻辑没有任何关联。

科（这些学科在社会上被定义为是双重否定的，即既非人文、也非自然科学的）通过颠倒符号含义来扭转现状的尝试，同时也是一次兼具声望和利益的尝试（曾经这两者之间往往并不兼容）：人们试图通过科学的严谨、文学的优雅与哲学的深度这三者在表面上的神奇结合，并在这种结合之中，兼具文学（或哲学）先锋主义与科学先锋主义的声望与利益。在此，我们会发现一种支配的循环结构（structure circulaire de domination）：这种结构会使那些在传统标准中受到（双重）支配的学科，也能够在另一种关系中，支配其他那些支配着它们的学科。此一结构构成了历史进程中某一关键时刻的重要特征：在此一进程中，人们往往会使文学文化的堡垒受制于科学文化，而在那之前，科学文化一直处于从属地位；如果我们没有看到这一点，就很难理解此一支配的循环结构。

关于所谓的"结构主义"，我们或许可以通过以下事实来解释其在社会层面的成功：文化新闻界被归入这一标签的人至少都有一个共同点，即他们似乎为困扰了整整一代教授和学生的矛盾，提供了一个奇迹般的解决方案，无论是在最向外开放的正统学科中（如哲学、文学或历史学），还是在各种社会科学中，此一方案使他们能够在"科学"的领地上重建自身。若是要证实这一点，我们只需分析结构语言学和符号学的社会用途即可；当然，我们不仅要分析它们在教学中的用途（在教学中，或多或少在有控制的情况下借用这些学科，已经成为抵抗混乱的最后一道防线，对最具现代性的年轻教授而言尤其如此），而且要分析它们在文化生产中的用途（在其中，它们会让转型以最低成本来进行）。

在一个由传统人文学科与自诩"科学"的新兴学科(如语言学、心理学、社会学、民族学,甚至符号学等)之间的对立而构成的空间中,与占据某一位置有关的利益,始终部分地存在于最纯粹的智性冲突之中,即使是以最无意识的形式存在;在理论、方法、技巧,甚至风格方面立场位置的不同,始终都是一些社会策略,其中权力会得到证实并得到断言。毫无疑问,我们必须对从相关性中看见因果关系这样的做法保持警惕,因为我们可以在某一既定学科的研究分量中,以及关系到整个学科的大多数特色中,观察到这一相关性,并且它首先就与教师的研究倾向有关。然而,即使在法国,对那些被排除在传统职业道路之外的人而言,社会科学往往就像一个避难所,而从事社会科学研究则首先是一个脱身之计。如此一来,在某一大学专业内部就会出现职业研究者团体,他们会打着"首要活动"的旗号来开展研究工作,并在专门以此为目的而特别设立的某些机构(如法国国家科学研究中心)中得到官方认可和资助;而这是与大学模式最特别的特色(即对教学活动和研究活动不加区别)背道而驰的:其结果是,教学活动和研究活动之间的不加区分,会让教育问题和主题常常成为具有科学抱负的出版物的真正动机,而那些最具"个性化"的研究则常常成为大型竞考预科班的课程材料。

此外,教师团体通常由两部分组成,他们或是在旧招聘制度下进入教师团体,或是一些新进教师,而后者通常具有与研究人员类似的教育和社会属性。而当研究人员的人数增加时,教师们的地位也会产生相应变化[1]:他们会控制特定学科所属的机构,或是控制资助研究与任命新研究人员的委员会或理事会,同时(也

---

1 参见第4章。

许最重要的是），他们还会让研究者的地位制度化，从而使科研工作和科研出版工作成为所有实践活动的主观规范，也使在教学上的投入降至次要地位；因而，新的连带关系和新的需求被强加于教师群体，抵消了教师团体成员的影响；同样，教师团体与官僚机构的关系促进了文化作品生产和流通新模式的发展，例如思想俱乐部、研究所、研讨会等，这些模式往往是制度化的。这些新思维模式、新表达方式、新主题、构思知识分子工作的新方式，以及关于知识分子角色的新概念，正在悄然进入知识界。对应用研究的公共或私人需求的增加，以及关注社会科学社会用途的读者群体的出现（如高级公务员、教育及社会工作者、广告商和健康专家等），会促进某种新类型文化生产者的成功，他们在大学场域（这里我们指的是广义的大学场域，并且此一含义将会得到越来越多的认可）中的存在，构成了对学术自治基本原则的决定性断裂，并且也是对无私、无偿、对实践的认可和要求漠不关心等价值观的决定性断裂：这些科学管理者忙于为他们的"实验室"筹集资金，频繁地参加各种委员会和理事会，他们能在其中获得为维持其事业良好运转所需的关系、信息和津贴；他们举办研讨会，以便宣传其产品、提高生产力；他们也会引入新的问题，并以新方式来加以探讨，然而这些新问题往往是他们从别人那里原样照搬的，他们并没有在借用时对先前的实践者提出批评；而他们所生产的作品，就文体和风格而言，兼具实证主义报告的中立性与官方报告的平淡性，因而获得了威望的效果，并以科学的权威来掩盖专家的建议。[1]

---

[1] 这个新市场的出现改变了教授之间机会分配的情况，尤其是在地理学和社会学中。一名观察者指出，他观察到新的评价标准和新的能力从此相互关联："机构组织越来越多了：重要的是获得资金、完成任务，并得到由各部门、行政区、塞纳省等资助的项目，届时，影响资金分配的很可能就不是智识水平了。"（某地理学家，1972年）

对官僚主义式严谨的要求，定义了各种形式的负责任的知识分子（intellectuel responsable），特别是政治机构或工会组织成员；这一要求会使知识分子放弃对权力和总体野心保持批判性的距离，而实际上，正是这种距离定义了知识分子的社会人格：从伏尔泰到左拉、从纪德到萨特，正是他们构成了法国知识分子传统。[1] 此一文化斗争场域的新主角，会自然而然地获得某些机构的支持，这些机构提供了一种新的认可形式，它们的分量可以与大学或知识分子机构相抗衡（至少在政治层面上）：这些机构包括各种俱乐部，例如让·穆兰俱乐部（Jean Moulin[2]）、展望俱乐部（Prospectives）、未来学研究俱乐部（Futuribles）等，在其中，最具知识分子性的管理者和最具管理者性质的知识分子交换他们对世界的看法；这些机构还包括各种委员会，特别是国家五年计划委员会（Plan）、研究基金委员会（主要负责重大项目立项）等，在这些委员会里，行政型研究者（chercheurs d'administration）和研究型行政人员（administrateur de la recherche）彼此串通一气，来决定科学的未来；与此同时，还有某些构成官僚文化秩序的机构，例如政治研究机构，或是半官方报刊的评论部，阅读这些报刊，就像是活跃的知识分子在参加晚祷。[3]

但最重要的是，随着各种大型生产单位——例如国家统计与经济研究所（INSEE）、人口研究所（INED）、生活条件观察与研究中心（CREDOC）、健康与医学研究院（INSERM）等——在社会与技术层面互有差异的发展，被雇用的研究人员的数量也

---

[1] 对定义一种新型的、理想型知识分子的要求，参见 M. Crozier, La Révolution culturelle, Daedalus, décembre 1963。
[2] 让·穆兰（1899—1943），法国政治家，在"二战"法国沦陷期间参与了抵抗运动。——译者注
[3] 可以肯定的是，国家行政学院的崛起对巴黎高师不利，而该学院在相当大的程度上促成了知识分子主要代表的转变。

会成倍增加,它们不再像传统作家或教授那样被神圣的光环所笼罩,对这些小的独立生产者而言,他们只能使用自己的文化资本,而这种资本也往往会被认为来自上天的恩赐。[1]更何况,他们常常会在自己的研究产品中,标记出完成它们时的条件:各种"汇报"和"报告",通常是根据批量生产的标准规范,在截止日期前匆忙撰写的,它们的用途,就是为了证明自己花费大量时间完成的工作——没完没了的方法论注释、庞大累赘的附录等——是合理的,而不只是在阐释结果或将结果系统化;它们与传统意义上的研究著作、论文或博士论文都大相径庭,虽然这些传统成果也以展现和促进研究的社会需要为标志,因为它们所展示的产品也并不总是完全无可争议的。

事实上,独立研究机构的发展强化了新区隔原则的运转,这些原则涉及知识分子生活的每个维度:与前一阶段在教育系统最具教育性的部门中可以观察到的差异不同,这些差异是由系统的运作本身产生的,它们对其运作,即对其等级序列的再生产而言不可或缺;将教师和研究人员区分开来,或是将新旧招聘制度下的"产物"区分开来的那些越来越明显的差异,至少从长远看,倾向于用"多样世界"(它们由不同法则所支配)来取代"存在差异的统一世界"(这些差异是某一占据主导地位的等级划分原则的产物)。[2]

---

[1] 此一转变难以觉察,只有通过统计数据才能得以揭示;而在其中,最重要的转变之一,是被雇用的生产者数量的大幅增长,这与广播、电视以及各种公共和私人研究组织的发展有关,也与艺术和司法等独立职业的衰弱——知识手工业的衰弱——有关。

[2] 从教学与研究的时间分配的角度来看,以下两个极端之间的对立是非常明显的:一方面是文学院正统学科的教授们(或在某些特殊情况下,也包括那些大学校竞考预科班的教师);另一方面则是社会科学的教授与研究人员,它们可以更全身心投入科研工作中。我们也能在他们所接受的培养与其职业实践的关系中发现同样类型的对立:无论是文科预科班(khâgne)还是数学预科班(taupe)教师,抑或文科或语法学教授,他们之间都具有很强的连续性;与之相对应,不同社会科学研究人员几乎完全非连续性的,有时,他们为了显示自己的转变与断裂,甚至会故意让这种非连续性变本加厉(参见第4章)。

位置与立场（Positions et prises de position）

因此，虽然我们可以仅用学术标准和属性来定义大学空间中的位置，但此一位置也与"政治"立场密切相关。事实上，在一个仅由学术属性构成的空间中，各种临近（voisinages）或疏远（distances）的立场，都和1968年五月冲突以及这之后的各种冲突中，人们与"政治"的亲近（affinités）或敌对（antagonismes）态度紧密联系。例如，所有署名支持罗贝尔·弗拉策利尔提案的人们在大学空间中所处的位置，都与他那些"受威胁"的同事们非常接近；同样，那些在请愿书、宣言、作品中公开支持或反对1968年5月运动的教授们，他们在大学空间里处于截然对立的位置：那些支持学生运动的人全部位于上文坐标图的西南区域，而持反对立场的人则主要位于坐标图的东南区域。实际上，这是因为，不同教授将"支持教师团体"与"支持学术市场"这两者联系起来的倾向是不同的，其中后者能向他们确保一群受严格控制的、接受教育的公众；而此一倾向性，会根据教授们的产品价值对市场稳定的依赖程度而变化，或者换句话说，会根据他们的能力——他们的特殊资本——对机构赋予他们的法定保障的依赖程度而变化。[1] 人们会质疑学术机构，也会质疑学术机构对学术市场的垄断，这会在最传统的学科中最传统的老师那里引起某些激烈的反应，而他们反应的激烈程度，与其产品对市场的依赖程度密切相关：普通教授的文化产品，在教育市场之外往往没有什么价值（它们很少被翻译到国外）；而更形式化、更强势的学科，例如语言学或各门社会科学，会生产出一系列新产品，当这些产品

---

[1] 我们也可以通过移居国外这一现象，来分析不同类型的大学资本对学术市场依赖程度的不同：当人们移居国外后，他们可能会失去那些在教育层面上被保证的文化资本，而这也影响了他们自身的价值；然而这种价值的丧失，似乎对那些与国家教育机构的特殊性直接相关的学科影响最深，例如文学史或法律。

进入学术市场后,会使学术机构遭遇危机,而这可能也会让普通教授的文化产品贬值,并且首当其冲的就是他们的课程。[1]语文学,一门历史悠久的典型学校教育学科,被语言学粗暴地打发到古董陈列室中;语文学的命运也代表了大多数人文学科的命运(虽然它的遭遇可能是最极端的),即使是那些最受保护的学科也不能幸免,例如文学史、古代语言或哲学。[2]这场危机沉重地打击了那些毕业于巴黎高师语文学专业的学生们,他们本来拥有在制度上的高度确定性,因而并不熟悉语言科学的演进,且对所有在国外和法国边缘机构(如高等研究实践学院或法兰西公学院)发生的事情充耳不闻。面对语言学的入侵时,他们发现自己突然贬值了,然后降级或被迫进行危险的转型,但这些转型从一开始就注定会失败;某些边缘人则会引进并捍卫语言学,他们往往不是巴黎高师毕业生,而是来自外省或来自"次等"学科的人,例如现代语言。[3]

每当两种位置在社会空间中的地位发生颠倒(无论是在不知不觉中还是突如其来地),我们都可以观察到由此产生的影响:随着时间的推移,曾经占据主导位置的支配者们会逐渐靠近被支配的

---

[1] 我们可以在因退休而出现的个体危机中,清楚地观察到法定垄断的影响:这些有义务的作者的身价暴跌,往往标志着最专制统治的结束。

[2] 哲学和各门社会科学之间的关系也基本遵循相同的逻辑,不同之处在于,一部分"哲学家"能够逃脱这种共同命运(同样,事实上,极少数"语法学家"也逃脱了这一命运),他们逃脱命运的代价是或多或少大胆的转型策略,这些策略主要在于"建立"、"思考"或兼并各门社会科学(尤其是结构主义),并因此(至少)拯救昔日的野心与表面上的统治地位。对那些对于自己天职的旧概念怀着热忱信念的人而言,命运可能会更加艰难。在1950年代,各门社会科学就像一些"避难"学科,尤其是民族学和社会学,但那些有可能走上康庄大道的人们——通过了巴黎高师竞考和教师资格考试的精英们——会对这种做法不屑一顾,这些学科今天在他们看来,也像是对哲学的不可容忍的威胁,而且无论如何,它们都有可能篡夺哲学一直以来所追求的王位。

[3] 有位语文学家的名字与对1968年五月风暴最狂热的抵制联系在一起(译按:英译本指出,此人是弗雷德里克·德洛弗尔[Frédéric Deloffre]),某位受访者说:"正是我们过去称为'语法学教师资格考试'的东西造就了他:他的博士论文是一篇词典学或词汇学论文(……)。他就是这么一个人……最后他表示,能成为巴黎高师那一届中第一个答辩的学生,他感到非常自豪,并且是他自己主动选择了这门专业。事实上,语法对他而言,与其说是研究对象,不如说是晋升目标。他对此喋喋不休。正如他吹嘘自己从来不用备课一样。"(某古典文学教授,1971年)

位置，而他们自己却不为所知、不情不愿；他们拥有一种在制度层面的傲慢，这又进一步促成了他们的衰落，因为这种傲慢会阻止他们自降身价、及时进行必要的转型。显然，我们可以由此联想到资本主义兴起之初，贵族与资产阶级之间的关系；但是我们同样也可以联想到，1950年代发生在贝亚恩地区（Béarn）[1]的一场婚姻市场危机：为了避免门不当户不对的婚姻（mésalliance），该地区农村"大"家庭的长子会被迫独身，而导致这场危机的主要原因，在于小农和小公务员之间相对位置的改变。因此，我们也许能理解，那些出身于小资产阶级家庭或平民阶级的、努力通过教师资格考试的巴黎高师毕业生们的苦涩：他们仍固守着曾经占据主导地位的领域和位置，但等到他们发现自己的投资与回报之间并不成正比时，已经为时太晚了，因为改变就像大陆漂移那样，在不知不觉中发生了。那些学业有成却接受了自己受害者身份的人们，也会借助认可的效果：他们会首先获得中学的教职，然后再借着大学扩张，获得一个外省大学里的助教或讲师职位；但同时，他们也需要忍受所有相关的后果，例如外省的孤独、沉重的教学负担等。然而，他们那些"不幸"的竞争对手们，曾经被降格到受鄙视的位置；但如今，随着正统学科与新兴学科之间关系的转变，他们又成为"研究"先锋。在那些受害者看来，除属于"赶时髦"的群体以外，他们的竞争对手往往没有别的头衔，甚至没有什么能力——除了有"胆子"（culot）；然而，所谓的"胆子"往往与更高的社会出身有关，正是这使他们能够冒着风险，在边缘性机构投资。[2]

---

[1] 贝亚恩曾是法国历史上的一个行省，位于法国西南部比利牛斯山区，今天隶属于新阿基坦大区（Nouvelle-Aquitaine），首府为波城，布迪厄就出生在波城附近的小城当廿。——译者注

[2] 我们必须牢记这些分析才能解释这些文化股份大大小小的持有者对五月风暴的绝望反应：在此意义上，他们的反应是绝望而悲怆的，因为这些股份就像俄罗斯债券一样，突然贬值（参见第5章）。

4　对团体的捍卫与平衡的打破

不同年龄的表征（représentation），以及不同年龄段之间的间距，都与社会及其各部分的构成、需求和能力有关。在旧体制下，尤其在战前，当所有职位都被占据时，人们只能根据资历来晋升，每个人都必须排队等待轮到自己。年轻人和老人之间会被密集的、无法压缩的人群所分隔，人群的厚度使年轻人们意识到，在加入长者的队伍之前，还必须跨过好几个阶段。

——莫里斯·哈布瓦赫，《社会阶级与形态学》

(*Classes sociales et morphologie*[1])

大学场域的结构，只是在某一特定时刻不同行动者之间的力量对比状态，或者更确切地说，是行动者以个人身份（尤其是通过他们所属的机构）而取得的不同权力之间的关系状态；在这一结构中所处的位置建立在某些策略的基础之上：这些策略，旨在通过改变或维持不同权力之间的相对力量，或者换句话说，通过

---

[1] 莫里斯·哈布瓦赫（Maurice Halbwachs, 1877—1945），法国社会学家，涂尔干的弟子，其关于集体记忆（mémoire collective）的理论影响深远。"形态学"（morphologie）这一概念原指"生物形态学"，主要是指对生物体组织结构和功能结构的研究，由德国诗人歌德在林奈等生物学家的基础上提出。涂尔干将这一概念推广到社会学层面，提出了"社会形态学"的概念，来对各种社会物质形式进行研究。"社会形态学"分广义和狭义两种，广义分为宗教、政治和经济形态学；狭义则指人口科学。哈布瓦赫继承了涂尔干的观点。——译者注

改变或维持在不同种类资本之间建立起的平衡关系，从而改变或维持这一结构。诚然，各种危机（尤其是1968年5月危机）的确会根据事先已经存在的断裂线（lignes de fracture）让该场域分裂，因而使在最后的分析中，所有教师对教育体制和社会世界采取的立场都建立在他们在该场域中所处的位置之上；但我们不应该就此得出结论，认为内部斗争的结果只取决于不同阵营之间不同策略的对立，或是取决于这些策略的有效性。社会场域的整体转变，特别是各种形态变化（changements morphologiques），深刻影响着大学场域；而在各种形态变化中，最重要的变化是学生客户群（clientèle d'étudiants）的大量汇集。此一现象部分地决定了不同专业的教师团体在体量上的增长不均衡状态，并由此改变了各个学院和各个学科之间的力量对比关系，尤其是在每一个学院和学科的内部、不同层级之间的力量对比关系。

这正是旧秩序的捍卫者们感到困惑的地方：这一变化的发生，很大程度上是由于学生数量的增长，而这种增长还会导致人们对教师需求的相应增长，从而影响甚至改变大学市场的运作方式，并且会通过不同职业生涯的转变，打破教师群体中不同力量关系之间的平衡状态；这些人因而成为"名额限制"（numerus clausus）[1]的捍卫者，他们心照不宣地捍卫教师身份团体，以对抗由不可避免的增长所带来的影响。因此，为了理解不同院系为应对学生人数增长这一问题所作出的改变，我们不仅要考虑到大学生群体的形态变化在每种情况下所具有的特殊形式，也就是外部变量（variables externes），例如增长的必要性、时间点、强度和

---

[1] 原文为拉丁语，表示根据当局的规定，带有歧视性地限制参与竞考、活动或某一等级的人数，比如限制大学校竞考录取人数等。——译者注

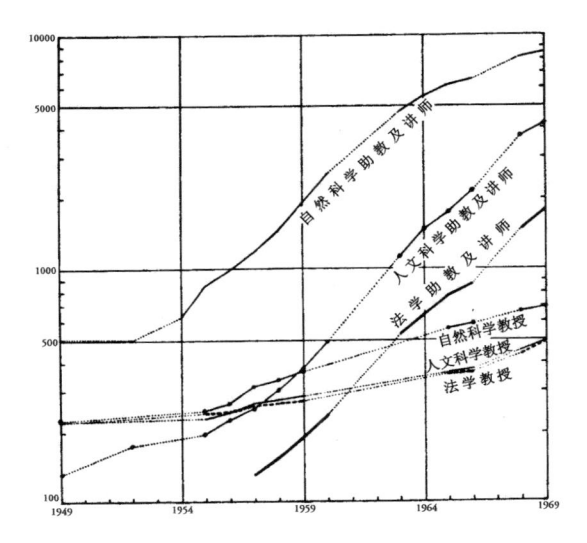

图 4 法学、自然科学、人文科学院系教师团体的演变

持续时间，还要考虑面对此一转变的机构本身所具有的特征，即内部变量（variables internes），例如在不同院系以及各个不同学科之中，支配着招聘和职业生涯的各种原则。

战后数年间人口出生率的增长和入学率的普遍提升[1]，使大学生群体的人数急剧增长，这也使教师团体的数量在 1960 年代相应增长，与此同时，在所有院系中，师生比率（encadrement des étudiants）也大幅增长，尽管在不同院系中程度不同。[2] 这一进程导致的最直接后果是教师职位数量的显著增加，以及教师职业生涯升职的加速（至少对某些级别的教师而言是这样）。

---

[1] 我们无法在此进行入学率增长的分析，关于这一部分可以参考 P. Bourdieu, Classement, déclassement, reclassement, *Actes de la recherche en sciences sociales*, 24, novembre 1978, pp. 2-22；以及 *La Distinction*, Paris, Éd. de Minuit, 1979, pp. 147-157。

[2] 我们将在附录 2 中列出 1949—1969 年不同院系学生人数、教师团体人数（按级别）、师生比率，以及不同教师级别（A 级教师与 B 级教师）之间比例关系等各项形态学转变的数据。（译按：在法国高等教育体系中，A 级教师即教授与副教授，B 级教师即讲师与助教。）

值得注意的是，大多数关注大学转型的人，都只在学生群体人数的增长中，看到了数量效应（或是大众效应、"大众化"效应），就像那些"民间"社会学家或"半吊子"社会学家通常所做的那样（如他们针对城市化问题的发言等）。我们很可能还记得那些关于"质量与数量""精英与大众""大众与质量"的辩论，正是这些辩论让学者型记者和记者型学者在1960年代红极一时。然而，我们可以提出以下一条普遍法则：除了社会行动者由于具有某些生物体属性，并占据了某个位置所造成的不可避免的影响——纯粹阻塞机制（purement mécaniques d'encombrement）效应，以及由于"不被注意"而在社会层面产生的具体影响——例如匿名化（anonymisation）和"不负责任化"（irresponsabilisation）效应之外，各个形态学因素的作用只有通过每个场域特定的逻辑才能发挥作用，每个场域都会给予其各种效应以特定的形式。我们并不能机械地从大学规模的增长直接过渡到大学官僚制复杂性的提升（此外，我们真的能确认这一点吗？），或是根据学者的刻板印象，把"共同体"转变为"大众"，或者更糟糕地，把"学者"（scholar）转变为"教育工作者"（educational worker）。同样，我们只有分析整个场域的结构、分析在场域中所发生的冲突，以及不同阵营能从学生人数的增长和不同类别教师人数的增长所带来的影响中所取得的利益（这在美国大学中表现得尤其明显：与法国大学相比，它们因其地位的缘故，会更直接地从属于需求），才能理解科研行政人员团体的出现及其在大学权力结构中的权重增加这一现象。这就是为什么，当我们分析形态变化对教师团体、对学术界及其划分的观点所施加的影响时，必须至少先根据已有的资料，勾勒出大学场域的结构史。

4　对团体的捍卫与平衡的打破

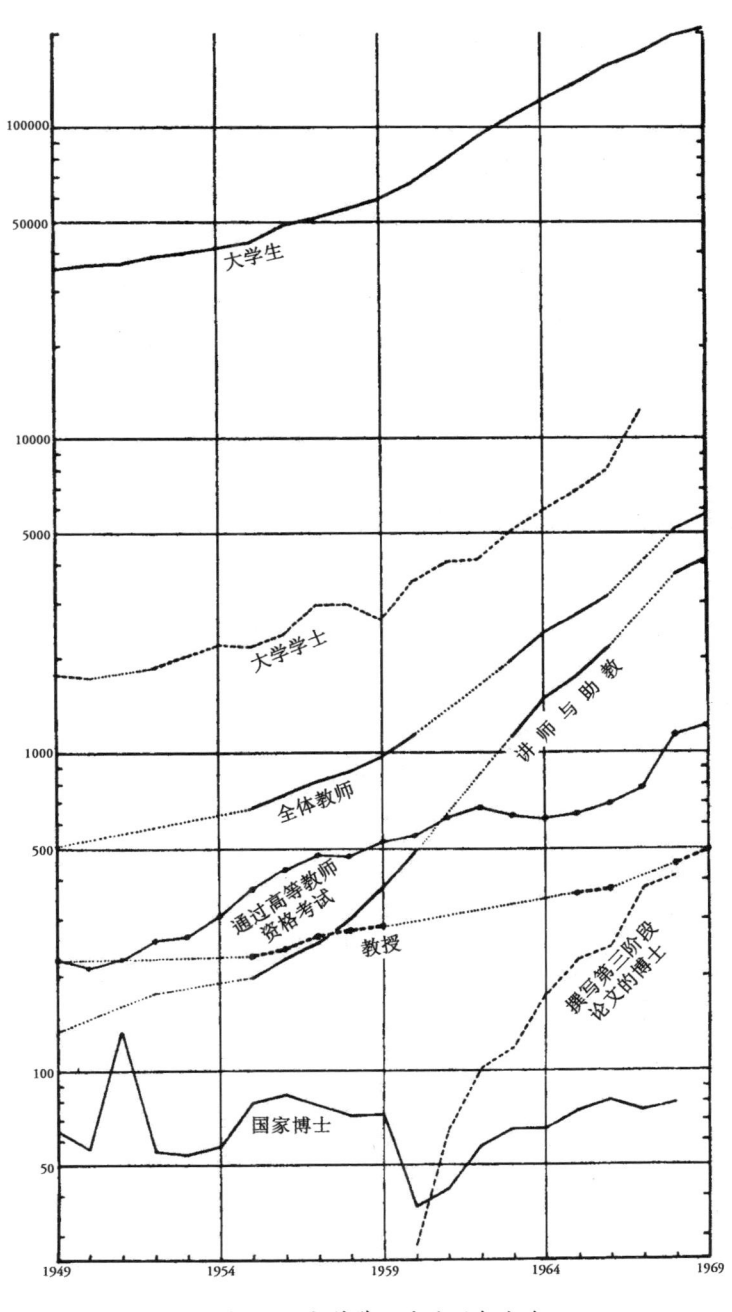

图5　人文科学院系的形态演进

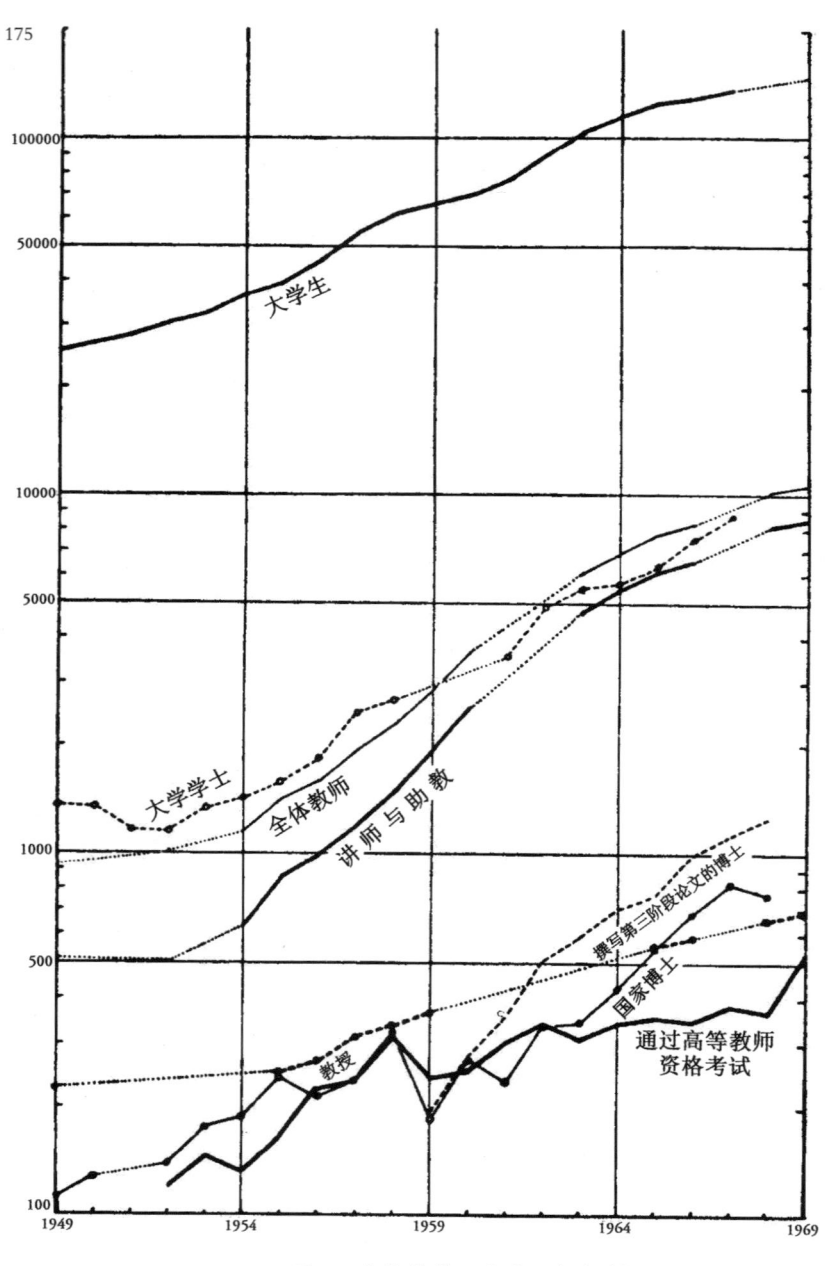

图 6 自然科学院系的形态演进

大学市场上职位供应的增长会带来学校文凭利润的增加,我们可以从教育系统不同历史时期巴黎高师学生和通过教师资格考试的老师之间的职业生涯差异中,清楚地观察到这一点。[1]

表 VII　1938、1969 届巴黎高等师范学院毕业生所从事的职业(百分比)

	1938 年(n=535)	1969 年(n=629)
教师		
高中教师	44.5%	16.4%
竞考预科班教师	6.5%	7.5%
大学各院系教师	24.6%	46.8%
研究员	1.5%	6.8%
其他职业	22.9%	22.5%
总量	100%	100%

数据来自巴黎高师年鉴(在得出以上百分比时,我们没有考虑那些年鉴未提及他们职业的高师毕业生,他们在 1938 年占 30.7%,在 1969 年则占 31.7%)。

1938—1969 年,巴黎高师毕业生担任高中教师和在大学任教的比例发生了逆转。此一转变实际上很可能比这些数字所表明的要大得多,因为大多数担任高中教师的高师毕业生都是最年长的几届学生:根据统计,我们可知,在 1969 年,1920—1929 届高师毕业生中,有 40 位担任中等教育教师,31 位担任高等教育教师;相反,同年,1945—1959 届高师毕业生中,只有 23 位担任中学教师(其中 5 名是竞考预科班教师),却有 150 位担任高校教师(也就是 1:6.5)。同样,尽管新通过教师资格考试的人数增长幅度相当可观(根据统计可知,1965—1970 年平均每年有 970 人通过考试,相比之下,1945—1950 年每年只有 250 人通过考试),但对一个通过人文学科教师资格考试的人而言,比起在中学任教,他

---

[1] 如果说,在分析学校文凭总体价值的长期波动时,我们选择了研究两届巴黎高师毕业生的社会境遇,那是因为巴黎高师毕业生头衔的价值很可能(与各门教师资格考试相反,更不必说各个学士文凭)在不同的市场上最为稳定,也就是说,它的价值在各种大学子市场,甚至外部市场上(尽管在此处稳定程度较小,因为在与法国国家行政学院的竞争中,其价值有所贬值)也是最稳定的。

担任高校教师的机会在 1949—1968 年大幅增加。而对那些拿自然科学文凭的人而言，这一演变似乎更为明显：因此，在 1969 年，1945—1959 届巴黎高师自然科学毕业生中，只有 7.6% 担任中学教师，而在 1919—1930 届学生中，这一数字则是 46.5%；对人文科学而言，两者的比例则分别是 11.6% 和 31.7%。

表 VIII　1949—1968 年教师资格考试通过人数的演进

	中等教育	高等教育 *	高 / 中等教师比率
1949 年	5000（100）**	510（100）**	0.10
1960 年	7200（144）	1100（217）	0.15
1968 年	6020（120）	4200（823）	0.69

资料来源：数据统计与经济形势分析部 [1]（Service des statistique et de la conjoncture），以及安托万·普洛斯特的著作《法国教育：1800—1967》（L'enseignement en France, 1800-1967, A. Colin, 1968, p. 462）。

* 估计值
** 1949 年的基数为 100

　　这种扩张的情况给年轻一代带来的好处（特别是在老一辈人眼中）是显而易见的，其中主要是能让他们以最小的代价（如花费在中等教育的时间明显缩短）越过高等教育的门槛；但我们也不能忘记，所有不同类别的教师都会从此一有利形势中获益（不同教师获益程度不同）。因此，现有职位数量的增加，以及持有必要学历（博士学位）的教师的短缺，都为在这个"扩张时刻"已经在外省各院校任教的教授和副教授提供了更多进入巴黎大学的机会，而此前巴黎的大学一直处在整个学术等级序列的顶端，只有极少数人才有机会进入 [2]（与他们那些年长的同事相比，1960

---

[1] 该部门是国家统计与经济研究所（INSEE）旗下的一个统计部。——译者注
[2] 在各个人文科学院系中，教授或博士的数量在 1949—1969 年变化很小，而助教和讲师则增长迅速，尤其自 1959 年以来。此外，尽管教师资格考试依然占据着中心位置，但第三阶段博士论文的数量也在以非常高的速度增长。

4 对团体的捍卫与平衡的打破

年以后在巴黎各所大学人文院系获得正教授 [professeurs titulaires] 职位的人，或是此前在外省担任教席的人，他们更有可能不是巴黎高师的毕业生，也更有可能没有通过教师资格考试：在这部分人群中，这两者 [巴黎高师毕业生、通过教师资格考试] 的占比分别为 34% 和 80%，而在更年长一辈中，这两者的比例则为 47% 和 89%；正如我们可以看到的那样，楠泰尔学院教授的情况也是如此）。此外，如果我们进一步了解到，大学的扩张会让中间年龄教师（他们正是在此一时期获得了博士文凭）的职业生涯加速，那么我们就可以看到，这种双重转变一方面会让一部分二等教师（根据旧有制度中关于优秀与否的标准）获得更高的位置（他们不太可能更进一步摆脱此一团体的传统价值观），另一方面也会让下一代教师获得更高的位置：在学术和知识分子传统模式遭遇危机的时期（至少就各个人文院系而言），他们会最轻易、最温驯地服从于大学生产规范。

诚然，在正教授或副教授（A 级职位）一级上，单纯的向上移动和对所需增长的限制（事实上，我们观察到正教授的师生比率在下降，这在人文院系尤为明显）的确可以让我们在不大幅改变旧有招聘原则的情况下，回应新的需求状态，但是在较低级别的教师团体那里，情况并不相同：此时，教师短缺有可能会使某些策略被强加于人，至少从长期来看，这会威胁教师团体的再生产，因为它会迫使教授们越来越多地从有限的师资储备中，挑选出传统上被视为正当的候选人。然而，不同学科在三种基本关系之下各自区别开来：它们对教职人员需求的程度（与学生汇集的规模有关）、它们之中通过教师资格考试的师资储备总量，以及正教授完全利用这一储备的倾向（此一倾向主要与他们的教育文凭有关）。[1] 新兴学科和正统学科在这三个方面截然对立，以至于我们可以将两者看作两个完全不同的市场，或两个不同的子场域（sous-champs）。事实上，如果我们想要理解不同地区、不同部门或不同职业的薪资变化，那么我们只有放弃统一化的劳动市场这一假设，同时拒绝纳入那些完全异质性的数据，才能研究薪资运作的法则（如特定资本和投资的形式、招聘和职业生涯规范、冲突管理程序［无论是否被制度化］等；这些法则都为各种相对独立的场域所特有，而这些场域是由一系列持久关系——例如各个生产者之间、生产者与客户群之间的关系，它们都共存于同一个经济空间内——所构成的空间）；同样，如果我们想要理解不同院系的教师（甚至在同一院系内的不同专业中的教师）职业生涯所发生的变化，并且通过这些不同的职业历程，来理解他们的实践和表象（représentation）的变化，那么我们只能假设，这些不同的单位也构成了同等规模的不同市场，在其中，高度相似的头衔也可能具有不同的价值，这些头衔所能谋得的报酬也是无法类比的（例如，大学"权力"，或者智识声望）。因此，我们马上就能得知，在 A 级职位的教师中（他们倾向于保留教师资格考试，并以此作为招募团体新成员的隐含标准），通过了教师资格考试的正统学科教师占比很高（古代语言专业的比例为 97%，文

---

[1] 以下分析参考了 1967—1968 年由人文社科之家发起的调查的统计结果（我们在上文中提到过这次调查）。这项调查最初旨在编写一份年鉴，但很快它就被当成了一次科学分析。该项目负责人让·维耶（Jean Viet）先生让我们参与调查问卷的设计，并让我们在其中加入了一系列与社会出身有关的详细问题。尽管调查的回复率很高（总体上约为 80%，比例从历史学科最高的 86% 到文学研究最低的 67% 不等），但这项调查仍然存在所有通信调查所固有的缺陷。如果知悉以下这些不足，我们就能理解，为什么在所有学科中，B 级职位教师的代表性相对较低（正如样本总体结构和全体高等教育教师总体结构之间的系统性比较所呈现的那样）：首先，回复的倾向会根据不同人群对机构的认同程度而有所差异，正如我们已经在其他地方所证实的那样；其次，调查的首要目的，是详细盘点那些在等级序列中占据高位的研究者及教师；最后，对 B 级职位教师的定位很困难，且难以确定。根据相同的逻辑，与巴黎人和男性相比，外省人和女性的代表性也相对较低。

学为96％，历史为87％），这个数字明显高于新兴学科（社会学为53％，心理学为50％），这些新兴学科在摆脱旧学科（如哲学）之后，才获得了自主的存在，它们尚未进入中学课堂，不会出现在招聘考试中，也没有自己的人才储备。[1]如果我们还考虑到，这些新兴学科的教师增长率明显高于旧有学科，那么我们就能理解，为什么新兴学科招聘教师的全新模式会与经典学科的模式大相径庭。[2]

功能性的替代

正如在所有实际选择中一样，负责招聘的教授会在所有实际选择中，心照不宣地接受一个不言自明但被粗略地等级化的标准系统，从而捍卫教师团体的社会稳定性。这是以一系列功能性的替代为代价的，并且当符合规定的候选人的储备过于薄弱时，或者当他们由于先前的招聘而被削弱时，他们就会更加受制于这些功能性的替代。根据不同学科的情况（即所需人力和合法求职者的储备之间的关系），他们不得不或多或少完全放弃与学历、性别和年龄有关的次要要求，这些要求是他们在招聘实践中心照不宣地（甚至无意识）纳入的标准（他们在大学等级序列中层次较高的学科任教，这些学科拥有大量最具稀缺属性的人力储备，因此他们的招聘标准会更加严格）。像法国文学这类占据大学等级序列较高层次位置的学科，其成员往往会经过非常严格的筛选，他们几乎都通过了教师资格考试，并且清一色都毕业于巴黎高师。

---

[1] 因此，社会学在人文科学院系中难以找到自己的立足之地，只在发放哲学学士证书时（伦理和社会学学士证书）才有些许归属感；社会学的教师团体，无论在招聘时，还是在研究风格上，都无法与哲学教师团体完全分开。随着社会学学士学位的设立，这门学科在1958年获得了独立，而这一时期也是大批学生涌入人文科学院系的时候。

[2] 参见附录2，表1(b)、表2(b)。

然而，在扩张期开始后招聘的教师中（这个数字是相对较大的，因为从 1963 年到 1967 年，教师团体的数量翻了一番，但即便如此，仍然没有耗尽十分庞大的人力储备），乌尔姆街（rue d'Ulm）[1] 的高师毕业生的比例有所下降，而圣－克鲁高等师范学院（École normale supérieure de Saint-Cloud）[2] 毕业生的比例则有所上升（这在以前是极为罕见的，至少在那些正统学科中是如此）。此外，更普遍的是，那些没有在巴黎高师取得教师资格的人数有所上升；与此同时，通过古典文学教师资格考试的比例有所下降，而通过语法或现代文学教师资格考试的比例则有所上升，从传统上看，这些学科的声名并不那么显赫。

因此，根据统计可知，就文学专业而言，1960 年后招聘的教师中，只有 20% 毕业于巴黎高师（乌尔姆街），但占 1960 年前招聘的 34.4%；相反，1960 年后招聘的教师中，有 7.4% 毕业于圣－克鲁高师，65.5% 是通过了教师资格考试的非巴黎高师学生，而 1960 年前招聘的教师中，这两项数据分别为 5.4% 和 58%。就古代语言专业而言，1960 年前就职的教师中，有 76% 通过了古典文学教师资格考试；与之相对，1960 年后就职的教师中，通过该项考试的只占 62.5%。相反，1960 年前，通过语法和现代文学教师资格考试的教师占 24%；而 1960 年后，这部分比例上升到 37.5%。

---

[1] 巴黎高等师范学院位于巴黎五区的乌尔姆街，因此法国人常用"乌尔姆街"来指代巴黎高师。今天，巴黎高师主校区位于乌尔姆街 45 号，对面的 46 号是巴黎高师生物系，理工科实验室则位于乌尔姆街 29 号。——译者注

[2] 圣－克鲁高等师范学院曾经是一所法国高等教育机构，位于巴黎西郊的圣－克鲁市，创立于 1882 年，创立之初旨在培养小学教员。1950 年，圣－克鲁高师学生获得了教师资格考试资格，毕业后可以担任中学甚至大学老师。1987 年，该校解散，其中人文和社会科学部分并入了丰特奈－圣－克鲁高等师范学院，自然科学部分则迁到了里昂，并入了里昂高等师范学院（École normale supérieure de Lyon）。——译者注

在那些声名并不那么显赫的学科中（如古代语言或历史学），人们会担心是否能在不造成"降级"的情况下扩大教师团体的队伍，而这也表现在教师招聘中：与他们上一代占据同样职位的教师相比，这些新招聘的教师在那些隐性或显性的教育水平等级上，往往处在相对较低的位置。而在那些位于大学等级序列最底层的学科（如地理学）任教的教师中，巴黎高师毕业生一直都只占很小一部分，他们通常都曾在文科竞考预科班就读，并且大部分人除通过教师资格考试以外，并没有其他更稀缺的头衔。在这些学科中，团体的防御逻辑并不体现在新招聘教师的学历文凭上，因为在这种情况下，高等教师资格同时构成了人才储备的下限和上限；相反，这种逻辑体现在女性教师的增加上，以及教师录取年龄段（教师正是在这个年龄段中被选拔出来）的增加上。

因此，1963年所有B级教师（助教、讲师）中只有15.2%是女性，而在1967年这一比例则上升至23.6%；另一方面，1950年前招聘的教师大多数在28岁之前就进入了高等教育界，但在相同的标准下，1960年后招聘的教师大多则分布于30～35岁。如果说，在古代文学和古代语言专业中，女性教师或年长教师的增长并不那么明显，那是因为在传统等级序列中位于底层的学科里，人们并不那么倾向于通过教师资格考试，也并不会强化这种倾向所带来的影响，因而这类学科相对而言更能向科学研究敞开大门。

实践感策略倾向于维持团体的社会稳定状态（homéostasis），这会让人联想到婚姻策略：在性别比例（sex-ratio）失衡的情况下，那些属于少数性别的个体的适婚年龄（尤其可能会围绕这个年龄呈离散分布）会发生变化，这会让市场的重新调整成为可能，从而让每一个社会团体的成员都能找到配偶,并且从婚姻结合的关系上看,他们也无须在那些最相关的标准上妥协,例如经济与社会地位。[1] 人力储备的相应增长,可以通过降低进入高等教育界的年龄来实现,或者相反,通过从中等教育界中选取相对年长的教师进入高等教育界以确保这一增长,这些中学教师进入教育行业已久,曾经会由于"超龄"而无法进入高等教育界,但教师团体的扩张给了他们第二次机会。这两种策略从来都不完全相互排斥;如果说在两种策略之间,后者似乎在那些最传统的学科中占上风(首先是古代语言,其次是文学),这很可能是因为,这些学科的教授会特别敏锐且不耐烦地感受到局势的变化所带来的例外状态,并且会尝试用风险最小的方式来降低这种例外状态的影响。这也是为什么,他们会试图在另一种截然不同的形势下,无意识地再生产他们自己的职业生涯模式:值得注意的是,大多数助教进入高校的年龄与负责招聘他们的教授在二十年前入职的年龄相仿,后者也在高中教过 10~15 年书,但他们进入院系时级别往往更高,通常是副教授。

1950—1960 年,在古代语言专业中,87% 的教师在成为助教或讲师时不到 32 岁,而 1960 年后,只有 59% 的教师不到 32 岁;在 1950—1960 年,13% 的教师在成为助教或讲师时超过 35 岁,而 1960 年后,这一比例则上升到 28%。同样,在文学专业中,女性担任 B 级教师的比例从 1963 年的 19%

---

[1] 为了分析了第一次世界大战后婚姻市场的动荡,哈布瓦赫展示了"男性人口——1900—1915 年出生的年龄层,以及在战后处于 23~38 岁这一年龄层的男性——的大幅减少(减少了约四分之一)",是如何"提升年轻人在年龄等级中的地位的(这或许也会让某些最年长群体的等级有所下降)"(参见 M. Halbwachs, La nuptialité en France pendant et depuis la guerre, *Annales sociologiques*, série E, fascicule 1, 1935, pp. 1-46。随后,哈布瓦赫将这一分析收录在《社会阶级与形态学》[M. Halbwachs, *Classes sociales et morphologie*, Paris, Éd. de Minuit, 1972, pp. 231-274] 中)。

上升到 1967 年的 34.6%。1950—1960 年，有 40% 的教师在成为 B 级教师时年龄低于 30 岁，有 27% 的教师超过 35 岁；相比之下，1960 年后，只有 25% 的教师在就职时年龄低于 30 岁，而有 33% 的教师超过 35 岁。相反，在历史学这样的学科中，就其人力储备规模和增长率而言，它所占据的位置几乎与古代语言相同，其储备规模的上升，是通过降低教师进入高等教育界的年龄而实现的：1950—1960 年，有 50% 的历史教师在成为 B 级教师时在 32 岁以下，30% 在就职时超过 36 岁；与之相对，对于那些在 1960 年后担任同样职位的人，57.8% 在 32 岁以下，只有 23% 超过 36 岁。

尽管人们有时会声称，大学人数的增加会不可避免地造成"中等教育化"（secondarisation），并以此来为这种招聘形式辩护，但是对某些学科而言，求助于那些已经通过教师资格考试的年长教师，的确是这些学科真实情况最明显的标志，因为在这些学科中，中等教育和高等教育之间，无论在方法上还是传播的知识上，几乎都没有差异，这样一来，那些已经在中学任教了几年的老师们也可以前往高校任教；此外，由于教育系统和它应传播的文化出现了危机，这些学科中的年轻教师，哪怕像巴黎高师毕业生这样专为当老师而量身定做的人群，也可能会对教育系统的可持续发展构成一定威胁。为应对这一危机，经典学科的教授们要么会选择那些通过了教师资格考试的"年长"教师（他们不具备任何异端性的能力，也不太倾向于与他们导师的文化相对立，因此，当获得这最后一次晋升的机会后，他们至少会暂时地更加依附于教育系统），要么会选择那些最年轻的教师资格考试通过者，他们的资格证书确保了教育机制的再生产。这些经典学科的教授们会或多或少有意识地避免教育产品的生产者和消费者再生产模式的突然转变，以避免他们"技术上的老化"和他们专业能力的贬值：此一招聘政策的关键，首先在于对教育再生产模式的永久化，而教师的专业能力就是此一模式的产品；此外，市场的存续也是关键，只有这才能赋予这些产品以价值；同时，确保客户群不断出自文科预科班和教师资格考试，也是关键之一。而如果我们知道，正是在教师资格考试（所有课程和竞考的最终目标）的支配之下，主导着此一竞考的种种知识分子规范都会强加在所有教师、所有低阶教学上（无论是在准备学士学位时，还是在撰写硕士论文时），那么我们就能理解，为什么教师资格考试能凌驾于其他标准之上，具有绝对的特权。

那些新兴学科并不依照相同的逻辑运作。由于缺少专门的人力储备，这些学科的正教授们会从通过了正统学科（尤其是哲学）教师资格考试的人群中招聘新教师；但尽管如此，他们也无法把次等教师的招聘范围完全限制在通过了教师资格考试的群体中：长期以来，在人文学科教师中，通过了教师资格考试的老师所占的比例几乎都保持不变，但在1960年后，这一份额在所有新兴学科中都显著下降，例如，在1960年前被聘任的心理学教师中，通过这项考试的人占44.4%，1960年后就职的老师中，这类人只占22.8%；而在社会学教师的相关范畴内，通过此项竞考的人从71.5%下降到42%。但根本上，在这些新兴学科中，教师们在数量上和社会层面（至少从某些方面来讲）都会受到研究人员的支配，后者会引入一些新的倾向，并将其强加在前者身上，它们完全不同于旧大学秩序中所通行的倾向。那些在大学中地位显赫（至少直到1967年本调查进行时依然如此），甚至一定程度上在研究招聘的机构中也举足轻重的教授们,很可能会在教师招聘的层面上,竭力维持某些招聘原则,而这些原则与传统学科的招聘原则的差异并不大(传统学科会持续吸引那些超过整体平均水平的、具备更强学术资质的研究人员)。[1]然而,事实是,正教授和次等教师或研究人员(至少在1945—1960年,他们通常是正统学科客户群内,一种消极选择的产物)之间的差距不断增长;并且,这种不利于方法论层面共识的离散状态是极端的,甚至在不同的规章制度范畴内也是如此。

在同一学科的教师中,教学培养、学习经历和学历文凭的多样性,都会随着从市场相对饱和的传统学科到新兴学科的方向不断增长:所以相应地,在B级教师中,上过竞考预科班的学生的比例,会随着从传统学科(文学33%,哲学32%,古代语言25%,历史21%,英语20%)到新兴学科(语言学18.8%,心理学16.3%,社会学8.4%)的方向不断降低。在这些新兴学科中,教师们接受的教学培养时间较短,且主要集中在公立大学中,他们在学业成绩上(好评率方面)可能不太优异,并且与传统学科的教师相比,他们无论在个人学习经历(他们会累积好几个不同学科的学士学位证书)还是在集体经历方面都不尽相同:同一学科成员所拥有的学历文凭的多样性,以及他们在教学培养中的学科异质性,都会随着从传统学科到那些最近才获得认可的新兴学科的方向而不断增强。同样,传统学科的教师几乎都从中等教育界开始

---

[1] 因此,我们可以观察到,与留在研究所的研究人员相比,那些离开研究岗位、进入高等教育界的社会学研究人员受教育的水平更高:在成为教师的B级研究者中,有46%通过了教师资格考试或者毕业于巴黎高师,而所有的B级研究者中只有9.5%通过了教师资格考试或毕业于巴黎高师。同样,对A级研究者来说,50%成为教师的研究者通过了教师资格考试或毕业于巴黎高师,而在所有A级研究者中,这一部分只占21%。

他们的职业生涯，但有相当大一部分新兴学科的教师直接进入了高等教育界，尤其是研究领域（并且他们被招聘的时间越晚近，也就是说，他们越年轻，这一部分的比例就越大）；他们曾经从事过各种各样的活动，但这些活动往往与他们目前的职业无关。

之所以不同社会科学专家在学历文凭上，以及他们所接受的教学培养种类和层次之间存在巨大的差异，是因为招聘负责人无法诉诸传统的招聘模式：尽管社会科学独立于中等教育（直到最近，社会科学的教师们并不一定需要通过教师资格考试，也并不一定需要在中学任教），但招聘并不能从这种自由中获益，因此无法制定特定的评估标准和要求，也无法将它们强加在招聘中。而在自然科学院系中，很可能由于教师资格会考课程与科学研究之间的鸿沟在此更为清晰可见（至少数学和物理学专业是如此），所以人们在此制定并强加了新的评判标准，这些准则大多属于科研活动的范畴，例如第三阶段博士论文；然而，那些曾经最独一无二的学位头衔，例如通过教师资格考试，在科研市场上则会越来越无用，并且只有当它们与科研头衔联系在一起时，才有可能获得最大的收益（以下事实可以证明这一点：B 级教师的数量和第三阶段博士论文的数量以近乎平行的方式增加；相反，教师资格考试这一头衔似乎只剩下招聘中学教师这一官方考试的职能）。而在人文院系的新兴学科中，尽管在没有通过教师资格考试的群体里，获得第三阶段博士学位的比例的确较高，但此一学位还远远不是进入高校或研究所的必要充分条件：教师资格考试的头衔（更不用说从巴黎高师毕业）显然得到了招聘负责人的认可，并且直到 1968 年，也受到了法国国家科学研究中心各个委员会的认可，因此大多数通过教师资格考试的人打算或已经在从事科研工作，但他们往往并没有获得第三阶段博士学位；相反，获得了第三阶段博士学位，并不意味着必然会成为讲师，甚至不一定能成为助教——但如我们所见，这也并不意味着，既没有通过教师资格考试，又没有获得第三阶段博士学位，就完全无法进入高等教育界。

因此，在一门像社会学这样的学科中，拥有或正在准备第三阶段博士学位的教师比例相对较高，在 B 级教师中，没有获得第三阶段博士学位，或者至少没有表明正在准备这一学位的人群只占 28%；相比之下，他们之中通过了教师资格考试或者毕业于巴黎高师的人占 85%。尽管如此，在那些既没有通过教师资格考试，也不是毕业于巴黎高师的 B 级社会学教师中，只有不到一半的人（44%）通过了第三阶段博士论文的答辩——而这些人中有很大一部分，在拿到这一学位时就已经在高校工作了。

由此我们可知，某个人之所以能进入某个团体，是因为不同的负责人（尤其是研究团队主管）具有专断性，他们的选择最终会得到整个团体的批准和认可[1]；相应地，获得研究的机会，以及（越来越多）进入高等教育界的机会，往往至少取决于在大学层面有利可图的社会关系的程度、多样性和质量，从而取决于居住地和社会出身，而不是取决于教育资本。招聘标准的缺失或不连贯，会让那些渴求某个研究职位的人（他们不可能不知道，个人所表现出的特性与职位的客观特性之间的关系几乎完全是随机的）在求职时既自信（因为没有什么是不可能的），又焦虑（因

---

1 正如我们在近年来对"编制外"（hors-statut）人员的大规模整合中所看到的那样。

为没有什么是确定的）；这可能会让他们依附于某个强大的保护者，或是试图累积各种最多种多样的头衔，来增添自身的稀有性。

继承的危机

曾经，大学系统往往会通过生产那些具有社会性和学校教育性特征的教师，来确保自身的再生产，这些特征几乎都是恒定且同质的，因此无论是在某段时间里，还是在某个其他的时刻，它们都是可以互相替换的。更确切地说，随着时间的推移，系统的恒定性假定，所有等级的教师们都具备一种大学习性（habitus universitaire），这类似于莱布尼茨所说的"内在法则"（lex insita），即社会团体的内在法则（loi immanente），这种法则内在于生物体中，它会让个体行动者在既没有意向、也没有意识的情况下，实践并服从于这一法则：甚至在没有任何明文规定的条例且并不要求任何明确秩序的情况下，那些渴求某一位置的人往往也会让自身与模式化的（也就是说，在某个特定时刻，对某一特定范畴而言是符合规范的）轨迹一致；在大学市场上，那些学历具有某一特定价值的人，只会渴求某个真正稀缺的职位，此一职位的价值，与他所拥有的学历的价值是互相匹配的。或者更确切地说，与那些拥有相同学历的人获得这一职位的平均年龄相比，如果他们更年轻，那么他们会认为自己无权获得这一职位；如果他们更年长，他们则会倾向于申请这一职位。所谓的好学生，就是能适应系统节奏的人，他们清楚了解并能感觉到自己是年轻还是年长，并会因此采取行动来保持或消除距离；同样，所谓循规蹈矩的教授，就是在正常的年龄将结构内在化（ayant incorporé la structure）的人，他总是清楚自己过于年轻或过于年长，所以无法申请某一职位，或是要求某种好处或特权。

教育体制会依照快乐原则（principe de plaisir）和现实原则（principe de réalité）来运行，它会激发求知力比多（libido sciendi），以及在前者的隐藏之下、受竞争的刺激而产生的控制力比多（libido dominandi）；但教育体制也会为这两种力比多划定界限：它会在可以正当获取（甚至在知识方面）的东西，与可以正当地希冀、需求和喜爱的东西之间，划定一条内在的界限，而这也是长期以来，初等教育（"小学生"）和中等教育之间的界限。正是通过这些方式，教育体制才勉强在平衡阶段让所有行动者在它所提议的游戏（jeu）和博弈（enjeu）上投资，而不使它在其中一些人身上会不可避免地引起的挫折感转变为对投资原则的反叛，换句话说，转变为对游戏本身的反叛。无论是在巴黎高师入学竞考中"恰好落榜"（premier collé）的悲剧，还是圣-克鲁高师的毕业生自称为"高师毕业生"（normalien），就像他们把自己当作了巴黎高师毕业生一样，这些做法看似在不断努力以否认自己的失败，实则一直在重复着自己的失败；这证明了，教育体制会让那些被排除在外的人，不对排斥的原则（principe de l'exclusion）提出任何异议。

通过这些分析，我们可以更好地理解，构成教育体制及其秩序的时间结构（这种继承秩序每时每刻都会被转化为年龄和等级之间的特定对应关系）所发生的客观转变，很可能会造成破坏性的影响。为了挽救最重要的部分，那些负责招聘的教授会不顾一切地选择通过了教师资格考试的人，即使他们不是巴黎高师毕业生，抑或他们是女性或者年纪太大（根据旧时的规范标准而言）也没关系，而这也意味着，他们就这样毫不知情地成为教师团体的优秀捍卫者：事实上，我们可以预料到，那些行动者遭受并接纳了教育体制如钟摆（pendulaire）一般的操纵，所以他们不仅会将机构的法则视作内在法则，还会依据机构的法则所规定的机会，来调整自己的愿望。因此，如果负责培训和选拔教师的机构能够向所有教师灌输一种强烈和持久的倾向，以承认教师团体的种种等级序列和价值观，那么，教育体制或许本可以控制住由学生人数增长所造成的影响；然而实际上，由于缺乏足够的、完全认同其价值观的人力储备，人们不得不招聘那些逃离了传统教学培训方案，且不认同"内在法则"的行动者。

招聘实践的转变为教育行业带来了两类教师，由此，那些先前被教育体制完全排除在外的人，即那些对自己的预期并不合理的人也能够进入体制内：第一类教师虽然拥有某些旧招聘模式所要求的属性，但它们早晚会发现，自己获得的是一种虚假的晋升，因为他们所占据的职位已经不再是他们进入教育界之初所获得的职位了，并且他们现在的职位已不再包含职业的确定性，而以往，受惠于这种招聘模式的人都会心照不宣地拥有这种确定性（以下事实也证明了这一点：助教人数远超教授人数，这会让新晋升者的比例不断增长，但似乎也使他们注定停留在等级序列中较低的职位上）；另一类教师则并不具备旧时招聘所需的各类学历学位，尤其缺乏各种与之相关的倾向，他们很少会将自己进入高等教育界视作奇迹般的认可，但也不太愿意接受并满足于地位较低的职业生涯。这些新加入团体的成员并不拥有那些特别的属性和倾向，而过去只需要这些，就能让几乎所有进入高等教育界的人平步青云——无论是通过了语法学教师资格考试，并在 35 岁时成为讲师的老师，还是 28 岁就能当上助教的社会学学士。因此，所有这些情况都意味着，新加入团体的成员会逐渐了解到，如果继续维持过去的职业生涯规范（如拥有在调查期间巴黎各所大学的终身教授所拥有的那些属性），那么在相当长的一段时间里，他们都不可能违抗他们曾从中获益的招聘规范。[1]

在职业生涯的晋升程序没有任何真正改变的情况下，招聘模式的转变会让次等教师分成两类，这两类教师的职业生涯、他们接受的教学培养以及招聘标准都不尽相同：一方面是助教和讲师，他们注定会获得内在于他们位置中的职业生涯利益，因为这在教育体制以及机会结构此前的状态中就已经确定下来；另一方面则是在次等职位上度过整个职业生涯的人（一等讲师，或是自然科学领域的、有正式编制的助教）。在同一时期，不同位置在形式上的同一性，掩盖了不同潜在职业轨迹之间巨大的差异，这些差异与教育资本有关，而各种潜在职业轨迹则是教师们对教育体系采取开放立场的真正动因。我们可以从职业轨迹的倾向（pente）这一简单指标中，看出这些差异，所谓的倾向，是指在（相同学科的）某个职位上的相对早熟（précocité），而这种早熟总是与拥有某些属性有关，例如巴黎高师毕业生或通过教师资格考试，它们有助于职业生涯的加速和成功。并且这些职业轨迹中的潜在差异，对应着某些与教育系统完全不同的关系（甚至也与那些头衔或属性不同，而看起来似乎正是这些头衔或属性构成了这些差异）。例如，那些没有通过教师资格考试的助教或讲师会比通过

---

[1] 被迫改变招聘原则和维持晋升原则之间的差距，很可能是一个非常普遍的现象，每当一个团体试图保护自己免受新进入者的质量和数量带来的威胁时，就会出现这种现象，例如在市立图书馆职员那里（参见 B. Seibel, *Bibliothèque municipale et animation*, Paris, Dalloz, 1983, p. 95）。

了的更倾向于废除这项考试（74%对44%）；而在那些通过考试的人中，那些在更年轻时就担任了这类职务的人，会更倾向于废除这项考试，例如，在那些通过了考试的助教中，小于30岁的人会比大于30岁的人更倾向于废除这项考试（48%对42%），在讲师那里的情况也是如此。[1]如果我们考虑到，教师资格考试通过者这一头衔会确保新进入团体的人得到某些职位，并且这些职位的价值与拥有此一头衔并无关系，那么这种关于教师资格考试的自由态度就是可以理解的：这也就是为什么，对教师资格考试和相关的教学培训的批评，几乎仅出现在那些通过了考试的教师那里，由于他们在教育体制中占据较高的位置，或是属于以研究为导向的学科，因此与教师资格考试无关的价值观才能加诸他们身上。[2]根据同样的逻辑，我们也可以理解，为什么那些没有通过教师资格考试，并且相对于其职位等级而言年纪过大的讲师，会尤其希望从新的大学管理机构中得到救赎：例如，与那些同龄但已经通过教师资格考试的讲师相比，那些超过35岁还没有通过考试的讲师会更倾向于认为新的大学组织架构的权力是不够充分的（前者比例为21%，后者比例为62%）；我们也可以在30岁以上的助教那里观察到相同的差异，但差距没有那么大：通过考试的45%，没有通过的40%。此外，我们也可以理解，与1968年5月危机时期人们能想到和写下的相反，造成不同院系之间分裂的冲突并没有让不同年龄世代之间相互对立，而是造成了不同大学

---

[1] 这些统计数据来自由科研扩张研究协会（Association d'études pour l'expansion de la recherche scientifique）于1969年进行的对全国协商会议（Consultation nationale）的答复的分析（关于本次调查，参见附录1）。
[2] 更普遍而言，这项调查指出，教师们目前的价值越是独立于某一属性（拉丁语、通过教师资格考试、毕业于大学校），他们对这一属性就越不感兴趣，即使一开始必须拥有该属性才能获得这一价值。

世代（générations universitaires）之间的对立，也就是说，造成了由两种不同的大学世代模式（modes de génération）所产生的行动者之间的对立，即使他们同龄也是如此。无论他们是年长、地位已然稳固，还是尚且年轻、将在教育领域大有所为，那些作为旧世代模式产物的教师会竭力维持他们在院系招聘层面没能成功捍卫的职业生涯差异；而无论他们是已经年长、具备旧有招聘模式下所要求的最低学历学位，还是尚且年轻、没有这些学位头衔，那些在新招聘模式下被聘用的教师则一定会发现，只有调整职业生涯的法则，他们才有可能获得他们刚进入大学时所希望取得的优势。我们只有认识到，从实践的规律性（régularité）中事后得到的种种规则（règles）绝不是被明确规定、被有意识应用的规则，并且认识到，觊觎某一职位的人会或多或少有意识地通过合谋来决定自己晋升的节奏，我们才能够理解，为什么这样一种觉悟（prise de conscience）本身，会构成客观上的变化，而此一变化会从本质上让整个机制陷入停滞。

无目的的合目的性

以上统计数据揭示了全体行动者行为的内在逻辑，也会鼓励一系列理论上的、交替出现或同时出现的错误。我们只有通过语言的自动性（automatismes），引入机械论或目的论的行动哲学（这种哲学似乎是事物本身所固有的），才能准确地说明对规律性的统计观察。最极端的语言学意义上的警惕性，以及所有类似于"一切本就是如此"（tout se passe comme si）的表达，都无法阻止那些受到某些思维习惯，尤其是与政治观有关的思维习惯影响的读者，看到某种神秘机制或某种集体阴谋论的效应，因为不同学科

（作为一种集体性的主题，它会同时鼓励集体的机械论和目的论）都欢迎那些尽一切可能符合旧招聘原则的行动者（这些原则很快会被视为正式明确的规则），也就是说，人们会尽可能招募那些高师毕业生（成绩优异的）、通过教师资格考试的人（名列前茅的）、男性（不言而喻）、年轻的人，即那些"杰出者"。最有可能的解读，是将统计数据的结果理解为聚集了各种行动的产物，它们建立在清晰理性的计算之上；或者，更糟糕的解读，是把那些在日常论战中被称作"学阀"（mandarins）的人的行动，理解为一种集体性、有意识、有组织的策略的产物，为的是捍卫集体利益；但所有这些都没有论及，这样一种共谋（conspiration）的前提条件到底是什么：事先磋商、对现行"规则"的明确认识、对新的领导原则的明确立场，以及让这些规则得以强制施行的等级序列结构等，正是这些前提条件让密谋成为可能。我们必须看到，有些条件显然并没有得到满足，就像统计数据所显示的那样，那些补偿性的替代等级序列并不完全严格：例如，在一位通过了教师资格考试的女性，与一名年长的高等教师（un agrégé vieux）——他并不一定是一名"老资历"的高等教师（un vieil agrégé）[1]——之间，应该选谁呢？但是，我们只要在科学报告中，使用带有"机械论"的合适语言（如谈论类似"招聘机制"这样的问题），就可以把大学团体想象为一种能够生产客观规律性的装置，并且这种生产不受任何行动者有意识或无意识的介入的影响。人口学家以及所有试图把历史还原为一种自然史的人，通常会屈服于一种

---

[1] 此处，布迪厄利用法语中形容词位置的区别，玩了一个文字游戏。其中，当形容词 vieux（老的）位于名词 agrégé（通过了教师资格考试的高等教师）之后时，意为"年老的"高等教师；而当形容词 vieil（老的）位于名词前时，则指"老资历的高等教师"，即那些很早就通过了教师资格考试的教师。——译者注

4 对团体的捍卫与平衡的打破

自发的物理主义（physicalisme），而这种物理主义并没有完全把目的论（finalisme）排除在外：一种控制论的机械论（mécanisme cybernétique）模型，会被编排为能记录自身行动的影响，并对此做出反应的完美神话（mythe），其目的是解释能让保守的科学主义赞叹的、对平衡的神秘回归。因此，我们往往会把教师团体（这些字眼是具有诱导性的）设想为一个具有神秘的内部平衡机制（mécanismes homéostatiques）的有机组织（organisme）；在行动者所有有意识的介入之外，这些内部平衡机制倾向于恢复受到威胁的平衡："身体的智慧"（此处，我们借用了坎农[Cannon]的经典著作《身体的智慧》[The Wisdom of the Body]的标题[1]）试图维持的诸多有机常量（constantes organiques）之一，便是助教团体中教师资格考试的通过率。[2]这种智慧的原则，即"隐德来希"（entéléchie[3]）决定并指引着行动者的行动，虽然行动者们是无意识的，但最终能适应最符合他们个人和集体利益的集体目的（fins collectives）。然而，我们要去何处寻找这种智慧的原则，这种"隐德来希"呢？

只有当我们把这些内部平衡机制看作某些策略的组合（不可简化为单纯的机械聚合）而形成的产物时，并且当这些策略产生于客观协调的习性（habitus objectivement orchestrés）之时，我们才能解释实践的统计规律性以及由此产生的目的论表

---

1 沃尔特·坎农（Walter Cannon，1871—1945），美国生理、心理学家，提出了有关身体内部稳态平衡（homeostasis）的理论，代表作为《身体的智慧》。——译者注
2 此处布迪厄的论述，与法语中 corps 一词的多义性有关，该词既可以表示"身体"，也可以表示"团体"，还可以表示"有机体"。布迪厄在讨论 corps professoral（教师团体）时，也将其视作一个"有机体"，并引入了坎农关于"身体"的理论，来论述教师团体中的动态平衡体系。——译者注
3 法语词 entéléchie（英语为 entelechy）来自古希腊语 ἐντελέχεια，意为"完全实现"，隐德莱希是其音译。亚里士多德用该词来表示每一事物所要达到的终极目的，即最完全的实现。——译者注

215

象，而不必赞同与行动者的领域有关的主观目的论（téléologie subjective）——在这种情况下，行动者们会被理性地导向同一个目的，即捍卫支配者的特权；我们也不必赞同集体性的客观目的论（téléologie objective）——在这种情况下，集体会被拟人化，他们会追求自身的目标，即捍卫教师团体。[1] 但是，人们已经非常习惯于依据这种两者择一（alternative）的方式来思考历史，以至于任何试图超越两者择一的企图，都可能会招致某种其他日常思维模式的压制。[2] 我们只有不断与普通语言对抗，才有可能避免这种逐渐转变；但正因如此，这种转变就更有可能发生了。所以我们只要把政治所钟爱的某个集体名称之一作为句子的主语，就足以构成被指定为历史主体的"现实"了，而这些主体能提出并实现自身的目的（例如："人民要求……"[le Peuple demande...]）。这种社会拟人化（anthropomprphisme social）所隐含的客观目的论，与一种自发的自我中心主义（personnalisme）和谐共存，这种自我中心主义也内在于日常语言中以主语为导向的句子里，而日常语言类似于小说叙述，会让我们将个体或集体的历史视作一连串决定性的行动。因此，社会学家面临的书写问题与小说家所面临的非常相似，例如维克多·雨果的《九三年》（*Quatrevingt-treize*），尤其是福楼拜，他们希望与"主人

---

[1] 长期以来，我都在揭露我所谓的最糟糕的功能主义（fonctionnalisme du pire），并借助习性的概念，来解释由某些集体产生的客观目的论的表象。我完全不承认那些强加于我身上的标签，例如"社会学主义"（sociologisme）、"极权式现实主义"（réalisme totalitaire）或"超功能主义"（hyperfonctionnalisme）。对此我还要再强调一遍吗？（参见 F. Bourricaud, Contre le sociologisme: une critique et des propositions, *Revue française de sociologie*, 16, 1975, supplément, pp. 583-603；以及 R. Boudon, *Effets pervers et ordre social*, Paris, PUF, 1977）

[2] 例如，我想到了一篇对我某本书的书评（顺便一提，这篇文章写得很到位），作者这样写道："这种（语言的）能力类似于一种资本，它以区隔（distinction）和权力为报酬。持有这种资本的人就如拯救一个市场般捍卫这种能力，并且留意着语言资本，以保持其不平等的分配。重要的是，在日常言语之上，有一种专深的（érudite）语言占统治地位，它难以理解，并且只能被书写、出版或是作为例证被引用。"

公 / 英雄"（héros）这一享有特权的视角决裂，就像滑铁卢战场（Waterloo）上的法布利斯（Fabrice）一样[1]，从而让我们想起"战场的情况"，正如米歇尔·布托（Michel Butor）所说的那样，"使我们得以从中推断出每一个参与其中的个体的活动与印象"，或者更普遍地说，是为了"揭示历史场域，个体就像铁屑般，被卷入其中"[2]。所以我们必须摆脱机械论的观点，这种观点会把行动者降格为被抛入力场（champs de force）中的简单粒子；为此，我们需要重新引入的，不是那些试图在有限的范围内实现自身偏好的理性主体，而是那些社会化的行动者，尽管他们在生物学意义上是个体化的，但他们被赋予了超个体化的倾向（dispositions transindividuelles），因此往往会实施某些经过客观组织、或多或少能适应客观需求的实践活动，我们不能简单地将这些活动归结于结构性力量，但它们也并非来自个体的独特倾向。

学者的姿态可能会让我们误解他们实践的"选择"逻辑，而这种逻辑往往是未经算计的，并且缺乏明确界定的标准[3]：问一个"老板"如何选择他的助教，就像问他根据什么标准来择偶一样毫无意义。[4] 但这并不意味着，在这两种情况下，他都没有根据某些实践选择原则，或是某些感知评估模式来行事；我们对团体选拔新成员的所有实践行为做了统计，正如事后的统计结果所揭示的那样，种种原则和评估模式的累积效应并非完全偶然。看似由

---

[1] 法布利斯是司汤达（Stendhal）的小说《帕尔马修道院》（La Chartreuse de Palme）中的主人公。小说中，他作为一名下层士兵参与了滑铁卢战役，在看到内伊元帅的英姿后，他自言自语道："我永远不会成为一个英雄了。"——译者注
[2] M. Butor, *Répertoire*, II, Éd. de Minuit, 1964, pp. 214 et 228.
[3] 当科学调查试图在人为的情况下理解分类行为和被采纳的分类标准时，这种学者的姿态中所固有的错误就会更加严重。
[4] —"是谁提议您进入高等教育界的？"—"三言两语很难讲清楚。当我在巴黎高师读书时，当时的校长是布格勒（Bouglé）先生。他对我关照有加，提议我开始着手准备一篇博士论文。正是因此，后来的三年里，我一直在巴黎高师担任他的课程助教。那是我职业生涯的开端。当时，要进入高等教育界是非常困难的。"（某哲学教授，1972 年）

教师团体组织起来的集体防御，实际上只不过是诸多虽各自独立、但协同一致的再生产策略汇集的结果，诸多行动有效地促进了对教师团体的保护，因为它们都是社会保存本能（instinct social de conservation）的产物，而这也是统治阶级的习性之一。

各种通常以无意识、不协调的方式应用于社会学分析中的行动理论（philosophies de l'action），实际上与事实是完全不相符的；为此，我们只须引入对个人和集体行动目的论观点（理性行为理论）的实验性驳斥，作为向着"对现实运作的描述"的过渡，从而挑战传统的二者择一的立场，就能证明这一点。实际上，我们清楚，1968年的危机促成了教师们集体行动逻辑的深刻转变，并以一种有意维持现状（statu quo）的、经过共同商讨的行动，来取代由"精英"之间的团结一致所引起的一系列自发组织的行动：从支配者的观点来看，对理所当然、不言自明的大学秩序的抗议，会引起反动保守的动员（mobilisation réactionnelle），这种动员往往会将一种扩散的、难以理解的共谋关系（它以某种网络为基础，而此一网络建立在习性的相似、共同的记忆、巴黎高师的同窗友谊之上），转变为一种积极且制度化的团结一致（它建立在某些组织机构的基础之上，例如自治工会，它们旨在维持或恢复秩序）。[1] 自此，组成旧秩序的一切——无论是强加在每个属于同一世界的个体身上的、难以察觉的自由与默契，还是在同一家族不同代际之间都互相通用的、受人尊重的亲密——都被废除了。我们可以看到，一些新的人物将会出现，他们会去捍卫那些非常

---

[1] 我们不必赋予高等教育全国总工会（SNESup）或国家教育总工会（SGEN）以"进步主义"的专利，就能清楚认识到自治工会（Syndicat autonome）的保守主义倾向；所有这些分析的目的，就在于揭示那些在公开的对立之下所隐藏的东西。

理所当然，以至于没有人会想到应该去捍卫的东西；他们通常是行政人员或来自敌对阵营的"叛徒"（transfuges），总之是一些次要人物，并且因为那些老一辈支配者的退休，他们才被推到第一线。由于与行政管理机构有关的政治化和职业化，那些常常被旧权威所轻视的匿名发言人，如今就像人们所说的那样，"掌管了一切"（prise les choses en main）：他们的目标是让各种属性和资历组成明确的"入场券"，而在旧状态下，这些目标只有在不被如此提出时才能实现；并且在过去，我们只能通过与巴黎高师的声誉有关的那些不成文的指标，或是通过高师那些无法造假的传闻，才能理解这些属性与资历。他们从一个经过了精挑细选的俱乐部（我们并不需要为新成员的加入而作辩护）到教师团体工会（syndicat corporatif）的转型中，汲取了一切可以汲取的成果和利益。他们甚至还由此强化了他们声称要反对的逻辑：他们努力减少各种自由之间明显的不一致以及老板之间的矛盾、冲突和竞争（这些都掩盖了他们对共同价值不谋而合的共识），并且试图让雇主工会的联合阵线与其他工会的联合阵线（他们主要为次等教师所主导）相对立；简单来说，就是使他们只是或多或少带有连贯效果的行为（来自各种习性的自发协调）转化为组织严密的防御计划，从而强化了各种类别之间的断裂，而他们试图与之抗争的正是此一断裂；此外，他们尤其有助于摧毁旧秩序的主要基础之一，即无知（méconnaissance），或许我们也可以称之为信仰（croyance）：在各种俱乐部中，模糊性具有某种社会功能，并且最无懈可击的标准，往往正是那些最难以界定的标准。[1]

---

1 参见 P. Bourdieu, *La Distinction*, op. cit., p. 182。

时间性的秩序

　　使教师群体分裂的危机，是一场信仰危机：在这种情况下，各种制度性的壁垒是一些神圣的、我们必须承认的边界。如果我们想理解这场危机，就必须理解信念的秩序（ordre doxique）所蕴含的真理；危机正是与之决裂，并且决裂本身也使危机变得可以理解。我们若是想描述教育体制的两种状态——建制的（organique）和临界的（critique）——就必须描述这两种状态之间的关系；教育体制会在这两种状态之间摇摆不定，而临界状态则像是分析建制状态的工具。旧的招聘模式是一种预先选拔新成员的形式，在这种模式下，年长的人选择的并不是充当次等职位的下属（自此，他们会以讲师的职称进入体制内），而是他们潜在的同辈，有朝一日这些人还可能会取代自己。因此，旧招聘模式的基础，便是要心照不宣地接受对某一职位的定义以及获得某一职位的条件，也就是说，要接受某些选拔标准，而当这些标准以一种不言自明的方式运作时，它们会更具有强制性，例如对"精英"的选拔。旧招聘模式只不过是一种针对进入教师行业的最低条件（也就是消极条件）的最低限度的共识，或者更准确地说，只是对进入该团体的资格的最低限度的共识：因为尽管人们没有公开宣称这一点，但所有人都一致接受这些标准的价值，而这些标准，例如巴黎高师的文凭，便是他与同侪共同的价值观基础；至于那些不曾毕业于巴黎高师的老师，则会尽可能让自己身边充满高师毕业生，以视对这一身份的认可。因为其他教师也遵循相同的标准，所以没有学生会想到要拒绝或质疑他们的选拔标准。因此，教师团体共时和历时性的同质性，建立在对所有习性所达成的一致之上，这些习性是相同的选拔和培养条件的产物，它们会产生在客观上协调一致的选拔实践，尤其是一些选拔的程序。

如果说大学等级制的危机集中体现在教授和讲师之间的对立上，那是因为，与助教（尤其是年轻的助教）相比，作为新招聘模式典型产物的讲师（尤其是那些较为年长的讲师）以及专职教师（chargés d'enseignement，某种意义上可以称之为"准"教授），尤其会感受到一种激烈的矛盾：内在于他们招聘之中的那些允诺和希望与他们真实的未来之间的矛盾；而他们真实的未来，实际上只能由固定不变的职业生涯程序所确保。在教育体制以往的状态下，助教们的数量并不比正教授的数量更多，并且他们几乎全都通过了教师资格考试，且清一色毕业于巴黎高师，与教授们相比，助教们只在任职时间的长短上与他们有所区别，其他方面的差异非常小。这种差异既微乎其微，但又是绝对的，就像任何建立在再生产之上的社会秩序一样。这种差异之所以是微不足道的，一方面是因为他们的整个职业生涯都或多或少是完全可被预料的（虽然这并不妨碍那些已经习惯于按照生存竞争的逻辑来解释职业竞争的行动者，他们认为这些差异之间是无法相提并论的，然而这些轨迹之间的差异实际上完全微不足道）；另一方面也是因为教授席位的数量非常固定，这就导致必须等到一个学者的生命周期（cycle de vie universitaire）结束以后，另一个才会开始。但与此同时，不可压缩的时间间隔将占据不同职位等级的教师分割开来，这在他们之间形成了一道难以逾越的差距：由于教授和助教在同一个大学周期内被分隔开，所以他们不会去竞争相同的职位、职能和权力。

在教师团体中，无论年轻还是年长，他们都拥有相同的大学贵族（noblesse universitaire）头衔，即拥有相同的本质，但他们实现这一本质的程度并不相同。教师的职业生涯，只不过是等待本质最终实现所需的时间。助教是大有前途的；讲师则是已经实现的前景，他已经通过了各种考验。[1]这一切都有助于产生一个没有意外的世界；在这之中，那些可能引入其他价值观、利益和准则的个体是被排斥在外的，因为这些东西一旦被引入，旧的价值观、利益和准则就会贬值、失效。贵族的身份也迫使我们在相同的活动中，建立起继承权和继承人的义务；它也激发了人们的憧憬，但又给它们设定限制；它给予年轻人一种保证（assurance），而为了与那些被允诺的保证相称，年轻人们必须耐心、承认差距，这同时也意味着年长者的安全。事实上，在相当长的时间里，助教往往一无所有，甚至当他们年纪渐长时依然如此；在教师等级序列中，他们只占据着次等的位置，而在这一序列中，中间等级非常罕见，并且由于缺乏某些为高阶位置所拥有的特性，中间等级只能以消极的形式来被定义。既然如此，如何才能让他们顺从并接受这一事实呢？只能通过那些保证：他们被保证将会拥有一切，而且马上就能从助教职位的空虚、不满足，毫无过渡地走向教授职位所带来的极大富足，同时，他们也会从贫困的继承人阶级，马上摇身一变，成为合法拥有教授头衔的人。在贵族家庭中（或是在某些传统的农村家庭中），长子拥有继承权，而正是这种继承权所附带的、与补偿有关的确定性，会让长子在未成年时期接受所有牺牲和束缚；吊诡的是，那些觊觎教授职位的人之所以能够长期保持顺从，是因为他们被保证将来会成为指定的继承人。并且正如我们可以在博士论文中看到的那样，制度的强制力有助

---

[1] 这在对各所人文院校权力的调查中显而易见（参见第3章）。调查证实了，不同权力的分配与年龄密切相关（这是很好理解的，因为此一分配与拥有最低权力的群体是相符的，而此一分配把那些拥有实权的人和潜在的新贵对立了起来）：年轻人拥有各种力量因素（毕业于巴黎高师等），但他们尚未具备所有特性，也尚未享受所有利益。

于调节职业生涯的节奏，但这种强制力的运作，还有赖于忍受此一强制力的人们的共谋。[1]

正如我们所见，国家博士论文能让教授们对想要继承他们位置的人进行一种持久的控制：它提供了一种延长考核的方法，可以将考核时间延长数年，因为选拔新成员就意味着要进行考核；与此同时，它也可以让那些想要接替教授位置的青年教师们长期坚持下来，并使他们处在一个从属性的位置上（这个位置能够排除争论与批判，人们甚至还能利用它来禁止预先出版，或是禁止竞争的规则）。不同大学世代之间的时间间距（20～25年）是成功维持继承秩序的条件，为了保持这一间距，论文的准备时间必须在 10～15 年（此外还要加上在外省担任副教授和教授职位的 10～15 年）。我们可能会很自然地认为，正是教师团体成功进行再生产的制度必然性，决定了论文生产的必要劳动时间，并由此决定了研究成果的性质、体量和抱负，而不是相反[2]；制度的强制力常常会被认为是科研活动和作品本身的内在必然性，这一事实属于误解和信仰效应的一部分，并有助于制度必然性的实现。当博士候选人感到自己在学术上已经广受认可时，他就会在作品上投入更多，因此也更有必要取得优异的成

---

[1] 在外省的小型院校中，所有这些影响很可能会加倍：因为教师人数少，所以 B 级教师通常要承担与正式教授相同的教学任务（如高等教师考试准备课程、中学教师资格考试准备课程、指导硕士论文等），这也会强化他们对教授职位的提前认同，而这是一种不无暧昧的倾向。一般而言，我们应当更详尽地分析另一种场域划分的原则，即巴黎和外省之间的对立（严格意义上，我们分析的两个群体都是巴黎人）：尽管在郊区，各个院系的等级序列大致对应于巴黎各个院系之间不言而喻的等级序列（除少数例外），并且集中化使巴黎成为职业生涯圆满的理想终点，但对地方社会的归属也是特定权力不可忽视的根源：每个外省的院校都有它们自己的大学显贵（notables universitaires），虽然他们在国内外的知名度并不高，但依然会参与到当地权力机构的决策（如规划机构、地区委员会、市政会议等）。

[2] —"您认为您应该早点提交博士论文吗？"—"从我职业生涯的角度来看，这是不可能的（……）但如果从论文的成熟度来看（……），我觉得这是可以做到的。"（某历史学教授，1972 年）当被问及对这个问题的看法时，大多数教授的回答都是否定的，即使他们写作论文的时间超出了所谓的正常期限（如一名文学教授，他花了 14 年时间准备博士论文，但他只对答辩和论文出版之间的间隔太长而感到遗憾）。

绩；同时，论文导师的命令或提醒也可能会强化这一投入。在所有博士候选人中最受认可的很可能也是最早熟的，而对作品的投入往往会弥补由早熟所带来的后果。

合法的早熟（相对于在职业生涯方面仓促的投机）是例外情况，它证实了规则本身，而此一规则会加深人们对职业生涯真实逻辑的误解。这种早熟通常与导师的介入有关，而导师的非典型行为往往掩盖了共同逻辑，这很可能并非偶然。实际上，一切似乎都表明，教授们在科研上越杰出，就越不会去阻碍那些跃跃欲试的学生的发展，也就是说，他们就越不会依靠规章制度上的间距来维持自身的权威。这位毕业于巴黎高师，并在1920年代哲学教师资格考试中夺魁的教授证实了这一点："啊不，我无法更早提交博士论文，因为我已经通过得很早了，吉尔松[1]和布伦施威格等人曾和我说过：'不要把博士论文当作毕生之作。'必须在年轻的时候就通过博士论文，因为这是学者的第一份成果。（……）这确实是像吉尔松和布伦施威格（后者比前者更年长）等人告诉我们的关于知识分子的理念：'不要等45岁才写论文。'他们确实这么觉得。人们常说：'在法国，人们花了太多时间来写博士论文'，但从那时起，那些最杰出的人就会建议你，不要走得太快，但也没有必要为它付出毕生的心血。"我们也可以举梅耶[2]（Meillet）的例子，他让一系列学生的职业生涯得以加速，尤其是本维尼斯特和尚特莱纳。[3]

---

[1] 埃蒂安·吉尔松（Étienne Gilson, 1884—1978），法国哲学家、历史学家，主要研究中世纪哲学。——译者注

[2] 安托万·梅耶（Antoine Meillet, 1866—1936），法国语言学家，曾提出印欧语系的理论，对历史比较语言学的发展影响深远。——译者注

[3] 皮埃尔·尚特莱纳（Pierre Chantraine, 1899—1974），法国语法学家，主要研究古希腊语和印欧语系。——译者注

但真正的监督者并不是别人，而是一种（对自身的）合法野心的感觉，这种感觉会刺激人们去要求自己理应获得的职位，或是会让人尽一切可能去追求这些职位；如果我们想要理解这种大学生活的节奏感（sens du rythme），就必须把它理解为一种可能的职业生涯结构的内在化效应（effet de l'incorporation），对一整代人和那些具备特定属性的特定个体而言都是如此。这就好像，所有被适当地社会化的行动者都会对与他们同龄的行动者潜在的职业轨迹有一种模糊的直觉，但这并不意味着他们对此有意识；而巴黎高师毕业生和文科竞考预科班毕业生是这些行动者最重要的组成部分，并且他们常常被缩减为由同一届巴黎高师毕业生组成的、互相认识的群体。与此同时，这些行动者似乎随时都能按照大学正常状态（normalité）的标准，来衡量他们自己过去的职业轨迹，以及蕴含在过去的轨迹之中的、关于未来的轨迹，从而评估他们相对而言是成功还是失败。[1]

简单的再生产周期（cycle de reproduction）为每一位助教都提供了一幅关于未来教授生涯的蓝图；而与此一周期的决裂则是论文生产自主化的原因（相对于职业生涯结构而言），并且至少在一定程度上，也是这种自主化带来的影响。正教授团体的扩张（虽然扩张幅度有限），决定了潜在职业轨迹空间的颠覆（至少是表面上的颠覆）。这很有可能解释了，为什么将博士学位视作一项内部晋升考试，就会让那些近期被聘任的、社会化程度较低的助教在更短的时间内完成论文，从而与那些惯例与习俗决裂，而这些惯例与习俗，决定了那些觊觎教授位置的讲师们需要保持

---

[1] "最后，我必须承认，期限是十年，因为我 1936 年通过了教师资格考试，1947 年初才通过博士论文；但对一篇国家博士论文而言，这是正常的，对人文学科而言，这也是正常的，因为我们都这么觉得（……）。我没有统计过，但是，总而言之，这不是一件你可以迅速做完的事情。在我看来，十年是一段合适的时间。"（某古希腊语教授，1972 年）

长期的耐心。然而，这也解释了，为什么与此同时，许多坐拥世所公认的非官方头衔（毕业于巴黎高师、通过教师资格考试）的人，会坚持按照旧的大学生命周期的节奏来进行论文生产；他们就像被扔在岸上的海洋动物，会继续按照潮汐的节奏存活下去，但事实上，他们却会发现，那些由大学扩张带来的利益都被夺走了，特别是当他们并不特别早熟时。由于同时拥有世所公认且受官方认可的学位（如国家博士学位）的候选人很少，因此那些能最快理解新游戏规则的团体新成员占据了大多数新设立的教授职位。

平衡的打破

因此，在晋升机会增长（幅度有限）的影响下，特别是在行动者倾向转变（这与招聘模式的转变有关）的影响下，期待与职业生涯潜在轨迹之间最紧密的和谐已经被打破了，而这种和谐曾经会让人们把继承秩序看作是理所当然的；大学秩序建立在内在的时间结构与客观结构之间的和谐之上，但此一秩序受到了两重挑战。一方面，挑战来自团体新成员的个体性挑战，这些新成员并不具备某些在以往进入教师团体时不可或缺的头衔和倾向，也放弃了迄今为止被视为适当的缓慢和审慎：这种现象在新兴学科中尤为明显，虽然这些学科抛弃了旧的招聘标准，但并没有建立新的关于教学和科研能力的评价标准体系。因此，与其他群体相比，正教授团体的扩张尤其会让两种人获益：首先是那些不具备正统头衔的新成员，他们知道如何走捷径，因为他们提供的"入场券"，不是更符合科学性要求的新生产形式（如以经验为基础，排除了修辞 – 理论预设的研究），而是一种比以往博士论文内容更简单、体量更小的论文；其次则是那些具备正统头衔的新成员，因为这些头衔既无法保证一定能获取特定的专业能力，也无法保证获取这些能力所需的各种倾向。[1]另一方面，此一秩序也遭遇了一种集体性的挑战，它来自对大学等级序列公开或潜在的抗议，而此一大学序列建立在某些极为矛盾的原则之上，并且很难根据完全科学的标准来为其辩护：所有对其正当预期感到失望的人，都会在工会运动中表达自己的失望，无论是受惠于新招聘模式的人，还是最后一批通过旧招聘模式进入教师团体的人，其中前者并不知道如何走捷径，而后者则是习性迟滞效果（hysteresis[2]）的受害者，这会导致他们延长自己的博士论文准备时间，而他们的论文往往开始得就已经很晚了；对专职教师（chargés d'enseignement）而言，他们还会根据各种内在于高阶职位中的责任和义务而相互竞争，但此一职位是以虚假的加速晋升为代价所取得的。

次等教师招聘条件的转变，会对助教和讲师有利，同时也肯定了教授（以及自治工会）的各种利益。工会的"斗争"逻辑总是倾向于取代以自由主义和公平竞争（fair play）为标志的继承关系逻辑，至少在官方场合中是这样，例如在法国国家科学研究中心或各所院校大学咨询委员会的选举中；而只要教授和讲师都来

---

[1] 尽管外来者（outsiders）加速的职业生涯因其特殊性而引人注目，但这在统计学上并不明显。在各个领域中，巴黎高师毕业生和教师资格考试通过者都比其他类别的教师晋升更快，这个差距在社会科学中尤为显著，因为在社会科学中，巴黎高师毕业生和教师资格考试通过者比在其他学科中更为罕见：因此，在社会学中，只有10%担任B级教师的巴黎高师毕业生年龄超过36岁，相比之下，非高师毕业生的高等教师则有23%超过36岁，仅获得学士学位的有36%；而在人文院系中，担任B级教师的巴黎高师毕业生有41%年龄超过36岁，相比之下，教师资格考试通过者和仅获学士学位的情况分别占比65%和67%。

[2] "迟滞"这一术语本来应用于科学领域，指代之前协调的两种要素发生错配，且处于持续变化当中。布迪厄在社会学分析中运用这一术语，来表现场域与习性之间协调性的崩溃。——译者注

自同一种聘用模式，那么这种继承逻辑就将一直持续下去。[1]然而，以不同制度性类别（助教、讲师、专职教师、教授）之间的对立为基础的分裂与一致，往往会被设想或被说成是阶级斗争或劳资纠纷，并会按照预期生涯轨迹来掩盖同一位置上的巨大差异；因此，中间阶层的教师往往会在不同倾向和联盟之间犹豫不决，并且他们注定会在个人救赎和集体救赎之间摇摆不定，这取决于他们对"是否能获得主导性位置"这一问题的实际理解。

招聘规范的变革打破了人们对导师和高阶职位之间预先认同（identification anticipée）的关系，也结束了持有各种头衔的人和拥护合法晋升规范的人之间的共谋，从而使大学场域一方面会受到旧职业生涯法则的影响，另一方面也会违抗此一旧法则；并且我们也很难看出，哪里会有能够强行建立某一秩序的力量，在这种秩序下，招聘和晋升将完全取决于与教学或科研生产力和效率有关的各种标准。

---

[1] 我们有必要分析这一情况所引起的有关表述和实践的所有变化，例如在大学咨询委员会或在国家科学研究中心中，所出现的不同类别（A级教师和B级教师）、不同工会之间的谈判（bargaining）与妥协。

5　关键时刻[1]

由于交易暂停了,大家既惶惶不安,又喜欢在马路上看热闹,所以纷纷走出家门。不修边幅的衣着缩小了社会等级的差异,仇恨被隐藏,而希望显现出来,人群充满温柔。人们脸上流露出赢得一项权利的自豪。大家像过狂欢节一样快活,态度举止如在野外露营,最初几天,巴黎的面貌有趣之至。

演员的表演令群情振奋,颠覆性的动议此起彼伏。
"取消法兰西学术院!取消法兰西学会!"
"取消委员会!"
"取消高考!"
"打倒大学学位!"
"还是保留它们,"塞内卡尔说,"但把它们交给普选,交给人民,唯一真正的法官!"

公众的理性紊乱了,就像在自然界发生了翻天覆地的变化。有头脑的人余生都将成为白痴。

——古斯塔夫·福楼拜,《情感教育》[2]

---

[1] 本章法语原文标题为 Le moment critique。法语中的 critique,既有"批评""批判"之意,又有"临界的"的含义,而 moment critique 还有"关键时刻"之意,这些意涵都指向了布迪厄在本章中将要分析的 1968 年危机时刻。布迪厄在文中很可能也考虑到该词的多重含义。——译者注

[2] 中译本参见:福楼拜,《福楼拜小说全集》,王文融、刘方译,北京:人民文学出版社,2002 年,第 314、328、361 页(译文有删改)。——译者注

大多数关于 1968 年五月风暴的评论文章,都会从传记式的经验出发,局限于不完整且肤浅的材料,却企图给出判断与解释,这让我们想起了庞加莱(Poincaré)[1]对洛伦兹(Lorentz)[2]理论的看法:"必须有一个解释,人们已经找到了;人们总能找到一个解释;而假设则是我们最不缺的材料。"[3]当社会科学专家处理事件,尤其是关键事件时,总会毫无节制地提出一些量身定做的假设。对所有以解读世界的意义为业的人,以及所有打着陈述事实的幌子、声称要让事物按照他们所说的方式存在、实际上却在政治上产生直接影响的人而言,任何社会世界的意义发生转变的时刻都是一种挑战,并且不只是一种智识意义上的挑战;这意味着他们会当场(sur-le-champ)发言,而不是在斗争之后,经过思考才发言。对同一社会事件的阐释,可能会引起各方不同的政治兴趣,而这密切地取决于其"时事性"(actualité),即它引起兴趣的程度,因为它是利益冲突的关键所在,无论这些利益是物质的还是象征的(而这就是当下的定义本身——它永远不能被完全缩减为直接可用的事实或事件)。因此,文化产品之间的大部分差异(它们更多是无意识的,而非有意识的)主要在于它们所面向的市场:这个市场可能是有限的(在极端的情况下,市场中生产者的唯一客户就是他所有的竞争对手们),也可能是大规模生产市场[4];这些市场为文化产品(及其作者)带来了物质和象征利益,

---

[1] 亨利·庞加莱(Henri Poincaré, 1854—1912),法国数学家,提出了诸多与拓扑学、物理学、天体力学有关的理论和猜想,尤其是关于三体问题的理论。——译者注
[2] 亨德里克·洛伦兹(Hendrik Lorentz, 1853—1928),荷兰物理学家,1902 年诺贝尔物理学奖得主,曾提出关于电子、热辐射、引力等诸多方面的理论。——译者注
[3] H. Poincaré, *Congrès de physique de 1900*, I, 1900, 22, cité par G. Holton, *L'Invention scientifique, Themata et interprétation*, trad. P. Scherer, Paris, PUF, 1982, p. 368.
[4] 关于此一对立,参见 P. Bourdieu, Le marché des biens symboliques, *L'Année sociologique*, vol. 22, 1971, pp. 49-126。

即在销售、读者、客户群等方面的成功,以及社会知名度和社会声誉(在报刊上占据版面的大小是很好的衡量标准),各种利益在重要性和持续时间上都极为不均。社会科学一直都有退化为随笔写作的风险,之所以会出现这种倒退,原因之一是,当我们与研究对象之间的时间间隔越长,也就是说,当我们在科学研究中投入的时间越长(而时间的投入,是决定产品科学质量的必要非充分条件),我们能获得纯粹世俗成功(其与时事性利益有关)的可能性就越低。然而,真正的研究者要等到宴会结束、灯盏熄灭、舞台移除时才到达现场,并且他的作品没有任何即兴的魅力可言。我们之所以要书写科学协议,就是为了应对由突发事件所产生的问题——与其说它们是问题,不如说它们是谜题——对此,我们需要采取全面且明确的立场,而不是片面的、需要重新检验的立场;科学协议不具备常识性话语的清晰性,常识性话语本身就是简单的,因为它总是始于简化。

那些迫切关注当下的人,即那些沉浸在事件及其引起的情感中的人,会以孤立的眼光来看待关键时刻,从而将其视为一个包含自身解释的整体,并由此引入一种历史哲学:他们往往会假设,在历史中,有某些时刻是享有特权的,甚至在某种程度上比其他时刻更具历史性。我们可以举一个典型例子:末世论(eschatologique)的观点,无论是传统的还是现代化的,都会将革命描述为终点(telos)与极点(acmè),而行动者——无产阶级、学生或其他人——则被视为普世的阶级,因此也是最后的、终极的阶级。与之相反,科学的意图,则是把特殊事件(événement extraordinaire)重新纳入日常事件(événements ordinaires)的序列之中,从而解释其特殊性。我们之所以要这样做,是为了进一步说明,历史序列中的任何时刻都存在独特性,正如我们在上文关于教师门槛现象的分析中所看到的那样，质的飞跃来自日常事件的不断累积，而这最终导致了某个独一的、特殊的时刻。

毫无疑问，任何一场危机，都是在特定需求的驱动下，在多个场域中发生的一系列部分独立的事件的交汇，尤其是1968年五月风暴：尽管与之前的情况相比，这场危机形成了明显的断裂，但我们只有将其置于一系列先前发生的事件之中，才能理解这场危机。五月风暴从一场大学危机（crise universitaire）演变为一场普遍危机（crise générale），它向我们提出了一个关键问题，即在什么条件下，危机会在大学场域内外发生不同程度的蔓延：为了解释再生产模式（在学校层面）的危机如何成为普遍危机的源头，我们必须清楚，教育系统对社会再生产做出的贡献越来越重要，这使其成为社会斗争中的关键议题，围绕它的争议也越来越多[1]；因此，我们必须提出一个模型，来阐释教育系统所产生的社会影响，其中最引人注目的是结构性降级（déclassement structural），这是某种集体反叛倾向的源头。诚然，此一模型的确能让我们从对危机的结构性条件的分析出发，并且在不求助于特定条件（ad hoc）假设的情况下，理解危机在大学空间不同区域中出现的逻辑，以及它在社会空间不同区域中出现的逻辑，而危机正是在社会空间中表现出来的。然而，此一模型是否也能让

---

[1] 教育系统逐渐成为一种官方的再分配工具，某些位置所占的份额越来越重，而教育系统会重新分配它们的权力；教育系统也可以通过维持或改变此结构中职位占有者的数量和（社会）质量，从而成为维持或改变阶级关系结构的主要工具之一。会有越来越多的个体或集体行动者（学生家长协会、行政部门、企业家等）对教育系统的运作方式感兴趣，他们声称要转变这种方式，因为他们希望此一系统能满足他们自身的利益。我们可以从中产阶级学生家长联合会的扩张中，看到此一进程的某些迹象，例如一种新型家庭协会的出现（其活动主要针对教育系统），或是某些特殊游说团体的出现（如那些在卡昂、亚眠、奥尔良等地组织了高等教育研讨会的人），这些游说团体聚集了老板、技术官僚与教师；其次，我们也可以从报刊留给教育问题的版面（今天，每个报刊都会有一位或几位"专家"组成一些小团体，来讨论教育问题），以及民意调查针对这些问题的讨论所占的比重中，看到此一进程的某些迹象。

我们理解，在大学场域某个既定区域中，结构的临界状态（état critique）是如何建立起来的？在某一特定场域中，构成临界张力状态（tension critique）的结构性因素有可能产生危机情况，也有可能导致特殊事件的出现，而社会的正常运行使这些特殊事件变得难以想象，或者至少是"例外"和"意外的"，因此它们并不具备社会有效性和社会意义；当多个强度最大的潜在危机的影响重合（coïncidence）时，这种可能性会达到最大值：究竟是什么具体原因造成了局部危机的重合，并由此导致了普遍危机？要知道，普遍危机并非把各种同时发生的危机（crises synchronisées）简单相加，而是一种整合性的危机。此外，不同场域的同步化（synchronisation）造成了什么具体影响？要知道，正是这种同步化，将历史事件定义为划时代的分界线，并将普遍危机的状态定义为不同场域之间的协调一致。矛盾的是，我们很可能只有将关键时刻重新纳入具有可理解性原则的事件序列，取消在某种意义上使之成为独一性的东西，才能理解究竟是什么特殊的标准定义了关键时刻：所谓的关键时刻，如果不能"创造不可预见的新事物"（création d'imprévisibile nouveauté[1]），至少可以被理解为各种可能的新事物争相涌现的时刻，简而言之，就是向所有可能的未来开放的时刻，并且在一定程度上，未来的确会朝着这种可能性发展。[2]

---

[1] 在《思想与运动》（La Pensée et le mouvement）中，柏格森提出了"不断创造不可预见的新事物"这一论点。他认为，人类的每个行动都会创造新的东西，因此现实是不可预测的，宇宙也处于永恒的发展中。布迪厄在此引用了柏格森的理论。——译者注

[2] 这些思考和质问似乎可以延伸到任何危机（或革命）上：如果我们不像这样理解不同场域的逻辑，我们不是就会倾向于把革命事件的统一性看作是理所当然的吗？抑或相反，如果不像这样理解不同场域的逻辑，我们很可能会把各种局部危机看作连续的时刻，它们对应于不同的群体（贵族革命、议会革命、农民革命等），由不同的动机所驱动，是一系列独立危机的叠加，最终我们可以通过一系列独立的解释来理解这些危机。如果每一场革命实际上都包含着几场相互关联的革命，从而与多个因果系统有关，我们难道不应该进一步追问，特定危机为什么会互相整合，它们的整合又会带来怎样的影响呢？诸如此类的问题。

所有这些我们可以称为理论性的问题，都必须被视为历史问题。这意味着我们应当努力缓和在社会层面上已经确立的区分所造成的影响，它区分了简单的描述与纯粹的"推论"（ratiocination），其中前者难以顺应概念的"阻断"（irruption），而后者也无法阻止实际现实的入侵。但是，如果我们想要质疑科研工作已经确立的观点原则和区分原则，那么就得冒着这一断裂的努力有可能被误解或被忽视的风险；我们还有可能会显得既缺少理论要求，也缺少经验要求；此外，我们也有可能会冒着让某些人无法得到最可靠的研究成果的风险，例如那些只会在撰写关于权力或政治的论述文时才承认理论问题的人，以及那些出于相同的断裂努力、倾向于持怀疑和保留态度的人，而他们之所以持这样的态度，是为了把在历史描述中铺展开来的一系列事件，视作不同效应（从物理学的意义上来说）的产物，也就是说，将其视作一系列可理解的事件的特殊整合，并且在其他条件不变的情况下，每次只要某些条件符合，这些事件就必然会出现。

特定的矛盾

如果想要解释这场危机，或者至少解释它的出现和扩大的结构性条件，我们就必须提及入学人数的增加所造成的主要影响[1]，即学历文凭的贬值，而此一贬值导致了一种普遍化的降级，这对那些最受惠于其学历文凭的人而言是难以容忍的；其次，我们也必须提及教育系统运作的转变，这些转变来自其受众在形态和社会层面的转变。入学人数的增加，以及与之对应的学历文凭的贬

---

[1] 关于这一问题，特别是为教育再生产所特有的统计学逻辑，以及关于共同贬值经验的统一效应，参见 P. Bourdieu, Classement, déclassement et reclassement, *Actes de la recherche en sciences sociales*, 24, novembre 1978, pp. 2-23；以及 *La Distinction*, pp. 147-185。

值（或这些学历文凭所通向的教育位置，例如学生身份），都会影响整个年龄层，因此，拥有共同经历的人们会组成相对统一的社会世代，并且会在制度性的预期（它们内在于位置和文凭中，在教育系统的旧状态下，它们的确提供了与之相应的机会）和这些文凭所确保的实际机会（在我们考察的这段时期）之间，感受到一种结构性差距（décalage structural）。[1] 对出身于统治阶级、但还没有成功地把他们所继承的文化资本转化为教育资本的孩童而言，此一差距尤为显著；然而尽管如此，他们的社会出路却并不完全取决于教育资本，因为他们的家庭所拥有的经济或社会资本，也能使他们通过某些其他可供选择的职业，来弥补学业上的（相对）失败，从而使其学历文凭在劳动市场上获得最大回报。[2] 简而言之，学校再生产模式的特殊矛盾在于，只有在征得成员同意的情况下，排除某一部分阶级成员，才能促进阶级的再生产；然而，看到自己再生产的机会受到威胁的人会越来越多，并且拒绝被排除在外的人也会越来越多，于是他们会怀疑把他们排除在外的手段是否合法，而他们提出的质疑也会动摇阶级赖以存续的基础之一，进而威胁到整个阶级。

学历贬值的影响很可能会越来越严重，而且不会因社会资本的增加而有所改变；对拥有相同头衔或处在相同位置的人而言，他们在等级序列中地位的下降，与他们的社会出身成反比；然而，

---

[1] 因此，我们会看到，所有这些想要依据一般意义上的世代冲突模式来思考五月危机的人（且他们人数众多），都只看到了某些表象。此外我们知道，对于出身不同的相关行动者，学历的贬值会有完全不同的影响。

[2] 我曾在过去的研究中，讨论过能有效限制类似通货膨胀现象的各种方式（参见 P. Bourdieu, L'inflation des titres scolaires, ronéotypé, Montréal, 1973）。其中有一条是，行动者能通过某些个体或集体的策略来对抗这种贬值，比如，他们可以生产出某些新市场（nouveaux marchés），创造某些新职位，以便其学历文凭的价值最大化；或是或多或少完全改变某些标准，这些标准定义了占据主导地位的权力，也相应地定义了权力场域内部的位置结构。

对这些影响的容忍程度也会依照相同的标准而有所不同，但方向相反，一方面是因为憧憬会与客观机会一同减少，另一方面则是因为各种机制会掩盖学历贬值现象，例如市场多元化（在那些最赤贫的人眼中，某些贬值的文凭仍然具有象征价值），或是某些次要利益，它们与学历头衔的价值有名无实的提升有关。从某种程度上来看，"幸存者"的崛起像是虚构的，对他所出身的阶级而言，他达到的位置是难以企及的，例如小学教员之子成为自然科学领域的助教，或是小农之子成为普通教育中学（CEG[1]）的教师；但在迁移的作用下，这些职位有所贬值，也就是有所降级，他正是因此而得以晋升的。尽管从表面上看，这些"幸存者"与出身于统治阶级之人或多或少的衰落存在相似之处，但根本上，这两者截然不同：后者并未获得足够分量的学历以维持他的地位，例如医生之子成为现代文学专业的学生，或是成为教员。然而，尽管他们的经历截然不同，但与降级有关的共同经历，会让这些在教育空间和社会空间中处于不同位置的行动者，结成一个或多或少带有虚构色彩的联盟，或是让他们在面对危机时，至少能做出某些协调一致的反应，而我们并不能把这种客观异质性简单归咎于"传染"（contagion）效应。

如果想理解危机在教育系统中的各种表现形式，只看到不同教育机构受众人数的增加是不够的。诚然，这些形态学的现象很可能促进了教学关系的转型，以及学生整体经历的转变，从而产生了重大影响。但关键在于，某个教育机构受众规模的增长，尤

---

[1] 普通教育中学（collège d'enseignement général，CEG），法国中等教育的一种形式，于1960年代开始推行，1970年代末被废除。当时，法国中等教育（collège d'enseignement secondaire）由三种不同模式组成，其中第一种是长期教育中学（collège d'enseignement long），培养日后就读大学的学生；第二种则是普通教育中学，主要培养职业技术人员；第三类则是针对那些基础最差的学生的义务教育。——译者注

其是受众在社会构成方面的相关转型，都与教育机构在教育等级序列（或社会等级序列）中目前或可能占据的位置有关。因此，就学生大量涌入造成的影响而言，大学校（或竞考预科班）受到的影响比公立大学要小得多；而在公立大学的各个院系中，法学院和医学院受到的影响又小于理学院，并且尤其小于文学院；而在人文学科中，传统学科受到的影响要比新兴学科小得多，尤其是心理学和社会学。换句话说，如果某个教育机构（例如研究所、公立大学或某一学科）在等级序列中所处的位置，以及它所提出的教学内容，使之更有可能成为某一部分学生的避难所（在教育体系以往状态下，他们往往会被排斥，甚至被淘汰），那么学生数量的增长所造成的社会和学术影响就会更加明显。此外，还可以补充的是，与预期和客观机会之间的不一致特别相关的那些影响，在某些新兴学科所代表的豪华避难所那里最为显著，对男性而言是社会学，对女性而言则是心理学（尽管影响并没有那么显著）：这些定位模糊的学术位置，会通向某些同样定位模糊的社会位置，而它们之所以呈现这样的状态，是为了让占据这些位置的人维持某种不确定的、模糊的光环，不论是为了他们自己还是为了他人，无论是关于当前还是关于他们的未来。

支配着教育体制内部危机扩展的法则，同样也支配着特定的危机在教育体制外的扩展：在占据某一社会位置的人中，有某些属于同一世代的行动者，他们受到了学历文凭贬值的影响，并且也感受到其预期与客观实现机会之间的失调（désajustées）；而这些人出现的频率，解释了在社会空间中占据不同位置的人对待危机的不同反应。最先发轫于教育系统的危机，与阶级危机或某一特定阶级中某个特定派别的危机并不完全相同：显然，抗议运动的沃土便是知识分子阶级，尤其是在某些特定的社会空间中，在这里那些出身于统治阶级、但未受到教育系统认可的行动者最受欢迎；但我们也能在中产阶级的不同派别中，甚至在工人阶级或农民阶级的某些青少年那里找到抗议运动的回声甚至共谋，他们之中有些可能接受了技术教育，有些甚至毕业于长期教育中学（collège d'enseignement long），他们怀揣着种种期望，这些期望显然是内在于初中生或高中生的身份中的（这些位置在他们所出身的团体中越稀有，就越有价值），甚至内在于高中毕业生的身份中，但这些希望全都落空了。

拥有一般教育中学文凭的人，或是拥有职业技能证书（CAP[1]）的人，甚至通过了高中毕业会考的人（在1968年，有好几千个熟练工人拥有这一文凭）的情况就是如此，我们可以将其视作某种极为特殊的个案：他们在结束学业后，一般会从事体力劳动，这些工作的经济价值以及象征价值都不高，因此他们注定会感受到一种客观和（或）主观的降级，以及由文凭无用的经历所带来的挫折感（如这个年轻的工人，虽然他获得了文凭，但他被迫要做的工作，是和其他没有任何学历文凭的人完全相同的工作，比起"外国人"，他的工作可能更"糟糕"，所以他得出结论："我上四年的学可不是为了来割金属片。"）。1969年，我们向工人群体的代表性样本提出了一个问题：如果在1968年，学生"可以来到工厂，和工人一起讨论"，那么五月风暴的结果是否会更好。关于这一问题的回答，向我们提供了对教育系统危机感到担忧的

---

[1] 职业技能证书（Le certificat d'aptitude professionnelle, CAP），是法国一种国家文凭，学生获得文凭前需要接受基础教育与职业技能教育，并通过职业技能考试，通过后即可从事一些专业工作。——译者注

人的社会特征指标：在 20～24 岁年龄组，尤其是 15～19 岁年龄组，以及拥有职业技能证书的人群中，赞成工厂向学生开放的比例最高（参见 G. Adam, F. Bon, J. Capdevielle, R. Mouriaux, *L'Ouvrier français en 1970*, Paris, A. Colin, 1970, pp. 223-224）。此外，我们也能观察到，在工人阶级中（我们知道，与统治阶级成员相反，随着年龄的增长，工人阶级会认为自己越来越倾向于左派），参加游行示威的人数会随着受教育程度的提高而增加，并且与年龄成反比，在其他社会阶层中也是如此。

受过教育的行动者数量的增加，以及与之相关的文凭贬值，它们所造成的影响并不是机械的，因此也不是同质性的，只有受这些因素影响的行动者的各种倾向发生改变，这些影响才有意义。因此，我们需要反对分析的逻辑本身，也需要反对表达分析时的话语，也就是说，我们必须反对将缓慢而不平等的思想转变过程加以同步化（synchroniser）和普遍化（universaliser）的倾向；为了达到这些目的，我们必须描述将希望调整为机会、将期望调整为成就的过程，尤其是为了接受最小的成功或失败所需的撤资（désinvestissement）工作，以上种种形式主要取决于社会出身，以及与教育系统相关的各种倾向。

事实上，我们千万不要忽视了两个时刻之间重要的时间间隔（écart temporel）：首先，是造成了教师之间紧张关系以及学生降级的形态转变发生的时期，它首先出现在自然科学院系中；其次，是当最开始在大学场域某一特定部门里爆发的危机，逐渐扩展到其他领域之时。此一时间间隔，对应于某些行动者逐渐意识到机构中发生的转变所需的时间，以及这些转变对其当前和未来状况产生影响所需的时间:所谓的影响,对学生而言,即是学历文凭的贬值以及与之相关的相对或绝对的降级;对那些根据新标准而被招聘的次等教师而言,便是他们事实上无法获得由其所处的位置所确保的职业生涯。如果说,人们必须付出长期、大量的工作(哀悼的工作[1])来调整自己的期望,以适应由形态变化造成的影响,那是因为行动者只能感知到社会空间非常有限的一部分(而且要通过感知和评估的各个范畴,这些都是教育系统先前状态的产物),所以他们往往会倾向于去阐释他们自身的经验,以及其他行动者的经验,这些人与他们处在同一个互相认识的世界中;这就使形态改变只能以大量片段式经验的形式呈现在他们面前,而很难作为整体来加以理解和阐释。在分析未来的愿景发生转变的进程时,我们还应考虑到某些学术机构所扮演的角色,它们负责生产关于社会世界的学术型表述(如官方和非官方统计机构),因此也能控制对可预期的未来的表述(如指导顾问,更普遍而言,就是所有提供有关未来学历文凭以及职位信息的行动者)。

对那些"幸存者",即学生和老师而言,他们出身的社会阶层与他们如今占据的位置相去甚远;而他们出现在这些位置的事实本身(哪怕这些位置贬值了),就构成了一种象征性的补偿(rétribution symbolique),相当于通货膨胀时期工资名义上的上涨:他们用来感知和评估其所处位置的模式,都是教育系统先前状态的产物,而信念链就内在于这一事实中。此外,行动者本身有一种心理上的利害关系,这会让他们自身成为某种骗局的同谋

---

[1] "哀悼的工作"(法语为 travail de deuil)是弗洛伊德于 1917 年在文章《哀悼与忧郁》中提出的表达。弗洛伊德认为,当人们失去所爱之人,或失去某些抽象物(如国家、自由或理想)时,就会产生哀悼反应。——译者注

和受害者；骗局遵循一种非常一般性的机制，它会让人们满足于自身已经拥有的东西以及目前的状态，并让人热爱自己的命运，无论它多么平庸；而且人们越不利，此一机制很可能反而越有效。[1]事实上，我们可以质疑这些表述是否能完全成功，即使有团体的共谋；并且迷人的形象总是与现实主义的表述共存，前者更多在与近邻的竞争中（在社会空间里）被观察到，而后者则可以在面对外部团体（out group）时的集体诉求中被观察到。

出身于统治阶级、学历文凭并不突出的大学生们，会在一种逻辑的驱使下投身于新兴学科，这些学科的吸引力，很可能就在于它们所提供的关于未来的模糊性，以及推迟撤资时间的自由。这些大学生也可能会投身于那些定义并不明确的职业，这些职业可以让自身和他人尽可能长久地保持社会身份的不确定性，例如从前的作家或艺术家，或是文化生产领域中的普通职位，抑或所有位于智识场域与大学或医学场域交界处的新兴职业，它们的发展，与人们创造新职业以避免贬值的努力直接相关。而在以上这两种情况下，双重意识（double conscience）的影响会更显著。我们完全有理由认为，现实与自我的表述之间，及其与自我对社会未来的表述之间的差距越大，并且此一间距的持续时间越长，在心理上需要付出的努力越大，临界张力（tension critique）就越强烈。[2]

因此，我们可以指出，首先，在所有有利于让失调的期望长

---

[1] 许多互动，甚至或多或少持久的社会关系，都建立在对防御系统客观强化的无意识寻求之上，而所谓防御系统在某种程度上（在不同程度上）总是对社会世界的想象。

[2] 回归现实性，即社会被压抑者的真正回归（这与人们通常所说的"产生觉悟"毫无关联），以及某种防线的崩溃（一直以来，人们都会对立于他们在自己所占据的位置上发现的客观真理），都可能会以危机的形式出现，其暴力可能会随着时间的延长而加剧（参考"中年危机"），并且此一危机的形式可以在集体危机中找到某种开关，或是某个以多少带有崇高性的形式表达自身的机会（正如与五月危机有关的每一伦理或政治转变的案例所昭示的）。

期延续的社会场所中,公开危机的强度会达到最大值;其次,虽然这些场所会促进失调,但也面临着富于戏剧性的修正:由于它们所承诺的未来模糊不清,从而吸引了那些期望着失调的行动者,并为他们提供了有利于长期维持这一失调的条件。为了验证这些假设,我们可以根据社会出身或教育资本(在高中毕业会考时选择的科目),或者更接近于我们的假设,根据社会出身和教育资本之间的关系,将相应人口分布的离散情况,作为衡量某一位置(院系、学校或学科)同质性或异质性的指标:事实上,我们可以假设,当社会出身高、教育资本低的学生占比增加时,根据各种可能性,期望和机会之间的差距很可能也会扩大。这样我们就可以确定,教育机构的各部门在社会和教育同质化程度上的差异,是否与危机强度的差异相对应。[1]

只有按社会出身和教育资本的不同,并按性别、增长率和居住地的不同,将大学场域中不同位置(大学校、公立院校、各门学科)的占据者(学生或教师,尤其是次等职位教师)的分布情况进行对照,并且按相同变量,将这些团体在1968年五月风暴期间所持立场的差异进行对照,才有可能验证或反驳我们所提出的模型。尽管如此,我们还是可以根据现有数据,确立两组序列之间的对应关系。数据显示,出身于中产阶级的孩子在教育机构中的相对比例有所增加,但这些统计混合了不同类型机构的受众(高中、普通教育中学等),

---

[1] 这种模式无法让我们准确理解每个个体针对危机所做出的反应:这些反应取决于与社会出身相关的倾向性变量(variables dispositionnelles)、与学科的位置以及个体在学科内的位置(学术地位和智识声望)相关的位置性变量(variables positionnelles),以及局势性变量(variables conjoncturelles),尤其是危机的强度和对大学机构的批判力度,而此一批判力度取决于位于同一等级或地位相同的行动者所在的学科、他们任教的地点(位于巴黎还是外省),以及他们最常采取的立场。

因此也掩盖了教育隔离机制（mécanismes de ségrégation scolaire），这类机制往往会在每个机构甚至每个班级之内，维持受教育群体在社会层面的相对同质性；但我们仍然可以在危机之前的那段时期中，观察到受教育群体同质性普遍下降的趋势：在最顶尖以及最低层次的机构、院系和学科中（其中前者包括大学校、医学院，甚至高中的古典文学方向，后者包括普通教育中学或职业技术院校），受众的社会同质性、教育同质性，尤其是社会－教育（socio-scolaire）同质性（如果我们可以这么说的话）仍然很强；但在教育系统等级序列中处于中间位置（或至少位置较为模糊）的机构、院系和学科中，这种同质性较弱。另一方面，由于缺少学生参与颠覆活动的指标[1]，我们只能将1969年大学选举的参与率当成符合或拥护既有大学秩序的指标，但该指标是模棱两可的，因为高弃权率既有可能是明确拒绝参与的产物（因而是真正的否定立场），也有可能是一种政治无力感的表现（它来自一种剥夺的过程）。我们注意到，在那些职业导向最明确的机构、学科或者院系中，学生参与投票的比率最高，例如医学院（68%），其次是法学院（53%），或是位于大学等级序列另一端的职业技术院校（77%）；相反，在职业导向并不明确（毕业生从事的工作在社会等级序列中极为分散）的院系或学科中，投票率较低：在文学院（42%）和理学院（43%）中，这一比例明显较低，而在社会学（26%）和心理学（45%）等学科中投票率最低，这些学科的职业导向往往特别分散、模糊；而在那些毕业生可以成为中学教师的学科中，情况截然不同，例如法国文学（60%）、希腊语（68.5%）、拉丁语（58%）、历史（55%），或者地理（54.4%）——哲学除外，因为人们

---

[1] 未来的历史学家们可能会在警方档案中找到检验该模型所需的信息。

认为该学科的发展前景类似于社会科学,所以该学科学生的投票率很低,仅为20%(参见《世界报》,1969年3月13日)。[1] 外省院校的各个院系和学科也会依据相同的结构分布,尽管从总体上看,外省学生的投票率相对较高(在某种程度上,这很可能是由于随处可见的机构规模效应)。[2]

正是在新兴学科之中,两个强度最大的潜在危机的影响得以重合;如果我们看不到这一点,就无法完全理解新兴学科在危机兴起之时所扮演的特殊角色,尤其是社会学。人文社科院系中的新兴学科等级较低且不确定性较高,它们尤其倾向于接纳那些来自统治阶级、但学习成绩较差的学生(因此,他们的期望与他们取得社会成就的客观机会之间的关系非常失调),以及中产阶级学生(他们被排除在正统学科之外,也没有必要的社会资本来利用自己已经贬值的学历文凭,因此很可能会感到怨恨);另一方面,正如我们所看到的,这些新兴学科不得不通过大量招聘次等职位教师,来应对学生人数的迅速增长,而这些教师难以融入大学机构,并且还会对自己的矛盾处境感到不满:虽然他们(或多或少)意外地进入高等教育体系,从而也调高了对自身的预期,但与此

---

[1] 有些人认为,巴黎高师学生在1968年五月之前和五月风暴期间所扮演的角色是一场意外;我们只需回顾1960—1970年,巴黎高师在学术地位上的衰落,以及巴黎高师毕业生们社会位置的下降(尽管在公立大学招聘的教师中,高师毕业生比率有所增加),就能反驳这一观点;而巴黎高师的衰落,与大学校学生们社会出身的提高互相吻合。因此,在巴黎高师学生中,自由职业者、工程师和高干子弟的比例,从38%(1958—1965年),上升至42%(1966—1973年),并最终攀升至43.3%(1974—1975年);而在圣-克鲁高师中,这一比例则从14%(1956—1965年),上升至28.6%(1966—1973年),并最终攀升至32.2%(1974—1975年)(参见 J. N. Luc et A. Barbé, *Histoire de l'École normale supérieure de Saint-Cloud*, Paris, Presses de la FNSP, 1982, tableau 19, p. 254, et tableau 6, p. 248)。

[2] 总的来说,危机似乎在外省的小型院校中呈现出完全不同的形式,其中学生群体的聚集规模较小,政治领袖的"储备"也较少;并且正如我们所见,不同年级之间在质量方面的关系也非常不同。

同时，他们又一直停留在大学等级序列中最低的职位上。[1]

正如社会与教育的异质性似乎解释了学生对五月运动的不同态度，过去职业轨迹的消散（尤其是潜在的职业轨迹），以及各个不同等级之间互相紧张的关系，似乎也是教师们不同态度的根源。我们只需在不同学科教师团体的共时性和历时性特征、他们在五月运动中的不同参与程度，或是不同等级教师之间冲突的激烈程度这三个因素之间，建立起一种精神上的关联，就能证实这一点。但是，为了尽可能深入展开此一论证，我们可以进一步以地理学和社会学教师为例来进行分析：虽然它们都是被支配的学科，但两者之间存在差异，这解释了为何这两个学科的教师在五月运动以及后续关于教育系统未来的冲突中扮演了非常不同的角色。在社会和教育等级序列中都处于最底层的地理学家，呈现出一系列为所有等级所共有的社会和教育特征；而社会学家则与这些特征存在明显不一致，尤其是当他们在等级序列中处于较低位置时：在地理学家中，无论是 A 级教师还是 B 级教师，巴黎高师毕业生的比例都不高（分别为 4.5% 和 3%），但是在处于等级序列顶端的社会学家中，这一比例相对较高（25%），这与历史学家和心理学家的情况非常接近（两者分别为 24% 和 27%）；值得一提的是，这些社会学家通常来自哲学专业。[2] 然而，在处于较低位置（B 级教师）的社会学家中，高师毕业生的比例较低，仅为 5.5%（心理学和历史学的比例分别为

---

[1] 这两个协调一致的过程的根源，都在大学场域之外：第一个过程是由于一系列原则决定了中等和高等教育在总体上的扩张，并且也决定了社会出身各不相同的学生在不同院系和不同学科中分布情况的差异；第二个过程则是由大学场域中各个不同部门与劳动力市场之间的关系决定的，即由不同学历文凭与就业市场目前提供的岗位之间的关系所决定，此一关系也会在不同程度上影响持有这些学历文凭的人，而这取决于他们所继承的社会资本。

[2] 布迪厄本人就曾就读于巴黎高师哲学系。——译者注

10% 和 13%）；不过，在这些类别中，不论是 B 级教师还是处于最高等级的教师（A 级教师），出身于统治阶级的比例都比较高。[1] 在社会学中，等级序列顶层和底层之间的双重不一致（依照等级的不同，它建立在社会和教育头衔的准交叉分布之上），很可能是招聘模式双重性最明显的表现，这一双重性是该学科结构模糊性的结果，而这同时又强化了此一模糊性：正如乔治·康吉莱姆所言，社会学是一门自命不凡的学科[2]，它希望位于科学等级序列的顶端，与哲学相抗衡，它声称要以科学的严谨来实现哲学的野心；社会学也是一个避难所，但同时是一个奢侈的避难所，它让所有在理论、政治和政治理论方面有野心的人，能够以最小的教育"入场费"，获取最大的象征利益（社会学与政治的联系，可以解释为何它是为社会出身较高、但学业成绩平庸的男性学生而设的；同样，心理学是为这样的女性学生而设的）。[3] 我们可以理解的是，为何在大学抗议运动中，社会学家和地理学家表现得如此不同，尤其是在工会运动中，两者之间的差异甚至象征了"极左派"（gauchiste）倾向与"改革派"（réformiste）倾向之间的对立，也象征了对大学机构与社会世界全面和"激进"的抗议，与"行会主义"（corporatiste）式主张之间的对立，而后者强调教师职业生涯，或是主张教学方法和教学内容的转变。

---

[1] 在大多数学科中，研究人员的社会出身要高于教师：58% 的社会学研究员、52% 的心理学研究员、56.5% 的地理学研究员来自上层阶级，而教师的情况则分别为 50%、40% 和 40.5%。这一现象是可以理解的，因为如今迈入研究人员职业生涯的机会，主要取决于是否有可能在学生或实习研究员的位置上停留足够长的时间（虽然学生也可以拿奖学金或是拿代课临时工资，但那些经济倾向较好、经济条件优越的学生显然更有优势），以便在一个研究团队中立足（由于各种关系的不同，机会也是分布不均的），或是取得有影响力的"老板"的支持。

[2] 参见 G. Canguilhem, *Idéologie et rationalité dans l'histoire des sciences de la vie*, Paris, Vrin, 1977, pp. 33-45。

[3] 我们可以看到，社会学场域中冲突的特殊张力，很可能首先在于团体的分散，但无论如何，我们都不应该像往常那样，认为这表明该学科的科学性程度较低。

我们可以从第一印象入手,来理解学生和新兴学科次等教师(他们很多都是以 1968 年五月风暴领袖的身份被招聘的)之间的结构亲缘性。为此,我们只需展示以下增长曲线即可:一方面,我们需要展示 1950—1968 年大学校学生的增长曲线,以及公立大学人文或自然科学专业学生的增长曲线;另一方面,我们也需要展示正教授和次等职位教师(助教和讲师)的增长曲线。尽管教师团体和巴黎高师学生(与就读于公立大学的大学生相比,他们成为高等教育教师的可能性大得多)的数量几乎保持稳定,但另外两个群体的数量,即次等职位教师和公立大学学生的人数,则大幅增长。因此,就读于大学校的学生们可以在他们老师(不论是竞考预科班的老师还是大学导师)那里,辨认出占据某些位置的人,而这些位置有朝一日将会被他们占据;相反,就读于公立大学的学生们,以及从新的招聘模式中受益的助教们,并不具有获得教授职位所必需的次要属性(如巴黎高师文凭、通过教师资格考试),而且助教与学生非常接近,特别是在自然科学院系,以及人文社科院系的新兴学科中,他们很可能并不倾向于与正教授建立起预先认同的关系,而这种认同关系的目的很可能就是鼓励投资,并且尤其有利于维持对教学秩序的拥护。[1] 换句话说,在自然科学和人文社科方面(近来也包括经济学),通过了层层竞考筛选的教师与最不经精挑细选的大学校学生之间的矛盾关系长期存在,这一矛盾近来也开始存在于次等教师和正教授之间:这些次等教师往往毕业于公立大学,他们并非合法的继承人,而是

---

[1] 我们已经展示了,某些自然科学院系的助教会接近学生、放弃教师威严的角色,以便逃避他们所面临的困难,即他们与导师和"巴黎高师毕业生"的竞争。其中,高师毕业生的威胁经常会在访谈中被提及,即使他们都是助教(参见 P. Bourdieu, Épreuve scolaire et consécration sociale, les classes préparatoires aux grandes écoles, *Actes de la recherche en sciences sociales*, 39, September 1981, pp. 3-70)。

被排除在教授职位之外,所以他们没有办法在教授身上看到自己的未来。[1] 简而言之,教授与助教或讲师之间潜在的断裂线越来越明显,因为大多数助教或讲师客观上都更接近学生,而不是正教授。预先认同的链条(chaîne des identifications anticipées)建立在继承秩序之上,而它试图再生产的,正是继承秩序;与此一链条的断裂,有助于行动者们的某种分离,他们被排除在通往未来的竞争之外,而曾经,未来本来是内在于他们的职位中的,于是他们开始倾向于质疑竞争本身。在此,我们很可能可以观察到,革命进程的一般模式以一种特殊的方式实现了:希望和机会之间的循环断裂了,此一客观断裂导致被支配者中,很大一部分最不受支配的人(这里是中间类别的教师,其他地方则是小资产阶级)退出了竞争,即退出一种竞争式的斗争(这种斗争意味着承认由主导者提出的游戏和目标);此一断裂会让他们进入另一种斗争,我们可以称之为革命性的斗争,因为它旨在建立另一些目标,并因此或多或少完全重新定义游戏和在其中取胜的王牌。

同步化

因此,社会学的学生和助教们代表了行动者的倾向和利益互相重合的一种情况,这些行动者在不同场域中占据同源位置;通过对不同场域潜在危机的同步化(synchronisation),这一重合使危机的普遍化成为可能。这类集中有利于局部危机的和谐共生,或是它们在形势上的联合;我们可以在所有人文社科和自然科学院系中观察到此一集中现象,在这些院系中,两类人群的幻灭相

---

[1] J.-Y. Caro, Formation à la recherche économique: scénario pour une réforme, *Revue économique*, vol. 34, 4 juillet 1983, pp. 673-690.

遇了：一方面是面临职业困境、注定将要经历残缺的职业生涯的教师们；另一方面则是与之对应的学生，他们因学历文凭贬值而有降级风险。我们也可以在大学场域内所有参与竞争的人员那里，以及在大学场域外处于同源位置的人员那里（他们不仅在结构上同源，有时在职能上也是如此），观察到同一集中现象，例如文化生产和文化传播机构中处于从属地位的行动者。

区域性危机（crise régionale）可以扩展到社会空间的其他区域中，从而转变为普遍危机，或是一次历史事件（événement historique）。在通常情况下，因为每个场域都有其相对自主性，所以速度（tempo）各不相同；但通过由其产生的加速效应，危机有能力使不同事件重合，这些事件会以分散的顺序开始或结束，或者换句话说，这些事件会不断交替展开，而不一定会组成统一的因果序列，比如在事件发生后，历史学家通过编年史而提出的因果序列，但它实际上只是回溯性的幻觉。由此可见，不同场域在普遍危机中的位置，以及相关行动者的行为，很大程度上取决于为这些场域所特有的社会时间之间的关系，也就是说，取决于每个场域中，特定矛盾完成一般化进程的节奏。

当危机在某个客观时间节点上开始在人文社科院系爆发时，有利于危机出现的结构性条件已在自然科学院系中出现长达十年以上；而高等教育全国总工会长期以来就植根于这些院系中，并对运动的扩大化起到了决定性作用。然而，在法学院中，这些结构性条件才刚刚开始出现。我们只有理解这些，才能理解不同院系、学科乃至不同个体在危机中扮演的角色；这些个体成为运动的化身，尤其是楠泰尔学院社会学系学生达尼埃尔·科恩－邦迪（Daniel Cohn-Bendit）、全法学生联盟（UNEF）主席雅克·索瓦热奥（Jacques Sauvageot）、巴黎某大学物理学系讲师、高等教育全国总工会秘书长阿兰·热斯玛尔（Alain Geismar）。[1]

危机作为一种局势（conjoncture），即作为各个独立因果序列的结合（conjonction），假定了相互分离的世界的存在，但它们各自的动因以及实际的运作，也会使它们加入同一个宇宙中：正如古尔诺（Cournot）[2]所言，因果序列"各自平行发展"，此一独立性假定了各个场域的相对自主性；而这些序列的交汇，则意味着它们对基本结构——尤其是经济结构——的相对依存，这些基本结构决定了不同场域的公理系统（axiomatique）。正是这种依存中的独立性（indépendance dans la dépendance），使历史事件（événement historique）成为可能——没有历史的社会可能是未分化的社会，以至于诞生于相对独立的历史交叉点上的历史事件无处容身。古尔诺继续写道，"在这些世界的每一个里，我们都可以观察到一连串同时发展的因果链条，它们之间没有任何联系，也没有在彼此身上施加任何影响"；如果我们考虑到这一点，那么我们就有机会摆脱常常使我们深陷其中的"结构史"（histoire structurale）与"编年史"（histoire événementielle）之间的两难境地，并进一步理解，不同场域既是相对独立且被结构化的，也是互相开放、互相关联的；因此，不同的场域之间也可能相互作用、产生某一历史事件，在这次事件中，我们既能观察到客观上内在于每个场域结构中的潜力，也能观察到不同场域结合在一起时所产生的、相对而言不可缩减的发展。

1　丹尼尔·科恩-邦迪（1945— ）、雅克·索瓦热奥（1943—2017）、阿兰·热斯玛尔（1939— ），三人均为 1968 年五月风暴领袖，后来成为该运动的符号式人物。——译者注

2　安托万·奥古斯丁·古尔诺（Antoine Augustin Cournot, 1801—1877），法国数学家、经济学家，提出了著名的古尔诺竞争模型。——译者注

同步化是指大学场域每个部分的相关潜在危机在同一客观时间（以历史日期为标志）的重合，或者说，是指由于维持各个场域相对自主性的机制暂时中止，从而导致的不同场域的统一；它将先前在不同场域处在同源位置的行动者纳入同一游戏中，并让他们处在相同位置。只有当处于危机中的行动者与其他具有相似倾向的行动者之间存在一种客观协调关系时，危机的同步化效应才能充分发挥作用，因为这些倾向产生自相似的社会条件（条件的同一性）；而此一同步化效应由关键事件所驱动，这些事件则是危机的时间顺序（chronologique）的起源，并且可能包含了一部分偶然性（如警察暴力）。但除此之外，生存条件不尽相同、因而习性也有所差异（甚至迥然不同）的行动者们，会在不同场域中，与处在危机中的场域里的行动者们所占据的位置呈相似结构（同源位置）；他们可能会错误（信念链）或正确地理解这场运动，或者更简单地说，抓住与日常秩序的关键断裂所带来的机会，来推进他们的诉求或捍卫自身的利益。

这场危机肇始于人文社科和自然科学院系的部分新兴学科，并蔓延至整个大学场域，而生产和传播供大众消费的文化产品的机构——例如广播电视媒体、电影院、出版界、广告或市场营销媒体、民意调查机构、青年协会、图书馆等——都是孕育这场危机最有利的土壤。这些机构的数量增长显著且迅速，它们向面临降级威胁的大学产品（produit de l'Université[1]）提供了一系列全新的位置。而这些机构中存在的矛盾，与教育体系中存在的矛盾非常类似：在智识野心的驱使下（虽然他们的抱负并非总能在作品

---

[1] 此处布迪厄将大学生比作由大学生产出的"产品"。——译者注

中得以实现,而正是这些作品却能使他们在智识场域获得公认地位),象征操纵的新行动者们会在不安或是怨恨中,体会到关于他们的使命的表述("科研的任务完全是智识性的创造")与官僚主义的约束之间的对立,而他们的活动必须向这些约束屈服;他们的反体制情绪,主要在他们同大学之间的矛盾关系中被建构起来,因为大学没有完全认可他们,这种情绪在对文化等级制度各种形式的抗议中都能得到体现,而学生对教育机构的反抗很可能是其中的典型形式。也就是说,我们不能把种种主题之间的亲缘关系,仅仅归咎于时尚或"传染"效应(我们经常会套用传染病模式,来分析反抗行为的扩散);在审查制度取消后,各种主题会在离"运动"最遥远的领域被创造和表达出来,这为人们提供了表达各种社会主张乃至社会冲动的机会,但它们几乎都会被掩盖在政治普世化的外表之下。[1]

使各种"五月思潮"得以统一的背后因素,即是"自发主义"(spontanéiste)的主题,它指的是各种去语境化的信息碎片以或多或少无政府主义的混乱方式被拼接起来,并且它尤其会重申情感共同体根本性的共谋关系,马林诺夫斯基将其运作方式定义为"寒暄的"(phatique)[2],即除了自身之外没有任何其他目的的

---

[1] 我们既无法在此提供所有在地记录的民族志摘录(这些摘录会不可避免地具有片面和不连贯性,因为我们无法进行整体化实践),也无法提供建立在观察和陈述基础上的叙述;因此,为了唤起五月风暴时的社会氛围,我们只能请读者参阅福楼拜在《情感教育》一书中专门论述1848年二月革命的那几页,尤其是涉及我们在上文中提到的那些实践活动的主题时,即关于"俱乐部"巡游的那一部分,其中,"关于公众福祉的系统"得以确立,"各种带有颠覆性的提案"彼此交织("取消法兰西学术院!取消法兰西学会!"等)。

[2] 马林诺夫斯基在《原始语言中的意义问题》(The Problem of Meaning in Primitive Languages)中提出了"寒暄交谈"(phatic communion)这一说法,指的是人们在自由、无目的交谈(如谈论天气、询问健康)时所用的语言,它并不传递实际内容,只是维持人际关系的社会作用。尔后,语言学家罗曼·雅各布森将"寒暄功能"纳入了语言的六种功能中。——译者注

交流，或者换句话说，它只起强化团体整合的作用。[1] 根据预言（prophétie）特有的逻辑，某些极左派发言人应当将他们的影响和魅力，部分归功于他们将学术知识的通俗化版本带到街头和公开讨论中的技艺，这些学术知识往往被降格为迄今为止仅限于学者间交流的归纳性主题和词汇，例如"镇压"（représsion）和"镇压的"（représsif）等；即使如此，"实践极左派"（gauchisme pratique）对学术意识形态传播的贡献（如更常被评论家引用，而不是被作者引用的马尔库塞的理论）很可能并不像人们认为的那么大。这种意识形态传播的表象，实际上是由同步但又独立的想象（inventions）造成的（尽管它们客观上是协调一致的），它们由具有相似习性、相同社会努力（conatus[2]，如果我们可以这么说的话）的行动者，在社会空间的不同地点上（但条件相似）实现；这里的社会努力，指的是与某一特定社会阶级相关的倾向和利益的结合，行动者会努力以恒定或增长的速度，来再生产构成其社会身份的属性（他甚至不需要刻意或有意识地来这样做）。在文化生产大官僚制（其最古老的范式显然是教会）下，关于次等知识分子（无论是现实的还是潜在的）的特定矛盾及其物质或

---

[1] 这就是为什么，与天真的功利主义理论相反，例如奥尔森（Olson）在《集体行动逻辑》（*La Logique de l'action collective*）中提出的理论（阿尔伯特·赫希曼不无残酷地指出，奥尔森的理论之所以在1968年后大获成功，是因为它试图证明1968年五月运动是行不通的），政治工作（无论是政治积极分子的日常活动，还是在特殊时期的示威活动）的目的就是自身，并且也可以补偿自身：斗争的努力本身构成了诸多无可置疑的满足感，更不用提团结的斗争带来的喜悦、责任被完成的感觉，甚至是改造世界的真实或想象的经验（参见 A. Hirschman, *Bonheur privé, action publique*, Fayard, 1984, pp. 135-157）。

[2] 拉丁语 conatus，最初可能由西塞罗翻译自希腊语，有"欲望"或者"势头"之意；后来，物理领域运用该词，表示事物运动的惯性和态势，亦有学者将该术语译作"自然倾向"；尔后，诸多哲学家都运用了此一概念，其中斯宾诺莎取该词"努力"之意，指涉万物（人或事物）维持自身存在需要付出的努力。布迪厄此处的用法与斯宾诺莎有相似之处，它指向的是个人对某些特定社会条件的反应，具体而言，即个体对自身的主观期待（习性）进行调整，从而与客观环境（场域）相适配的过程。——译者注

象征利益，所有意识形态生产在这方面的表述，都不如当前在最无政府主义的自由的表象之下，根据少数共同的生成模式（如发明与常规、概念与执行、自由与镇压之间的对立）而被发明出来的各种主题（它们都是个体与制度对立的变形）。这种对文化等级制度与机构话语的典型异端争议，在信徒皆祭司（sacerdoce universel[1]）思想的现代变体下，宣称一种自发表达的普遍权利（"言论自由的权利"），并且与科学、文化大官僚体制中被支配知识分子的特定利益保持着明显的联系：把每个个体内在的"自然"和"自发的创造力"，对立于由社会所确保的（即由教育系统所确保的）能力，相当于通过人文主义的口号，揭露教育系统擅自宣称的"对文化合法性的垄断"，从而贬低由大学机构认证与合法化的能力；而这些人以此能力的名义，占据着机构等级序列的最高层。此外，我们还能看到一种特殊的亲缘性，它正是以"对文化合法性的垄断"这一表述，将某些人聚集起来，这些人虽然继承了文化资本，但并没有让自己在教育上被认可与接受。

危机最终扩展到大学场域之外，并扩展到与之直接相关的其他场域中；我们必须把这种扩张，归因于建立在结构同源性（不同场域中处于被支配位置的人之间的结构同源，并且被支配的位置通常与结构性降级有关）之上的团结效应；当然，我们也不要忘了工会和政治机构本身的行动，而这些机构——作为中央（国家）官僚机关——的职能之一，正是将局部运动以一种受控的方式扩大化（如借助于总罢工的命令）。事实上，由于任何场域都倾向于围绕主导性位置和被支配位置之间的对立而组织起来，

---

[1] "信徒皆祭司"或"普遍的祭司职分"，是基督教的一个教义，源于《新约》中的一些章节，大意是教会的任何成员都有宣讲和阐释基督教信仰的责任或权利。——译者注

所以一个特定场域中的行动者，总是可以在某种关系之下，加入或被纳入在另一场域中处于同源位置的行动者之中，无论此一位置在社会空间中隔得有多远，无论它能为处在该位置的人提供的存在条件有多么不同，也无论这些人的习性有多么不同：也就是说，如果把行动者们连接起来的亲缘性是有效力的，哪怕不是在所有方面都有效（这实际上是不可能的），只要在一系列起决定作用的方面有效（尤其是从动员、组织起一个在社会层面产生影响力的团体的可能性这一角度来看有效），任何行动者就都可以声称自己与其他场域中处在同源位置的行动者之间是团结一致的。但是，我们不能因为位置的同源，就忘记了场域之间的差异，尽管知识分子的政治和艺术史为这种混淆提供了诸多历史例证。我们知道，19世纪上半叶的艺术家和作家更关注他们在权力场域中被支配的位置，而不是他们在社会场域中的主导位置；于是，在争夺文化生产场域自主性最激烈的阶段，他们会与"资产阶级"扯上关系。但是，从更普遍的角度而言，人们所属的子场域（通常与相互认识和互动的空间相混淆）总是倾向于产生一种屏蔽效果（effet d'écran）：行动者们往往会更清楚地感知他们所属的子场域的位置（处在被支配地位的行动者则会更痛苦地感知这一位置），而非子场域本身在更广阔的场域中所占据的位置，因此，他们也无法更清楚地感知他们在整个社会空间中所处的真实位置。

权力场域中的被支配者和社会场域（作为整体）中的被支配者之间具有位置上的同源性，这为"对外部世界的意识"（正如考茨基所说的那样[1]）这一问题提供了社会学的解答：这是一种为

---

[1] 卡尔·考茨基（Karl Kautsky, 1854—1938），德国社会活动家、工人运动理论家、第二国际领导人之一，也是《资本论》第四卷的编者。——译者注

了被支配者的利益而虹吸一部分累积起来的社会能量的行为。从特定时期智识场域的特定标准来看，次等知识分子（相对而言）会受到两个场域力量的支配，这解释了为什么他们倾向于转向改良主义或革命运动，并经常将反智主义引入其中，而日丹诺夫主义（jdanovisme）或革命保守派的民族主义（völkisch[1]）情结是其中的典型代表。因此我们可以理解，在某一场域，主导者与被支配者之间的对立表现为不平等地夺取合法文化的能力，在这种情况下，特定危机往往会鼓励具有颠覆性的意识形态主题的出现，例如谴责"学阀"（mandarinat）和所有形式的法定权威（建立在学术上受保证的能力之上）；这些主题建立在同源性之上（所谓同源性，指的是差异之中的相似性），因而也建立在部分误解的基础上，它们让我们有可能按照相同的逻辑，思考根据其他原则划分的其他场域的特定危机。这就是为什么，在大多数革命运动中，艺术家、知识分子等被支配者（相对而言），或者更准确地说，被支配的知识分子和艺术家，往往会生产各种形式的感知、评估和表达，而它们可能会被强加在其他处于同源位置的被支配者身上。

事实上，现实更为复杂：为职业政客或工会激进分子所特有的某些对立，实际上也可以建立在被支配者的同源性对立之上，尤其是专职工人（travailleurs permanents）和流氓无产阶级（sous-prolétaires[2]）之间的对立，其中前者更有阶

---

1 从19世纪下半叶开始，德国发动了"人民运动"（或本土运动，德语为 Völkische Bewegung），并一直延续至20世纪初，主要宣扬德国民族性。有部分历史学家认为这场运动预示了日后纳粹的独裁。——译者注

2 流氓无产阶级（sous-prolétariat 或 lumpenprolétaria），根据马克思和恩格斯在《共产党宣言》中的定义，指的是无产阶级中受剥削最重的阶级，他们往往是破产的农民和手工业者，以不正当活动谋生。——译者注

级意识、更有组织纪律,而后者则道德败坏、斗志涣散。正因如此,在工人运动中,倾向于唯科学主义和独裁主义的代表(或者说倾向于专家治国论),他们通常拥有某种特定能力资本(理论、经济学、辩证唯物主义等),从而倾向于自发地依靠最稳定、融入度最高的无产阶级;而自发主义、极端自由主义立场的捍卫者们往往文化资本较少,与思想家相比,他们更愿意从事带头闹事、煽动造反的实践活动,所以往往会成为最底层、最缺乏组织的受压迫者的代言人,尤其是流氓无产阶级。

我们无法先验地限制同化(assimilation)和异化(dissimilation)的游戏(通过这一游戏,具有共同结构属性的行动者之间可以建立起或多或少带有虚构性的团结关系):产生自游戏的联盟,可能会由于强烈地依赖于它们所诞生的特定环境而更加庞大。此外,有些行动者只是部分、疏离地在最抽象、最一般的社会层面参与到这些联盟中(例如,那些遭受某种形式的统治或暴力的影响、甚至或多或少完全丧失与任何特定生存条件相关的一切的人);当联盟并没有那么强烈地触及这些行动者最关键的利益时,联盟也会更庞大。建立在位置同源性之上的联盟——例如,在大学场域中处于被支配位置的行动者与在整个社会场域中处于被支配位置的行动者之间,根据局势发展而建立起的联盟——都是如此:除非他们局限于想象(就像许多"知识分子"和"无产阶级"之间理想化的相遇一样),否则他们更有可能实现联盟,并使其维持下去,因为他们将相去甚远的伙伴们聚集在模糊的口号、抽象的纲领和明确的计划周围,尽管这些伙伴没有太多机会直接互动、彼此见面和互相交谈;事实上,他们的相遇并不是为了让抽象的个体结合起来(他们仅根据其在社会空间特定区域中的位置而被定义），而是要让完整的人（personnes totales）聚集起来，他们的所有实践、所有话语，乃至单纯的身体外观，都表现了相互分歧、相互敌对（至少是潜在地）的习性。

作为"显影液"的危机[1]

尽管每个场域都有自己特定的时间尺度与历史，有其特定的日期、事件、危机或者革命，也有其特定的演进节奏，但普遍危机设立了一种客观时间，或者换句话说，一种历史时间，它超越于不同场域特有时间尺度，这会使那些在理论上是同代人、却又在或多或少完全分离的社会时间里各自演进的行动者，在一段相当长的社会时间里实际上成为同代人。此外，危机还会使那些个人经历符合不同历史分期系统的行动者（他们共享了不同场域中的不同节奏）成为同代人。同步化效应解释了危机的集体逻辑，尤其解释了被我们理解为"政治化"的东西，此外还解释了个人危机与引发个人危机的集体危机之间的关系：通过促进不同社会空间的交汇，并让行动者有意识地融合实践与话语（不同场域的自主性，以及由自主性所引起的、一系列矛盾选择的依次展开，让实践与话语拥有了一种实际上具备兼容性的形式），普遍危机制造了关于合法性的冲突，并经常引起人们的激烈争论；危机会强加给人们以痛苦的修正，目的是重建人们"生活方向"的统一性（至少是象征意义上的）。

社会空间和时间的相对自主性使人们有可能先后占据不同的位置、持有不同或分歧的立场，但这些立场都符合人们各自所处

---

[1] 标题原文为 La crise comme révélateur。法语中的 révélateur 一词，既指让照片成像的"显影液"，又指代宗教意义上的"启示者"，还有固定搭配 révélateur de la crise（危机的显露）。布迪厄此处显然考虑到该词的多重含义。——译者注

位置的要求，这便是不同场域通常的情况；而同步化造成的主要影响，则是迫使人们在所采取的立场中引入一种在通常情况下并不需要的相对连贯性：社会位置的多样性，使人们倾向于由连续性带来的真诚，并且正如我们所知，一个人在社会等级序列中地位越高，这种倾向就越强烈。（这也是占据主导位置的人给人留下"真实性"印象的基础之一，他们被社会分配到一个单一的、通常被严格限定的职业位置上，因此缺乏连续占据不同位置所需的必要倾向，更重要的是，这些单一的生存条件所强加的倾向，在明确的伦理要求中得到了强化，而这些伦理要求会使那些"始终如一""我就是如此"的人受到重视。）危机迫使人们仅仅根据他们在特定场域所处的位置来组织所有立场，从而以明确的阵营划分（在内战的逻辑之下），取代两极之间渐进的分配，以及各种成员之间部分矛盾的关系（空间和时间的分离可以调和这种矛盾）。此外，危机还会强迫我们在单一选择原则的基础上决定一切，并因此排除了与参照系的多样性有关的托词和脱身之计，危机的运作就像"显影液"（révélateur），它会阻止或禁止通常是心照不宣而非明确的让步（诸如"让他们随便说""睁一只眼闭一只眼"），同时也会阻止或禁止妥协、和解，乃至让共存变得可以忍受的交易和退让；危机会强迫人们进行选择并公开自己的选择，还会增加"不选择不失为一种选择方式"的情况，从而切断了人们曾经有意识地（或多或少）与所有分裂因素保持着的模糊关系（无论是支持还是反对）。被压抑的感情和判断在光天化日之下出现，用以描述同步化和由它所带来的不可避免的两者择一的影响，就像朗松对德雷福斯事件的看法（他强调所提出的分析的普遍有效性）："可以说，每个团体，每个个人，都会亮

235

出自己的底牌，暴露内心的倾向。"[1]

在主要是象征危机的情况下，同步化的影响会因全面的质疑而加剧；面对质疑，人们需要作出系统性的回应，其决定性因素是在社会世界某一领域内出现的自相矛盾（paradoxaux）的行为和言论，即戈夫曼（Goffman）所说的"丢脸的事件"（discrediting events），它们可能会动摇日常秩序所仰赖的信念（doxa）：这类非日常的形势，其范式很可能是"学生大会"（assemblée générale），在大学校园内（有时教师也在场的情况下），"学生大会"象征性地颠倒了日常教学关系（如对那些最资深的教授直接以"你"相称[2]），并在实践中，以明确的方式僭越了被客观化、特别是被内在化的先决条件；一些不寻常的始作俑者也在此一形势下崭露头角，例如突然摆脱寂寂无名状态的学生，或是曾经默默无闻的工会积极分子，这些本来只为同道中人所知的人，突然晋升为演讲领袖（tribun），甚至成为革命领导人等；最后，他们还会对行动者在日常世界中所产生的信仰和表述，提出戏剧性或戏剧化的质疑，例如大学权威人士的象征性废除和罢免，或是象征性地摧毁经济权力符号（政权交易所）和文化权力符号（奥德翁剧院或马萨公馆[3]）；抑或相反，他们会对一切真实的社会关系采取魔法般的否定形式，并会进行各种象征性友善（fraternisation）的仪式。

---

[1] Lanson, *Histoire de la littérature française*, Paris, 1902, 7e éd., p. 1091, cité par A. Compagnon, *La Troisième République des lettres, de Flaubert à Proust*, Paris, Seuil, 1983, p. 71.
[2] 一般而言，在法语中，学生和老师会互相以"您"（vous）相称，以示尊敬；在1968年运动期间，学生在学生大会上会以"你"（tu）称呼老师，以示对旧秩序的颠覆。——译者注
[3] 奥德翁剧院（Odéon）是巴黎最著名的剧院之一，位于拉丁区索邦大学附近；马萨公馆（hôtel Massa）位于巴黎14区，是法国文人协会（Société des gens de lettres）的所在地。两地都在1968年运动期间被学生占领，其中奥德翁剧院还被用作政治辩论的广场。——译者注

5　关键时刻

很显然，只有当批判性的话语和行动遭遇一种客观上的临界状态时，它们才会打破与社会世界之间的信念关系（relation doxique），而此一关系是客观结构（structure objectives）与内在化结构（structure incorporées）之间对应关系的结果；临界状态能够通过自身的逻辑，扰乱种种预先感知到的预期（anticipations）和期望（attentes）（它们构成了基于常识的各种感知和行动的非历史的连续性）。如果说危机与批判在某种程度上存在联系，那是因为危机在时间的延绵中引入了中断，从而悬置了继承的日常秩序和对时间的日常经验（时间现在会被看作已经在场的未来）。危机会在现实或对现实的再现中，颠覆各种客观机会（获得利益、取得社会成功的机会）的结构，在这种结构中，人们会自发调整自己的行为，以便与被认为是合理的行为协调一致；并且此一结构还会让社会秩序成为人们可以依赖的世界，即可被预测、可被计算的世界。由此，危机往往会挫败位置感（sens du placement）——"对自身位置的感知"（sense of one's place）——和对稳健投资的感觉，而后者与我们对现实以及可能性（我们称之为"合理的"）的感知密不可分。这便是关键时刻：此时，我们与时间的日常经验（即将时间视为过去的简单延续，或内在于过去中的未来的简单延续）决裂，一切因此都变得有可能了（至少在表面上是如此）；此时，未来似乎真的是偶然的，前景似乎真的是不确定的，瞬间似乎确实是即刻的、中断的，没有可预见或被规定的后续。

危机的出现会让我们回溯并反思某一场域（在此指的是大学场域）客观规律系统的客观真理：这些客观规则或多或少会转化

237

为明确的规则和条例（在大学场域中则很少），每个行动者在组织自身的投资时，都会（而且必须）考虑到这些规则和条例；看似客观地内在于此一世界中的可能性，在很大程度上都是被预先赋予的，而被客观化或内在化的资本，则会赋予各种可能性以优先购买权，例如可能占据的位置、可能被获得的权力或特权。大学场域的时间结构体现在人们的职业生涯、个人轨迹和晋升体系（cursus honorum[1]）中，而如今这一时间结构被动摇了：危机在客观性中确立了关于未来的不确定性，这使每个人都可能相信再生产的进程突然之间就被中止了，而且对所有人而言，任何未来都是有可能的。

不言而喻的是，关于可能性的暂时不确定性（indétermination provisoire des possibles），人们有着非常不同的感知和理解。这种不确定性，在某些人身上引起了或多或少有些"疯狂"的期望，特别是那些在不同场域中占据中间位置的人，这些觊觎更高位置的人，往往会把为旧秩序所排斥、但因对旧秩序的质疑而变得有可能的新愿望，投射到他们一直由衷地承认的旧秩序上。相反，对那些在某种程度上与既有秩序及其再生产有关的人——也就是在某种程度上与所谓"正常的"未来有关的人（他们在这种经济中投入了一切，并一直都身在其中）——而言，客观非连续性（discontinuité）的出现就像世界末日一般（正如某些典型场景——比如教师沦落到倾听学生的声音，科恩-邦迪接受萨特的采访等——在人们的想象中所残酷地揭示的那样，它们都证明了在一

---

[1] 拉丁语 cursus honorum 的原义为"荣耀之路"，指罗马共和国和帝国初期政治家就任政府职位的次序，后引申为官员的晋升体系。——译者注

个颠倒的世界中"一切皆有可能"）：只要这个社会世界被纳入单纯再生产的循环时间中，它就会与传统社会非常相似，而最融入这一社会世界中的老师的反应，会让人想起传统社会中的长者们——当他们面对与其日常生活的公理相悖的生活方式和思想模式时，他们就会马上感到绝望不安。

就像卡比利亚[1]的老农民们谈到年轻人反对传统耕种方法时一样，当面对不可思议之事、面对被颠倒的世界时，当他们最深刻的信仰与内心最珍视的东西都被否定时，教师们只能表达出惊愕与怀疑："但另一方面，该怎么说呢？这是真的吗？这不是谎言或诽谤吗？我听说，最近有些教授不仅拒绝组织考试——也许这还说得过去——甚至还抵制考试，故意用错误的方式给学生打分。有人这么和我说，但我不敢相信。会这么做的人根本就不是老师。他们肯定会让我们名声扫地。但是，最重要的是，它们会毁掉我们的职业生活所仰赖的价值观，而这些价值观的原则本身就要求我们，教师的职责是神圣不可侵犯的。" (J. de Romilly, *Nous autres professeurs*, Paris, Fayard, 1969, p. 20) "（……）报纸和广播一直不停在说，在五月和六月的危机中，学生和'教授'们说了或做了这个、那个。的确，由于对警察发自内心的憎恶，严格意义上的教授已经站在了学生那一边，但在绝大多数情况下，与革命学生一起追求特定目标的大学学者，一般都是助教或讲师。不了解这些情况的大众在危机期间非常惊讶，他们想知道'教授'是如何带着盛怒，参与到反对另一些'教授'的示威活动中的。" (F. Robert, *Un mandarin prend la*

---

[1] 卡比利亚(Kabylie)，阿尔及利亚北部沿海地区，布迪厄曾在这里进行田野调查。——译者注

parole, Paris, PUF, 1970, p. 48）事实上，这些被包围的教授们花了很长时间才从"惊愕"的状态中走出来，"没有意识到自身野蛮行径的野蛮人的涌入，让他们陷入了惊愕之中"（R. Aron, *La Révolution introuvable*, Paris, Fayard, 1968, p.13）。他们要去捍卫某些不容置疑的东西，也就是没有明确义务或惩罚的领域，它建立在"自发的共识"和"对事实的赞同"之上（参见 R. Aron, *op. cit.*, pp. 13, 45, 56），确切地说，他们没有任何论据。不过，捍卫不言自明、不言而喻的东西时，真的需要或者有必要提出论据吗？所以他们只是讲述了他们的教学活动，就像对实践的（令人肃然起敬的）描述，也能清楚地证明他们的卓越之处："任何名副其实的教育，都意味着知识的客观性，因此也要求严格意义上的政治中立性，这是显而易见、理所当然的。"（J. de Romilly, *op. cit.*, p. 14）人们用一种近乎宗教的语言来谈论教育：课堂时间是一个恩典的瞬间，是与门徒们亲密交流的时刻；对这一职业的辩护，最终就是主张信仰与爱："我是那种热爱自己职业的人。"（J. de Romilly, *op. cit.*, p. 9）"我为我的工作感到骄傲，至今仍然如此。"（J. de Romilly, *op. cit.*, p. 8）"我在教学中尝到乐趣；我也知道，在大学的美德里，首要的便是正直，有时我们甚至需要一丝不苟的正直。那些想要控制考试的学生，无论是大学校学生还是公立大学学生，都让我发笑。要是他们知道就好了！"（J. de Romilly, *op. cit.*, p. 15）

另一方面，很明显，教师们越是投身到由扰乱事件（disrupting events）所带来的不确定的可能性之中，并借着审查制的废除，把他们的幻想投射在由此被提供的未来的空白书页之上，那么他们在现在和未来中，在客观和主观上与旧制度状态的联系就越不紧密，与他们特定能力的制度性保障的联系也就更少；而且他们对此投资得越少，期待的回报也越少。习性和利益与大学空间中的轨迹和位置有关（院系、学科、教育轨迹、社会轨迹），它们都是用来感知和评估关键事件的原则，同样，也是这些事件在实践中产生影响的中介。

象征性挑衅让异乎寻常和难以想象之事出现，从而打破了对既有秩序无可置疑的直接拥护；除此之外，还有抗议或颠覆一切社会技术的影响：无论是作为集体僭越的游行示威，或是对被保留空间的占领，还是把物体或社会场所转用作不寻常的目的（这些社会场所的社会定义因此被悬置了，例如剧院、阶梯教室、车间、工厂等），抑或通过局部罢工或总罢工，中止一切构成日常生活的活动。罢工所引起的时间节奏的断裂，不仅产生了自由时间、假日和节日；就像节假日再生产了由其纪念的历史事件所产生的同步化效应，罢工也体现并放大了危机的同步化效应；罢工会用为不同场域和不同群体所共有的、模糊且几乎空洞的时间（就像涂尔干对节庆时间的描述那样，我们也可以把这种时间定义为对日常时间性的颠倒），来取代日常生活的时间尺度（每个场域都有其特定的时间尺度，并且每个特殊日期都会有一些特殊的活动）；在游行示威的象征影响下，罢工会让危机的所有实际影响具体化并加剧。

同步化效应在此完全发挥作用：时间成为一种公共时间（temps public），对所有人而言都是如此，它会将相同的基准和在场同时强加给所有人，从而让所有人都共享同一个当下。此外，正如在节日里，每个人的节日倾向都会因为其他人的喜悦

240

景象而得到加强，同样，每个人也都能通过看到和听到他人表达的不安或反抗来解释自己（有时这会让辩论看起来像心理剧 [psychodrame] 或意义疗法 [logothérapie][1]），从而加深自身的不安与反抗，或是使其合法化。然而无论如何，重合从来都不是完美的，在发言人话语同质性外表的背后，还隐藏着众多个体的经验和表达。正因如此，比如，对某些学生和老师而言（迄今为止，他们的社会出身类型很少在中等教育机构，尤其是高等教育机构中出现），在危机的影响下，他们的不安情绪会凸显出来，尤其是在某些教育空间的区域中凸显出来，在这些空间中，他们的社会出身最具有代表性，例如外省的小型公立大学；尽管与巴黎的先锋派相比，他们提出的质疑所具有的激进性和普遍性似乎要逊色一些（巴黎的先锋派们更倾向于象征性的友爱和革命性的咬文嚼字），但这些质疑很可能更直接地指向支撑着大学机构的巨大且沉默的基石。[2] 但是，由资产阶级出身的学生所发起的贵族式反抗运动，并没有什么机会揭露出那些被隐藏起来的东西，在平衡阶段，有许多东西被隐藏在行动者和机构默认的预设之间最直接的共谋关系背后；而此一共谋关系，则是某些个体在社会和教育方面（两方面不可分割）进行选择所导致的结果，这些个体具有某些倾向，它们与构成大学空间的位置之间具有同构性。事实上，学生运动或教师工会（或其他组织）的官方发言人几乎都不愿意表达某种难以名状的不安，而那些尚未准备好去感知和陈述他们文化的统治维度的政治和工会机构，也没有在他们的措辞中体现

---

[1] 心理剧，让参与者在其音乐、绘画、游戏中体验自己的情绪与思想，从而起到一定治疗效果；意义疗法，引导就诊者寻找和发现生命的意义，从而起到精神治疗的作用。——译者注
[2] 这些"闯入者"在大学机构中象征性地处于从属地位，他们只是非常片面地表达了因其自身不合时宜的存在而引起的问题，以及他们在面对某些系统的改变时所感到的不安，而这些改变就来自他们的存在和不安本身（这在移民子女这一特殊情况中尤其明显，他们所提出的问题被彻底排除在机构的正常运作之外）。

这种不安。至于抗议运动领导人的自发演讲，其落脚点往往在于神奇地否认造成这种不安的因素，正如"索邦大学向工人开放！"或"工人走进索邦大学"等口号所昭示的那样。

以高等教育全国总工会这一占主导位置的教师工会为例，就其成员的社会基础而言，他们很可能更多是团体新成员和"闯入者"，并且该工会还为教育系统中几乎完全不具备自由和原创性思想的机构所支配与控制。在时任工会秘书长、五月风暴期间扮演重要角色的阿兰·热斯玛尔的影响下，1966—1969年，"极左分子"倾向一直控制着工会，此一倾向对教育系统所传递的文化提出了全面的挑战，尤其是老板与助教、教师与学生之间的等级关系，它以阶级关系为模型，类似于"压迫者和被压迫者之间的关系"；此外，在该倾向的影响下，工会被视为"在大学机构层面反对资本主义制度"的组织。而与之相反的倾向，即由共产党激进分子所主导的倾向，在1969年3月的特别代表大会上接管了工会的领导权（参见 F. Gaussen, L'opposition proche du PC renverse la direction «gauchiste» du SNESup, *le Monde*, 18 mars 1969），他们打算专注于工会自身的任务，并将大部分要求集中在"物质资源"、教师职业生涯改革、高等教育界准入民主化，或是"介入教学与研究单位委员会的可能性"。在此一计划中，几乎完全没有对教育运转模式和具体功能的分析，并且计划还会以"保存现有成果"为由，对主要矛盾（如教师和教学科研质量的条件与民主化的种种条件之间的矛盾）保持绝对沉默，这让此一计划使用"高等教育界准入民主化"这一模糊、空洞却令式的口号，这一口号就像是一种意识形态，

242

说明了次等教师（他们构成了高等教育全国总工会的社会基础）行会主义诉求的理由。在"左派"对"学阀"和"保守派"的谴责的鼓动下，大学等级制（它们并不总是完全缺乏科学或技术基础）和社会等级制的融合，以及学生群体"民主化"和教师团体平均化的融合，都促成了上述这些结果。

公开表达的意见

通过某些特定政治事件的增加，例如游行、示威、集会等（人们会在此公开和集体地表达政治立场、动议、请愿书、纲领、宣言、计划等），危机让一个共同的政治问题域（problématique）得以形成，也构成了由一系列明确政治立场组成的空间，这些明确的立场与行动者以及团体所处的社会位置有关，例如工会、政党、运动、协会等[1]；自此，无论我们愿意与否、知晓与否，我们都不可避免地会根据某些可能的位置空间来定义自身，或是被定义。这便是政治上的天真与无辜的终结。[2] 具体而言，通过所有迫使人们公开宣布或背叛自己的场合，换句话说就是"选边站"（无论人们是否愿意），其中最夸张的便是那些公开忏悔（无论是自愿还是被迫的），这在1968年的各种集会上经常出现——简而言之，通过鼓励人们公开表达政治观点，政治危机迫使每个行动者（在这个意义上，行动者会受到所有我们已经分析过的因素的影响）

---

1 这种意见空间的公开展示，会让民意调查的效果发挥到极致：民意调查通过一些看似简单的技术，例如给出一张意见量表或一组预先拟定的对某一特定问题的答复，从而强加给人们一个明确的问题域，即一个明确的政治立场空间。
2 政治家的情况一直都是如此（知识分子也是如此，但程度较低），公众人物不停地受到公开、公众、公共意见的谴责，因此他们会被迫让自己的观点和实践与他们在政治空间中所处的位置相匹配，还会被迫将任何可能与他们所处的位置或团体相抵触的私下观点都隐藏起来——这意味着他们所使用的语言，都经历了严格的审查，且极度委婉。

从纯粹政治性的原则出发来做出所有选择,并将这些选择应用到对其他行动者的感知与评价上。[1]与此同时,危机往往会在迄今为止仍达成一致的人之间,引入某些决定性的区隔;而他们曾经之所以能达成一致,是因为他们通过某种心照不宣的默契,将可能会把它们分开的差异(尤其是政治方面的差异)搁置在一边,或是使其处在一种不言明的状态。所谓的"政治化"指的是这样一个过程,在此期间,政治观点和政治区分的原则往往会压倒所有其他原则,使那些按照过去的标准来说相隔甚远的人彼此接近,并让那些在先前存在的判断和选择中彼此接近的人互相疏远:由"讲师的反抗"所激起的亢奋情绪,能够促使某些"杰出学者"与"普通教师"联合起来(无论是通过请愿书的签署还是某些更持久的合作),而在此之前这些"杰出学者"还蔑视那些"普通教师"[2];然而,尽管这些认同"五月精神"的人们在等级、地位和公认能力上存在差异,但他们之间建立起了紧密的联系,而在其他阵营看来,此一联系是不自然的友善。因此,这种分类思维逻辑,会强迫每个人都把自己设想为集体中一分子,从而在发言时好像带有某个团体的所有权威一样,同时又让对立阶级的每个成员为他们所属的整个群体的行为和过失负责:比如,某位教授[3]

---

1 这些分析的后果之一,是揭示了"真实"意见问题的幼稚性:每一次,所谓意见都可以在具有表现力的倾向和市场状况之间的独特关系中被定义。我们可以计划为每一位行动者或某一类行动者绘制一幅政治画像,该画像对应于他公开表达的政治观点(在被考察的时间点上,针对每一个政治构成的问题所提出的观点),而他的观点,是根据被考察的市场(调查本身就是市场之一,它位于具有官方性的那一极)中的特定法则(尤其是审查制)而被提出的;我们也能根据行动者的不同特征,来确定在公开意见和私下意见之间的差距。

2 为了让分析更具普遍性,我们只需提及盖尔芒特公爵夫人的评论即可,在她看来,曾经有些沙龙"非常吸引人",但现在我们可以在沙龙里找到"某些我们穷极一生极力躲避的人,仅仅因为他们也反对德雷福斯就聚集在一起,还有一些我们甚至从没听说过的人"(M. Proust, À la recherche du temps perdu, II, Paris, Gallimard [La Pléiade], 1954, p. 238. 中译本参见:M. 普鲁斯特,《追忆似水年华 III:盖尔芒特家那边》,潘丽珍、许渊冲译,南京:译林出版社,1991 年,第 232 页)。

3 英译本指出,这位教授便是反对学生运动、批判左派的法国社会学家雷蒙·阿隆。——译者注曾在自己的《回忆录》中提到，五月事件发生的那段日子里，他在自己开设的一门研讨课上与学生讨论，他认为自己因此与"毛主义学生"或"左派运动"建立了对话中的对话[1]；与此同时，这群杰出教授还在努力制定大学改革的原则，他们以一个法人应有的重视，欢迎某个并非学生代表的理学院学生时不时来参加一下他们的讨论。

在日常生活中，政治选择的特定原则在某种意义上，只是某些因素的可见接替物（relais visible），例如各种倾向和兴趣，它们与在社会空间、权力场域和大学场域中的位置有关；但是，由于其作为某一阵营（或某一立场）的明确而有差异的特征（即一整套不同或相反的立场，有意识地以否定形式所确证和决定的位置），政治选择的特定原则使具体的政治标准能够系统地、广泛地应用到所有问题上，尤其是那些只涉及次要、边缘性利益的问题（文化资本越重要，对一致性的倾向越高，这一普遍化和系统化效应显然会越"成功"，而这会让在该领域的职业学者或知识分子处于特权地位）。因此，那些赞成在根本问题上（即职业生涯的问题）进行转变（无论对他们自身而言，还是对教育体制的再生产而言）的讲师，会在那些关切自身利益的问题上，服从其既有政见的明确而客观的原则，并在不直接涉及自身利益的问题上（无论是学术问题[如择优录取]，还是其他问题），采取进

---

[1] 与我们之前的分析一样，此处我们同样可以引用普鲁斯特的话来证明这一点："德·诺布瓦先生向布洛克提出这些问题时，语气很激烈，这使我的同学既惶惑不安，又喜出望外；因为大使对他讲话就像对同一个党的全体成员讲话一样，他向布洛克提问的神气很像是得到了这个党的信任，并且能对作出的决定承担责任似的。'如果您不缴械投降'，德·诺布瓦先生不等布洛克的集体答复，就又继续下去了，'如果您在确立重审程序的法令墨迹未干之前，仍相信某个蛊惑人心的口号，如果您不立即缴械投降，相反仍坚持某些人所谓的最后一张王牌（ultima ratio）这一无益的敌对立场，如果您一气之下撒手不管、破釜沉舟、绝不回头，您可能就要吃大亏'。"（M. Proust, *op. cit.*, pp. 245-246. 中译本参见：M. 普鲁斯特，《追忆似水年华 III：盖尔芒特家那边》，潘丽珍，许渊冲译，南京：译林出版社，1991 年，第 240 页）

步主义立场。[1] 我们甚至可以根据此一逻辑来理解那些更加矛盾的情况，尤其是那些皈依新思想的旧制度贵族，在这些情况下，一致性对形式施加的限制，胜过了关键利益的影响。这是因为，我们只有在既有政见（这并不意味着人们必须公开发表这些意见）的调解之下，才能从自身所处的社会位置转向对次要问题的立场，因此这些源于明确原则的立场可能会威胁到（以一种完全理论化的方式，至少在危机时期之外是如此）为此一位置所固有的利益。大学场域的危机是一场特殊的革命，它直接质疑了与该场域中的主导位置相关的利益，其结果是悬置了与某些特定学术利益（来自特定政治逻辑的相对自主性）相关的距离：在面对危机时，教师们的第一反应显然来自他们在大学场域中所处的位置；或者更准确地说，教师们选择维持还是颠覆构成学术场域力量对比的关系，取决于这一关系是否能保障他们当下和未来的特定利益。如果说这些政治立场（其社会决定因素因此被暴露出来）可以表现为皈依或者背叛，那是因为，只要大学秩序没有受到威胁，各种表态——尤其是在一般政治领域的表态，以及在特定大学领域里的表态（尽管在更有限的范围内）——可能并不由人们在大学场域中的位置决定，而是由人们在权力场域的位置和人们所处的政党来决定（就实然和应然的模式而言，人们的位置在传统上属于大学场域中被支配的位置），对那些最接近"知识分子"一极的教师而言尤其如此。若我们想回到那些最初的利益上（它们内在于最接近的附属场域），那么我们就会被迫放弃不同层次的隶属

---

[1] 在危机刚刚结束的时期，大学问题在多大程度上成为政治问题，要根据政治原则来提出和解决，而不是一成不变、不可置疑，而各个院系的情况各不相同，从医学院或法学院到理学院和文学院，对大学的看法和政见之间的联系（我们称这一联系为"政治化"）会越来越紧密（参见科研扩张研究学会 [AEERS] 于 1969 年所做的调查）。

关系所允许的游戏；诸多支持或反对五月运动的表态都是政治上的合理化，它们是政治化效应的必然结果，但这些反应的根源并非政治：我们可以在语文学或语言学中，甚或在某些语言学流派中，找到某些纯粹政治性的介入行动——例如反对共产党和左派，或是支持共产党但反对左派，抑或在某些特殊情况下，接近现代主义，因此也亲美或赞同乔姆斯基主义（chomskysme[1]）——个人或群体决心捍卫其社会存在的动力和冲动（往往是悲怆的），会在这些介入行为中流露出来。

自发性的幻觉

情境感知（context awareness）效应来自对各种公开立场的整体感知，并且当行动者在社会层面被赋予的政治能力越强，此效应对行动者的影响也越深远；与日常生活中的关系相比，此一效应会使政治立场空间和社会位置空间之间的关系更不模糊、更不混乱，因而也更清楚，从而很可能会降低信念链效应的效力。但不言而喻的是，在危机局势中出现的各种被客观化的意见，以及示威、口号、请愿书、宣言、纲领和计划等，它们既与所谓的"公众"意见（来自单独意见的统计汇总）相去甚远（我们清楚政治或工会组织对匿名咨询怀有敌意），也与在革命冲动的融合（fusion）与抒发（effusion）中，从自由表达和对抗的个人观点的自发辩证中自发产生的集体意见大相径庭。危机时期的象征性生产，既不是个人意见的机械叠加，也不是因集体骚动所激起的、种种意识的神秘融合。正如我们所看到的，在"政治化"的影响之下，动

---

[1] 乔姆斯基（1928— ），美国语言学家，提出了转换生成语言学理论；他也是左派政治思想家，主张无政府主义、推翻一切暴力结构。——译者注

员被支配者的政治行动会得到增强；如果我们忽视了这一点，可能就会认为，就其根源而言，危机时期的象征生产似乎与日常时期的生产并无不同，都是通过"建构和强加社会世界定义的专业人士"与那些"他们应当与之对话的人"之间的交流（往往是单向的）而建立起来的。"觉悟"（prise de conscience）的神话，是一个团体围绕着被有意识地领会的共同利益而自愿聚集在一起的基础，或者换句话说，是所有理论上的阶级成员的个体意识与历史内在法则（这些法则让这些个体组合成团体，同时赋予他们的行为以必要和自由的目的）的直接重合，这就掩盖了建构群体和集体世界观的工作，而这一工作是通过建立共同机构和全权代表（plénipotentiaires）官僚机构来完成的，它们所代表的，是因习性和利益的亲缘性而联合起来的行动者所组成的潜在团体，并通过此一代表，让该团体作为政治力量而存在。

在危机时期，这项工作很可能是最重要的，此时，社会世界正在动摇，比以往任何时候都更难总体化；事实上，政治机构，尤其是机构中的人，他们因与机构的频繁接触（包括那些几乎构成了所有政治小团体 [groupuscules] 和派别的人，其中领袖比积极分子数量更大），而得以接受团体在社会操纵技术方面的训练；在危机的情况下，他们特别有存在感，并且前所未有地活跃。在关键时刻大规模、半匿名的集会中，用来表达与强加合法意见的竞争机制会像市场机制一样运作；尽管竞争机制，正如恩格斯所说，处于"无政府状态，但在无政府主义状态之下，并且通过这一状态"，此一机制有利于那些掌握话语技术的人、那些善于利用话语场所的人，以及那些善于使用某些技巧来产生一致性、垄断性意义及其表达的人（例如，对少数人起草的动议或请愿书进行举手表决或鼓掌表决，然而它们所表达的意思往往很少来自无休止的讨论，等等）。[1] 矛盾的是，那些迄今为止鲜为人知的发言人的出现，以及他们对重要政治与工会组织的传令官（hérauts）提出的挑战，都掩盖了下述事实，即很可能没有什么情况比危机局势更有利于专业的政治发言人了，因为从表面上看，局势似乎完全由"群众的自发性"所掌控：事实上，正如古代犹太教的先知往往是祭司阶层的叛变者一样，大部分从"群众冲动"（élan populaire）中脱颖而出的领导人很可能都曾在各种机构中接受政治训练，例如学生工会、大学工会、政党、小团体或"革命"小集团等，他们在其中获得了一种特殊的能力（主要是一套语言和姿态的工具、一种语言和身体的修辞学），这使他们能够利用言论场所，掌握制度化的话语工具。我们应当提及五月话语的典型风格，这是对"群众"话语的民粹主义式戏剧化，其句法和发音上的松散，掩盖了强大的修辞暴力，它既是一种柔和、放松的暴力，又将人团团裹住、纠缠不休；在某些情况下，这种暴力尤其明显：比如在质询与打断、质问与命令的技巧中，或是在缩短所有烦琐的分析、只是为了增强攻击性的句子中，抑或在喋喋不休的重复中（这种重复意在阻止打断和质问），诸如此类。[2] 事实上，我们忘记了，在五月事件期间和之后被大家反复讨论的言论自由，总是夺取自他人的言论自由，或者不如说是控制了他人的沉默，正如学生与"工人"之间的会面如此残酷地诉说的那样（在那些会

---

[1] 人们并没有注意到，大部分"五月文本"都是匿名的，或者用首字母缩写签名，这就使我们无法确定其作者。因此，这就大幅限制了分析的可能性：为了真正理解这些著作，我们只有狂热地相信文本内部分析的有效性，因为我们既无法在社会层面上描述作者特征，也无法进一步描述生产和接受（认可）这些著作的社会条件。对诸多在类似条件下产生的著作来说，情况很可能都是如此。

[2] 对这些双重习性及其模棱两可、不为人知的野心的分析，有助于我们更好地理解众多五月事件的领导人日后在新闻界、出版界、公共关系界、市场营销界乃至资本主义企业中的成功。

面中，学生的发言人不仅操弄着工人的言语，还把工人的沉默搬上了舞台）：事实上，在面对几乎没有任何成员、却以全体教师资格获得者的名义发言的教师资格协会时，或是面对可以用命令使全体成员动员起来的工会秘书时（这些口号来自其特有的习性，或是来自革命领导心目中理想模型的驱动效应），抑或面对要求对一项革命动议进行投票的大会当日主席时（例如，支持废除文凭的主席，或是支持改革大学章程，而这一切只是来自他行会式的想象），那些因客观上属于某一类团体而被动员起来的个体，只能通过无奈的沉默、一系列徒劳无益的反抗，或是通过建立持不同政见的宗教团体（但这些团体都注定会消失，他们的权力也注定会被剥夺）来表示抗议。

然而，危机局势和各个机构之间仍存在某种不兼容性，比如那些左翼政党或工人工会，它们必须在日常时间中，再生产某些由危机所产生的效应，但又要以一种本质上非连续、非日常的方式来生产，像是"政治化"效应与动员效应。因此，使被代表阶级获得存在感的行动必须以官方机构为基础，要设立办事处（permanences），例如办公地点、办公室、秘书处等，具备常驻人员（permanents），这些人员必须持续或定期开展行动，以保持被代表群体和代表群体的动员状态（如制作传单、张贴海报、出售报纸、分发卡片、征收会费，以及组织大会、节庆活动、聚会和集会等），还必须依靠其长期行动的影响，产生某些特定危机（crises sur ordre），例如示威、罢工、停工等。在永久性组织的内在倾向、某种程度上与该组织及其再生产有关的倾向，以及它所应支持的目的这三者之间，至少存在一种潜在的矛盾性：一个组织的自主化成为自身的目的，这导致它为了自我再生产

（autoreproduction）的内部功能，而牺牲了外部功能。所以这就解释了，为什么当危机不是其行动的可控影响，因而对其内部秩序、甚至对其存在本身构成威胁时，受到官方委托来制造或维持临界状态的组织机构可能就无法履行它的职能。

危机情况很可能比日常秩序更有利于颠覆发言人的空间，也就是颠覆政治场域本身。事实上，无论社会技术在阻碍或限制非专业人士即兴创作方面有多么强大的作用，后者都能通过种种相似倾向的相遇而得到强化与支持，并从审查制的废除中获益，从而为危机很可能是最重要、最持久的影响做出贡献：此一影响便是象征革命（révolution symbolique），它是对思维模式和生活方式的深刻变革，更确切地说，是对日常生活整个象征维度的变革。危机就像某种集体仪式，它让人们从日常的惯例和依附中摆脱出来，其目的是实现精神改造（métanoïa），或者说精神转变（conversion spirituelle）。危机引起了无数同时发生的转变，它们相互强化、互相支持；它也改变了行动者通常看待社会关系的方式，尤其是等级制度的象征意义，并使在最普通的象征性实践中被高度压抑的政治维度浮出水面：例如客套用语、不同社会等级、年龄或性别之间的礼节性举止（gestes de préséance），以及妆容和服饰方面的习惯等。只有成长小说（Bildungsroman）的技艺才能让人们看到，集体危机和个人危机是如何相互提供机会，而政治上的修正又是如何伴随着个人的新生的，服饰和妆容方面的象征性变化也可以证实这一点；而这些变化也体现了对社会世界伦理政治（ethico-politique）愿景的全面投入，这种投入已经成为整体生活方式的行为准则，无论是私人生活还是公共生活。

附录 1：研究资料来源

1. 人口统计指标、被继承或先天获得的经济与社会资本的指标

关于研究对象的年龄、出生地、婚姻状况、子女数量、居住地、父母的社会职业类别、所获荣誉勋章等信息，都来自我们对《巴黎大学年鉴》（Annales de l'Université de Paris）的系统性整理，该季刊由索邦大学出版，发行至 1968 年 12 月，它提供了每一位在巴黎上任的教授的详细履历、其出版物和当前研究工作的清单、国外访学访问信息，以及他们所获得的法国或国外荣誉的信息；同时，它也为我们提供了一份"编年史"，其中包含了各种珍贵指标，例如"大学生活"指标、与高级行政部门的联系、参与重要仪式的信息等（我们在巴黎市立图书馆的传记档案中也发现了一些有用的信息）。我们还整理了 1970 年的《法国名人录》（Who's Who in France），必要时还分析了更早的时期；我们也整理了不同传记词典，包括 1971—1973 年的《国际名人录》（International Who's Who）、1962 年的《新国家当代人物词典》（Nouveau Dic-tionnaire national des contemporains）、1971 年的《国际传记词典》（Dictionary of International Biography）和 1963 年的《社会科学非洲学专家名录》（Africanistes spécialistes des sciences sociales）。无须多言，收集这些资料的过程本身是一场漫长而艰

难的探索，其中有一些最珍贵的资料，如《巴黎大学年鉴》，是在最后时刻才被发现的。但是，为了确定和核查已公开出版的信息，我们尤其参考了行政调查所提供的数据（特别是关于巴黎大学文学院和理学院教授们的数据，我们很难在其他资料中找到他们的信息）。在所有这些补充性资料中，最有价值的无疑是对研究人员的调查，尤其是对人文科学、社会科学、经济科学、政治科学和法律史领域研究人员的调查，该调查是在我们与人文社科之家"科研交流与信息服务处"的合作之下，于 1963—1964 年以及 1967—1968 年进行的调查，目的是制订一份研究人员名录：尽管调查回复率很高（占总体的 80%），但该调查仍具有一切通信调查所固有的缺陷；不过此一调查具有双重优点，它提供了有关教师团体整体的非常全面的信息，特别是他们的大学生涯、出版物和社会出身的情况（但是，其代表性会随在等级序列中位置的下降而降低）。我们还从下列调查中获得了一些有用信息：对 1969 年科研扩展研究协会（AEERS）全国调查所做的答复；1968 年法国科学作家协会（Association des écrivains scientifiques de France）所做的调查；以及 1973 年国际笔会（Pen-club）作家所做的调查。另一极有价值的研究材料，则是 1970 年后大学校毕业生年鉴，以及各种专业期刊上刊载的讣告：我们因此整理了 1970—1980 年的《巴黎高等师范学院毕业生校友会年鉴》(*Annuaire de l'Association amicale des anciens élèves de l'École normale supérieure*)；1970—1980 年的《拉丁研究杂志》(*Revue des études latines*)；1970—1980 年的《纪尧姆·布代研究学会学刊》(*Bulletin de l'association Guillaume Budé*)；1970—1980 年的《希腊研究杂志》(*Revue d'études grecques*)；1970—1980 年的《意大利研究杂志》

（Revue d'études italiennes）；以及 1970—1980 年法兰西铭文与美文学术院（Académie des insctiptions et belle lettres）会议报告。最后，我们还查阅了《世界报》对重要人物所做的特别专访。

当我们无法通过上述方式，或是无法从可靠的信息源那里收集到信息时，我们的最后手段是当面进行深入访谈，或是进行电话访问，并对相关人士进行补充性的调查。对诸多资料进行对照与核实，通常能让我们提炼甚至纠正传记词典给出的所谓确定无疑的信息。例如，根据《名人录》的说法，某位教授的父亲是"葡萄种植者"，但他实际上是"葡萄庄园主，拥有法学学士学位"；另一位教授的父亲，被当成"教授"，但他实际上只是"小学教师，持有初等教育高级证书(brevet supérieur)"；又如某些教授的父亲，不是"批发商"或"公务员"，而是"纺织贸易公司高官"或"邮局局长"。在另一案例中，我们通过直接询问了解到，起初被归入大批发商之列的"业务代理人"，实际上只是一个公证处文员，他自己开了私人办事处，为一些个体小商贩提供咨询业务。总的来说，传记词典中的条目由相关人士本人撰写（或是至少经过本人检查），由于最大的不确定性，这些条目呈现出一种系统性偏差（《名人录》的编辑们说，他们必须坚持这一点，才能得到回复，并且有时他们自己也需要针对"公务员"的类型，提出某些委婉的折中用语）。除了少数带有家族炫耀性的个案，此一策略似乎非常普遍，它往往倾向于缩小社会差异（因此也会在分析中缩小社会出身的重要性）。除了对被分类的一般性拒绝（它表现为追求最包罗万象、最模糊的分类），人们还会关心自身形象的塑造，甚至还会在必要时修正自己出身的形象，进而修正其职业轨迹和成就形象，这导致人们会根据不同情况，给自己提供一个或多或少高于实际情况的起点(因此,我们曾经一度打算要对偏离的个案及其方向进行编码,以试图确定其逻辑)。所有这些都在编码方面产生了某些极为困难的问题:只有对教授父辈们这一代人的职业结构有严格和完整的了解我们才能确立严格的代码,而教授父辈们本身分布在两代人之间(从生物学意义上来说);除此之外,可用的信息是非常不均衡的,这就使对资料不够详尽的案例而言,被采用的代码很可能会过于细致(这会导致过度编码——例如,在试图区分工程师或商人的类型时),而对资料最详尽的案例而言,则可能又过于笼统(这会导致编码不足以及信息丢失)。

就宗教的情况而言,我们会把所有具有犹太教或者新教(少数派宗教)背景的人都归在一类,而不去考虑他们实践的强度到底如何;在处理天主教这一多数派宗教时,我们会将众所周知的天主教徒区分出来,他们或是教会有关组织的成员,并被列入1967年的《法国天主教年鉴》(Annuaire catholique de France)中[1],或是参与了某些公开宣扬天主教信仰的组织,例如法国知识分子的天主教中心,抑或参与了由这些机构所组织的活动,例如期刊、协会等。关于犹太教的情况,我们使用了1971年的《法国犹太人指南》(Guide juif de France),此外我们还咨询了某些可靠的信息提供者(牧师、拉比、宗教协会领导人等),正如我们对新教徒的调查一样。我们还参阅了《夏多顿街年鉴》(Annuaire Châteaudun[2])中的"宗教运动"(mouvements confessionnels)部分。尽管我们极力试图将错误风险降到最低(尤其是面对某些个案时,

---

[1] 我们在另一研究中收集了法国天主教徒构成情况,参见 P. Bourdieu et M. de Saint-Martin, La Sainte Famille, l'Épiscopat français dans le champ du pouvoir, Actes de la recherchen sciences sociales, 44-45, nov. 1982, pp. 2-53.
[2] 夏多顿街为巴黎犹太大教堂(Grande Synagogue de Paris)的所在地。——译者注

只有信息经过多人确认，我们才会采纳这一信息），但我们仍无法确保百分百成功。

2. 被继承或先天获得的文化资本的指标

我们在正文中提到的传记资料来源（传记词典、补充调查、讣告、信息提供者、访谈）提供了受访者的学习情况，包括中等教育（就读机构是公立还是私立、位于巴黎还是外省）和高等教育（在巴黎还是在外省就读，是否曾在国外留学，就读于公立大学还是大学校）的信息。这些信息往往需要进一步厘清，这是因为，比如，人们经常会混淆中等教育机构和大学校竞考预科班。此外，为了明确受访者毕业于哪所大学校，我们还查阅了各个大学校的年鉴所公布的毕业生名单，包括《巴黎高等师范学院毕业生校友会年鉴》、《塞夫勒高等师范学院同届毕业生年鉴》（*Annuaire par promptions de l'École normale supérieure de Sèvres*）、《圣－克鲁高等师范学院毕业生校友会年鉴》（*Annuaire de l'Association des anciens élèves de l'École normale supérieur de Saint-Cloud*）、《丰特奈－欧－罗斯高等师范学院毕业生校友会年鉴》（*Annuaire de l'Association amicale des anciennes élèves de l'École normale supérieure de Fontenay-aux-Roses*）、《巴黎政治学院毕业生年鉴》（*Annuaire des anciens de Sciences-po*）、《法国路桥学院年鉴》（*Annuaire des Ponts et Chaussées*）、《巴黎高等商业学院官方年鉴》（*HEC Annuaire officiel*）、《法国国家行政学院毕业生校友会年鉴》（*Anciens élèves de l'École nationale d'administration*）、《巴黎综合理工学院毕业生校友会》（*Société amicale des anciens élèves de l'École polytechnique*）、《高等矿业学院年鉴》（*Annuaire des Mines*）、

《中央技术与工艺学院毕业生年鉴》(*Annuaire de l'Association des anciens élèves de l'École centrale des arts et manufactures*)。根据院系的不同,同一所大学校的文凭所具有的价值也非常不平等:例如,在文学院中,巴黎高师的影响力最为深远,而在理学院中,巴黎高师则要同其他大学校竞争,例如巴黎综合理工学院、国立高等矿业学院或中央技术与工艺学院;而就法学院而言,毕业于巴黎高师几乎没有任何优势,在该学科中占优势地位的,主要是巴黎政治学院的毕业生,这一点毋庸置疑;法国国家行政学院同样在该学科颇具影响力,尽管比不上巴黎高师在人文社科方面的影响力。最后,就医学院而言,巴黎高师毕业文凭没有任何意义。

因此,我们似乎有必要考虑更具有统一意义的教育成功标准:在高中优等生会考中获得优胜提名。如果能够找到某个教授在高中第一年或最后一年里参加该会考的信息(他可能参加了一项或多项科目),很可能会更令人满意,但由于我们缺乏详尽的候选人名单,因此只能记录优胜者的信息。为此,我们查阅了1974年《高中优等生会考优胜者协会年鉴》(*Annuaire de l'Association des lauréats du Concours général*);但由于该年鉴仅列出了协会成员(而不是所有优胜者),因此我们又查阅了所有我们能搜集到的前几年的年鉴,以及协会的各种期刊,试图找到尽可能多的临时成员。然而无论如何,高中优等生会考优胜者的比例很可能还是被低估了。

我们对其他能够说明学业成绩和教育早熟程度的标准(这方面往往密切相关)进行了仔细查证,但未予以保留。所有与大学重大考核(它们勾勒出大学生活)相关的信息都是如此,例如高等教师资格和国家博士论文(文学院和理学院)、博士学位和高等教师资格(法学院)、住院实习医生和高等教师资格(医学院)。由于国家教育部的档案,我们得以记录了所有样本的资质头衔(通过教师资格考试、博士学位、住院实习医生等),以及他们获得这些资质头衔的年龄与录取等级。但是,我们所收集到的信息在不同的院系之间仍然是无法比较的。例如,即使我们可以用一种非常粗略的方式,将文学院和理学院的国家博士论文与法学院和医学院的高等教师资格视为等同,但我们仍无法像人们可能会试图做的那样去同化两者,直接比较获得这些不同资质头衔的年龄;此外,即使文学院和理学院之间存在结构上的相似之处,但另有一些制度性效应,解释了为什么理学院国家博士论文的答辩时间通常要早于文学院。

在此,我们将提及我们曾一度探究、但随后放弃的其他研究途径,并将其记录在案,以详细说明样本中教授们的教育资本。因此,获得双重业士文凭或是获得双学士学位,是教育和大学方面有所成就的明确指标,但我们无法以系统的方式,获得样本所有成员的这一信息。同样,在大学生涯的另一端,被提名为特级教师(E级)的年龄,也是职业生涯成就的良好指标,但它只涉及样本中数量有限的大学学者。所以,尽管在此情况下,这类信息是可以得到的(与双重业士文凭或双学士学位的信息相反),并被严格记录了下来,但我们最后还是没有使用它们。因此,我们不得不在多处放弃对这些重要数据的编码和使用,因为它们只适用于极少数人或分布极为不均的群体。

3. 大学权力资本的指标

为了确定大学咨询委员会成员情况,我们查阅了1968年《国家教育年鉴》(*Annuaire de l'Éducation nationale*),它包括人文、自然科学、医学、法律和经济学几个部分,并公布了 1966 年被选举或任命的成员名单;以及 1971 年 5 月 1 日出版的《高等教育全国总工会手册》(*Mémento SNESup*),它提供了大学咨询委员会成员名单;最后是《大学与科研》(*Les Universités et la Recherche scientifique*)杂志,以及 1975 年 12 月出版的《高等教育全国总工会公报》(*Bulletin du SNESup*)第 60 号增刊《高等教育全国总工会调查档案》(*dossier-enquête du SNESup*),其中列出了 1976 年大学咨询委员会成员名单。我们对提及次数进行了编码。

在研究了国家教育高等理事会和高等教育理事会的构成后,我们决定把这两个指标排除在外。就前者而言,根据 1968 年的《国家教育年鉴》,在国家教育高等理事会的 106 位成员中,实际上只有 16 位成员身处高等教育界(其中巴黎所有院校加起来只有 7 位成员);就后者而言,高等教育理事会的 63 位成员中,有一半以上是各个不同部门、协会或组织的代表,其中 19 位是行政部门代表,13 位是医学研究部际委员会(Commission interministérielle des études médicales)代表以及全国大学校学生协会联盟(Fédération nationale des associations d'élèves des grandes écoles);在 31 位通过竞选而当选的成员中,巴黎地区教授所占比例非常小。

由于人们可以在不同大学机构的范围内行使大学权力,因此我们会注意到,在 1968 年的《国家教育年鉴》和《巴黎大学年鉴》(*Annales de l'Université de Paris*)中,收录了曾在所属机构担任领导职位的教授,在某个时期,他们或是巴黎大学理事会成员、院长、副院长、院长助理、实验室主任、系主任或公立大学校长、

附录 1

理学院院长、文学院院长或是法学院、经济学院院长、大学附属医院（CHU）院长、大学技术学院（IUT）院长等；或是在另一时期，曾担任大学校校长，例如国立文献学院、卢浮宫学院[1]、法国雅典学院、法国罗马学院[2]、巴黎高等理化研究学院（physique-chimie[3]）、东方语言学院等，甚至还包括巴黎高师校长。

成为法兰西学会成员（法兰西铭文与美文学术院、科学院或道德与政治学院），或是国家医学学院（Académie nationale de médecine）的成员，可以获得一种特殊的影响力，同时也可增强与该职位相关的权力。对于法兰西学会成员，我们通过《法兰西学会年鉴》（Annuaire de l'institut de France）进行统计，对于国家医学学院成员，我们则通过 1968 年的《国家教育年鉴》进行统计。我们放弃了对其他知识分子学院和协会的编码，因为缺乏预先调查，无法确定这些非常多样化和分散的机构的准确价值。同样，我们也放弃了有关职业荣誉的信息，尽管通过《法国国家科学研究中心通讯》（Courrier du CNRS）中的《荣誉与提名》（Distinctions et nominations）专栏，我们很容易收集到这些信息，但是这些荣誉所具有的价值过于不平衡，因此我们只能将它们记录在案，而无法深入细节。我们只记录了外国大学的荣誉博士（honoris causa）学位，但也只是针对有限样本中的人文院系的教授，因为他们经常当选，所以更有机会出现在传记词典中。

最后，仅就文科教授的调查而言，我们记录了他们参与教

---

1 卢浮宫学院（École du Louvre）是一所高等教育机构，位于卢浮宫内，主要设有艺术史、考古学、博物馆学等专业。——译者注
2 法国罗马学院（École française de Rome）成立于 1875 年，是一所研究古罗马时期历史、文化、语言的高等教育机构，位于罗马美第奇宫。——译者注
3 巴黎高等理化研究学院是一所高等教育机构，主要培养在物理、化学方面的高级工程师，目前该校隶属于巴黎文理研究大学（PSL）。——译者注

师资格考试评委会和巴黎高师入学竞考评委会的情况。为此，我们查阅了1959—1980年教师资格考试评委会成员名单，以及1961—1981年巴黎高师入学竞考（文科）评委会成员名单。借此机会，我们可以看到，自1960年代初以来，高等教育界教授参与评委会的比率似乎在下降，这些位置似乎已经失去了某些价值。此外，我们还试图了解文科教授参与学术期刊编委会的情况：为此，我们研究了法国大学出版社于1970年出版的41种人文社科期刊的编委会构成情况，以及高等研究实践学院出版的8种人文社科期刊的编委会构成情况。

4. 科学权力与科学声望资本的指标

高校教授与国家科学研究中心之间的联系，是衡量他们科学声望的主要指标。通过查阅国家科学研究中心于1963、1967和1971年公布的名单，我们记录了该机构中理事会（Directoire）和国家科学研究委员会（Comité national de la recherche scientifique）各部门的情况。我们考察了相同名字在三份名单中的出现频率，并对被任命和当选的各部门成员进行了区分。但我们最终在分析中还是放弃了这些信息，因为与文学院，尤其是理学院的教授相比，法学院和医学院的教授进入国家科学研究中心的概率要低得多。同样，我们也无法对委员会或评委会主席等身份进行编码，因为担任这些职务的教授数量很少，并且这极少数教授占据着大量这类位置，这便是这类教授最显著的特征。

相较于定位模糊、不够精确的"研究团队"（équipe de recherche）负责人，担任国家科学研究中心某实验室主任似乎是更为可靠的科学声望指标。事实上，某团队负责人可能只是行

附录1

政负责人，与其职权和资历有关。我们查阅了由国家科学研究中心出版的几种小册子，比如1968年的《行政部门与实验室》（Services et laboratoires）、1972和1973年的《研究人员培养》（Les formations de recherche），以及1968年的《国家教育年鉴》。然而，我们必须注意的是，同时兼任实验室主任职位的教授比例被低估了，因此我们必须一丝不苟地考虑某些机构中实验室主任的职位，例如法国国立工艺学院（CNAM）、国立自然科学博物馆、法兰西公学院等。但我们无法确保这些选择的相关性和完整性。

对于国家科学研究中心所颁发的奖章，我们整理了该机构于1962—1972年所颁发的金、银、铜奖章获得者名单。

通过整理1969—1971年由各个机构出版的年鉴，我们得到了教授们参加学术研讨会的频率；这些年鉴也包括教授们的教学报告以及科研活动报告，例如学术会议、讲座、科研活动和出版物。我们曾试图考察教授们的课程或研讨课主题；但似乎很难仅凭标题就划分出不同教学类别，因为这些类别是截然不同的，并且就质量而言是中性的。

我们还考虑了在另一个机构任教的情况，即不在所属单位任教的情况。我们还在各种额外教学中，区分了在"智识型"和"权力型"两种不同大学校任教的情况。"智识型大学校"指的是那些高等师范学院，例如巴黎高师、圣-克鲁高师、丰特奈高师，以及国立文献学院、卢浮宫学院、东方语言学院、国立高等美术学院（École des beaux-arts）等大学校。相关信息都来自1968年的《国家教育年鉴》（包括国立文献学院、东方语言学院、巴黎高师、塞夫勒高师、圣-克鲁高师、丰特奈高师、卢浮宫学院、国立高等美术学院）和这些大学校公布的教师名单。额外教学时间是一个很好的指标，它能表明受访教授是更偏向科研还是教学，但因为我们无法根据现有资料掌握所有教授的情况，所以我们最终放弃了这一指标。

就科研成果而言，从那些不准确且往往片面的信息源出发（如年鉴上的调查问卷），去统计相关教授的书籍或论文出版情况，并没有太大意义。我们还应该考虑出版的频率、页数，尤其要知晓发表于哪本期刊、编辑是谁，以研究各个丛书和期刊在等级序列中的位置，而它会随着学科的改变而改变。或许我们还应该研究著作被翻译成外语的数量（我们还应该对这些外语加以区分），将论文排除在外，并以1942—1952年美国国会图书馆（Library of Congress）目录、1953—1967年北美图书馆联盟（National Union Catalog）目录为基础：对于样本中的每一个作者，我们都抄录了国会图书馆所记录的译本数量，无论作品被译成哪种外语。很明显，当我们这样做时，肯定会有利于被译成英语的作品，而不利于以原初语言（法语）出现在国会图书馆目录中的作者（尤其是法学方面的著作）；此外，如果我们只是简单将所有译本数量相加，我们就会把以不同语言出现在目录中的同一部作品，视为不同作品。

我们从《社会科学引文索引：1970年年鉴》（*Social Sciences Citation Index*）中获得了关于科学声望的可靠指标（但仅限于社会科学），尽管这和上面提到的译本数量可能存在同样的偏差。在研究的早期阶段，我们根据知识分子和作家在三年内（1972—1974年）出现在《快报》（*Express*）排行榜上的频率，列出了一份名单，并依此构建了知识分子场域中的声望指标。但是此一方法仍存在争议，因为这里提到的排行榜依据的是书店销量成功与否。因此，我们决定计算样本中每个个体在 1970 年《引文索引》中被提及的次数。尽管这些统计所依据的国际社会科学期刊选集在该领域的科研成果中颇具代表性，但它很可能还是存在一些缺陷：首先，作品中的引用会被排除在外；其次，各种引文的类型非常不同，从出于科研利益的有意引用，到仅仅是对某一作品的评论，它们可能只是例行公事，甚至可能带有奉承意味；最后，由于所有引文的收集整理都来自美国费城科学信息研究所（Institue for Scientific Information），并且所列的美国期刊比重非常高（57.2%），这意味着与美国关系最密切的学科，即社会学或心理学（而不是语文学或古代史），都处于有利地位；并且在每个学科中，最关心其研究成果在美国的传播的教授，也会处于有利地位。

我们还试图考虑相关教授在国外的工作经历，尤其是美国的。为此，我们整理了从 1960—1961 年度至 1972—1973 年度由法－美奖学金委员会（Commission franco-américaine）所颁布的法国奖学金（富布莱特奖学金）获得者的名单（包括教授、研究人员、学生）。但我们还应该严格引入某些次要变量，例如停留时间和工作地点，尤其是后者，因为美国大学极为等级分明。

指导博士论文很可能是大学权力最有力、最可靠的指标之一。但我们不得不放弃考虑它，因为我们不可能获得关于所有学科的一致信息。尽管一再要求，但我们无法获得法国博士论文中心的档案；为此，我们试图收集其他为数不多的可用名单，但并非所有学科都有这样一个名单，并且这些名单非常不一致。关于哲学教授的情况，我们可以参考《法国人文社科在读国家博士汇总目录：1965 年至 1970 年 7 月》（*Répertoire raisonné des sujets en cours de doctorats d'État – lettres et sciences humaines – inscrits en France, 1965 – juillet 1970*），但由于它只涵盖了1965—1970年的注册情况，因此我们无法获悉每位教授的论文注册者资本情况——我们可以假设，教授的资历越老，也就是越早熟，其指导的博士论文就会越多。关于历史教授的情况，我们可以参考《法国本土人文院校现代史博士论文清单》（*Liste des thèsees d'histoire contemporaine déposées dans les facultés des lettres de France métropolitaine*），该清单应法国大学当代史教授协会的要求，统计了截至1966年10月1日所有正在进行中的博士论文；但这些信息并不能让我们把握每一位教授的论文注册者资本情况，也就是客户群资本情况，因为由在职教授指导、已经通过答辩的博士论文并不在其中。对衡量某位教授的资本而言，博士论文注册者人数是一个不完善的标准：一方面，对法国学生和外国留学生而言，注册有着完全不同的意义，因为外国留学生并不会将他们的学历文凭投资在法国市场上；另一方面，是因为我们必须考虑不同论文注册者的社会影响力，以及他们的"现实"程度。

5. 智识声望资本的指标

著作推出口袋本丛书，或是收录大量发行的丛书中，是关于教授和大众关系的重要指标。因此我们整理了一系列涉及这类丛书的出版商目录：阿尔芒·科林出版社（Armand Colin），美文出版社（Les Belles Lettres），伽利玛出版社（"观念"丛书），法国大学出版社（"我知道什么？"丛书），瑟伊出版社（"观点"丛书），德诺埃尔（Denoël）出版社（"沉思"丛书[Méditations]），克林克西克出版社。

附录1

我们同样考察了相关对象在电视节目中的参与度，这是另一项与大众关系的指标。我们整理了1969—1973年的《一周电视》（Télé-Sept-Jours）杂志，并对直接参与节目和间接参与（如作为采访对象）进行了区分。当然，我们有必要引入更加细微的差异，尤其是依据节目本身的不同来进行区分：参与医学或科学节目带来的声望，是否和参与一场文学辩论带来的声望性质相同？可以肯定的是，不同电视节目的嘉宾在节目中的地位并不相同：例如，当节目就刚刚进行的选举改革（即准技术问题）采访某法学教授时，这与节目采访某历史学家、询问他的历史概念是完全不同的。

在《世界报》上发表文章，同样也是智识声望和对大众开放的重要指标。我们着手整理了1968—1971年《世界报》的艺术、科学、经济、娱乐和书籍等栏目，以及这三年间的"自由论坛"（Tribune libre）和"自由观点"（Libres opinions）专栏。为了了解样本中的教授在学术型期刊和周刊方面的贡献，我们统计了他们这三年间在《现代》（Les Temps modernes）、《精神》（Esprit）、《批评》（Critique）、《思想》（La Pensée）、《新批评》（La Nouvelle Critique）、《新观察家》、《文学双周刊》（La Quinzaine littéraire）、《费加罗文学副刊》（Le Figaro littéraire）、《新法兰西杂志》（NRF）、《原样》（Tel Quel）、《两世界杂志》（La Revue des deux mondes）、《舟》（La Nef）、《论证》（Preuves）、《弓》（L'Arc）、《对立》（Contrepoint）、《未来学研究》（Futuribles）等杂志上发表的文章，并区分了专题文章、书评、访谈和论战文章。

所有这些指标(出版大规模发行的作品、参与电视节目、与《世界报》或其他学术期刊合作)都有一个共同之处：涉及不同学科时，这些指标并不均衡，它们更偏向于文学教授，而不利于其他学科教授。

此外，我们还在文学教授方面进一步推进了这一研究。首先，同上文中的方法一致，我们依据媒体公布的排行榜，制定了知识分子名单（一级和二级）。为了更加严谨，我们更倾向于使用更可靠、更具分类性的指标，即1975—1977年，与《新观察家》杂志合作。[1] 我们同样为某些教授编码，他们或是被收录在1968年版《小拉鲁斯辞典》中，或是法兰西学术院成员。

6. 政治或经济权力资本的指标

高校教授有时会以兼职教授身份，在其他大学校授课，例如法国国家行政学院或国家政治科学基金会等，或是在其他一些社会科学类大学校任教，例如综合理工学院、国立高等矿业学院、国立路桥学院等；我们可以将之视为一种外部权力资本的指标。为此，针对综合理工学院、国立高等矿业学院、国立路桥学院、国立高等电信学院（École nationale supérieure des télécommunications）、国立高等邮电学院（École nationale des PTT）的情况，我们查阅了1968年的《国家教育年鉴》，以及各个学校发行的名单。

我们还试图了解样本中的教授与公共机构之间的关系：我们记录了曾在职业生涯某个时期，以技术顾问的身份，参与部长内阁、宪法委员会、经济与社会委员会、国务院、财政监察局的教授。为此，如果《名人录》尚未提供相关信息，我们会参考《行政人

---

[1] 参见路易·平托（Louis Pinto）在《选择性亲缘关系：作为"开放团体"的〈新观察家〉之友》（Les affinités électives – Les amis du Nouvel Observateur comme « groupe ouvert »）一文中列出的名单，该文载于《社会科学研究学刊》（Actes de la recherche en science sociale），第36-37期，1981年，第105-124页，特别是第116-118页。

员名录》(Bottins administratifs)系列,以及《夏多顿街年鉴》中,关于总统内阁和部长内阁的部分(1973年4月)、关于高等行政部门的部分(1973年1月,该部分收集了各部门有关研究小组和工作小组的信息),以及关于国会议员的部分(1973年4月)。我们还核查了五年计划委员会(commissariat du Plan)于1969年12月公布的五年计划委员会工作报告,从而确定了第六个五年计划(VIe Plan)委员会的参与情况。我们也查阅了经济与社会委员会成员名单,但我们发现样本中的教授在该机构中出现频率太低,所以我们难以证实此一标准的合理性。

7. 政治倾向的指标

依据公开发表的(notoires)立场,即在不同政治场合公开收集的支持签名,我们试图构建一个政治归属指标。因此,我们查阅了1973年7月8至9日的《世界报》,上面刊登了"废除解散共产主义联盟(Ligue communiste)的法令,立即释放阿兰·克里文(Alain Krivine)和皮埃尔·罗塞特(Pierre Rousset)"[1]的联名书。我们也查阅了"7000名法国学者和研究人员联名反对智利法西斯主义"的名单,它由高等教育全国总工会与全国科学研究人员工会(SNESup-SNCS)于1973年10月11日联名发布。最后,我们还查阅了在1974年总统选举期间,由《世界报》公布的支持候选人弗朗索瓦·密特朗的名单(包括经济学家、以色列之友、艺术家、作家、知识分子、抵抗运动成员、法学家、医生等)。

另一方面,我们也整理了在1974年总统选举期间,由《世界报》公布的支持候选人瓦莱里·吉斯卡尔·德斯坦的名单(包括艺术界、

---

1 两人均为法国极左阵营共产主义联盟的成员。——译者注

文学界、科学界和体育界的人士，以及大学委员会成员，呼吁支持候选人瓦莱里·吉斯卡尔·德斯坦）；我们也查阅了1970年2月26日由《世界报》公布的名单，名单由一系列人士联名签署，旨在呼吁成立一个协会，以援助"沉默的大多数"（la majorité silencieuse）。经过考量之后，我们最终决定只保留在支持弗朗索瓦·密特朗和瓦莱里·吉斯卡尔·德斯坦的名单上签名这两个指标（如果我们建构一个累积指标，来讨论公开支持左翼或右翼事业的立场，那么只要增加少量信息，就会带来很大的不确定性）。

1970年代最大的伦理论争之一，是关于堕胎新法律的论争。在此，对公开立场（收集起来赞同或反对相关法案的签名情况）的分析，让我们得以衡量大学人士是更倾向于自由派还是保守派。我们整理了以下信息：由法学家尊重生命协会（Association des juristes pour le respect de la vie，3500人）、医生尊重生命协会（Association des médecins pour le respect de la vie，12000人）、大学教授、教师和研究人员（432人）于1973年6月联合签署的反对堕胎自由化的声明（Déclaration contre la libéralisation de l'avortement）；我们也整理了1973年2月由390位医生联合签署的支持堕胎声明；此外，我们还分析了1973年2月关于堕胎研究的宪章。

在随后的分析中，我们将公开支持罗贝尔·弗拉策利尔案件，视作大学因循守旧的指标；弗拉策利尔曾任巴黎高师校长，并向国家教育部提交辞呈（参见1971年4月3日的《世界报》）。

我们还想清点于1968年5月、6月和7月在《世界报》上撰文，或是曾就1968年事件出书的大学人士。但是在此一情况下，原始记录只提供了有关发言这一简单事实的无差别信息；我们每次都必须具体说明介入的内容，以便确定有关学者所采取的立场。

由于各种细微差别的存在，我们就不是在进行简单的编码行动，而是在进行内容分析。我们也不得不放弃统计曾是大学选举候选人的学者，因为我们无法获得工会提交的候选人名单。此外，出于谨慎的角度考虑，所有大学选举都很重要（包括每所大学的内部选举），而不仅仅是那些构成大学基本结构组织的选举，例如国家高等教育与研究委员会（CNESER）或国家科学研究委员会（Comité national de la recherche scientifique）的选举。然而我们不可能穷尽这些数据。

1966年11月在卡昂举行的研讨会、1968年在亚眠举行的第二次研讨会和1973年在巴黎举行的第三次研讨会也非常重要：三场研讨会旨在批判性地反思教育系统，参加过这些研讨会，可以被视为表现改革倾向的良好指标。因此我们整理了三次研讨会的与会者名单；我们发现，所有大学加在一起，A级大学教师（教授和副教授）只占总体的5%左右（不分学校）：也就是说，虽然在不分类别的情况下，这一标准适用于不同大学之间的比较，但不能仅用于人文社科院系。

在调查中，我们也依据了科研扩展研究协会于1969年展开的针对教育系统的调查，尤其是关于大学及其变革的分析。问卷包括20个问题，涵盖以下内容：学年规划；教学情况、教学内容、教学方法和大学组织的变革；教师的培训、选拔和报酬；教师、家长和学生之间的关系；不同类别行动者的权力；学校所规定的能力（职业准备，灌输道德教育等）；教育机构政策；义务教育年限的延长；以及对私立教育的援助等。

获得样本中的学者与参与工会的数据同样重要。虽然高等教育全国总工会和国家教育总工会善意地接受了我们的请求，但他们的资料很难被使用：它们将一生中至少注册过一次的人都收集起来，所记录的信息（尤其是教师级别）似乎往往与加入工会时的大学职位相对应。虽然两个工会根据不同院系所做的分类大致是可靠的，但若是依据教师级别或教学机构的不同所做的分类，就不那么可靠了。

附录 2[1]：学院形态学变化 [表 1 (a, b, c)]、学科形态学变化 [表 2 (a, b)]

表 1(a)

法学院	教授	副教授	讲师和助教	教员总数	比率 A级教师/B级教师	比率 助教/教授	学生总数	比率 教员/学生	比率 A级教师/学生	比率 B级教师/学生
1949	222	41	–	263	–	–	39056	1/148	1/148	–
1950	–	–	–	–	–	–	38665	–	–	–
1951	–	–	–	–	–	–	39364	–	–	–
1952*	263	76	–	339	–	–	41309	1/122	1/122	–
1953	–	–	–	–	–	–	41368	–	–	–
1954	–	–	–	–	–	–	40322	–	–	–
1955	242	91	70	403	0.2	0.3	37029	1/92	1/111	1/528
1956	244	113	89	446	0.25	0.4	37476	1/84	1/105	1/421
1957	261	130	131	522	0.3	–	35171	1/67	1/90	1/268
1958	268	146	158	572	0.4	–	34229	1/60	1/83	1/216
1959	274	170	195	639	0.45	–	34171	1/53	1/77	1/175
1960	477		240	717	0.5	–	36521	1/51	1/77	1/152
1961	–	–	–	–	–	–	42721	–	–	–
1962	–	–	–	–	–	–	50318	–	–	–
1963	581		528	1109	0.9	–	61851	1/56	1/106	1/117
1964	596		640	1236	1.1	–	74267	1/60	1/124	1/116
1965	356	298	776	1430	1.1	1.5	86733	1/60	1/132	1/112
1966	365	317	864	1546	1.3	1.6	99664	1/64	1/146	1/115
1967	–	–	–	–	–	–	113144	–	–	–
1968	439	413	1492	2344	1.7	2.4	126696	1/54	1/149	1/85
1969	490	490	1792	2772	1.8	2.6	131628	1/47	1/134	1/73

*1952 年，教师（特别是教授）的人数似乎偏高。我无法核实统计数据，因为大学统计部门并未公开相关文件。

---

1 我们可以在如下作品中找到完整数据：P. Bourdieu, L. Boltanski et P. Maldidier, La défense du corps, *Information sur les sciences sociales*, X, 4, 1971, pp. 45-86。

表 1(b)

理学院	教授	副教授	讲师和助教	教员总数	比率 A级教师/B级教师	助教/教授	学生总数**	比率 教员/学生	A级教师/学生	B级教师/学生
1949	225	194	509	928	1.2	1.4	25306	1/27	1/60	1/50
1950	-	-	-	-	-	-	26981	-	-	-
1951	-	-	-	-	-	-	28200	-	-	-
1952*	297	208	502	1007	1	-	30683	1/30	1/61	1/61
1953	-	-	-	-	-	-	32493	-	-	-
1954	523		626	1149	1.2	-	36102	1/31	1/69	1/58
1955	249	303	954	1406	1.5	2.5	39283	1/28	1/71	1/46
1956	264	346	984	1594	1.6	2.6	45147	1/28	1/74	1/46
1957	312	417	1196	1925	1.6	-	54337	1/28	1/74	1/45
1958	334	475	1472	2281	1.8	-	61725	1/27	1/76	1/42
1959	364	559	1930	2853	2.3	-	65506	1/23	1/71	1/34
1960	1068		2564	3632	2.4	-	69978	1/19	1/65	1/27
1961	-	-	-	-	-	-	76453	-	-	-
1962	-	-	-	-	-	-	89882	-	-	-
1963	1367		4731	6107	3.4	-	104060	1/17	1/75	1/22
1964	1484		5417	6901	3.65	-	113084	1/16	1/76	1/21
1965	560	1024	6188	7772	3.9	7	125552	1/16	1/79	1/20
1966	583	1111	6580	8274	3.9	7.1	129413	1/16	1/76	1/20
1967	-	-	-	-	-	-	136791	-	-	-
1968	660	1463	8166	10289	3.8	7.6				
1969	696	1534	8519	10749	3.8	7.3	147458	1/14	1/66	1/17

** 理学院的学生人数被高估了;实际上,我们必须从中除去那些在 CPEM 注册(30090 人,1969 年)的学生,以及在此之前在 PCB 注册(5980 人,1960 年)的学生。[1]

---

[1] CPEM,全称为 Cycle Préparatoire aux Etudes de Médecine,意为医学学习准备课程;PCB,全称为 Certificat d'études physiques, chimiques et biologiques,意为物理、化学和生物学习证明。——译者注

表 1(c)

文学院	教授	副教授	讲师和助教	教员总数	比率 A级教师/B级教师	比率 助教/教授	学生总数	教员/学生	比率 A级教师/学生	B级教师/学生
1949	224	155	132	511	0.35	0.6	35279	1/69	1/93	1/267
1950	–	–	–	–	–	–	36265	–	–	–
1951	–	–	–	–	–	–	36956	–	–	–
1952*	293	238	177	708	0.3	–	38947	1/55	1/73	1/220
1953	–	–	–	–	–	–	39700	–	–	–
1954	–	–	–	–	–	–	41339	–	–	–
1955	231	241	199	671	0.4	0.9	42930	1/64	1/91	1/216
1956	242	265	228	735	0.45	0.95	48606	1/66	1/96	1/213
1957	266	288	255	809	0.5	–	51372	1/64	1/93	1/201
1958	276	298	302	876	0.5	–	55653	1/64	1/97	1/184
1959	285	318	371	974	0.6	–	59265	1/61	1/98	1/160
1960	653		497	1150	0.8	–	66814	1/58	1/102	1/134
1961	–	–	–	–	–	–	78092	–	–	–
1962	–	–	–	–	–	–	93032	–	–	–
1963	832		1138	1970	1.3	–	107455	1/55	1/129	1/94
1964	903		1493	2396	1.65	–	122972	1/51	1/136	1/82
1965	362	622	1646	2730	1.7	3	137008	1/50	1/139	1/78
1966	373	674	2139	3186	2	3.6	158657	1/50	1/151	1/74
1967	–	–	–	–	–	–	170976	–	–	–
1968	450	984	3699	5133	2.5	4.8	196144	1/38	1/137	1/53
1969	492	1119	4171	5782	2.5	5	208515	1/36	1/129	1/50

数据来源：关于教员总数，资料来自国家教育部、大学统计局、高等教育局、统计与形势服务中心（资料未公开）。参见《教育、大学和体育设施委员会通报：1962—1965》（*Rapport général de la commission de l'équipement scolaire, universitaire et sportif, 1962-1965*）；关于学生总数，参见《统计数据》（*Informations statistiques*），以及《教师统计》（*Statistiques des enseignants*）。

表 2(a)

	1927—1967 年通过高等教师资格考试（推测数）[2]		1967—1968 年通过中等教师资格考试[3]		1923—1963年毕业于巴黎高师（推测数）[4,5]	人文和社会科学院校教员总数[6]			教授总数[6]		副教授总数[6]		专职教师总数		讲师总数[6]		助教总数[6]		A级教师增长率 1963/1967	B级教师增长率 1963/1967
	男	女	男	女		1963	1967	增长率 1963/1967	1963	1967	1963	1967	1963	1967	1963	1967	1963	1967		
法语[1]	1549	1249	1090	1371	570	385	675	200	90	110	11	13	35	66	62	154	140	332	139	242
古代语言[1]	817	439				179	300	168	61	72	6	12	24	30	30	69	58	117	126	211
历史	1606	918	570	604	175	310	527	170	116	128	16	18	26	58	56	144	96	179	129	212
地理						179	337	188	54	62	7	23	8	19	46	88	64	145	151	211
英语	1021	830	385	489	110	218	517	237	38	44	4	12	20	43	37	118	119	300	159	268
哲学	673	295	220	185	240	124	227	183	49	55	5	15	5	18	30	67	35	72	149	214
语言学						34	85	250	12	21	1	2	8	12	2	12	11	38	167	385

续表

	1927—1967年通过高等教师资格考试（推测数）[2]	1967—1968年通过中等教师资格考试[3]		1923—1963年毕业于巴黎高师（推测数）[4,5]	人文和社科学院校教员总数[6]			教授总数[6]			副教授总数[6]		专职教师总数[6]			讲师总数[6]			助教总数[6]			A级教师增长率 1963/1967	B级教师增长率 1963/1967
		女	男		1963	1967	增长率 1963/1967	1963	1967		1963	1967	1963	1967		1963	1967		1963	1967			
心理学					77	221	325	23	21		3	8	4	22		24	59		23	111		170	362
社会学					34	98	288	7	10		—	7	3	16		8	26		16	39		330	270

1 该项数据涉及文学和语法教师资格考试通过者的信息。因为大多数通过文学教师资格考试的人都是法语教师，大多数通过语法教师资格考试的人都是古代语言教师，所以我们用后两者代替前两者。

2 数据来源：《教师资格考试》（L'agrégation），《教师资格考试通过者协会官方通报》（Bulletin officiel de la Société des agrégés），以及《教师资格考试通过者协会季度报告》（Bulletin trimestriel de la Société des agrégés）。1927—1939》（Les agrégées, pour la période 1927-1939）。若我们根据估算出的死亡率，从表中数字里减去15%，就能得到目前仍在任教的教师数量更准确的估值。中考虑1939—1944年的情况。

3 数据来源：国家教育部，统计与形势服务中心。

4 资料来自以下资料：《巴黎高师校友协会年鉴》（Annuaire de l'Association amicale des anciens élèves de l'École normale supérieure）。

5 该数值不仅涉及英国语言文化研究者，还涉及所有从事现代语言研究的高师学生。

6 该统计来自以下资料：《高等教师自治工会公报》（Bulletin du Syndicat autonome de l'enseignement supérieur）。

表 2(b)

	比率			巴黎高师、塞夫勒高师毕业生占比		至-克鲁高师毕业生占比		就读于竞考预科班、但未进入大学校就读占比		教师资格考试通过者占比		已提交博士论文或已答辩者占比（B级教师）	1963年女性教师占比			1967年女性教师占比			已提交第三阶段博士论文者占比（B级教师）	已答辩第三阶段博士论文者占比		比率[7] 国家科学研究中心研究员总数/教员总数
	专职教师/正教授	助教/正教授																				国家科学研究中心研究员数/教员总数
	1963	1967	1963	1967	A级教师	B级教师	A级教师	B级教师	A级教师	B级教师	A级教师	B级教师		A级教师	B级教师	A级教师	B级教师	A级教师	B级教师	A级教师	B级教师	
法语	0.39	1.5	3.3		39	19	6.8	7.4	8.3	6.6	95.8	93.8	95.2	7	19	8	34.6	16.1	1.5	8.6		5.8
古代语言	0.39	0.9	1.6		40	18	1.8	4.1	3.3	3.2	96.8	97.8	89	6	24.3	9.5	28.4	20.9	1.8	5.5		12.6
历史	0.22	0.8	1.4		23.9	12.8	4.4	5.4	3.5	3	86.7	90.2	94.1	2.8	11.4	5	17.8	31	3.5	19		22.9
地理	0.15	1.2	2.3		4.4	2.7	11.8	8.4	1.5	0.7	89.7	91	87.6	6.5	15.2	8	23.6	20.5	5.9	13.5		12.4
英语	0.53	3.1	6.8		12.5	5.8	6.3	11.2	14.6	3.2	98	96.8	88.4	9.7	28.8	13.1	35.2	16.5	2.2	1.1		—
哲学	0.1	0.7	1.3		40.7	23.9	—	4.2	3.4	4.2	86.7	86.1	90.1	14	10	13	18	13.5	3.5	13.5		31.2
语言学	0.67	0.9	1.8		19	6.2	2.7	12.6	—	—	86.7	74.4	76.6	—	30.4	8.6	33.8	27.4	6.6	13		71.7
心理学	0.17	4.05	5.3		26.9	10	—	5	7.7	1.3	50	20.5	38	5.5	24	3.4	29.6	53	19.2	22		45.7
社会学	0.43	1.6	2.3	3.9	25	5.6	—	2.8	—	—	52.6	19.4	22.9	—	—	—	18.5	25.7	13.2	34.3		108

7 该统计来自以下资料：《国家科学研究中心国家形势报告》（le Rapport national de conjuncture scientifique du CNRS）。

附录3：法国知识分子排行榜，或谁来评判评委会的合法性？

报纸或周刊总会不时发布某些排行榜，例如，每十年之交，他们总会以总结过去十年为由，发布排行榜。这些排行榜往往带有象征性的剧变意味（coup de force）：它们会预测某些主要流派的终结，例如马克思主义、存在主义、结构主义等，或是预测某些新流派的滥觞，例如"后结构主义""新哲学家"等；它们最典型的策略是无意识地（而非有意识地）强加某种知识分子世界观，以及某种区隔和等级划分的观念：根据政治场域中的一项共同程序，某一群知识分子利益集团的愿望、期望、希望（"让我们摆脱X吧""我迫不及待见证X的终结"），会隐藏在无可指摘的外衣之下（"X已经结束了"），表现为对形势的判定，或是知情人士的预测。当这些描述性或预测性的评判，在先知信念的形式下，由利益直接相关的人说出，或是由某位自发的经理人（impresario）、小组次要成员、客户或亲信披露给媒体场域时，抨击就会具有微弱的象征有效性（尽管它所表露的天真和信念，可以保证某种形式上的信誉）；无论如何，它的有效性与接收者对利害关系的了解程度成反比（因此，也与他们在社会和空间上与游戏和博弈的接近程度成反比）。尽管艺术家们历来都有发表宣言的传统，也有展示裸露身体的权利，但当他们天真地表达某个群体或个人的特殊利益，并声称自己是合法的时（依据拿破仑为自己加冕的范例），人们还是会怀疑他们有伤风化，虽然这种怀疑有可能会被诸如知识分子排行榜之类的社会技术所彻底消除（参见《阅读》杂志，第68期，1981年4月）：首先，咨询的规模（杂志声称这是"全民公投"）给予了评判以集体基础，因此造成了一种共识性认可的表象；其次，更微妙的是，因为评判的集体主体似乎与被评判的对象外延相同（coextensif），从而产生了完美自治的表象。

事实上，这类排行榜代表了某种活体外（in vitro）的实验，它让我们能够观察到很难客观化评估的过程。我们同时掌握了"当选者"和评委会的名单，并立即在后者中发现了前者的根源：在被评论界归入记者、作家甚至学者型作家的人中，记者型作家或作家型记者人数众多，他们作为混合或是介于不同标准之间的人物，违背了常见的分类法；在评委会之中，以及由评选的累积而产生的排行榜里，他们的代表性非常强。但是许多最受公认的"权威人士"，例如午夜出版社（Éditions de Minuit[1]）的作家们，从萨缪尔·贝克特、克洛德·西蒙，到罗贝尔·潘热、阿兰·罗伯-格里耶，他们都不在评委会的名单中；并且除贝克特和玛格丽特·杜拉斯之外，他们甚至都没有最终上榜，所以我们无法认为他们是避嫌而故意这么做的；并且哲学家的情况也是如此。[2] 正如有些编辑可能会提及的，在知识分子排行榜中享有

---

[1] 午夜出版社是法国最重要的出版社之一，出版了贝克特、阿兰-罗伯-格里耶、克洛德·西蒙等先锋派、新小说派作家的作品，以及德勒兹等人的哲学作品。值得一提的是，布迪厄主编的"常识"（le sens commun）书系也出版于午夜出版社，包括本书的法语版。——译者注

[2] 根据《阅读》杂志的分类，我们可以得出，在448名"评委"中有132名"记者"（92名"平面媒体记者"，40名"广播电视记者"），66名"作家"，34名"专业图书人士"（出版社、书店等），34名"学者型作家"，21名"法兰西学术院院士"（以及44名"文艺与表演"专业人士，14名"政治家"，43名"教师"和34名"学生"，16名"其他人士"）。事实上，前四个类别（占评委

特权的人，正是那些"媒体知名度高的人"，并且他们也常年出现在畅销排行榜上，例如罗杰·加洛蒂（Roger Garaudy）、安德烈·格鲁克斯曼（André Glucksmann）和贝尔纳-亨利·列维（Bernard-Henri Lévy）[1]，这一原则对评委会名单而言同样适用：人们通过确定评选人的评判原则，从而预先确定了排行榜当选者的名单，而评选人本身则往往会根据其自身的评判原则来进行选择。因此，我们得到了误解的首要影响，这（出乎意料地）有助于排行榜技术的象征有效性；而排行榜是一项真正的社会发明，人们通过把其他领域（歌曲、烹饪或政治）的共同程序转移到智

总数的近三分之二）中混合人士的比例非常高，这些人超出了被提出的分类方式：被归类为"记者"的作者至少要写过一本书，而根据这一标准，他们也可以被归入"作家"类别。创建分类的人也注意到这一点，却忽略了与此相反的另一点，即大多数被归类为"作家"的作者，也与报纸或周刊有着或多或少长期且被制度化的联系。这种截然不同的处理方式，暗示了两种"社会地位"之间所隐含的等级高低：我们应该向被降格为"记者"的"作家"致歉；而当我们将一名"记者"升格为"作家"时则并不需要这么做。至于"学者型作家"，他们中的将近一半也可以被归入"记者型学者"类（《阅读》没有考虑到这一点），这类人在大约三十年前几乎不存在，而如今则屡见不鲜，我们也可以将某些作家归入这个类别中，尽管他们的主要收入来源是教学，但《阅读》已经将他们归入了"记者"类（我们在这里并不会提供专有名词，以免让我们的论证呈现出揭露的外表）。

1 1981年3月，《快报》根据不同著作出现在"每周畅销榜"上的周数，建立了"七年间最畅销图书"（best-sellers du septennat）清单（参见下文），其中罗杰·加劳迪因其《呼唤生者》（*Appel aux vivants*）名列第13位——仅次于雅克·赫利亚斯（Jakez Helias）、佩雷菲特（Peyrefitte）（因其《法国病》[*Le Mal français*]）、施瓦岑伯格（Schwartzenberg）、维安松-庞特（Viansson-Ponté）、R. 穆迪（R. Moody）、佩雷菲特（因其《当中国觉醒时》[*Quand la Chine s'éveillera*]）、艾米丽·卡莱斯（Émilie Carles）、罗杰·达莱博士（Dr Roger Dalet）、拉皮埃尔-柯林斯（Lapierre-Collins）、穆雷·肯达尔（Murray Kendall）、皮萨尔（Pisar）、索尔仁尼琴（Soljenisyne）、特罗亚（Troyat），而德·克劳塞（de Closets）则因其《人之言》（*Parole d'homme*）名列第11位；贝尔纳-亨利·列维因其《上帝的遗嘱》（*Testament de Dieu*）排在第20位，格鲁克斯曼因其《主宰思想家》（*Les Maîtres penseurs*）排在第21位。我们可以发现，畅销效应在社会科学和哲学领域尤为明显，这可能是因为在这些领域中，研究工作和随笔之间的界限更为模糊，至少在记者和公众（记者们有助于为公众指引方向）的眼中是这样的：在《阅读》的排行榜上提及的小说家、诗人或戏剧家，都没有出现在这份小说畅销排行清单上。在这份榜单中，我们还能发现被雅妮克·乔辛（Janick Jossin）（*Express*, 18 avril 1981）称为"意料之外的畅销书"的作品，比如埃马纽埃尔·勒华拉杜里（Emmanuel Le Roy Ladurie）的《蒙塔尤》（*Montaillou*），雷蒙·阿隆的《为没落的欧洲辩护》（*Olaidoyer pour une Europe décadente*）或者罗兰·巴特的《恋人絮语》（*Fragments d'un discours amoureux*）。在小说方面，雅妮克·乔辛还提到了米歇尔·图尔尼埃（Michel Tournier）、玛格丽特·尤瑟纳尔（Marguerite Yourcenar）、让-马里·古斯塔夫·勒克莱齐奥（J. M. G. Le Clézio）和朱利安·格拉克（Julien Gracq）。

识场域，而得出知识分子排行榜：对评委会团体的社会构成的误解，会鼓励读者把此一评判当作知识分子对知识分子所做的评判，而它实际上是在知识分子型记者和记者型知识分子群体的主导之下，对知识分子世界的看法。但是所有的评论都加强了这一信念链效应（effet d'allodoxia），例如，某些评论会强调在排行榜中少数几位接受答复的作者；信念链效应在评判过程中一直存在，还存在于该技术发明者的计划本身之中，而这些发明者可能会把智识场域类比为政治场域——这尤其会使他们引入关于"继承"（succession）的问题。在调查之中，存在一系列机制，它们能够让"调查"的发起者和回答者无意中产生一种似乎是集体意图的表达（所谓的集体意图，指的是将文化产品的生产和消费规范强加于有限生产场域，即对生产者而言的生产场所，而该场域被建构起来，正是为了反对这些文化产品）；而其中最重要的机制之一，便是信念链效应，这是一种带着善意、把一件事当成另一件事的误认（quiproquo），例如把某位经常上电视的随笔作家（贝尔纳-亨利·列维），当成想要"继承"《存在与虚无》（*L'Être et le Néant*）和《辩证理性批判》（*Critique de la raison dialectique*）作者（萨特）的人，或是把某位写了几本书的记者，当成某位绕不开的作家，而记者们之所以会讨论这些书，只是因为他自己在报刊杂志里提到了自己的书。在这个记者写书、作家为报刊写稿、出版社试图签下为自己写书的记者（尤其当他们写书评时）的世界里，有待分类的事物的不确定性与分类系统的不确定性互相匹配；这让我们得以理解，为什么当《阅读》杂志的编辑们试图对那些分类者进行分类时，他们会迷失方向：可以想见的是，让·高（Jean Cau）、让-克洛德·卡纳诺瓦（Jean-Claude

Cananova)、卡特琳娜·克莱芒(Catherine Clément)、让-玛丽·多梅纳克(Jean-Marie Domenach)、保罗·古思(Paul Guth)、皮埃尔·诺拉(Pierre Nora)或保罗·蒂波(Paul Thibaud)等人，看到自己被列入"记者"的范畴，与让·法伦(Jean Farran)、雅克·戈代(Jacques Goddet)或路易·鲍维尔(Louis Pauwels)相提并论，肯定会非常不满；与此同时，玛德莱娜·夏普萨尔(Madeleine Chapsal)、雅克·朗兹曼(Jacques Lanzmann)、贝尔纳-亨利·列维或罗杰·斯特凡(Roger Stéphane)等人却被归类为作家，而诸多为巴黎地区各种报纸、周刊撰文的长期合作者（他们中的某些人还定期领薪水），却被归入了学者型作家。

但是，处于中间状态的知识分子所使用的分类系统具有不确定性，而这种不确定性本身，直接体现了不可分类的分类者在分类中所处的位置，以及与之相关的利益，比如着迷、沉溺于"大人物"卑劣一面，或是倾向于无意识地模糊等级制，并通过使自身与另一个我(alter ego)匹配，从而与无可匹敌之人相匹敌。记者型知识分子与知识分子型记者位于有限生产场域和大规模生产场域之间，他们往往无法（尤其是没有时间）进行他们无论如何都没有兴趣进行的区分：由于他们会无意识地否定削弱他们的区分，因此当他们在评选排行榜时，会很自然地将最负盛名的大学者，比如列维-斯特劳斯、杜梅齐尔、布罗代尔、雅各布（这些人都是我们绕不开的，如果在评选排行榜时没有把他们考虑进来是有失公允的），与那些最具记者性的知识分子或最具知识分子性的记者相提并论。由此产生的比较对照往往荒唐可笑，但它能确保所有介于作家和记者之间的中间类型人物，通过传染效应(contagion)，来获得认可。此一影响会首先施加在记者身上，他们心满意足、别无所求，从而加强了秩序混淆的倾向。[1]

我们很可能会期望社会学家，为了维护自身的学科的科学地位，或者更简单地说，为了维护他自身的学术尊严，来批判所谓的排行榜，并针锋相对地提出某些严格的程序，能够真正反映"客观的"等级序列。事实上，在最受社会认可的科学实践中，我们很容易就能找到与排行榜严格对应的东西，无论是"评委会"的技术，还是针对"精英"进行调查时采取的滚雪球抽样法，抑或更简单地，借助于所谓的操作性定义，在进行任何调查之前，就解决了现实中没有解决的问题——例如边界问题："我所谓的知识分子，应该是……的"——从而通过限定调查对象的范围，预设了调查结果。[2]但是除此之外，如果社会学家屈从于对"不公平竞争"（concurrence déloyale）的本能防御性反应，他就会丧失重要的信息，而只要我们费点心思，以一种科学有效的方式找出异端调查实际上要回答的问题，就可以获得这些信息。知识分子排行榜是一种人为的重组，因此我们也更容易观察到，此一过程在文化生产场域中是不断进行的，并且在其中，知识分子价值等级最有利的表征之一得到了阐述和界定（因为它是客观化的，并被广泛传播）。此一过程（processus）也是一场诉讼（procès），或者换句话说，是价值形成的过程（如同市场裁决一样）。在记者、

---

[1] 由于与不同出版机构之间的竞争，每一位文化记者往往都倾向于在其他记者面前扮演品味制造者（taste-maker）的角色。此外，某些机构会为记者提供客观化的标准："在过去的七年中，法国文学一直追随着两种半官方晴雨表的节奏，它们分别是电视节目《追问》（*Apostrophes*），以及《快报》的畅销书排行榜列表。"（参见 J. Jossin, *loc. cit*）因此，文化记者往往会创造为记者所特有的知识分子等级序列，以及"为媒体服务的知识分子"（intellectuels-pour-les-médias）这一特殊类别（某种程度上，《阅读》杂志的排行榜记录了某一行动的产物，而它本身代表了该行动）。

[2] 所有可能会制造无意识循环论证（pétitions de principe）的东西，例如预先定义、暗含偏见的样本等，查尔斯·卡杜辛（Charles Kadushin）在他的著作中都给出了讨论，该书的社会表象，使其成为关于知识分子"经验主义"社会学的经典之作（参见 C. Kadushin, *The American Intellectual Elite*, Boston, Little, Brown and Co, 1974）。

作家型记者和记者型作家之间,会有一系列"非正式的"交谈(如某位受访者曾这样表示:"请别告诉别人,但是一本这样的书,完全是垃圾。"),正是通过这些私人的(甚至私密的)评判,此一过程得以完成;但它也会通过公开评判(verdicts publics)而得以完成,例如书评、评论、广播电视邀约,最后还有排行榜(无论是评级的排行榜,或是排名的);更不用说那些更传统机构的认可行为,例如获得某学院的提名等,而这类提名基本上只是认可了所有这些评判。由此可见,《阅读》杂志的排行榜是衡量知识分子世界观的良好指标之一,它代表了所有在文化上被支配的人对世界的共同看法,这些人有能力(在一段时间内)把他们的看法强加于别人身上,正如《阅读》杂志告诉我们的那样:"男男女女们通过他们的职业活动,影响了观念的传播,而他们本身就拥有一定的文化权力。"

除能提供衡量新闻知名度(visibilité journalistique)的良好标准以外,知识分子排行榜还向我们提出了一个问题:哪些因素决定了排行榜?不言而喻的是,知名度(visibilité)——美国学者称之为教授的知名度(visibility),更宽泛而言,即在一切社会现实中的知名度——在以下两者的关系之中被定义:一方面是可见事物(chose vue),在此具体指的是作品和作者,尤其是后者;另一方面则是相关人士针对可见事物所进行的各种感知与评价的范畴,在此,相关人士具体指代的是记者,或者更具体而言,作家型记者以及记者型作家(举例来说,我们知道,某部作品可能会被同时代的人忽视,但它也可能会被具有特殊感知范畴和感觉趣味的后代人重新发现,从而使其得以"与众不同"、摆脱冷漠,并且能使被感知的世界脱离未分化的状态)。

为了理解一切有助于决定认知行为主观方面的因素,我们既要看到信念链的制度性倾向,还必须考虑产生"评委会"的所有社会条件,尤其是现在(特别是过去)与教育系统之间的关系;此外,我们也需要考虑制度性的条件,"评委会"的评判正是在其中产生和实现的:首先,场域效应很可能会让记者们花更多时间去阅读他们彼此的书,而不是去阅读那些他们觉得不得不提及的书(之所以不得不提及,是因为其他人已经或是必然将会论及这些书籍),并且他们对待政治"事件"时情况也是如此;但与此同时,新闻记者的紧迫感(urgence)和匆忙(presse),以及总是处在记者背后的新闻媒体本身(记者本身也是媒体的读者),会阻碍深入的阅读和分析,并往往会使即时可读性(lisibilité immédiate)成为文化产品所默认的先决条件之一,包括"发现"可读性和知名度较低的作品(文学和社会科学方面的先锋作品几乎完全没有出现在排行榜中,这佐证了此一观点)。

另一方面,为了理解是什么决定了关系的客观方面(正是在此一关系中,新闻知名度或者"媒体知名度"得以定义),我们必须考虑作品的特点,尤其是作者的倾向;作者们会与记者维持关系,希望受到他们的关注和承认,而他们之间的关系建立在习性的亲缘性之上,或是建立在自我价值优越感之上。[1] 这些在社会上被建构的倾向,会依据人们社会轨迹和在生产场域中所处位置

---

[1] 同时代人的观点与后世观点之间的主要区别很可能在于,同时代人对作者、自然人,以及所有与同时代性(contemporanéité)有关的流言、谣言、个人神话,都具有一种(变化不定的)认识。这种个人属性(intuitus personae)构成了人们对作者当下感知和评价的原则之一(对作者而不是对作品的感知和评价,因为那些在报纸上声称读过作品的人很可能并没有读过),也构成了当下的感知与评价同后世的感知与评价之间的差距,而后世的感知与评价往往直接且完全建立在对作品的阅读之上;我们很难通过各种证词(例如,关于19世纪画家或作家的口音、身体习性 [hexis corporel]、举止等的记录非常罕见,而且总是与特殊情况有关),来重构某个人的个人属性。

的变化而改变；在不同的时期，关于知识分子地位的主导性定义也会不同，若人们在不同时期进行问卷调查，各种倾向也会有不同的表现形式。知识分子的新闻知名度本身与其在有限生产场域（或者大学场域）之外的介入频率有关，尤其是通过请愿、示威等活动，在政治场域的介入频率；从左拉到萨特，新闻知名度的传统在法国是逐步建立起来的，然而可以肯定的是，今日，此一知名度已经成为知识分子定义的主要组成部分。因此，维持知识分子公共角色的倾向，意味着通过对新闻界的需求做出回应的相关倾向（这种倾向和知名度一样会发生变化，它本身就在某种程度上与被关注和承认有关），对新闻场域具有某种形式的依赖（这在萨特构建其社会角色时尤为明显），也就是在某种程度上承认了其评判的合法性。

评判

如今还有思想大师吗？他们能和纪德、加缪或萨特相提并论吗？《阅读》杂志向数百位作家、记者、教师、学生和政治家等人抛出了这一问题。

我们的问题是：

"在您看来，哪三位仍在世、讲法语的知识分子，其作品对观念、文学、艺术、科学等的演进产生了最深远的影响？"

他们的回答多种多样，没有谁取得压倒性的多数票。但是他们普遍承认了列维－斯特劳斯、阿隆和福柯的影响。

学术人

1	克洛德·列维-斯特劳斯 101 票	20	米歇尔·赛尔 15 票 哲学家
2	雷蒙·阿隆 84 票	24	朱利安·格拉克 14 票 小说家
3	米歇尔·福柯 83 票	24	菲利普·索莱尔斯 14 票 小说家
4	雅克·拉康 51 票	26	路易·阿尔都塞 12 票 哲学家
5	西蒙娜·德·波伏瓦 46 票	26	克莱尔·布雷特歇尔（Claire Bretécher） 12 票 漫画家
6	玛格丽特·尤瑟纳尔 32 票	26	勒内·夏尔 12 票 诗人
7	费尔南·布罗代尔 27 票 历史学家	26	吉尔·德勒兹 12 票 哲学家
8	米歇尔·图尔尼埃 24 票 小说家	26	乔治·杜比 12 票 历史学家
9	贝尔纳-亨利·列维 22 票 哲学家	26	弗拉基米尔·杨科列维奇 12 票 哲学家
9	亨利·米肖 22 票 诗人	26	让-马里·古斯塔夫·勒克莱齐奥 12 票 小说家
11	弗朗索瓦·雅各布 21 票 生物学家	26	阿尔弗雷德·索维（Alfred Sauvy） 12 票 经济学家
12	萨缪尔·贝克特 20 票 剧作家、小说家	34	乔治·杜梅齐尔 11 票 宗教史学家
12	埃马纽埃尔·勒华拉杜里 20 票 历史学家	34	让-吕克·戈达尔 11 票 电影艺术家、导演
14	勒内·吉拉尔 18 票 哲学家	36	让·贝尔纳（Jean Bernard） 10 票 医生
15	路易·阿拉贡 17 票 诗人、小说家、政治人物	36	皮埃尔·布列兹 10 票 作曲家、指挥家
15	亨利·拉波利（Henri Laborit） 17 票 生物学家	36	皮埃尔·布迪厄 10 票 社会学家
15	埃德加·莫兰 17 票 社会学家、哲学家	36	阿尔贝·柯恩（Albert Cohen） 10 票 小说家
18	埃米尔·米歇尔·齐奥朗 16 票 随笔作家、伦理学家	36	勒内·于格（René Huyghe） 10 票 艺术史家
18	欧仁·尤内斯库 16 票 剧作家	36	利奥波德·塞达尔·桑戈尔（Léopold Sédar Senghor） 10 票 诗人、政治家
20	玛格丽特·杜拉斯 15 票 小说家、电影艺术家		
20	罗杰·加洛蒂 15 票 哲学家、政治人物		
20	路易·勒普兰斯-林盖（Louis Leprince-Ringuet） 15 票 物理学家		

资料来源：*Lire*. 68. avril 1981. pp. 38-39.

评委会

问卷共发放给了 600 位相关人士，截至 3 月 11 日，有 448 人作出了回答。

在此致以诚挚的谢意！以下是他们的名字。

院士

法兰西学术院、道德与政治科学学术院（Académie des Sciences morales et politiques）、比利时法国语言文学皇家学院（Académie royale de langue et de littérature françaises de Belgique）、龚古尔学院（Académie Goncourt）成员

Ferdinand Alquié, Hervé Bazin, Jean Bernard, Bernard Chenot, Jean Dutourd, Jean-Jacques Gautier, Jean Guitton, René Huygue, Jean Laloy, Armand Lanoux, Suzanne Lilar, Félicien Marceau, François Nourissier, Jean d'Ormesson, Karl Popper, Maurice Rheims, Robert Sabatier, Maurice Schumann, Georges Sion, Michel Tournier, Henri Troyat.

作家

ADG, Henri Amoureux, Christine Arnothy, Jean-Paul Aron, Dominique Aury, François-Régis Bastide, Tahar Ben Jelloun, Jean-Marie Benoist, Yves Berger, Daniel Boulanger, Jeanne Bourin, Chantal Chawaf, François Caradec, Marie Cardinal, Jean Carrière, Madeleine Chapsal, Edmonde Charles-Roux, François Clément, Georges Conchon, Jean-Louis Curtis, Conrad Detrez, Géneviève Dormann, Jean Ellenstein, Pierre Emmanuel, Alain Finkielkraut, Viviane Forrester, Max Gallo, François Georges, Alain Gerber, Roger Grenier, Benoîte Groult, Gérard Guégan, Eugène Guillevic, Bertrand de Jouvenal, Hubert Juin, Marcel Jullian, Jacques Lanzmann, Edmée de la Rochefoucauld, Bernard-Henri Lévy, Raymond Lévy, Jacques-Patrick Manchette, Diane de Margerie, Renée Massip, Gabriel Matzneff, Claude Mauriac, Patrick Modiano, Yves Navarre, Eric Ollivier, Hélène Parmelin, René-Victor Pilhes, Suzanne Prou, Pierre-Jean Rémy, Jean-Claude Renard, Alain Rey, Christine de Rivoyre, Denis Roche, Dominique Rolin, Claude Roy, Michel de Saint-Pierre, Jorge Semprun, Philippe Sollers, Roger Stéphane, René Tavernier, Georges Thinès, Henri Vincenot, Kenneth White.

学者型作家

Paul-Laurent Assoun, Jacques Attali, Elizabeth Badinter, Blandine Barret-Kriegel, Raymond Boudon, Louis-

Jean Calvet, Hélène Carrère d'Encausse, François Châtelet, Anne-Marie Dardigna, Jean Denizet, Georges Duby, Jean Duvignaud, Jacques Ellul, Marc Ferro, François Furet, Alfred Grosser, Marie-Françoise Hans, Albert Jacquard, Raymond Jean, Julia Kristeva, Yves Lacoste, Jacques Le Goff, Emmanuel Le Roy Ladurie, Erik Orsenna, Daniel Oster, Mona Ozouf, Régine Pernoud, Catherine Rihoit, Maxime Rodinson, Alfred Sauvy, Martine Ségalen, Lucien Sfez, Louis-Vincent Thomas, Pierre Vidal-Nacquet.

教师

来自巴黎和外省高等教育、中等教育以及初等教育教师

Aline Baldinger, Claude Bellier, Christian Bonnet, Alain Boyer, Josette Chazal, Jean Colmez, Jean-Pierre Cuvillier, M. Davy, L. Dugué, M. Dupuis, Jacques Fierain, Pierre Fontaney, Alain Fredaigue, Françoise Gadet, Claude-Louis Gallien, Nadine Gallifret-Grangeon, Jeanine Gombert, Lucienne Guillet, Henri Guitton, Ibram Harari, Simone Helfer, Michel Hervé, Dominique Janicaud, Jo Landormy, Rosine Lapresle, Mme Geneviève Laurent-Fabre, André Lebrun, Jean-Marie Levesque, Pierre Mathey, Jean-Michel Muglioni, Jim Pichot, Jacqueline Puysegur, Jean-Bruno Renard, Pierre Rigoulot, Jacques Rivelaygues, Michel Rouche, J.-C. Royet, Lélia Sennhenn, Philippe Sussel, M. Tourlières, Jean Touzot, Pierre Verdier, Patrick Vignolles.

学生

来自巴黎和外省的公立大学学生以及大学校学生

Véronique Angella, Corinne d'Argis, Gilles Basterra, Gisèle Berkman, Catherine Bernard, Agnès Besnier, Corinne Bilhannic, Laurent Collobert, Christophe Daniel, Marcelle Delhomme, Pierre Desesquelles, Bruno Dive, Jean-Baptiste Divry, Isabelle Duperrier, M. Teboul, Catherine Gaillot, Anne Garreta, Agnès Guiniot, Lydie Herbelot, Julie Jézéquel, Catherine Jouffre, Y. Le Marrec, Anne-Paul Lozac'hmeur, Isabelle Mavian, Isabelle Mercier, Eric Morillon, Pascale Perdereau, Isabelle Philippe, John-David Ragan, Joseph Raguin, Nathalie Richard, Blandine Rivière, F. Sportiche, François Tourlière.

出版行业

出版社、书店和图书馆

Pierre Angoulvent, Dominique Autié, André Balland, Christian de Bartillat, M. Beaudiguez, Marie-Thérèse Bouley, Christian Bourgois, Jean Callens, Jean-Baptiste Daelman, Henri Desmars, Vladimir Dimitrijevic, Yves Dubé, Anne-Marie Duchesne, Marie-Madeleine Erlevint, M. Gasguel, Gérald Gassiot-Talabot, Jean Goasguen, Gérald Grunberg, Jean Hamelin, Georges Lambrichs, Jean-Claude Lattès, Mlle Lavocat, Françoise

Mourgue Molines, Simone Mussard, Paul Otchakovsky-Laurens, Pierre Pain, Geneviève Patte, Jean-Luc Pidoux-Payot, Jacques Plaine, Jean-Pierre Ramsay, Charles Ronsac, Albert Ronsin, M. Teulé, Louis Vitalis.

纸媒

报刊杂志负责人、主编、文学批评家、外国驻巴黎通讯记者等。值得一提的是，很多记者同时也是作家

Pierre Ajame, Jacques-Pierre Amette, Georges Anex, Yvan Audouard, René Andrieu, Robert Baguet, Barthélemy, Guy Bechtel, Edward Behr, Pierre Bénichou, Alain de Benoist, Jean Barial, Jean Boissonnat, Henry Bonnier, André Bourin, Pierre Breton, André Brincourt, Jean-Jacques Brochier, José de Broucker, Alain Buhler, Robert Boutheau, Jean Cau, Jean-Claude Casanova, Cavanna, Jean Chalon, Claude Cherki, Catherine Clément, Jean Clémentin, Claude-Michel Cluny, Françoise de Camberousse, Annie Copperman, James de Coquet, Jacques Cordy, Jean Daniel, Jean-Marie Domenach, Françoise Ducout, Guy Dumur, Jean-Pierre Enard, Jean-Louis Ezine, Jean Farran, Jacques Fauvet, André Fontaine, Jean-Jacques Gabut, Matthieu Galey, Jean-Louis Gauthier, Annick Geille, André Géraud, Paul Giannoli, Jacques Goddet, Léon-Gabriel Gros, Paul Guth, Danièle Heymann, Claude Imbert, Roland Jaccard, Jean-François Josselin, Janick Jossin, Jean-François Kahn, Konk, Serge Koster, Jean-Claude Lamy, Pierre Lepape, collectif Libération, Richard Liscia, Rene Mauriès, Georges Montaron, Pierre Nora, Jean-Paul Ollivier, Jacques Paugam, Louis Pauwels, Bernard Pellegrin, Bertrand Poirot-Delpech, Anne Pons, Marguerite Puhl-Demange, Marcel Raymond, Jean-François Revel, Angelo Rinaldi, Louis-Bernard Robitaille, Jean-Daniel Roob, Pierrette Rosset, Guy Rouzet, François Salvaing, Claude Servan-Schreiber, Maurice Siegel, Nadine Speller-Lefevre, Paul Thibaud, Olivier Todd, Bernardo Vulli, Eliane Victor, René Virgo, Wolinski, André Wurmser, Françoise Xenakis.

广播电视

Laure Adler, André Arnaud, José Artur, André Asséo, Maurice Audran, Claude Barma, Jean de Beer, Gabriel de Broglie, Jacques Chancel, Jacques Chapus, Georges Charbonnier, François Chatel, Pierre Desgraupes, Alain Duhamel, Jean-Pierre Elkabbach, Freddy Eytan, Jean Ferniot, François Gonnet, Philippe Labro, Xavier Larère, Jacques Legris, Ivan Levaï, Noël Mamère, Claude Mettra, Jean Montalbetti, Etienne Mougeotte, Jacques Paoli, Luce Perrot, Claude Jean-Philippe, Patrick Poivre d'Arvor, Jacques Rigaud, Philippe Saint-Germain, Anne Sinclair, Georges Suffert, Jean-Pierre Tison,

Alain Venstein, Jean-Daniel Verhaeghe, Roger Vrigny, Pierre Wiehn, Jean-Didier Wolfromm.

艺术与表演艺术

演员、导演、音乐家、画家、建筑师、文化中心主任等

Geneviève Bailac, Michel Bouquet, Antoine Bourseiller, André Bruyère, César, Paul Chemetov, Coluche, Jacques Darolles, Yves Deschamps, Pierre Dux, André Feller, Léo Ferré, Edwige Feuillère, Guy Foissy, Jean-Jacques Fouché, Raymond Gérôme, Didier Guilland, Michel Guy, Elisabeth Huppert, Francis Huster, Fabien Jannelle, Bernard Lefort, Maurice Leroux, Marcel Maréchal, Mathieu, Sylvia Monfort, Yves Montand, Jean Morlock, Claude Parent, Gilbert Pellissier, François Périer, Michel Piccoli, Michel Polac, Roland Poquet, Jean-Pierre Pottier, Paul Puaux, Dominique Quehec, Alain Sarfati, Pierre Schaeffer, Nicolas Shoffer, Simone Signoret, Pierre Soulages, Jacques Toja, Victor Vasarely.

政治家

Christian Beullac, Huguette Bouchardeau, Jacques Chirac, Gaston Defferre, Françoise Gaspard, Pascal Gauchon, Valéry Giscard d'Estaing, Arlette Laguiller, Brice Lalonde, Jean-Philippe Lecat, Jacques Médecin, Pierre Mendès-France, Edgard Pisani, Jean-Marie Poirier.

其他类别

宗教界

R.P. Bro. Josy Eisenberg, Mgr Paul Poupard, M. le Grand Rabbi Sirat.

广告界

Bernard Brochand, Lucien Elia, Marcel Germon, Pierre Lemonnier, Maurice Lévy, J. Séguéla.

外国驻巴黎文化专员

Bernardino Osio, Charlotte Sow, Bryan Swingler

法国驻外国文化专员

G. Coste, Gilbert Erouart, Christian Morieux.

另有10份回复是匿名的

资料来源：*Lire*. 68. avril 1981.[1]

---

[1] 此一评委会列表中涵盖了当时法国各界诸多知名人物，例如时任总统德斯坦和日后将成为总统的希拉克，作家帕特里克·莫迪亚诺（Patrick Modiano）、菲利普·索莱尔斯（Philippe Sollers）、米歇尔·图尔尼埃（Michel Tournier）等，以及学者皮埃尔·诺拉（Pierre Nora）、克洛德·安贝尔（Claude Imbert）、莫娜·奥祖夫（Mona Ozouf）、埃马纽埃尔·勒华拉杜里（Emmanuel Le Roy Ladurie）、乔治·杜比（Georges Duby）、茱莉娅·克里斯蒂娃（Julia Kristeva）等人，还包括音乐家莱奥·费雷（Léo Ferré）等人。在此，我们保留原文中的人名，供有兴趣和需要的读者进一步查阅他们的资料。——译者注

新闻场域，甚至尤其是文化新闻场域仍会受到文化生产有限场域及其特定的感知和评价原则的支配；而面对生产者的生产场域中，被心照不宣、含混不清地承认的等级制所呈现出的种种制度化迹象，或是其非正式的、离散的形式，评委会成员们仅有着片面的认识；此外，在分类中，被公布的分类总是有可能背叛制定分类标准的人的意图，而评委会成员们对此规律也仅有着模糊的认识。因此，我们完全有理由认为，如果以上问题能被规避，并且评委会名单能更严格地局限于那些为其他生产者生产文化的人，尤其是人们所谓的先锋派（如此一来我们就更能理解为什么他们在评委会名单中公然缺席），那么最终的知识分子排行榜很可能就会与我们手头目前拥有的排行榜结果相去甚远。文化产品都具备各种标签（例如，授予当选者以"哲学家与社会学家"的职业头衔），也具有能代表机构真正质量的品质标志与标记（某机构成员、出版社、丛书、作序者等），它们都引导并预先决定了判断。在此，我们看到了感知社会世界最普遍的属性之一：行动者在每一刻感受到的，都是先前感知的产物，以及旨在体现这些感知的行为或表达的产物。举例来说，这意味着，随着所拥有的象征权力的增加，被困在各种感知魔法般的循环（cercle magique）中的概率很可能会增强；而同一结构的主观性客观化（objectivation de subjectivités）所产生的客观性，又会不断确认并强化这一循环。

记者会倾向于将他们对知识分子的定义强加于人，这一定义更接近他们自身的倾向，即更接近他们的生产和解释能力；但他们也迫切希望证明自己是评委会圈子中真正的一员，因而抵消了他们的这一倾向。[1] 由于无法彻底颠覆价值尺度，所以记者们只有对最具记者性的知识分子给予有力偏见，才能表明他们合法地属于知识分子场域（虽然标准被放宽了），才能表明他们有权评判那些最不具记者性的知识分子；而他们无论如何都必须引用其中最具知名度的人，否则就会被排除在知识分子的游戏之外。这样一来，我们就理解了为什么雷蒙·阿隆在排行榜中的位置如此突出：比起他对苏联所表现出的清醒（考虑到他的政治观点，这是很自然不过的；并且他的洞见也会被诸多盲点所抵消），其所处的位置反而很可能来自他身为记者型知识分子以及知识分子型记者的智识性荣誉地位；这也解释了，为什么有些人能够借助于新闻界对智识场域影响力的增强[2]，从这位受大学认可的伟大记者中，马上辨认出一位伟大知识分子的形象：他之所以在学术层面获得认可，是由于他在其经典之作《知识分子的鸦片》（*L'Opium des intellectuels*）中流露出的反智主义观点；而他之所以经常被赞美，则是因为其清晰性和判断力：记者们潜在的反智主义倾向，会使他们将清晰明确与知识分子的晦涩难懂、不负责任对立起来。[3]

---

1 因此，如果人们要求一份更长的名单，以此留给随机交配策略（stratégie de panmixie）以更多自由，那么向记者型知识分子或"媒体知名度"高的作家倾斜的可能性就会越大。

2 1881年，儒勒·于雷（Huret）进行了一次文学调查，他只收集了作家对作家的看法；与之不同，知识分子排行榜是一种进行判断和分类的明确意向，它会授予"媒体影响力最高"的作者以特权，但这只是其他种类的控制（emprise）在增长的某些迹象：对此，我们只需提及记者型学者在某个大学机构（如高等研究实践学院）中获得的制度性影响力，就足以说明此一现象。另外，我们只还可以提及另一个事实：各大报纸和周刊的"文化记者"，仅凭他们在新闻出版场域之外获得声望的想象的能力，其权威就能得到加强，并且他们可以共同宣称，他们可以合法地评判某一作品（通常我们称之为"散文"），而在过去对这些作品的研究和批评往往只能在学术场域以及学术性期刊上进行（参见 *Les Nouvelles littéraires*, 3-9 janvier 1980）。

3 值得一提的是，正如调查负责人自己所指出的那样，雷蒙·阿隆的名字是"那些不想提及其他名字的人所列举的名字"（ J. Jaubert, *Lire*, 68, avril 81, p. 45）："有影响力的知识分子，已经没有了，亲爱的先生，如果实在要找一个，雷蒙·阿隆勉强算一个吧。"（伊夫·伯杰 [Yves Berger]）"除了雷蒙·阿隆没有别人了。"（阿兰·布勒 [Alain Buhler] ）安妮·科佩尔曼（Annie Copperman）如是说："如果实在要找一个人的话，那就是阿隆"，她还补充道："现在是媒体接班了。"雅克·朗兹曼（Jacques Lanzmann）评价贝尔纳–亨利·列维的话也证实了这一点："他因此，个人或集体的总结策略——知识分子排行榜代表了该策略的实现——往往会用一种客观的、可见的、公布的、公开的、半官方的分类现实，来取代日常交流中随意进行的分类行为以及不成文的分类（它既在智识场域中生效，又会不断受到质疑）；而前者尽管表达的是文化生产场域中某一特定区域的观点（在文化上被支配的区域），却具有所有客观性的表象。它让人充分了解到，所有对《阅读》杂志调查问卷做出答复的人及其同行日复一日、周复一周地完成的工作，既不需要协商，也无须密谋。因此，在了解了排行榜的社会意义之后，我们现在来探究使排行榜得以产生的询问的意义：关键可能并不在于受到认可的知识分子名单，而是那些有能力去建立此一排行榜的评委会成员们；意味深长的是，他们的名字就紧挨着"42位最顶尖知识分子"（42 premiers intellectuels）排行榜。就像《新文学》杂志公布的排行榜名单一样，普通评委会公布他们过去十年的排行榜名单；而评委会名单——用古罗马人的话来说，这份"陪审团名单"（album judicum）——的公布，宣告了一场象征性的剧变，通过这场象征暴力的行动，一种新的合法性原则将被确立。

知识分子的定义问题，或者更确切地说，对知识分子工作的定义问题，与能够参与这一定义的群体的范围问题密不可分。在文化生产场域中，斗争的真正关键，实际上在于对文化生产方面进行评判的权力；而《阅读》杂志无足轻重的游戏则为这种斗争

那张上镜、漂亮的荧幕脸，撑起了那些真正新颖、有冲击力的观点。"这一切似乎都表明，通过给最反智的知识分子加冕，人们试图将知识分子赶下神坛，或者换句话说，废黜知识分子。而当记者们到处急切地宣称"萨特没有继承者"时，也表现了相同的意图。此外，我们还能从另一倾向中观察到相同的意图：人们往往会接受那些捍卫各种形式的非理性主义的人，而无须考虑这些形式是否有利于让智识场域屈从于新闻界的问题与程序，也无须考虑这些非理性形式是否决定了此一屈从；可以肯定的是，这些形式与"知识分子"的新社会定义的出现有关，此一定义将合理利用"媒体"以及由此带来的一切，当作获得智识场域支配权的条件之一。

提供了最深层的机制。针对不同生产场域中生产者的自主性所施加的象征性暴力行为，总是以增加评委会人数的名义，从科学场域开始而得以实现：无论它是以"人民"的名义，谴责作为自主场域（无论是生物学、诗歌抑或社会学中）内部需求产物的作品，还是在一个全然不同的笔调下，鼓吹"上电视"的能力或"新闻表达式的清晰度"，并将其视作衡量一切文化价值的标准，这种反智主义会在记者之间自发地盛行起来，或者更广泛地说，会在那些被降级、从而被迫为了需求而生产的生产者之间盛行起来；其表现形式和辩护形式多种多样，尤其是各种民粹主义的变体，从极右翼的民族主义（völkisch），到极左翼的日丹诺夫主义。此一反智主义，会对那些历来享有特权、以满足自身生产需求的人，构成一种永久的威胁。[1] 因此，如果说此一排行榜似乎倾向于确立等级制，而这主要会导致两类人之间一直以来不确定且受威胁的边界取消，那么这并非偶然：在这两类人中，其中一类是生产者，他们直接受制于需求，并从外部获得他们的问题域；而另一类人则是由于某种特殊的竞争形式，从而能够产生某种需求的人，这种需求能超越于任何社会需求。

社会学家无须让自己成为法官中的法官（juge des juges[2]），也无须去评判他们的评判权。他需要做的是提醒人们，此一权力是斗争的关键，他所分析的正是斗争的逻辑。由于各种等级序列甚少会在某些规范或形式中被编码与客观化，因此"什么机构能最终决定机构的合法性"这一问题在任何场域都存在，而在文化生产场域尤为明显：对已取得成就的不确定所产生的极度不安全

---

[1] 以下分析为我们提供了一个范例，参见 M. Goldman, *Literary Dissent in Communist China*, Cambridge, Harvard University Press, 1967. 我们很容易将该分析的背景转移到法国。

[2] 此处的"法官中的法官"与第 1 章中的该词对应。此处作者用该词，指代评判（审判）那些评委（法官）是否有权进行评判的人。——译者注

感，往往会将某种特定的暴力，赋予所有人对抗所有人的象征性斗争，以及所有既数不胜数又微不足道的法官判例行为，例如近乎诅咒的诽谤、诋毁、杀伤性的"言辞"，以及毁灭性的谣言等；而这些基于共识的不成文分类也必然是大家心照不宣的，那些最适合归入这种心照不宣分类的人，只不过是这种分类的无效组成部分。[1] 在这些斗争中，我们只有使用在以往斗争的具体历史中累积起来的所有武器，而且只能是这些武器，才能取得胜利；所以无论如何，场域的自主性正是因此而得到了肯定，正如我们可以在自然科学这一特殊情况下所清楚看到的那样（虽然在绘画或诗歌方面，情况也大同小异）。于是，根据对这些武器的掌控程度，不同竞争对手在自治性方面，以及在边界的强化方面（这会阻止外部评价原则的入侵）都有着截然不同的利益；或是相反地，他们也会在与外部力量或多或少带有犬儒主义的结盟方面，有着截然不同的利益，尤其是与所有在判断时模棱两可的折中人士结盟时；而这些折中人士通过单独或集体担任法官，从而剥夺了最自主的生产者的权力——曾经，他们有权决定由哪个法庭对其进行审判。

---

[1] 我们知道，某些民族学家观察到，对巫术的指控会出现在社会世界里，在其中，各种关系既没有明确的定义，又相互竞争，并且竞争对手之间的紧张关系无法以其他方式解决（参见 M. Douglas [ed.], *Witchcraft, Confessions and Accusations*, Londres, Tavistock Publications, 1970）。

附录 4：对应分析

1. 四个学院

主要变量（当可能性大于 2 时，我们会在括号中标出可能性的数量）：

法兰西学术院；《上流社会名人录》；父亲的职业类型（20）；高中优等生会考；法国国家科学研究中心委员会（最近三次出席）；作品以口袋本形式出版；参加卡昂或亚眠研讨会（至少参加两者之一）；参加研讨会的频率（10）；大学咨询委员会；教学与研究单位主任（自 1968 年起）；法学学科（4）；人文学科（9）；医学学科（3）；自然科学学科（3）；院长；子女（数量）（5）；在智识型大学校任教；在权力型大学校任教；在公立或私立中学任教（4）；在公立大学任教（4）；在大学校任教（9）；法国国家科学研究中心实验室主任；接受高等教育的地点（3）；获得法国国家科学研究中心奖章；为《世界报》撰文；出生年份（10）；出生地区（3）；获得法国国家勋章；参加公共机构；参与第六次五年计划委员会；宗教信仰（4）；智识期刊编委会成员；性别；作品翻译状况（3）；上电视；被收录于《名人录》。

我们将下列变量视为说明性变量（variables illustratives）：出生地点（不太可靠，且与出生地区重叠）、居住地、婚姻状况（与子女数量重叠）、荣誉博士头衔（不太可靠）、接受中等教育的机构（不太可靠，且与出生地区重叠）、支持吉斯卡尔·德斯坦或密特朗的情况（资料不足）、高等教育全国总工会成员、获得法国荣誉勋位勋章、学术棕榈勋章（palmes académiques）。

2. 人文和社会科学院校

主要变量：法兰西公学院；索邦大学；巴黎第十大学；高等研究实践学院第六部；高等研究实践学院第四、第五部；在其他机构和高等研究实践学院第六部同时任职；在其他机构和高等研究实践学院第四或第五部同时任职；在其他机构任职，并在法国国家科学研究中心兼任主任；在其他机构与国立东方语言学院同时任职；在其他机构任职，并在巴黎高师任教；在其他机构任职，并在其他大学校任教；法兰西学会；学科（8）；出生年份（7）；父亲的职业类型（13）；被收录于《名人录》；巴黎高师毕业生；教师资格考试评委会；大学咨询委员会；大学高等理事会；1967及1963年法国国家科学研究中心委员会；参与内阁或参与五年计划；研究团队主任；出生地区（10）；子女数量（8）；法国国家勋章；法国荣誉勋位勋章；就读于竞考预科班（6）；居住行政区（9）；学术棕榈勋章；法兰西学术院成员，列入1968年版《拉鲁斯辞典》；为《新观察家》撰文；上电视（6）；编写"我知道什么？"丛书（6）；作品收入"观念""观点""沉思"丛书（4）；智识期刊编委会成员；巴黎高师竞考评委会成员；作品翻译状况（3）；《引用索引》中被引用的次数（3）。

我们把下列变量视为说明性变量：出生地点（不太可靠，且与出生地区重叠），婚姻状况（与子女数量变量重叠），教师资格考试通过情况（资料不足且不太可靠），荣誉博士头衔（不太可靠），接受中等教育的地点（不太可靠，且与出生地区重叠），支持吉斯卡尔·德斯坦、密特朗或弗拉策利尔的情况。

后记：二十年后[1]

我从未停止过对科学实践的批判性反思，即使当我在进行科学研究时也是如此[2]，其成果便是本书，即对学术界的社会学分析：本书旨在让学术人（Homo Academicus）——分类者中的分类者——落入他自己的分类中。为了吓唬自己或是吓唬别人，某些人喜欢把喜剧场景当作悲剧，例如受骗的骗子，抑或水浇园丁（arroseur arrosé）。就我而言，我认为本书所呈现的实验结果，或许与大卫·加内特（David Garnett）的短篇小说《动物园里的男人》（A Man in the Zoo）里主人公所做的实验并无二致：在与女友争吵之后，绝望中的年轻人写信给动物园园长，提议让他收养一只动物园从未收养过的哺乳动物——也就是他自己；人们把他关在笼子里，紧挨着黑猩猩，并在标签上写着"智人（Homo sapiens）。此标本由约翰·克罗曼蒂先生提供。参观者请勿以个人评论来激怒此人"。

当社会学家把他自身所处的世界当作研究客体时，他不应该像民族学家那样，在这个他最接近且最熟悉的地方，去驯化异国情调（domestiquer l'exotique），而是要打破与各种生活和思想方式之间的原始亲密关系，从而异化他所在的家庭（exotiser le

---

[1] 本文也系 1988 年该书英文版的前言。在英文版前言之前，作者还引用了涂尔干在《法国教育思想的演变》中的一句话："历史是真正无意识的。"——译者注
[2] 例如 P. Bourdieu, "Célibat et condition paysanne", Etudes rurales, avril-septembre 1962, pp. 32-136。

各所人文和社会科学院校的空间

对应分析：第一与第二"惯性—个体轴"的平面图

为了说明隶属于母群体中一个以上机构的教授的主要隶属关系，我们采用了社会公认的等级序列，例如，那些既隶属于法兰西公学院（或索邦大学）又隶属于高等研究实践学院的教授，我们会将他们归入法兰西公学院（或索邦大学）。

● 法兰西公学院
■ 索邦大学
▲ 楠泰尔学院
○ 高等研究实践学院第六部
□ 高等研究实践学院第四、第五部

domestique）——如果我们可以这么说的话；因为这些方式对他而言太过熟悉，所以反而是陌生的。这种朝向原初和日常世界的运动，本该以朝向陌生和非日常世界的运动而告终。然而，这实际上从未实现：无论对涂尔干还是列维-斯特劳斯而言，都不存在对学者所采用的"分类形式"进行分析的问题；尽管涂尔干曾在《法国教育思想的演变》（*L'Évolution pédagogique en France*）中出色地分析了学术界的社会结构，但他并未进一步从中寻找教师知性范畴（catégories de l'entendement）的基础。然而，通过不断努力对社会学理性进行社会学批判，社会科学有望取得最具决定性的进步：社会科学必须力求重构思想范畴的社会起源，它会有意无意运用这些思想范畴，例如经常用来指导社会世界科学建构的成对术语（couples de termes）；同时，社会科学还必须重构其所使用概念的社会起源，在学术论述中，学者往往会不经审视，就引入这些所谓的常识性概念（如"职业"概念，在此我们会心照不宣地弃用）；此外，社会科学还必须重构其所提出的问题，在诸多情况下，人们只不过是用一种或多或少巧妙的形式，掩盖了当时存在的"社会问题"，例如"贫困"（pauvreté）或"违法行为"（délinquance）、"学业失败"（échec scolaire）或"老龄"（troisième âge）等概念。

  我们不能省去对客观化主体（sujet objectivant）的客观化工作。科学主体只有通过把自身生产的历史条件视为对象，而不是通过任何形式的超验反思，才能在理论上掌握自身的结构和倾向，以及由这些结构和倾向所产生的决定因素，从而确保自身能获得提升客观化能力的具体手段。只有一种不带任何殷勤、不带任何自恋的社会分析（socioanalyse），才能真正帮助研究者带着距离来审视自身所熟悉的世界；民族学家也会自发地将目光投向世界，好像他们并不受社会游戏所固有的共谋性的束缚，但是他们的这种幻觉（illusio）使博弈和游戏本身变得如此显而易见。

科学地分析学术界，就是要把学术体制作为分析对象，社会普遍认为该体制建立在客观化的基础之上，并且该体制也声称自身具备客观性和普遍性。某些人们所谓的后现代分析，只不过是以虚无主义的方式来质疑科学，它打着法式激进时髦（French radical chic）的旗号，实际上只是迎合了当下流行的品味，即对科学（尤其是社会科学）非理性的拒绝，并给自己披上一层揭露"实证主义"或"唯科学主义"的外衣。而我们的社会学实验并非如此：我们将社会学实验应用于社会学工作本身，旨在表明社会学可以摆脱历史主义或社会学主义的循环；只要利用社会学所提供的关于社会世界的知识（它由科学产生），就足以掌握社会决定论对世界所施加的影响，以及它对科学话语本身所施加的影响（除极度警惕之外）。换句话说，当社会学揭露所有社会限定时（生产场域的逻辑使这些社会限定影响所有文化生产），它不仅没有摧毁自身的基础，反而还在要求一种认识论特权：这一特权能确保社会学加倍提高认识论的警惕性，从而把自身取得的学术成果重新投入科学实践中。

在大学场域中，社会世界的真理与学术界本身的真理之间总是竞争不断；而人们在其中所处的位置，则由一系列属性、其所接受的教育、其所拥有的头衔资质，以及所有相关的团结性和依附性所决定。那么，当我们试图去了解"属于大学场域"，以及"在其中处在一个确定位置"这一事实时，能够获得什么科学利益呢？首先，它让我们有机会去有意识地降低犯错的可能性：只要我们

后记：二十年后

处在某个位置，就存在犯错的概率；而此一位置会被理解成一种观点，它意味着一个透视视角，因此也是一种特殊形式的清醒与盲目。然而，它尤其能让我们发现理论主义（théoricisme）或理智主义（intellectualisme）倾向的社会基础，这两种倾向都内在于学者所处的位置中，学者可以自由地从游戏中抽身而出，以便对其进行思考，而且学者还具有为社会所公认的科学抱负，即从外部和更高的角度来鸟瞰世界。当结构主义式客观主义（objectivisme structuraliste）应用于"野性的思维"（pensée sauvage）时，我们似乎能毫不费力地接受那些本来晦涩难懂的地方；而当这种反抗性的自欺（mauvaise foi）应用于学术界时，其科学性却遭到了否认，这是显而易见的。然而，我们必须进一步追问，在这种情况下，认知的意志（la volonté de savoir）是否受到一种特殊形式的权力意志（la volonté de puissance[1]）潜移默化的影响？而这种权力意志在以下事实中表现出来：它声称要让沦为客体状态的竞争者，去接受他们无法或不愿接受的观点。但事实上，不管此一举动的意图是什么，它都像一个产生问题情境（problem situations）的传动装置（engrenage）那样运转，正如波普尔（Popper）所说的那样。在我们完全用理论来分析所处的世界时，常常会忘记，理论经验和实际经验之间存在差距；而当我们用社会学来分析"社会学分析的社会条件"（conditions sociales de l'analyse sociologique）时，则可以获得一种必要的反思性视角，这有助于我们纠正此一差距。负责客观化工作的人置身于一个世界之中，并拥有能从客观分析中幸存的原初表述（représentation première）；而对此一世

---

[1] "野性的思维"是列维－斯特劳斯的著作标题，"自欺"是萨特存在主义哲学中的重要概念，"认知的意志"是福柯的著作《性史》（*L'Histoire de la sexualité*）第一卷的标题，"权力意志"则是尼采哲学中的重要概念。——译者注

界结构客观的、甚至客观主义（objectiviste）的建构本身，就暴露了自身的局限性。例如，此一建构会与个体或集体的防御策略相冲突，这些策略往往采取否定的形式，并且行动者可以通过这些策略，为他们自身和他人维持社会世界的表象（représentations du monde social）；而这些表象与科学通过总体化（totalisation）所建构的表象并不一致，后者无论在事实上还是法律上，都会被排除在日常生活之外。此一建构会迫使我们察觉到，结构主义和建构主义（这里指的是社会世界原初经验的现象学形式，以及它对构建这种模式的贡献）这两种方式，是同一过程中两个互补的部分。尽管行动者确实对结构的建构做出了贡献，但在任何时刻，他们的建构行为都是在结构的限制范围内进行的，这种限制既来自外部（通过与他们在客观结构中的位置有关的决定性因素），也来自内部（通过心理结构——例如教师的知性范畴——来组织他们对社会世界的感知和评价）。换句话说，尽管参与游戏者的片面和褊狭的观点，只是从客观主义的位相分析（analysis situs）[1] 构成的观点出发而得到的透视视角，但这些观点，以及他们为了将这些观点强加于人而进行的个人或集体斗争，都是游戏的客观真理的一部分；在客观制约所施加的限制范围内，这些观点以及斗争都积极地促进了游戏的维持或转变。

本书旨在描述一场自我再调适（réappropriation de soi）的启蒙之旅（parcours initiatique），而矛盾的是，这一旅程只有将熟悉的世界进行客观化才能实现，因此，在阅读本书时，本国读者和外国读者所读到的一定会有所不同。尽管如此，鉴于其主题，

---

[1] "位相分析"的概念于17世纪由莱布尼茨提出，日后逐渐发展为数学中的"拓扑学"。——译者注

后记：二十年后

它仍具有自身背景的特殊性，这与通常在思想的国际流通（以及代际流通）中所发生的不同；在思想的国际流通中，文本是在缺乏其生产和使用语境的情况下被传播的，这就需要一种所谓的"内部"阅读，通过使文本与现实脱节，并在每时每刻都将其与唯一的接受语境（contexte de réception）联系起来，从而使其普遍化与永恒化。[1] 我们可以假设，读到本书时，与本国读者不同（在某种意义上，他们知道得太多，但他们也会倾向于抵制客观化），外国读者可能不会那么抵制分析，因为他们与被描述的游戏并没有直接的利害关系（至少第一眼看上去是如此）。更重要的是，就像在剧院里人们会发笑却没有意识到他们嘲笑的很可能是自己的缺点一样，外国读者总是能够避免对自己熟悉的情境或关系提出疑问，因为为了保持距离，他们只保留了学术传统中最明显的异国情调，但它们很可能是最微不足道的，所以学术传统就沦为了过时古语的状态。[2] 事实上，在经过类推适用（mutatis

---

[1] 因此，作者（或多或少完全根据读者所掌握的信息）被简化为以其名字命名的作品：与其出身场域（champ d'origine）的位置相关的所有社会属性都被抛在一边，也就是说，其权威和象征资本最制度化的维度都被抛在一边（如有必要，通过一种转移，序言可以用于恢复受威胁的象征资本）。这样一来，留给评判的自由只是相对的，因为通过不同国家科学场域中处在同源位置的人之间的团结，尤其是处于主导位置的人之间的团结，权威的作用得以继续发挥：后者可以利用他们对译介流通权力的掌控，以及对负责认可的机构的场控，来确保大学权力在国际范围内的转移，并控制某些学术成果进入国家市场，因为这些商品可能会威胁到他们自己的成果。另一方面，这种相对自由，也会被误解和信念链带来的危险所抵消，它们则是由不了解背景而产生的：正因如此，比如某些随笔作家，在学术界之外，可能会让最耀眼明星（astres）也黯然失色；然而，他们之所以能闪闪发光，是因为其光源正是来自那些明星。

[2] 本书之所以诞生，来自有条不紊地获得局外人视角的努力，同时又尽力不失因熟悉状况所带来的益处；然而不乏有外国读者，因为缺乏以局外人的超然眼光来看待自身所处世界的能力，所以会在本书中发现一个机会，能加强对本国和自己所处世界的信息——而这尤其表现在，当外国作家撰写某些关于法国及其大学的作品时，往往会显得非常天真。这种在方法论层面建立民族优越感的社会学范式（这可能是由于，在移居国外的人看来，他们必须证明自己的移民是正当的），在特里·克拉克（Terry Clark）的著作中体现得尤为明显，他以一套未经分析的标准来考察法国大学，而这事实上只不过是他对美国大学的理想投射（参见 T. Clark, *Prophets and Patrons, The French Univerity and the Emergence of the Social Science*, Cambridge, Havard University Press, 1973）。

mutandis）后，外国读者会发现，他们与本国读者（以及社会学家本人）一样，都面临着相同的抉择：他可以利用对世界——至少在类比之下，他具有了这一世界所特有的性质——的客观化（正如不同国家场域中，处在相同位置的人之间的国际团结所表明的那样），并强调使法国学术人（homo academicus gallicus）这一类型的人具有独特性的差异，从而强化维护自欺的手段；相反，他也可以努力寻找为学术人（homo academicus）这一类人所共有的不变量，或是去了解，在对法国学术人所处的某一位置（此一位置与他自己在场域中所处的位置是同源的）进行客观化后（乍看之下有点残酷），会有什么信息向他揭示出来，从而在其中寻找自我分析（auto-analyse）的工具。在我看来，只有第二种解读才符合本书的认识论意图，而为了鼓励第二种解读，我们要么需要提出一套被建构的转变规则，从而使读者可以有条不紊地从一种历史传统转向另一种[1]；或者至少更谦逊地说，提出置换的出发点：例如，我想到的是对时间管理的主客观基础进行分析；正是这种时间管理使等级秩序，即"继承秩序"（ordre des successions）得以维持，而社会秩序正是在"继承秩序"的基础之上长期存在的。

场域观念的科学优势（或许还有伦理优势）很可能在于，它往往会排除他人（无论是竞争者还是对手）未经思考的褊狭与片面的客观化，我们会将这些客观化称为"知识分子社会学"；与由知识分子的八卦闲话（qu'en-dira-t'on）构成的自发社会学不同，知识分子社会学主张"伦理中立"，而这实际上使其滥用了象征

---

[1] 在分析的每一点上，例如，关于学术场域与政治或经济权力之间的距离——出于历史原因，这一点在法国似乎（或者至少曾经）比任何其他国家都更大——我们应该研究什么是变量，什么是不变量，并试图从模型所考虑的参数变化中，找到在现实中观察到的变化的根源。

权力。正因如此，比如，在这一类型的经典之作《知识分子的鸦片》中，雷蒙·阿隆将其对手的论据简化成某些原因，并描述了他所认为的知识分子（他显然把被污名化的阶级排除在外了）——让-保罗·萨特、西蒙娜·德·波伏瓦以及其他"左翼知识分子"——及其伦理与政治立场的社会决定因素。但当他这么做时，他并没有进一步探究他用来进行此一极端客观化的观点；几乎在同一时间，西蒙娜·德·波伏瓦本人也以同样的伦理确定性，写下了一篇关于"右翼思想"的文章，虽然立场与阿隆针锋相对，但她同样没有进一步追问这种极端客观化观点的成因。[1] 尽管阿隆自认为非常清醒，但与那些被他谴责为盲目的人一模一样，他也忽视了自己所处的空间，然而正是在此一空间中，客观关系得到了定义，它将阿隆与那些盲目的人联系起来，并成为他们的盲视与洞见的根源。

良知（bonne conscience）与不知其来源的客观化之间的决裂，蕴含在生产场域的建构中，该场域以科学理性对自身的论战，即科学理性对自身局限的论战，取代了将立场伪装成分析的论战。只有通过一种不正当的抽象（在这种情况下，谈论简化是有必要的），我们才能在文化产品本身中找出理解文化生产的根源；而这些产品处在孤立的状态之下，与其生产和使用条件无关，就像处在社会学和语言学交界处的话语分析（discourse analysis）传统一样，如今又恢复了那些站不住脚的内部分析形式。科学分析必须将两组关系联系起来，即作为不同立场的作品空间或话语空间，以及生产这些作品或话语的人所处的位置空间。这意味着，比如，

---

[1] 参见 S. de Beauvoir, "La pensée de droite aujourd'hui", *Les Temps modernes*, n 112-113 et 114-115, 1985, pp.1539-1575 et 2219-2261。

由大学人士创作的、关于 1968 年五月风暴期间的作品，无论哪一部，若是想要传达它的意义，就只能依据互文原则（principe de l'intertextualité），将其重新置于讨论此一主题的作品空间之中（在此一空间内，各种相关的象征属性得以界定）；或是将作品空间与其作者在学术场域中所处的同源位置联系起来。任何熟悉这类专题文献的读者，都可以参照对应分析的图表[1]，来验证作者在权力与声望分布中的差异，是否符合他们对事件的全面评判的差异，以及是否符合他们表达方式的不同（无论是有意还是无意的）。我们可以假设，被视作形式、风格、表达方式与表达内容空间的"立场空间"，与作者在生产场域中所处的位置之间，存在一种近乎完美的同源性；以下事实完美地证实了这一点，对所有熟悉1968年大学事件种种细节的观察者而言，这是显而易见的：我们只考虑不同教授最典型的大学特征（所属机构、学历文凭等）而得出的学术场域分布情况，与根据政治立场或工会参与情况，甚至根据他们在五月风暴期间所采取的立场而得出的分布情况非常接近。正因如此，在图表中，在时任巴黎高师校长、坚决抵制学生运动的罗贝尔·弗拉策利尔周围，都是签署动议以支持其行动的教授，而那些支持学生运动的教授则处在对立的区域。这意味着，决定大学事务方面立场的，实际上并非人们通常所认为的

---

[1] 我意识到，对任何对于过去二十年以来法国文化生产感兴趣的人而言，如果不能觉察出在立场背后显现的作品空间与思潮空间，本书提出的对大学场域的分析就会使他们兴味索然；因此，我决定明确给出被考察的大学人士的全名，而不是像初版那样，用姓名首字母营造一种准匿名（quasi-anonyme）的状态，以避免揭发的效果或"钉死"（épinglage）的效果；随着时间的推移（二十年过去了）以及由外国视角带来的距离，这些效果在今日应该已经减弱了。与个人图表相对应的属性空间图表在本书第 111 页（编按：请读者利用本书页边码查找）。如果读者希望在心中更新图表，只需记住，年龄对空间中（垂直）的第二象限影响巨大，同时，在调查期间占据空间下层区域（尤其是左侧区域）的最年轻者，今日可能会在第一象限中，处在更高且更为分散的位置上（最年轻者今日在这一象限中的相对位置表明，尽管二十年前他们的生涯轨迹暂时没有很大区别，但那些偏左翼的人往往会趋向智识声望一极，而偏右翼的人往往会趋向世俗权力一极）。

后记：二十年后

政治立场，而是在大学场域中所处的位置，此一位置引导了人们的总体政治立场，以及在大学问题方面的立场；这是由于，舆论生产的自主性（尽管无论如何，它仍遵循特定的政治原则），会根据关涉其利益的程度而变化，这与其在大学场域中所处的位置有关；对在大学场域中处于主导地位的人而言，这种自主性则会根据威胁其利益的程度而变化。

但我们还可以走得更远：除了在模型中引入政治立场，我们还可以再引入作品本身，并考虑到它们最明显的社会属性（如体裁或出版地点），以及它们的主题与形式；由此我们可知，作品与学术规范的相符程度决定了作品的分布情况，而这与作者所拥有的大学权力情况非常吻合。1970年代初，我曾向某位年轻的美国访问学者解释，所有那些知识分子英雄——阿尔都塞、巴特、德勒兹、德里达、福柯，更不用说当时那些次要的先知——在大学里往往处在边缘位置，甚至无权指导正式研究工作；由于他们中的多数人没有撰写博士论文（至少不是传统意义上的博士论文），因此也就无法指导博士论文；这位年轻人的惊讶可以帮助我们更具体地理解此一关系。

若是留心观察这些更有可能为盎格鲁-撒克逊读者所熟悉的哲学家，我们就能发现，了解他们所处的整体空间结构，能让我们通过真正的"参与式客观化"（这种客观化不带有任何简化式的论战色彩），在某种程度上从他们在社会空间中所处的位置出发来考虑问题；同时，我们也能重建某种视点，而只有从该视点出发，我们才能界定他们的知识分子计划。正如我们在图表上看到的那样（他们都处在326页图表的左下方），这些哲学家都处在一种双重关系中：一方面，是他们与在世俗层面占据支配地位的一极之间的关系,即与学院派哲学之间的关系,此一关系首先体现在授课时间的一成不变之上,因为授课时间是由竞考主题的永恒轮回(retour éternel)所决定的,此外,那些控制了团体再生产机构——例如负责选拔中等教育教师的机构(中学教师资格考试),或是负责选拔高等教育教师的机构(如大学咨询委员会)——的大学教授则是此一关系的化身。另一方面,则是他们与"在智识层面"占主导地位的一极之间的关系,而所有人文社科的大师们则占据了这一极,这些大师更是奉列维-斯特劳斯为圭臬。

在与索邦大学的高级哲学祭司(grand sacerdoce philosophique)的关系中[1]——正如他们中的大部分人一样,这名大祭司也来自世俗的"高等神学院"(grand séminaire[2]),即巴黎高等师范学院,这所在整个教育等级序列中处在顶峰的学校——这些哲学家看起来像是与教会对立的异端分子(hérétiques),或者换句话说,看起来像自由职业知识分子(free-lance intellectuals),却被安插在大学教育系统之中,抑或至少驻扎在四面都受到野蛮人入侵威胁的学术帝国的边缘(marges)或边境(marches)——如果我们用德里达式的文字游戏来说的话。这些哲学家几乎完全被剥夺或被免去了权力和特权,但也被免去了一般教授的责任和义务(如竞考委员会、指导博士论文等),他们与知识分子界(尤其是各种

---

[1] 此处布迪厄将福柯、阿尔都塞等左派激进哲学家,与索邦大学保守的、学院派哲学教授进行对比,并将后者比作"哲学神职人员"(值得一提的是,索邦大学的前身即为索邦神学院)。——译者注

[2] "神学院"(séminaire)是培养神职人员的宗教教育机构,在法国,神学院又分为"高等神学院"(grand séminaire)和"中等神学院"(petit séminaire),其中前者约等于大学,负责培养高级神职人员,后者则约等于中学;中等神学院的学生可能会进入高等神学院继续学习,也有可能进入世俗世界。此外,值得一提的是,法语中的 séminaire 一词,也指大学中的研讨课(一般是研究生或博士课程)。此处布迪厄很可能也考虑到了该词的多义性。——译者注

后记：二十年后

先锋杂志，例如《批评》《原样》等）以及新闻界（特别是《新观察家》杂志）有着紧密的联系：米歇尔·福柯很可能是其中最具代表性的人物，因为他终其一生都几乎完全不具备学术权力，甚至也不具备科学权力，因此也没有由这些权力所带来的客户群，尽管他在晚年成为法兰西公学院讲席教授；但即便如此，他的声望让他在新闻出版界影响巨大，并且在文化生产场域也产生了深远影响。阿尔都塞和德里达也体现了此一位置的边缘性，他们都曾在巴黎高师承担次要职务，这显然是由于，所有注定要成为异教创始人的异端分子，除了差异、分歧，以及有时甚至使他们分离的冲突之外，还有一个共同之处，即一种反体制情绪（humeur anti-institutionnelle），这使他们在这方面与大部分学生具有相似性：一方面，他们在外部世界（大学之外、法国之外）已经拥有了巨大声誉；但另一方面，巴黎高师这所曾在两人年轻时吸引着他们，甚至认可了他们的院校，却利用了他们的蔑视和排斥，只授予他们边缘化的职位；于是他们不耐烦地对其声誉与所处地位之间的差距做出反应。[1]

如果说我们有必要从最模糊不清的一极开始讨论，那是因为它很有可能避开外部的注视与肤浅的分析（更不用说位于其中的论战者）。然而，这一极不只是陪衬，也是敌对者，它必须通过不断的斗争，才能夺取生存或幸存的权利；在伦理或政治倾向的构成或强化方面（这也决定了作品的整体倾向），它很可能发挥了决定性作用，就像老索邦大学在面对年鉴学派时一样。而与之对立的另一极，则是胜利凯旋的社会科学：列维-斯特劳斯是其

---

[1] 创立于1968年后的巴黎第八大学，在大学内部，凝结了知识分子生活的一种新方式，对旧式大学的捍卫者们而言，这是一大丑闻。而曾经，这种知识分子的生活，只能在知识分子杂志或波西米亚式咖啡馆中进行。

化身，他恢复了为巴黎高师哲学家们所蔑视的学科的声誉，并使之成为智识成就的典范；只有在与社会科学一极的对立中，我们才尤其需要重新定义某些首先于1945—1955年被提出的哲学计划，它们参照了现象学和存在主义传统，也参照了以萨特为代表的哲学家典型形象，并尤其反对此一形象。从盎格鲁-萨克逊传统中借用的人类学（antropologie）一词，同时也承载着过去一位伟大的德国哲学家的所有声望——福柯正是在那几年里翻译并出版了康德的《实用人类学》（*Anthropologie*）；人类学一词取代了平庸且颇具限制的民族学（ethnologie）一词，并象征着社会科学通过其最杰出的代表，即列维-斯特劳斯，向直到那时仍至高无上的哲学发起的巨大挑战，而这直接体现在他与萨特的对抗中：这也是长期以来独自统治整个智识场域的萨特所面临的第一次真正挑战。事实上，尽管在上个世代，萨特和梅洛-庞蒂（Merleau-Ponty）也不得不重视社会科学，但由于涂尔干学派的极度式微，并且新生的经验社会学也处在非常低微的位置（由于其美国出身，从而在一个高度政治化的时期受到了"牵连"），因此他们真正面对的威胁，只有"科学主义的"心理学（虽然皮亚杰 [Piaget] 是例外），以及毫无影响力的精神分析（尽管萨特和梅洛-庞蒂在巴黎高师的同窗拉加什 [Lagache] 获得了索邦大学教职）。

从今以后，占据象征性主导地位的是整个社会科学，它让哲学代表们不得不面对一个前所未有的状况：不仅哲学曾经的"集大成学科"（discipline du couronnement）的位置受到了威胁，正如让-路易·法比亚尼（Jean-Louis Fabiani）所说的那样，而且它的智识身份和研究纲领也受到了威胁。哲学需要面对的，首先

后记：二十年后

是真正的领航学科语言学，其代表人物有本维尼斯特、雅各布森（他可能算不上真正的威胁，因为他在国外生活，尽管受到了列维－斯特劳斯的认可）以及马蒂内[1]（其影响力逊于前两者）。还有"人类学"，其代表人物是列维－斯特劳斯，并由杜梅齐尔所强化。以及历史学，其代表人物是布罗代尔，他在哲学领域也早早获得了认可，因为萨特曾与他就《地中海》（*Méditerranée*[2]）进行了漫长的讨论；布罗代尔还通过各种方式，努力为革新与整合社会科学奠定体制基础：他曾执掌高等研究实践学院第六部、著名的科学委员会（其成员包括列维－斯特劳斯、阿隆、勒布拉兹、弗里德曼等）、一系列发展迅速的研究中心、各类刊物——其中包括《年鉴》（*Annales*）杂志（他接过了马克·布洛赫与吕西安·费弗尔的衣钵），以及《人类》（*L'Homme*）杂志（它由列维－斯特劳斯创办，取代了年迈的《现代》杂志，而后者已经沦为巴黎随笔主义捍卫者的基地）——以及不久以后将会建立的他在巴黎的大本营：人文社科之家（Maison des sciences de l'homme）。哲学还要面对拉康及其精神分析的冲击：在社会层面和象征层面，拉康与列维－斯特劳斯和梅洛－庞蒂结盟，并在大学场域内影响深远（尽管他并没有出现在对应分析中，所以也没有出现在图表中，因为他并没有任何正式的大学教职——拒绝让他在巴黎高师授课，是学生们反对弗拉策利尔的起因）。最后，哲学还要面对来自社会学本身的冲击，尽管社会学在新兴知识分子的主要力量中处于末流，但通过雷蒙·阿隆，及其反对萨特或是哲学新思

---

1 安德烈·马蒂内（André Martinet, 1908—1999），法国语言学家，后来创建了自己的"功能主义"学派。——译者注

2 全名为《地中海与菲利普二世时代的地中海世界》（*La Méditerranée et le monde méditerranéen à l'éoque de Philippe II*），出版于 1949 年，是布罗代尔的博士论文与代表作。——译者注

潮的论战——尤其是著作《从一个神圣家族到另一个神圣家族》（*D'une sainte famille à l'autre*[1]），社会学也赢得了一代哲学家的尊敬：这一代哲学家们依然会撰写随笔，讨论阿隆在两次世界大战之间，在《历史哲学导论》（*Introduction à la philosophie de l'histoire*[2]）中所提出的观点。

我们也必须在罗兰·巴特这里稍作停留，他比其他人都更清楚地显示了双重差异关系（1970年代先锋派的特征）的影响：他并非体制中的精英（他既不是巴黎高师毕业生，也没有通过教师资格考试，甚至还不是"哲学家"），但他很可能因为被排斥，所以为隐约的复仇情绪所驱使，从而与一般教授（在此以雷蒙·皮卡尔为代表）公开进行论战，而后者的规章制度性尊严感，则让他们拒绝接受年轻的异端派中最受认可之人；与巴特对立的大师们兼任了各种一般或特殊头衔来增加自己的声望，巴特也对他们表现出直截了当的尊敬，而不是像其他人那样，以更微妙或更反常的方式表达尊敬。罗兰·巴特的社会角色，浓缩了内在于边缘大学机构（如"后布罗代尔时代"的高等研究实践学院，或不同时期的巴黎十大和巴黎八大）的微妙位置（porte-à-faux）中的张力或矛盾，这些机构试图将双重对立（往往与双重剥夺有关）转化为个人选择的超越，并将不同的轨迹同时汇聚在一起，对其中的某些人而言，该机构像是一张通行证；对另一些人而言，则已经是他们人生的顶点；罗兰·巴特也代表了随笔作家这一类人的顶点，他们无法与大学场域的力量抗衡，所以为了生存，乃至幸

---

[1] 全名为《从一个神圣家族到另一个神圣家族：想象的马克思主义》（*D'une sainte famille à l'autre. Essai sur le marxisme imaginaire*），是雷蒙·阿隆于1969年出版的著作。——译者注

[2] 全名为《历史哲学导论：历史客观性的限度》（*Introduction à la philosophie de l'histoire. Essai sur les limites de l'objectivité historique*），出版于1938年，是雷蒙·阿隆的博士论文与代表作。——译者注

存下去，他们不得不顺着各种搅动世界的外部或内部力量而飘荡，尤其是通过新闻界。罗兰·巴特让人想起了泰奥菲尔·戈蒂耶（Théophile Gautier）的形象，后者的某位同代人曾这样描述他："他是一个随风飘荡的人，每一次碰撞都会使他震颤，他能接收所有印记并依次传递出去，但需要身旁的另一个人才能让他启动，他总在寻求一道指令，而很多其他人随后也会请求他发号施令。"福楼拜曾经指责他的朋友，这位"好泰奥菲尔"（bon Théo）缺乏"个性"，但他没有看到，戈蒂耶的无定见本身就是其重要性的来源；戈蒂耶的另一位朋友则注意到，他先后创作了中国式、希腊式、西班牙式、中世纪风格、16世纪、路易十三、路易十四风格、洛可可以及浪漫主义风格的作品。与戈蒂耶相似，罗兰·巴特也即时地描述了大学场域各种力量的变化，但似乎又先于这些变化，因此，我们只需考察他的人生历程，以及他人生中不间断的痴迷与喜好，就足以看到在该场域阻力最小的地方所产生的所有张力，正是在那里，人们所谓的时尚不断涌现。

很明显，根据在场域中所处位置与先前人生轨迹的不同（就像罗兰·巴特的案例所昭示的），以及特定哲学资本的不同（该资本可以被投入为克服双重对立关系而产生的张力中），人们所能体验到的双重对立关系也大相径庭。像阿尔都塞与福柯等人，尤其是福柯，都曾拒绝所谓的"主体哲学"（philosophie du sujet）以及与存在主义有关的"人道主义"，并转向了另一种认识论的传统、另一种科学史与哲学史的传统，而此一传统的代表人物有加斯通·巴什拉、乔治·康吉莱姆和亚历山大·科瓦雷（Alexandre Koyré）等人。为了彰显自身与学者们的"实证主义"之间的距离，阿尔都塞和福柯等人以一种炫耀性的夸张笔触（"人之死"[1]），肯定了"无主体哲学"（philosophie sans sujet）；忠实于涂尔干传统的列维－斯特劳斯刚刚重申了此一观点，并通过提及无意识的观念，从而赋予了它以现代主义的气质；而此一无意识观念则调和了经由拉康重新解读的弗洛伊德、经由雅各布森概括的索绪尔，以及马塞尔·莫斯的观念（相较于仍然被高贵哲学的封闭圈子排除在外的老涂尔干[2]，莫斯的观念更能适应新的智识体制，尽管其大胆的再阐释可能也会付出某些代价）。梅洛－庞蒂对这两代知识分子之间的过渡起到了重要作用，因为他对社会科学，尤其是生物学、心理学和语言学持特别开放与宽容的态度，并且他还曾撰写过一篇名为《从莫斯到列维－斯特劳斯》（De Mauss à Lévi-Strauss）的文章。因此，通过一种知识分子理性的奇怪诡计，涂尔干式的"人的哲学"获得了平反，它以人类学这一更体面的形象（经由语言学的合法化）出现，用以对抗"主体哲学"，后者在1930年代，为另一代巴黎高师毕业生们所肯定——即萨特、阿隆、尼赞（Nizan[3]）等人，而他们之所以认同"主体哲学"，则尤其是为了反对涂尔干式的"总体"（totalitaire）哲学……

但是，千万不要搞错，对社会科学的认可与参考，并不意味着无条件的归顺。实际上，每一位哲学家都以各自的方式背叛了他们对社会科学的崇敬与依赖，哪怕只是像德里达一样，把社会科学作为自己批判的靶子，或是借用社会科学的主题（如对文学批评与理论研究中经常使用成对术语这一行为的批评）。他们首先会将自己优雅雄辩的学术风格发挥得淋漓尽致，就像福柯

---

1 福柯在其于1966年出版的《词与物》（Les Mots et les choses）中提出了这一观点。——译者注
2 莫斯也是涂尔干的侄子。——译者注
3 保罗·尼赞（Paul Nizan, 1905—1940），法国哲学家、小说家，萨特的同学与好友，对法国左翼思潮产生了重要影响，在"二战"中阵亡。——译者注

那样，或是像德里达一样，将《原样》派所使用的手段和效果引入哲学场域之中，从而不断强调自己与"所谓的社会科学"（sciences dites sociales）的普通实践者之间的制度性距离，就像阿尔都塞常说的那样（某些人会阅读他们的作品，并希望证明哲学家们在写作中所体现的尊严，显然这些人需要被区别对待）。他们利用了自身所有的文化资源，并从他们自己的视角出发，来改造他们从历史科学中借鉴而来的"历史主义"（historiciste）哲学，及其诸多主题、问题和思维模式。因此，福柯正是在尼采那里找到了一个可以接受的哲学担保人形象，使他实现了艺术僭越与科学发明在社会层面不可能的结合，并借鉴了尼采的概念-背景论（concepts-écrans），例如谱系学观念，从而使他能够借着哲学的荣光，来完成一项关于社会史和发生社会学（sociologie génétique）的事业。同样，我曾分析过德里达针对《判断力批判》所做的分析，在其中我指出，德里达很清楚应该在哪个节点上停止"解构"，因为一旦突破这个节点，他的社会学分析就注定会被视为庸俗的"社会学还原"，这甚至会使他"解构"自己哲学家的身份。[1]

我们在上文中所做的所有分析，都不能取代对以上哲学家的作品本身所进行的真正的发生社会学研究，即从它们生成的独特视角来理解它们（并且不同生产者的社会、宗教、性别等次要特征决定了视角的不同）；如果我们没有看到，这些作品根植于对一场特别戏剧性的危机的特别强烈的体验，我们就无法理解赋予这些作品以家族相似性的批判自由，它使这些作品不只是哲学事

---

[1] 参见 P. Bourdieu, Post-scriptum, Eléments pour une critique « vulgaire » des critiques « pures », *La Distinction*, Paris, Editions de Minuit, 1979, pp. 565-585。

业或多或少成功的转型。那些曾经占据主导地位的旧学科，例如语文学、文学史以及哲学本身，它们的智识根基都受到了新兴竞争学科的威胁，例如语言学、民族学、符号学乃至社会学；其大学存在的社会根基也受到了来自各方的批判：在社会科学各门学科教师的发起之下，新兴学科通常会以社会科学的名义，反对旧学科教学内容和教学方法的陈旧过时。这种双重质疑，在那些没有足够的洞察力和胆识、无法及时转型的教师身上，尤其是那些我称为"献身者"的教师身上（它们从小就献身于教育机构，并完全忠诚于这些机构[1]），引起了某些守旧主义式（intégriste）的保守主义反应，这些往往是悲怆的反应必然会加剧另一些人的反叛，他们的资本和倾向促使他们同时与学院派哲学和哲学学院派决裂。此一决裂有时会以内战的面目出现，而它实际上早在1968年之前就已经发生了：早在那时，仍然坚持传统的学科定义并重视其社会团体存在的社会基础的教师（如教师资格考试通过者），与新的先锋派成员之间就已经决裂了，而后者能够从隶属于一门著名学科所固有的资源中，找到进行一次成功转型的必要手段；虽然先锋派和正统观念守护者都出身于"高等神学院"，但后者却会将前者视为叛徒或变节者。更何况，尽管这些现代主义者很早便收获了巨大的认可，并因此被许诺了在大学中人上人的命运，但他们会发现（并且常常在他们自己的共谋之下），他们被降级至微妙的位置上，这往往会促使他们通过直接或间接的方式来感受并表达大学体制的危机，而他们在体制中所处的位置本身就表现了1968年这场危机。危机会影响以灌输和强加不同形式的思想为职能的教育机构，而这也会削弱或破坏其思想的社会基础并

---

[1] 英译本补充道：他们往往出身于中下阶层，或是教师后代。——译者注

导致信仰危机，即信念（doxa）在实践中的真正悬置（epochè），从而鼓励并促进了对这些基础的反思意识的出现。如果说，这场危机在法国的经历和表现形式比在其他地方更为激进，那是因为法国教育体制尤其具有陈旧性，它沉迷于自身伟大的幻觉中；而那些被破产的教育体制所认可的人，如果要实现教育体制灌输给他们的抱负，就必须与教育体制赋予他们的微不足道且从此以后都难以忍受的角色决裂：因此，他们不得不发明各种全新的方式来创造一位新的大师形象，这些方式都建立在反思距离（distance réflexive）之上，同时也建立在对其职能一般定义的某种双重游戏之上；而这位非同寻常的"思想大师"（maître-à-penser）会反思自我，但在这样做的同时，也促成了自我的毁灭。[1]

由于他们的自我批判倾向和对权力（尤其是以科学的名义行使的权力）的不耐烦，这些将自己的大师地位建立在对大师地位的质疑之上的大师们，准备好了与各种运动产生共鸣，这些运动对学生世界中的伦理和政治先锋派产生了重要影响：出身于资产阶级、但在教育层面降级了的学生们成为评判的受害者——这些评判就像教育评判一样，以科学的名义禁止学生的（重新）通往权力之路。在人文社科院系中，尤其是新兴学科中充满了这些学生，他们往往自发地谴责科学、权力与科学的权力，并且尤其谴责某种特殊的权力，它会倚仗科学以使自身合法化，例如当时盛行的专家治国论。此外，大量客户群涌入大学中，与以往相比，这些学生的数量更为庞大，并且更为多样化，无论是社会出身还

---

[1] 同样，负责培养和认可画家的学术机构也具有完全类似的特殊性，并且尤其体现在认可画家的权力上，以及评判画家是否能进入市场的权力，而这些权力尤其集中在学院派的重要人物身上，这也在很大程度上解释了为何现代绘画革命——包括马奈和印象派——出现在法国而不是其他地方。

是性别（1970年代左右，在人文社科院系中，男女生数量持平）；这也催生出一种新的"大学生生活"，这是一种社会实验，就像19世纪的"波西米亚式生活"（vie de bohème）一样，因而也催生出一种新的生活方式，它为欲望、享乐、一切反权威的倾向（或者用当时流行的话来说，即"反压迫"的倾向）等价值观提供了一席之地，而战前康德式的旧式大学会将这些价值观排除在外，那些通往"大学校"的寄宿学校所教授的学科中也并不承认这些价值观。从德勒兹、德里达，乃至阿尔都塞（及其"意识形态国家机器"[appareils idéologiques d'État]理论）到福柯，更不用提那些次要的异端首领（他们直接被"安插"在新的《圣经》上[1]），整个哲学先锋派都将所有这些主题强有力地组织起来。

在写作本书时，我不带有一丝殷勤，但我相信本书同样没有任何恶意，因为正如读者所读到的那样，本书有很大一部分是由代理人（procuration）的自我分析（autoanalyse）所组成的；与此同时，本书也带有一定的距离，社会学无疑非常推崇此一距离，但它首先体现在放弃哲学而转向社会科学的事实中——很明显，当时由于列维-斯特劳斯所带来的民族学复兴，使这样做成为可能，而不至于太有失身份……[2] 当认识到教廷中许多高级教士的无用（futilité）或犬儒主义（cynisme）时，当意识到命中注定为其献身的真理与价值观（大学机构会公开宣扬这些真理与价值观）已遭毁灭之时，献身于机构的"献身者"会感到幻灭（désenchantement）。如果说在我的研究中，一种相当特殊的大

---

[1] 英译本指出，这里的"次要的异端首领"，指的是让·鲍德里亚、让-弗朗索瓦·利奥塔等人。——译者注
[2] 布迪厄本人曾就读于哲学专业，而后转向了社会学研究。——译者注

后记：二十年后

学机构社会学占据了重要地位，这很可能是因为，我感到有必要理性地克制这种幻灭，而不是逃避它、在自我毁灭的愤恨中寻找慰藉。

1987 年 1 月

索 引

阿尔都塞，路易 ALTHUSSER, L. 145, 282
阿奎纳，托马斯 THOMAS D'AQUIN 50
阿隆，雷蒙 ARON, R. 110, 238, 281, 283-284
哀悼（的工作） Deuil (travail de) 217
奥尔森，曼库尔 OLSON, M. 229[1]
奥津，埃纳尔 HAUGEN, E. 135
奥祖夫，莫娜 OZOUF, M. 112

巴尔贝，阿兰 BARBÉ, A. 221
巴黎高师学生（高师毕业生） Normalien (titre de) 22, 105, 116, 120, 123, 144, 176-177, 198-199, 221
巴特，罗兰 BARTHES, R. 145, 151-156, 277, 282, 289
巴特松，格利高里 BATESON, G. 46
罢工 Grève 231, 239-240
邦，弗雷德里克 BON, F. 217
保护（和依赖） Protection (et dépendance) 138-139。也可参见客户群；权力；时间
保证（信念）（和复数的保证） Assurance (et assurances) 47, 144, 153, 200
贝玑，夏尔 PEGUY, C. 10
被建构的个体（具体的个体） Individu construit (individu concret) 11, 21, 36-37, 39
本维尼斯特，埃米尔 BENVENISTE, E. 49-50, 110, 143, 202
波林，雷蒙 POLIN, R. 37
博士论文 Thèse 104, 115, 118, 122-127, 129, 139, 148-149, 201-204：第三阶

---

[1] 原文为 OLSEN, F.，疑为疏漏，实际上此人为《集体行动逻辑》（*La Logique de l'action collective*）的作者曼库尔·奥尔森（Mancur Olson）。——译者注

段~ - de 3e cycle 137-138, 178, 187。也可参见学术中庸精神；等待（和使人等待）；权力；审慎

博伊姆，阿尔伯特 BOIME, A. 120

不变量（结构） Invariants (structuraux) 50, 88

不协调（结构性的） Dissonance (structurale) 147

布东，雷蒙 BOUDON, R. 29-30, 195

布丰，乔治 – 路易 BUFFON, G.-L. 45

布里科，弗朗索瓦 BOURRICAUD, F. 195

布罗代尔，费尔南 BRAUDEL, F. 110, 278, 281

布托，米歇尔 BUTOR, M. 195

布维尔斯，雅克 BOUVERESSE, J. 15, 25

策略 Stratégie。参见计算；修辞；集体防御系统

忏悔（公开） Confession (publique) 16, 242-243

撤资 Désinvestissement 217-219。也可参见哀悼

长周期（对立于短周期） Cycle long (vs cycle court) 148, 158

迟滞 Hysteresis 204。也可参见习性

大胆（对立于审慎） Audace (vs prudence) 126

大纲 Programmes 133, 136, 141, 150

大学工会主义 Syndicalisme universitaire 32, 34-35, 51, 95, 130, 132, 197-198, 204-205, 224, 241-242

大学生 Étudiants 171, 215：作为大众的~ - comme public 51, 155-157

代表（或发言人） Mandataire (ou porte-parole) 22, 241, 247-250。也可参见工会

代码，编码 Code, codification 18-19, 21-22, 38

当下（作为时事的） Présent (comme actualité) 50, 209-210, 240

"导师"/"师傅"（对立于教授） « Maitres » (vs professeurs) 79, 126, 139-140。也可参见弟子（或门徒）

道格拉斯，玛丽 DOUGLAS, M. 286

德布雷，雷吉斯 DEBRAY, R. 13

德雷福斯（事件） Dreyfus (affaire) 58, 152, 155, 235, 243-244

德洛弗尔，弗雷德里克 DELOFFRE, F. 37

地理学 Géographes 45-46, 114, 144, 163, 182, 221, 223-224

索 引

等待（和使人等待） Attendre (et faire attendre) 118-119, 127, 139
弟子（或门徒） Élèves (ou disciples) 140。也可参见客户群；"导师"
蒂亚诺，安德烈 TIANO, A. 70
杜邦－索梅尔，安德烈 DUPONT-SOMMER, A. 110
杜比，乔治 DUBY, G. 46, 110, 282
杜里，马塞尔 DURRY, M. 128-129
杜洛塞尔，让－巴蒂斯特 DUROSELLE, J.-B. 115, 122
杜梅齐尔，乔治 DUMÉZIL, G. 110, 143, 279, 282
对应（位置与倾向的） Correspondance (des positions et des dispositions) 147。也可参见位置
对自我的划分 Clivage du moi 32

厄尔贡，雅克 HEURGON, J. 129, 143-144
恩格斯，弗里德里希 ENGELS, F. 247

法国国家科学研究中心 CNRS 33, 61, 68, 76, 161, 187, 205
法兰西公学院 Collège de France 87, 101, 105, 137, 140-144
法兰西学会 Institut 33, 60-61, 68, 114, 119, 140
反智主义 Anti-intellectualisme 127, 232, 284-285
非连续性（对立于连续性） Discontinuité (vs continuité) 237
费斯图吉埃 FESTUGIÈRE 144
分类（的斗争） Classements (lutte des) 23, 31, 100
风险 Risque 144, 168
弗拉策利尔，罗贝尔 FLACELIÈRE, R. 109, 113, 165, 265, 288
弗洛伊德，西格蒙德 FREUD, S. 16
福柯，米歇尔 FOUCAULT, M. 89, 145, 282
福楼拜，古斯塔夫 FLAUBERT, G. 72, 195, 208
负责任的知识分子 Intellectuel responsable 163

感觉 Sens：秩序感 - de l'ordre 71-72；正当野心的 ~ - des ambitions légitimes 189, 202；游戏感 - du jeu 121；位置感 - du placement 38, 79, 125-126, 236；实践感 -pratique 126
高等研究实践学院 École des hautes études 14, 101, 105, 122, 124, 137, 140-142, 144-149, 151, 158-159, 284

351

高森，弗雷德里克 GAUSSEN, F. 241

戈夫曼，欧文 GOFFMAN, E. 235

革命 Révolution 210, 225：特殊的 ~ - spécifique 245；象征 ~ - symbolique 237, 250

格里玛尔，皮埃尔 GRIMAL, P. 129

工会 Syndicats 51, 163, 231-232, 239

功利主义 Utilitarisme 126

恭顺 Obsequium 117

共时化 Synchronisation 51, 211-212, 226-228, 234-23 5, 240

古德纳，阿尔文·瓦尔 GOULDNER, A. W. 24

古典文学，语文学 Lettres classiques, philologie 134-135, 152, 166-167, 180-183, 186, 221

古尔诺，安托万·奥古斯丁 COURNOT, A.-A. 227[1]

古尔维奇，乔治 GURVITCH, G. 143

古斯塔德，约翰·W. GUSTAD, J. W. 24

古托 – 贝加里，埃尔韦 COUTEAU-BEGARIE, H. 13

官方的，官方化 Officiel, officialisation 19-21, 42

官僚制（文化生产的） Bureaucratie (de la production culturelle) 228-230

规范（职业生涯） Normes (de carrière) 142-143, 190-193, 202-203：~ 与招聘规范之间的差距 décalage entre - et normes de recrutement 190-191, 205

规则（对立于规则性） Règle (vs régularité) 126, 193

轨迹 Trajectoire 63, 199, 202-203：~ 的倾向 pente de la- 191, 199, 205, 222-223

贵族 Noblesse 199-200

国家 État 41-42："文学 ~ " « - littéraire » 154

国家统计与经济研究所 INSEE 19, 42, 46-47

哈布瓦赫，莫里斯 HALBWACHS, M. 170, 183

汉伯格，让 HAMBURGER, J. 83

赫希曼，阿尔伯特 HIRSCHMAN, A. 229

---

[1] 原文为 COURNOT, J.-B., 疑为原文错误。正文中出现的人名为法国数学家安托万·奥古斯丁·古尔诺（Antoine Augustin Cournot），正文中的"各自平行发展"来自他的 *Essai sur les fondements de nos connaissances et sur les caractères de la critique philosophique*, Hachette, Paris, 1912, p. 37。——译者注

352

索 引

黑格尔，格奥尔格·威廉·弗里德里希　HEGEL, G. W. F.　212
幻觉　Illusio　80, 117
霍布斯，托马斯　HOBBES, T.　121
霍尔顿，杰拉德　HOLTON, G.　209

机械论（对立于目的论）　Mécanisme (vs finalisme)　193-194。也可参见计算；策略
吉拉尔，阿兰　GIRARD, A.　56
吉利斯皮，查尔斯·库尔斯通　GILLISPIE, C. C.　13
极左派，"极左分子"　Gauchisme, « gauchistes »　224, 229-230, 241
集体防御系统　Système de défense collectif　32, 133, 151, 218
集体自欺　Mauvaise foi collective　139, 150-151。也可参见双重意识；集体防御系统
计算（理性的）　Calcul (rationnel)　126, 196
技艺　Art　81, 83-85, 91
继承　Successions　189；~的危机　crise des -　188-190, 199-200；~的秩序　ordre des -　117-118, 189, 198-205, 225, 236。也可参见世代；再生产；周期性时间
祭司（对立于先知）　Prêtre (vs prophète)　154
贾姆斯，阿鲁恩　JAMOUS, H.　87, 139
降级　Déclassement　136, 217：结构性~　- structural　211-213, 228, 231
交换（大学）　Échanges (universitaires)　115-116, 129, 158
教会　Église　133, 153, 230
教授（与作家）　Professeurs (et écrivains)　55-56, 144；~与新闻界　- et journalisme　103, 158, 276，也可参见新闻界；~与导师　- et maîtres，参见导师
杰出者（对立于严肃者）　Brillant (vs sérieux)　26, 46-47, 126-127, 134, 193。也可参见严肃者
结构主义　Structuralisme　91, 149, 160-161
经典化（的效果）　Canonisation (effet de)　135-136
竞争（持久的）　Concours (permanent)　116-117, 139, 199
竞争（的斗争）　Concurrence (lutte de)　22-23, 30-31, 117, 150, 226
俱乐部　Club　32, 197-198
觉悟　Prise de conscience　193, 219, 247

353

卡杜辛，查尔斯　KADUSHIN, C.　279
卡洛，让－伊夫　CARO, J.-Y.　225
卡普德维埃勒，雅克　CAPDEVIELLE, J.　217
卡普洛，西奥多　CAPLOW, T.　120
坎农，沃尔特　CANNON, W.　194
康德，伊曼努尔　KANT, E.　45, 48, 54, 75, 88-89, 96
康吉莱姆，乔治　CANGUILHEM, G.　224
考茨基，卡尔　KAUTSKY, K.　232
科恩－邦迪，丹尼尔　COHN-BENDIT, D.　227, 237
科学　Science　28：自然～（对立于人文～）　- s (vs lettres)　155-164；～与技艺　- et art　45, 74, 81, 84-85, 91；常规～　- normale　16, 43-44, 46-47, 128，也可参见制度；～效果　effet de -　144-45, 47, 159-160；与～的关系　rapport à la -　74-75, 77-78, 88-89, 160。也可参见研究
科学能力（与社会能力）　Compétence scientifique (et compétence sociale)　88-93
克拉克，伯顿　CLARK, B.　24
克劳斯，卡尔　KRAUS, K.　15, 39
克罗齐耶，米歇尔　CROZIER, M.　163
客观主义　Objectivisme　27-32
客户群　Clientèle　78-79, 113, 115, 120-122, 128, 135
孔帕尼翁，安托万　COMPAGNON, A.　155, 235

拉布鲁斯，厄内斯特　LABROUSSE, E.　104, 124
拉德，埃维雷特·卡尔　LADD, E. C.　59
莱贝尼斯，沃尔夫　LEPENIES, W.　45
莱布尼茨，戈特弗里德·威廉　LEIBNIZ, W. G.　84, 188
朗格，塞尔吉　LANG, S.　59
朗松，古斯塔夫　LANSON, G.　57, 155, 235
勒·冯－勒梅尔，吕塞特　LE VAN-LEMESLE, L.　85
勒代夫，雅克　LETHÈVE, J.　120
勒特，埃尔加　REUTER, E.　108
雷努万，皮埃尔　RENOUVIN, P.　104, 115
类型学（批评）　Typologies (critique des)　23-24, 40

索　引

李贽　LI ZHI　15

理解　Comprendre　52

理论（效果）　Théorie (effet de)　21, 31

历史（结构）　Histoire (structurale)　49, 56, 176：结构～和编年～　- et histoire événementielle　227

历史学家　Historiens　45-46, 50, 124-125, 145-146, 180-184, 186-221

历史主义（社会学主义）　Historicisme (sociologisme)　28

立场（采取的）　Parti (pris)　244-246

利普塞特，萨缪尔·马丁　LIPSET, S. M.　59

联盟　Alliances　233

列维－斯特劳斯，克洛德　LÉVI-STRAUSS, C.　36-41, 110, 142-143, 278, 281

临床医生（和基础理论研究者）　Cliniciens (et fondamentalistes)　84-86, 89, 99

临界状态（对立于建制状态）　État critique (vs état organique)　58, 198-199, 209-211, 236

罗贝尔，费尔南　ROBERT, F.　129, 238

罗伯－格里耶，阿兰　ROBBE-GRILLET, A.　43, 276

罗米伊，雅克利娜·德　ROMILLY (J. de)　238

吕克，让－诺埃尔　Luc, J-N.　221

马尔库塞，赫伯特　MARCUSE, H.　230

马克思，卡尔　MARX, K.　47

马拉（的观点）　Marat (point de vue de)　113

马林诺夫斯基，布罗尼斯拉夫　MALINOWSKI, B.　229

马鲁，伊雷内　MARROU, I.　144

麦基，里斯·J.　MCGEE, R. J.　120

矛盾（特定的）　Contradiction (spécifique)　213-215

民族学　Ethnologie　46, 161

民族主义（情节）　Völkisch (humeur)　232, 285

名称（专有）　Nom (propre)　11, 18, 35-37, 39, 41, 83

名额限制　Numerus clausus　171

命名　Nomination　41-42

模糊性　Flou　31-33, 198, 215, 219, 235

355

穆里奥，勒内　MOURIAUX, R.　217[1]

奈特贝克，若阿金　NETTELBECK, J.　70, 79
楠泰尔学院　Nanterre　100-101, 105, 144, 159
内在化（结构的）　Incorporation (des structures)　188-189, 202, 204, 236
内战　Guerre civile　235
年龄（正常的）　Âge (normal)。参见正常的；世代
努力（社会）　Conatus (social)　230
诺拉，皮埃尔　NORA, P.　278

帕里恩特，让·克洛德　PARIENTE, J. C.　36
排行榜　Hit-parade　14, 21, 275-286。也可参见排行榜
排行榜（的效果）　Palmarès (effet de)　21, 112, 135, 158
潘热，罗贝尔　PINGET, R.　43
庞加莱，亨利　POINCARÉ, H.　209
佩鲁，弗朗索瓦　PERROUX, F.　110, 312
皮卡尔，雷蒙　PICARD, R.　151-156, 289
皮沃，贝尔纳　PIVOT, B.　14, 279
屏蔽（效果）　Écran (effet d')　231-232
普遍的（普遍化）　Universel (universalisation)。参见修辞
普鲁斯特，马塞尔　PROUST, M.　98, 243-244
普洛斯特，安托万　PROST, A.　177

情绪（反体制）　Humeur (anti-institutionnelle)　229
权力　Pouvoir　21：与再生产机制有关的 ~　- comme - sur les mécanismes de reproduction　112, 139；作为安慰奖的世俗 ~　- temporel comme prix de consolation　132, 150；大学 ~（对立于科学资本）　- universitaire (vs capital scientifique)　68, 106,109, 112-134, 139；大学 ~（与时间）　- universitaire (et temps)　128-130；不同 ~ 的互补　complémentarité des - s　150；文化 ~ 的诸工具　instruments du - culturel　135；与政治经济 ~ 的关系　rapport au - politique et économique　69-70, 74-75；对 ~ 的认

---

[1] 原文为 MOURIAUX, J., 疑为疏漏, 实际上此人为《1970年法国工人情况》(L' Ouvrier français en 1970)的作者之一勒内·穆利奥(René Mouriaux)。——译者注

索 引

可 reconnaissance du- 117-118, 122, 200

权利 Droit 22, 74, 79, 85, 91-92, 96, 165：进入团体的~（入场券） - d'entrée 80

权威（科学的）和权威（规章制度性的） Autorité (scientifique) et autorité (statutaire) 78-79, 90, 112

裙带关系 Népotisme 79-81, 91

热斯玛尔，阿兰 GEISMAR, A. 227, 241

人口统计学 Démographie 20, 194

认可（与承认的辩证法） Consécration (dialectique de la – et de la reconnaissance) 112, 133-134

认同（预先） Identification (anticipée) 119, 205, 225。也可参见继承（的秩序） successions (ordre des)

日常知识（与学术知识） Connaissance ordinaire (et connaissance savante) 11-34, 38

日丹诺夫主义 Jdanovisme 232, 285

萨特，让－保罗 SARTRE, J.-P. 237, 282

塞贝尔，贝尔娜黛特 SEIBEL, B. 191

塞尔，约翰·罗杰 SEARLE, J. R. 43

莎士比亚，威廉 SHAKESPEARE, W. 13

社会权重 Poids social 102, 114

社会学家 Sociologues 45-46, 91-92, 96, 161, 163, 180, 185-187, 215, 219, 221-224

审慎（制度层面的） Prudence (institutionnelle) 126-127, 153, 204。也可参见学术中庸精神；大胆；风险；严肃者

时间 Temps 199：周期性 - cyclique 199-200, 203, 237；~与权力 - et pouvoir 116-140, 199-205；公共~ - public 239-240；牺牲的~ oblation de - 129-131。也可参见继承的秩序

时间结构（场域的） Structure temporelle (du champ) 237

时间预算 Budget-temps 77, 131, 136, 165

世代（大学） Génération (universitaire) 123, 192, 197, 199, 201, 213：年龄与~ âge et - 123, 192；~的模式 mode de - 192

《世界报》 Le Monde 68, 76, 112, 164

事件（历史） Événement (historique) 51, 226-227, 234, 239。也可参见同步

357

化

视角主义　Perspectivisme　27-30

守旧主义（对立于现代主义）　Intégrisme (vs modernisme)　149-150, 152-155

双重意识（游戏）　Double conscience (jeu)　32, 127, 218-219。也可参见对自我的划分；防御系统

瞬间　Instant　235-237。也可参见危机；信念；事件

私立（教育）　Privé (enseignement)　63, 74

斯皮策，利奥　SPITZER, L.　43, 133

斯塔罗宾斯基，让　STAROBINSKI, J.　133

斯特劳森，彼得·弗雷德里克　STRAWSON, P. F.　37

随笔写作（随笔主义）　Essayisme　26, 44, 155, 157-158, 210

索邦大学　Sorbonne　101, 105, 135, 144, 151, 159

索瓦热奥，雅克　SAUVAGEOT, J.　227

忒尔西忒斯（的观点）　Thersite (point de vue de)　13

特里皮耶，皮埃尔　TRIPIER, P.　108

同构式再现　Représentation isomorphe　38

同源　Homologies　231：位置的~和条件的一致　- de position et identité de condition　34, 228-232。也可参见位置

统计（的效果）　Statistique (effet de la)　126, 193

投入/投资（特殊的）　Investissement (spécifique)　16, 75, 119, 189, 201。也可参见幻觉

涂尔干，埃米尔　DURKHEIM, E.　155

团体　Groupe　80, 91, 129, 229：~的起源　genèse du -　231, 247；~的存在模式　mode d'existence du -　21-22

团体（的精神）　Corps (esprit de)　80-81

外省（对立于巴黎）　Province (vs Paris)　201, 222, 240

危机　Crise　50-51, 58, 95, 117, 171, 196, 198, 207-250：集体的和个体的~　- s collectives et -individuelles　234, 250；继承的~　- des successions，参见继承；秩序的~　- sur ordre　249。也可参见政治化

韦伯，马克斯　WEBER, M.　19, 35, 128

维特根斯坦，路德维希　WITTGENSTEIN, L.　25, 41, 52

位置　Positions　228：~与倾向　- et dispositions　62, 147, 153, 195；~与立

索 引

场 - et prises de position 25-27, 31, 95, 151-152, 165-167, 171, 234-235；同源 ~ homologie de - 228, 232
"文化常识" « Culture générale » 133
无产阶级（对立于流氓无产阶级） Prolétaires (vs sous-prolétaires) 232-233
无知 Méconnaissance 198, 201, 218
侮辱 Insulte 22-23, 41-42

西库尔勒，阿隆 CICOUREL, A. 90
习性 Habitus 72, 76, 81-82, 91, 122, 132, 188, 194, 196-197：~ 的迟滞 hysteresis des - 204；~ 的协调 orchestration des - 194, 196-199, 230
夏尔勒，克利斯托夫 CHARLE, C. 57, 155
显贵（大学的） Notables (universitaires) 201
现代化改革 Aggiornamento 155-164
限制（对 ~ 无知） Limites (ignorance des) 133, 149。也可参见习性
献身者 Oblats 72, 74-75, 112, 133, 149
象征暴力（~ 的垄断权） Violence symbolique (monopole de la) 41-42, 89-90
小说（与社会学） Roman (et sociologie) 43
小学教师（的后代） Instituteurs (fils d') 63, 112, 133, 214
写作（社会学） Écriture (de la sociologie) 195
心理学 Psychologie 161, 180, 185-186, 215, 221, 223-224
《新观察家》 Nouvel Observateur 14, 22-23, 103, 108
新闻界（与 ~ 的关系） Journalisme (rapport au) 103, 112, 132, 142, 145, 147-149, 156-158, 275-286。也可参见《世界报》；《新观察家》
信念（不言自明的） Doxa (cela va de soi) 153, 198, 204, 235-236, 238-239
信念链 Allodoxia 126, 139, 158, 218, 228, 277, 280
信徒皆祭司 Sacerdoce universel 230
信仰 Croyance 44, 153, 198, 201。也可参见信念
行动者（与个体） Agent (et individu) 37, 39-40
行政人员（行政管理） Administrateur (gestionnaire) 132, 163, 173
形式化 Formalisation 17, 83-84, 166
形态学（形态变化） Morphologique (changement) 49, 56, 58, 171-176, 213, 215, 217-218：形态变化与大学场域 - et champ 173
休斯克，卡尔 SCHORSKE, C. 16
修辞（策略） Rhétoriques (stratégies) 11, 26, 34, 43-44, 46

359

选拔新成员　Cooptation　80-81, 133-134, 139, 196, 198, 201

"选择"　« Choix »　91, 124-126, 196

学科　Disciplines　48, 64：正统 ~ - canoniques　134-136；新兴 ~ - nouvelles　140, 228；避难 ~ - refuges　159, 215；~ 等级序列　hiérarchie des -　33, 159

学术权威 / 学阀　Mandarin　15, 23, 59, 193, 232

学术中庸精神　Academica mediocritas　127

学徒　Apprentissage　127

学院（院系、院校）　Faculté　48-49, 62, 64-69, 76-77, 156：法 ~ - de droit　57, 62-63, 88, 90, 215, 221；医 ~ - de médecine　57, 60, 62-63, 69, 77-78, 85, 87-88, 139, 215, 221；人文和社会科学 ~ - des lettres et sciences humaines　45, 48, 57-59, 62-63, 87, 99-100, 215, 221, 227；理 ~ - des sciences　57-58, 60, 62-63, 186-187, 215, 221, 227；系科之争　conflit des -s　54, 75, 88

亚当，杰拉尔　ADAM, G.　217

严肃 / 严肃性 / 严肃者　Sérieux　46-47, 72, 83, 117, 127-128, 134, 163。也可参见杰出者

研究（对立于教学）　Recherche (vs enseignement)　34, 87-88, 136, 141-149, 161-162, 164-165, 223：与 ~ 的关系　rapport à la -　74, 77-78, 161

医学　Médecine　74, 79, 81-83, 89

异端（的模型）　Hérésie (modèle de l')　230

意见（学者们的共同）　Opinion (commune des docteurs)　91, 136, 153：政见（与大学位置）- politique (et position universitaire)　71, 87, 165, 93-96, 245-246, 也可参见政治化；公共 ~（舆论）- publiée (publique)　93-95, 242；公开政治 ~ / 私人政治 ~ - publique/privée　94-95；~ 的连贯　cohérence des - s　244-245

雨果，维克多　HUGO, V.　195

语法　Grammaire　110, 135

语言学　Linguistique　110, 152, 161, 166-167, 186

预言　Prophétie　154, 230

怨恨　Ressentiment　13, 126-128, 151, 222, 228。也可参见严肃者

愿望（与机会）　Aspirations (et chances)　190：符合 ~　accord des -　199-205, 236；与 ~ 不符　discordance des -　213-220

阅读者（对立于作者）　Lector (vs auctor)　140, 153-154

索 引

再生产（教师团体的） Reproduction (du corps professoral) 79-80, 112, 133-136, 139, 188, 199-205：~模式 mode de- 82, 83, 184, 211, 214

早熟（合法的） Précocité (légitime) 134, 202。参见杰出者

哲学家 Philosophes 45, 124-125, 144, 166-167, 180-181, 221

正常的（年龄、持续时间、轨迹） Normal (âge, durée, trajectoire) 116-117, 188, 201, 203。也可参见早熟；继承（的秩序）

正当的通俗化 Vulgarisation légitime。参见经典化

正统（异端） Orthodoxie (hérésie) 87-88, 91, 140, 149-155

政治化，政治 Politisation, politique 34, 154, 157, 197, 209, 234, 242-250。也可参见危机

知名度（媒体） Visibilité (journalistique) 279-281

制度 Institution 79：~的威望 charisme d'- 128；~影响力 effet d'- 145；~合法性 légitimité d'- 138；~思想 pensée d'- 127-128

秩序（时间性的） Ordre (temporel)。参见继承

专业化（对立于一般性） Spécialisation (vs généralité) 125

转型 Reconversion 156, 161, 167, 213

自发主义 Spontanéisme 229-230, 233, 241

宗教 Religion 69, 74-75, 86, 144, 238

综述（学术性的） Synthèse (scolaire) 135

阻塞 Encombrement 173

最糟糕的功能主义 Fonctionnalisme du pire 194

图书在版编目（CIP）数据

学术人/（法）皮埃尔·布迪厄著;王睿琦,钟牧辰译. -- 上海：上海文艺出版社，2024. --（拜德雅·人文丛书）. -- ISBN 978-7-5321-9107-9

Ⅰ.C91

中国国家版本馆CIP数据核字第2024CL0455号

发 行 人：毕　胜
责任编辑：鲍夏挺
特约编辑：邹　荣
书籍设计：左　旋
内文制作：重庆樾诚文化传媒有限公司

书　　名：学术人
作　　者：［法］皮埃尔·布迪厄
译　　者：王睿琦　钟牧辰
出　　版：上海世纪出版集团　上海文艺出版社
地　　址：上海市闵行区号景路159弄A座2楼201101
发　　行：上海文艺出版社发行中心
　　　　　上海市闵行区号景路159弄A座2楼206室　201101　www.ewen.co
印　　刷：上海盛通时代印刷有限公司
开　　本：915×1194　1/32
印　　张：11.875
字　　数：266千字
印　　次：2024年11月第1版　2024年11月第1次印刷
Ｉ Ｓ Ｂ Ｎ：978-7-5321-9107-9/C.107
定　　价：78.00元
告 读 者：如发现本书有质量问题请与印刷厂质量科联系　T：021-37910000

Homo Academicus, by Pierre Bourdieu, ISBN: 9782707306968

Copyright ©1984 by Les ÉDITIONS DE MINUIT
Current Chinese translation rights arranged through Divas International, Paris.
巴黎迪法国际版权代理（www.divas-books.com）

Simplified Chinese translation copyright © 2024 by Chongqing Yuanyang Culture & Press Ltd.
All rights reserved.

版贸核渝字（2015）第 342 号

拜德雅 Paideia 人文丛书

（已出书目）

语言的圣礼：誓言考古学（"神圣人"系列二之三）	［意］吉奥乔·阿甘本 著
宁芙	［意］吉奥乔·阿甘本 著
奇遇	［意］吉奥乔·阿甘本 著
普尔奇内拉或献给孩童的嬉游曲	［意］吉奥乔·阿甘本 著
品味	［意］吉奥乔·阿甘本 著
什么是哲学？	［意］吉奥乔·阿甘本 著
什么是真实？物理天才马约拉纳的失踪	［意］吉奥乔·阿甘本 著
业：简论行动、过错和姿势	［意］吉奥乔·阿甘本 著
工作室里的自画像	［意］吉奥乔·阿甘本 著
海德格尔：纳粹主义、女人和哲学	［法］阿兰·巴迪欧 &［法］芭芭拉·卡桑 著
苏格拉底的第二次审判	［法］阿兰·巴迪欧 著
追寻消失的真实	［法］阿兰·巴迪欧 著
不可言明的共通体	［法］莫里斯·布朗肖 著
什么是批判？自我的文化：福柯的两次演讲及问答录	［法］米歇尔·福柯 著
自我解释学的起源：福柯1980年在达特茅斯学院的演讲	［法］米歇尔·福柯 著
自我坦白：福柯1982年在多伦多大学维多利亚学院的演讲	［法］米歇尔·福柯 著
铃与哨：更思辨的实在论	［美］格拉汉姆·哈曼 著
迈向思辨实在论：论文与讲座	［美］格拉汉姆·哈曼 著
福柯的最后一课：关于新自由主义，理论和政治	［法］乔弗鲁瓦·德·拉加斯纳里 著
非人：漫谈时间	［法］让-弗朗索瓦·利奥塔 著
异识	［法］让-弗朗索瓦·利奥塔 著
从康吉莱姆到福柯：规范的力量	［法］皮埃尔·马舍雷 著

艺术与诸众：论艺术的九封信	［意］安东尼奥·奈格里 著
批评的功能	［英］特里·伊格尔顿 著
走出黑暗：写给《索尔之子》	［法］乔治·迪迪-于贝尔曼 著
时间与他者	［法］伊曼努尔·列维纳斯 著
声音中的另一种语言	［法］伊夫·博纳富瓦 著
风险社会学	［德］尼克拉斯·卢曼 著
动物与人二讲	［法］吉尔伯托·西蒙东 著
非政治的范畴	［意］罗伯托·埃斯波西托 著
临界：鲍德里亚访谈录	［法］让·鲍德里亚 &［法］菲利普·帕蒂 著
"绝对"的制图学：图绘资本主义	［英］阿尔伯特·托斯卡诺 &［美］杰夫·金科 著
社会学的问题	［法］皮埃尔·布迪厄 著
学术人	［法］皮埃尔·布迪厄 著
读我的欲望！拉康与历史主义者的对抗	［美］琼·柯普洁 著
虚无的解缚：启蒙与灭尽	［英］雷·布拉西耶 著
我们从未现代过：对称性人类学论集	［法］布鲁诺·拉图尔 著
潘多拉的希望：科学论中的实在	［法］布鲁诺·拉图尔 著
我们自身的外人	［法］朱丽娅·克里斯蒂娃 著
文艺复兴时期的自我塑造：从莫尔到莎士比亚	［美］斯蒂芬·格林布拉特 著
资本主义的幸存：生产关系的再生产（第3版）	［法］亨利·列斐伏尔 著
绘画中的真理	［法］雅克·德里达 著